어느 수학자가 본
기이한 세상

The weird world seen by a mathematician.
Your Holiness, what the hell are you saying now.

Written by Byung Gyun Kang.
Published by Sallim Publishing, 2016.

어느 수학자가 본

기이한 세상

큰스님, 왜 이러십니까? 환망공상幻妄空想의 수상록

강병균 지음

살림

일러두기

1. 이 책은 2014년 6월 2일부터 2년 동안 '불교닷컴'에 연재한 글들을 모은 것이다.

2. 대화나 문장을 인용할 때에는 뉘앙스를 살려 오타여도 바로잡지 않았다.

3. 『표준국어대사전』에 뜻이 같은 말로 등재되어있더라도, 각각의 단어가 주는 뉘앙스에 차이가 있을 경우,
   이를 하나로 통일하지 않고 다양하게 썼다.

　　예1: 이슬람/회교(회교는 동북아시아에서 수천 년 동안 이슬람교를 부르던 용어이다.
　　　　　우리나라 고려시대 가요에 '회회 아비'가 등장한다.)

　　예2: 야훼/여호와(기독교 『구약』의 하나님은 '야훼'로 표기했다.)

　　예3: 붓다/부처/석가/석가모니

　　예4: 예수/그리스도

　　예5: 브라만/바라문

　　예6: 기독교/개신교

4. 기독교의 전지전능한 유일신은 '하나님'으로, 옛 한국인들이 섬기던 신은 '하느님'으로 구분해서 썼다.

서문

종교는 무조건적인 믿음을 강요한다. 서로 대립하는 여러 종교들은 서로 모순된 주장을 함에도 불구하고, 각자 자기 말이 옳다고 주장하며 무조건 자기만 믿을 것을 강요한다. 문제는 판단력이 없는 어린 시절에 이런 강요를 당한다는 점이다. 따라서 사람들의 종교는 자기 부모의 종교와 거의 일치한다.

종교는 거의 예외 없이 진화론을 반대한다. 종교적인 헛소리는 대부분이 진화론에 대한 무지에서 나온 것들이다. 100년을 살기 힘든 인간으로서는 짧게는 수십만 년에서 길게는 수십억 년이 걸리는 진화의 과정을 목격할 길이 없기 때문이다. 진화론의 발견은 인류에게 내려친 벼락 같은 선물이다. 우주의 은총이다. 인류와 생물기원에 대한 거의 완벽한 답을 제공하기 때문이다. 진화론이 밝힌 바에 따르면 지구상의 모든 생물은 동일한 조상을 갖는다. 동물은 16억 년 전에 식물과 동일한 조상으로부터 갈라져 나왔다. 이 사실에 주목하면 인간이나 동물만이 영혼이 가진 존재라는 주장을 할 수 없다. 동물계를 인간이 죄를 짓고 벌을 받아 환생하는 곳으로도 볼 수 없다. 현대인 중 일부 무지몽매한 자들은 진화론에 무지한 고로 마구 어처구니없는 헛소리를 남발한다. 크게 헛소리를 하는 사람들을 스승으로 모시고 그들이 내뱉는 헛소리를 맹신한다.

데카르트는 심신이원론을 주장하였지만 현대 뇌과학은 이원론이 허구라는 것을 밝혔다. 하지만 지금도 정확히 데카르트의 논법을 따라 심신이원론을 주장하는 사람들이 있다. 큰스님들은 대부분이 이렇게 주장한다. 한국불교계의 거의 모든 스님이 이런 생각을 가졌다 해도 과언이 아니다. 베스트셀러『멈추면 보이는 것들』의 저자 혜민 스님은 "마음을 멈추면 우리가 무아라는 것이 드러난다. 하지만 무아라는 것을 아는 것은 존재해야 한다"고 주장하며 수백 년 만에, "생각하는 자는 존재해야 한다"는 데카르트의 '기계 속의 유령'식 논리를 환생시킨다. 진제 조계종 종정은 "몸뚱이란 숨 한번 들이쉬지 못할 때 주인공이 딱 나가버리면, 사흘 이내 썩어 화장하고 묻어버려요. 하지만 주인공인 '참나眞我, true atman'는 우주가 생기기 전에도 있었고, 우주가 멸한 후에도 항시 여여如如하게 있습니다"라고 심신이원론을 주장한다.

진화론에 비추어보면 통속적인 6도윤회는 허구이다. 절대로 문자 그대로는 참이 아니다. 예를 들어 땅 밑에 있는 지옥이나 하늘 위에 있는 천국은, 깨인 사람이라면 어느 누구도 믿지 않을 것이다.

진화론을 이해하면 불교의 무아론無我論이 참이라는 것을 더 잘 알게 된다. 현대 한국불교는 진화론과 거꾸로 가고 있다. 영원히 살 뿐만 아니라 전혀 진화하지 않는 완벽한 존재인, 참나와 주인공主人公을 부르짖는다.

육체도 무아이고 사회적으로 형성되는 자아도 무아이다. 신이나 참나를 믿는 종교인은 신이나 참나가 없다면 '인간이 금수와 같이 살게 될 것'이라 하면서 진화론을 부인하지만, 전혀 그렇지 않다. 진화를 인정한다면 인간은 '인간과 인간이 사는 세상은 인간이 결정할 뿐'이라는 것을 깨달아 무한한 책임감을 느끼게 된다. 동물들과 달리 인간은 고도의 의식이 있기에 문화적·정신적·영적 진화의 방향을 스스로 결정할 수 있기 때문이다. 그 결과 인류의 도덕과 문명은 한층 더 발전할 것이다. 이런 일은 무아이기에 가능하다. 무아는 만물과의 무한한 상호작용을 통한 무한한 변화를 가능하게 한다.

종교계의 미신을 파헤쳤다. 진리를 논함에 있어서는 계급장이 없다. '남녀노소'와 '지위고하'가 없다. 맞는 말과 옳은 말이 통할 뿐이다. 큰 스님들이나 성직자들이 해가 서쪽에서 떠오른다고 주장한다고 해가 서쪽에서 떠오르는 것이 아니다.

인류집단을 하나의 생명체로 비유하자면 또는 뇌를 가진 생명체로 비유하자면, 과학자들은 전두엽과 좌뇌에 해당한다. 종교인들은 변연계와 우뇌에 해당한다. 과학자들은 세상을 조화와 질서의 세계로 파악하고, 종교인들은 세상을 공포와 혼란의 세계로 파악한다. 과학적인 사유로 종교가 지닌 비합리성과 부정적인 면을 드러내고자 했다.

그렇다고 해서 종교가 해만 끼친다는 뜻은 아니다. 종교에는 인류가 짧게는 수십만 년에서 길게는 35억 년 동안 삶과 죽음의 투쟁 속에서 축적한 '삶과 죽음의 지혜'가 들어있다. 환망공상(환상·망상·공상·상상)만 제거하면 금빛으로 빛나는 지혜를 대면할 수 있다. 그런 선물을 독자들에게 선사하고자 한다.

2016년 6월

강병균

목차

1
천국과 지옥은 없다

고대의 세계관에 따르면 땅 밑에는 지옥이, 땅 위 하늘에는 천국이 있다. 생전에 나쁜 짓을 하면 사후에 지옥으로, 좋은 행위를 하면 천국으로 간다고 믿었다. 땅 위에서 벌어지는 폭력·살육·죽음·질병·재난 등에 대한 의문을 풀 길이 없었기에, 지옥과 천국으로 설명하고자 했다. 인간의 의식이 발달함에 따라, 세상을 있는 그대로 보는 것이 가능해짐에 따라, 이런 시각은 폐기되고 있다.

세월호와
사이비종교의 맹지매매

죽은 다음에야 확인할 수 있고
지금 여기서 확인할 수 없는 초호화주택단지 천국은 맹지이다

세월호 침몰은 착하고 꽃다운 우리 아이들을 수백 명이나 남해바다
에 익사시켰다. 세월호의 실질적인 소유주인 기독교 사이비종교 구원파
교주 유병언은 호의호식하며 사는데, 교인들은 전 재산을 바치며 비참
하게 산다.

왜 이런 일이 벌어질까? 인간은 사회를 이루고 살기에 한정된 부와
짝짓기 상대에 대한 비교와 다툼이 필연적이다. 사자·늑대·들개·하이
에나·물개·바다표범·사슴·닭 무리는 목숨을 걸고 피를 흘리며 싸워
서열을 만든다. 그리고 서열이 높은 자들이 암컷들을 다 차지하고 먹이
에 대한 절대적인 우선권을 갖는다.

여기서 밀려난 구성원들에게 사랑과 꿈을 주는 것이 사이비종교를
포함한 기성종교의 매력이다. 물론 그 보상은 당장 오지 않는다. 먼 훗날
죽은 뒤에 받거나 빨라도 수십 년 후의 휴거기간에 일어난다. 지금 여기
서의 풍족하고 사치스러운 삶이라는 즉각적인 보상은 교주나 타락한 성
직자들이 누린다. 왜 사이비교주들은 사후 천상의 기쁨은 도외시하고

이 지상에서 누리는 쾌락을 우선시할까? 중동사막종교의 교주는 왜 천상에서 극락極樂을 누리지 않고, 이 지상에서 여덟 명이 넘는 부인을 두었을까? 교주의 도주를 돕고 검찰의 체포를 피해 도주 중인 교주에게 그림자처럼 붙어서 시중을 들었거나 들고 있는 여러 여성은 도대체 무슨 천상의 비밀스러운 역할을 한 것일까? 그와 밀접한 관계라는 유명 여성연예인은 또 무엇이란 말인가? 추종자들은 왜 이런 지극히 상식적인 질문을 한번도 던져보지 않을까? 정말 기이한 일이 아닐 수 없다.

유럽인들이 오더니 "자 이제, 복을 주시는 하나님께, 우리 기도합시다" 해서 같이 눈을 감고 기도를 했는데, 기도가 끝나 눈을 뜨고 보니 "자기들 손에는 『성경』이 그리고 유럽인들 손에는 땅과 재물이 들려있더라"는 아프리카인들의 기막힌 증언이 있다. 인류역사상 가장 수지맞은 혹은 가장 손해가 난 놀라운 물물교환이 아닐 수 없다!

정확히 이런 일들이 세월호 사건을 일으킨 구원파를 비롯한 사이비 종교에서 벌어지며, 사실은 모든 종교에서 벌어진다. 정도의 차이가 있을 뿐이다. 자기를 믿으면 구원을 얻는다고 해서 믿었는데, 자기들 손에는 어처구니없는 거짓 약속과 허황된 예언이 들려있고 교주 손에는 자기들 집문서와 월급통장이 들려있는 꼴이다. 종교개혁이 일어날 당시 유럽 토지의 반 이상을 교회가 차지하고 있었으며, 말기의 고려나 중국에 합병당하기 이전의 봉건 티베트도 크게 다르지 않았다.

왜 일부 목사·신부·승려 들은 고급자동차를 타고 성희롱·성폭행·음주·식육에다 해외원정도박까지 다닐까? 어찌 보면 종말론적인 예언, 임박한 말세, 휴거와 사후 고급주택단지인 천국 분양은 종교사업에 지나지 않을지 모른다. 여기에 비하면 오히려 어느 엉뚱한 미국인이 벌이고 있는 달나라 토지분양 사업이 훨씬 더 양심적인 사업이다. 둘 다 자기 게 아닌 것을 팔아먹는다는 점은 같으나, 후자가 더 깨끗한 사업이라는 점은 부인할 수 없는 사실이다. 최소한 달나라 땅은 육안으로 관찰이

가능하기 때문이다. 달나라 땅도 그리 통하는 도로가 없다는 점에서 맹지盲地이긴 하나, 접근이 아예 불가능한 것은 아니다.

제주도나 산간오지의 맹지를 가보지도 않고, 부동산 업자가 보여주는 지도만 보고, 또는 부동산 업자 말만 듣고 좋은 땅인 줄 알고 산 사람들을 비웃는 종교인이 분명 있을 것이다. 천국 땅 역시 가보지도 않고 남의 말만 듣고 거금을 주고 샀다는 점에서, 그리고 그리 통하는 길의 존재가 확실치 않다는 점에서, 맹지를 산 것은 거의 분명한 일이니 참으로 아이로니컬한 일이 아닐 수 없다. 허전한 마음을 달래주길 기대하는 신도들 마음을 종교진통제로 다루고, 자기들은 정당한 봉사비용과 커미션을 받고 양도차액을 얻은 것이라고 생각할지도 모른다. 양쪽 다 서로 줄 수 있는 것을 주고받았다고 생각할지 모른다.

아마 힘 없고 돈 없고 능력 없는 자신에 대한 혐오와 무기력증과 심한 열등감과 삶에 대한 우울증에 사로잡힌 사람들은, 설사 이런 종교일지라도 없는 것보다는 있는 게 낫다고 생각할지 모른다. 술이나 담배에 의지해서 사는 사람들은 간경화·위암·폐암에 걸려 죽을지라도 술·담배가 없는 세상을 원하지 않는 것과 유사한 현상일 것이다.

부처님이 강조하신 것은 '삶을 있는 그대로 보는 것'이다. 선불교적으로 보면 조고각하照顧脚下요, 불매인과不昧因果요, 명두래명두타 암두래 암두타明頭來明頭打 暗頭來暗頭打이다. 자기 아이라도 죽음은 죽음일 뿐이고, 자기 동족이라도 석가족의 학살과 멸망은 학살과 멸망일 뿐이다. 초자연적인 힘의 개입에 의해서 우리의 고통과 절망과 세상의 불의가 신사적神私的으로theo-personally 해결되고 정의가 바로 세워지는 것이 아니다.

미개한 미신에 사로잡혀 점치기·사주보기·풍수보기를 즐기고, 배타적으로 자기들에게만 복을 내려주는 신이나 종교에 대한 광신적인 믿음에 사로잡혀 물들어있는 우리 국민이, 유병언 같은 사이비교주를 키우고 그 교주의 탐욕이 부실기업을 만들어 세월호 참사를 만들었다는 점에서, 세월호 사건은 우리 미개한 풍습과 초자연적인 한탕주의라는 국민성의 책임이다.

우리는 진지하게 물어야 한다. 관세음보살이 기독교인들을 돕는지. 만약 그렇다면 그런 사례가 왜 알려지지 않는지, 그리고 예수·마리아· 하나님이 이슬람교도나 불교도에게 복을 내려주는지, 그리고 그런 사례가 있는지, 또 없다면 왜 없는지, 그 이유를 물어야 한다. 만약 이런 사례들이 없다면, 종교적인 신들이나 초월적인 존재들은 유대민족의 부족신인『구약』의 야훼처럼 그냥 배타적인 신들이나 존재일 뿐이다. 그리고 우리가 만들어낸 '환망공상'(환상·망상·공상·상상)에 지나지 않을 것이다.

수만 년 전의 크로마뇽인 시절부터 인류가 맹수들의 공격으로부터 살아남은 것은, 기독교신이나 이슬람교신이나 관세음보살에게 빌어서가 아니라, 합심해서 성책城柵을 만들고 돌칼·돌창·돌도끼·돌화살 등의 무기를 만들어 방어했기 때문이다. 그러므로 우리의 구원은 오로지 우리 손에 달린 것이다.

참혹한 재난의 거친 소용돌이 속으로 몸을 던져 목숨을 걸고 승객들을 구한 해양경찰 박상욱 경장과 고 박지영(22) 승무원·고 김기웅(28) 승무원·고 정현선(28) 승무원과 무명 영웅들에게, 이 지면을 빌려 경의와 조의를 표한다. 우리 중의 이런 영웅들이 우리를 구하지 다른 신비한 힘이나 초월적인 신들이 구하는 것이 아니다.

신비한 주문을 외우거나, 영험한 불상이나 초월적 존재나 힘센 신에게 기도한다고 해서 우리 삶이 나아지지 않는다. 이미 가지고 태어난 환경은 즉 인종·부모·지능·체격·유전자 등은 바꿀 수 없는 기정사실이지만, 우리가 세상을 보는 눈은 우리에게 달린 일이다.『법구경』『숫타니파타』『아함경』『반야심경』『금강경』등에 담긴 주옥같은 지혜의 말씀은, 우리로 하여금 자신과 삶과 세상에 대한 시각을 통째로 바꾸게 한다. 이런 변화는 외적인 한탕이 아니라 내적인 혁명이며, 이 변화를 통해서 우리는 자신과 타인을 사랑할 수 있고, 자신이 하는 일에 긍지를 가질 수 있으며, 우리 사회를 거대한 참사와 재난이 없는 행복한 사회로 만들 수 있다.

내세에 대한 믿음이
인간의 행복을 증진하는가?

행복한 사람은 내세를 생각하지 않는다

　종교인들은 '내세가 없다면 지금 제멋대로 살다가 가면 될 것'이라며 '내세가 없다는 주장'을 공격하는데, 이는 어불성설이다. 그리 주장하는 사람이나 그리할 일이다.

　내세가 없다고 믿는 사람들이 지금 그리하고 사는가? 함부로 살고 있는가? 내세가 있다고 믿는 사람들이 서로 수천 년 동안 끔찍한 전쟁을 벌여온 이유는 무엇인가? 각자 서로 다른 내세를 믿어서 상대방의 내세를 믿지 않기 때문인가? 세상의 범죄를 억제하는 것은 내세에 대한 믿음이 아니라, 현세의 법률·관습·문화·양심良心, 착한 마음, good heart이다. 세상의 전쟁을 억제하는 것은 힘의 우열과 손익계산과 보복의 위험이다. 내세는 죽은 다음에 올 일이요 신의 응징은 언제 올지 모르는 일이니, 둘 다 더디고 기약없는 일이다. 그래서 참지 못하고 스스로 응징하고자 전쟁을 일으킨다. 응징이나 보복 이외에 종교인이 전쟁을 일으키는 이유는 현세의 국제정치적인 구도나 개인의 세속적인 철학과 이익추구 때문이었으며, 내세에 대한 믿음이 전쟁을 막지 못했다. 오히려 역사적으로 보면 종교인들이 전쟁을 더 즐겼다는 증거도 있다, 신의 이름으로 전쟁을 벌였다. 유럽기독교인들은 일말의 양심의 가책도 없이 아프리카 인들을 노예로 만들고 남북아메리카 원주민들을 잔인하게 학살했다. 그들은 이들의 창조를 하나님의 실수라고까지 믿었다. 내세에 대한 믿음은 인간의 탐욕, 특히 집단적인 탐욕 앞에서는 무용지물이다.

지금 유럽이 역사상 최장기간인 근 70년간의 평화를 누리는 것은 내세에 대한 믿음 덕이 아니다. 유럽공동체EU라는, 종교가 멸시해온 '돈'이 엮은 '경제적 결속'이 낳은 평화이다. 결코 내세에 대한 믿음이 낳은 평화가 아니다. 현재 유럽인 중 무신론자 비율은 역사상 최고수준이다. 역사적으로, 종교 인구수와 평화는 반비례한다.

내세를, 그리고 하나님을 믿는 기독교인들이 2천 년 동안 자기들끼리 수없이 전쟁을 벌여온 이유는 무엇인가? 유대교에 뿌리를 둔 같은 하나님을 믿는 기독교·회교·유대교가 서로 죽이겠다고 지상을 전쟁으로 어지럽혔다. 가장 대표적인 예는 중세유럽 기독교가 회교를 상대로 벌인 200년에 걸친 8차례의 십자군전쟁과, 20세기에 회교도와 유대인들이 벌인 4차례 중동전쟁이다. 이스라엘을 지원한 미국을 응징하기 위해서 중동 산유국들이 일으킨 오일 파동으로, 수천 년 묵은 가난을 벗어나고자 허리띠 졸라매고 일하던 대한민국은, 하마터면 부도가 날 뻔했다. 같은 알라를 믿는 회교국가인 이란과 이라크는 8년 동안 화학무기까지 동원하여 형제 모슬렘들을 살육하며 죽기살기로 전쟁을 벌였다. 같은 회교이지만, 한쪽 집권세력은 시아파이고 다른 쪽은 수니파이다. 지난 70년간 가장 전쟁을 많이 벌인 국가는 전 세계에서 가장 종교적인 국가인 미국이다. 베트남전과 두 차례의 이라크전, 아프가니스탄전쟁을 일으켰다.

내세에 대한 그리고 하나님에 대한 믿음보다 더 중요한 것은 생명과 삶을 바라보는 우리의 시각이다.

정의는 내세와 관계가 없다. 종교가 없는 동물도 정의감이 있다

우리가 지금 약자를 돕고 약탈자를 응징하고 살인자·강도·도둑을 벌 주는 것은, '내세가 있다고 믿어서 하는 일이고 내세가 없다고 믿으면 안 할 일'인가? 내세라는 개념조차 없는 코끼리와 침팬지와 물소도 나름대로 정의란 무엇인지 안다. 사육사들이 침팬지가 내놓는 돌멩이 개수만큼 바나나를 받게 침팬지들을 훈련시켰다. 어느 날 자기는 돌멩이 하나에 바나나를 한 개 받았는데 동료가 돌멩이 하나에 바나나를 여러 개 받는 것을 목격하고는 분개해서 자기 바나나를 땅에 내동댕이친 침팬지의 사례가 있다.

몽구스는 내세에 대한 신앙이나 종교가 없어도, 단결된 사회를 이루고 상부상조하며 평화로운 사회를 만든다. 몽구스를 독수리나 맹수로부터 지키는 것은 하나님이 아니라 스스로의 단결과 조직의 힘이며, 몽구스들이 다른 몽구스를 죽이고 강탈하지 않는 것은 내세에 대한 믿음이 아니라 현세(유지)에 대한 믿음이다. 보초 서는 이타적인 몽구스가 독수리의 내습을 경고하다가 미처 피하지 못하고 독수리에게 잡아먹히는 것을 감내하는 것은, 몽구스가 내세를 믿어서 그리하는 것이 아니다. 몽구스에게는 천국행은 물론이거니와 부활이라는 축복도 없다! 하나님은 몽구스를 배려한 적이 결코 없다. 하나님이 소·양·염소·돼지가, 심지어 인간을 보호하고 충성을 바치는 개까지, 인간에게 잡아먹히게 장려하거나 방치함을 보면, 하나님이 들판의 보잘것없는 몽구스를 배려할 이유는 나변에도 없다.

그러므로 『신약』에서 예수가 "공중의 새가 농사짓지 않아도 먹고살고, 들판의 백합이 길쌈하지 않고도 옷을 입는다"고 말한 것은 궤변이거나 무식의 발로이다. 아프리카 세렝게티 초원의 누·얼룩말·물소가 사자에게 산 채로 뜯어 먹히는 장면을 본 적이 없는 사람의 발언이다.

현명한 랍비 예수가 그리 말했을 리 만무하다. 아마 제자들이 슬쩍 자기 생각을 적어놓은 것이리라. 당시에 '동물의 왕국'이라는 TV 프로그램이 없었으니 이해하지 못할 바도 아니다.

하지만 진돗개 한 마리만 키워봐도, 새가 개에게 얼마나 자주 사냥당하는지 목격할 수 있다. 새는 살쾡이·고양이·뱀에게도 사냥당한다. 같은 조류인 매에게도 사냥을 당한다. 알이 먹히는 것은 부지기수이다. 게다가 멸종당하기도 한다. 수천 년간 아프리카 마다가스카르 섬과 인도양 모리셔스 섬에서 번영하던 코끼리새와 도도새는 17세기에 인간과 인간에 묻어 들어온 쥐에게 알이 다 먹혀 영원히 사라졌다. 석가는, 오히려, 공중의 새가 매에게 잡아먹히는 참극을 목격한 뒤로 삶에 대한 깊은 회의에 빠졌다. 뿐만 아니라 인간을 잡아먹는 것은 자연(동물들)이 아니라 같은 종種인 왕과 귀족들이라는 지배자들이다. 예수님 말씀에 고무되어 새나 백합처럼 들판에서 홀로 하나님의 보살핌 아래 조용히 살려 해도, 지배자들은 득달같이 쫓아와서 세금이란 명목으로 빼앗아간다. 현대적으로는 월스트리트로 대변되는 '아무리 먹어도 배가 고픈' 금융권력자들과 부패한 정치인들과 관료들이다.

그리고 발이 달린 것도 아니라 도망갈 수 없는 야생백합은 꽃을 피우기도 전에 소·양·염소·말·토끼에게 뜯어 먹힌다. 해마다 한반도에 날아오는 황사는 중국 북부 초원의 풀을 가축들이 다 뜯어 먹어서 벌어진 사막화의 산물이다. 거기 풀은 다 살해당했다. 식물에게 의식이 없는 것은 축복이다. 만약 의식이 있다면, 식물은 토끼·양·염소·말 그리고 소가 다가오는 것을 보거나 느끼면, 혹은 멀리서 그들 초식동물의 그림자만 보아도, 공포에 사로잡힐 것이다. 그러면 식물이 파란 것은 항상 파랗게 질려있기 때문이라는 동화 같은 설명이 갑자기 설득력을 얻게 된다. 이리되면 정신적인 고통으로 말미암아 살아도 사는 것이 아닐 것이다. 그러니 식물의 의식은 설사 있다 해도 없애야 할 판이다.

우리를 구원하는 것은 종교가 아니라 세상을 보는 우리의 시각이다

하나님은 결코 누구를 편애하거나 돌보는 분이 아니다. 결국 우리를 구원하는 것은 '삶과 인간계와 자연계와 우주를' 보는 우리의 시각이다.

생명을 유지하기 위해서는 노동이 필요하다. 잡아먹는 놈이건 잡아먹히는 놈이건 공히 노동을 해야 한다. 수고해야만 먹고사는 세렝게티의 사자와 누는 죽어라고 달려야 한다. 사자는 행여 굶어죽을세라 쫓아가는 달리기를, 누는 잡아먹힐세라 필사적으로 도망가는 달리기를 해야 한다. 거기 더해서, 누는 싱싱한 풀을 찾아 해마다 수천 킬로미터의 대장정을 해야 한다.

인간도 마찬가지이다. 인간은 농경을 발명한 이래로 지난 1만 년 동안 농사짓는 수고를 하지 않고는 살 수 없는 동물이다. 이것이 '수고에 대한 정당한 대가'라는 정의감을 발달시켰으며, 이런 과정은 내세와 전혀 관계가 없다. 진화의 과정을 거쳐 생성되고 발달한 습성과 정보가 물질적(생체) 유전자와 정신적(문화) 유전자에 보존되어있을 뿐이다. 이들이 발휘되면, 즉 물질적·정신적 유전자 들의 합동작전이 펼쳐지면, 인류의 문화가 봄날 쌍계사 계곡 벚꽃처럼 흐드러지게 꽃피게 되는 것이다.

종교가 성한 나라가 오히려 자살률이 높다

'내세가 없으면 지금 당장 자살하면 될 일'이라는 주장 역시 일고의 가치도 없다. 지금 중국(47%)이나 일본인구(30%)의 수십 프로를 차지하는 무신론자들이 이 주장처럼 자살을 하는가? 오히려, 내세가 있다고 믿는 종교인이 인구의 반 이상을 차지하는 대한민국이 전 세계 최고의 자살률을 자랑한다.

우리나라의 자살자 중 노년층이 상당한 비율을 차지하는데, 이는 노년층에 대한 사회적 안전망의 부실에 기인할 가능성이 있다. 자식에게 투자하느라 남은 재산이 없지만 자식으로부터 그만큼 보답을 받지 못하며, 그렇다고 달리 보상받을 곳이 없다는 것이 문제이다. 이 문제는 내세와 전혀 관계가 없는 국가적인 경제력과 제도의 문제이다. 가장 기본이 되는 것은 국가적인 부와 공정한 분배제도이며 그다음이 종교이다. 기본적인 부가 없으면 생계는 물론이거니와 의료보험과 국민연금 등이 유지되지 못한다. 북한주민들이 모두 유일신교를 믿는다 하더라도 그 처참한 삶의 질에는 변함이 없다. 정치제도와 경제제도가 개선되지 않으면 백종교百宗教가 무효이다.

이슬람 자살폭탄 테러범들처럼 빨리 내세의 행복을 누리려고 자살하는 것이라면, 내세에 대한 믿음이 오히려 자살을 부추기고 있다. 내세를 믿는 (사이비)종교인들의 집단자살은 어제오늘의 일이 아니다. 미국의 인민사원, 와코Waco의 다윗지파, 일본의 옴진리교, 우리나라의 오대양 사건 등이 있다. 내세를 믿지 않는 사람들이 벌인 집단자살의 사례가 있는가? 오히려 '단 한 번뿐인 삶'이라는 생각이 자살을 억제할 수 있다. 이것은 '단 하나뿐인 과자'나 '단 한 벌뿐인 외출복'이나 '단 한 켤레인 운동화'를 아껴먹고 아껴입고 아껴신는 것과 동일한 이치이다. 단 하나뿐이라고(즉 내세가 없다고) 절대로 함부로 먹거나 입지(즉 자살하지) 않는다.

내세에 대한 믿음은 현세를 괴롭게 만든다

내세에 대한 믿음은 현세의 삶을 몹시 더 괴롭게 만들고, 품위있는 임종을 막기도 한다. 끔찍한 고통을 겪으면서도, 신에게 벌을 받아 지옥에 갈지 모른다는 공포로 생명을 이어가는 불치병에 걸린 말기환자들은, 특히 회복력이 없는 노년층 암환자들은, 고문실을 벗어나지 못하는 죄수와 같다. 이런 환자들에 대한 안락사 허용에 대한 논의는 극심한 고통에 시달리는 중환자들에 대한 아편이나 모르핀 등의 진통제 투여와 같은 인도적인 맥락이다.

자살은 현세의 삶이 괴로워서 생기는 일이지, 내세에 대한 믿음이 없어서 벌어지는 일이 아니다. 동물들도 극단적인 상황에 처하게 되면 자살을 한다. 아리스토텔레스에 의하면, 비티니아의 통치자 니코메데스 왕이 죽자 그의 말이 먹이를 거부하고 자살했다고 한다. 주인을 잃은 개가 식음을 전폐하고 굶어죽는 일은 옛날부터 있어온 일이고, 지금도 종종 보도가 된다. 내세나 종교에 대한 생각이 전혀 없는 동물이 자살을 하는 것은, 단지 현세의 삶이 참을 수 없도록 괴롭기 때문이다. 그러므로 '내세에 대한 믿음이 없으면 지금 당장 자살하면 될 일'이라는 주장은 전혀 말이 안 되는 엉터리 주장이다. 자살이 그리 쉬운 일인 줄 아는가? 오히려 계속 사는 것이 차라리 더 쉬운 일일 수 있다. 이는 35억 년 생물계의 존속이 웅변적으로 증명하고 있다. 생명체의 삶은 관성이다!

종교는 행복을 얻기 위한 방편이다
우리를 구원하는 것도 종교가 아니라 우리 자신이다

종교는 참이 아니라 단지 방편일 뿐이다. 인간이 더 평화롭게 그리고 더 행복하게 살게 하기 위한 방편일 뿐이다. (하지만 유일신교적 종교들이 인류에게 끼친 해악을 고려해보면, 이들이 과연 전체적으로 인류에게 득이 되었는지는 대단한 의심거리이자 연구과제가 아닐 수 없다.) 인류집단의식이 발명한 발명품일 뿐이다. 종교가 무너지고 무신론자들이 급속히 증가하는 현시대는, 인간이 다음단계의 진화로 넘어가기 위해서 새로운 발명품이 절실히 필요한 시점이다. 우리를 구원하는 것은 신이나 내세나 종교가 아니라, 지금 여기서의 우리의 깨인 마음(지성)과 의지와 행行이다.

누가 거짓말을 하고 있을까:
종교가 참일 확률은?

남의 말을 곧이곧대로 다 믿다가는 망한다

부처님은 성도成道 후 '의지할 스승이 없다'고 한탄하셨다.

누군가에게 의지하는 것은 인간의 본성이자 군집동물의 본성이다. 집단은 지도자가 없으면 유지되지 않는다. 집단의 힘은 집중concentration에서 나오고, 집중은 결정decision making에서 나오며, 결정은 최고의사결정권자인 지도자 없이는 불가능하다. 인간이 35억 년 진화의 여정에서 그렇게 집단을 이루어 성공적으로 생존하고 결국은 먹이사슬의 정점에 선 것이므로, 지도자를 세우고 따르는 것은 인간의 뇌에 깊이 각인되어 있다.

5천 년 동안, 불과 100년 전까지만 해도, 신하들은 왕에게 의지하고, 왕은 종교나 신에게 의지했다. (그리고 왕은 신의 이름으로 백성을 통치했다. 지금은 신이 헌법으로 바뀌었다.)

그런데 사람들이 믿는 신은 많다. 하지만, 세상의 신은 많아야 하나만 진짜이고, 최악의 경우 모두 가짜이다. (이 경우가 확률이 훨씬 더 높다.) 서로 상대방이 가짜라고 비난하기 때문이다.

윤회가 있든지 없든지 둘 중 하나이다. 따라서 유일신교와 불교는 양립할 수 없다. 적어도 둘 중 하나는 거짓말쟁이이다. 뿌리가 같은 유일신교인 회교와 기독교에 대해서도 같은 말을 할 수 있다. 적어도 둘 중 하나는 거짓말쟁이이다. 회교에 의하면 예수는 피조물인 '인간 예언자'일 뿐이고, 기독교에 의하면 예수는 '창조주 하나님'이다. 따라서 기독교가 보기에 회교는 거룩한 창조주 하나님인 예수를 피조물 인간이라고 부르는 신성모독을 저지르고 있고, 회교가 보기에 기독교는 피조물인 인간 예수를 감히 하나님이라 부르는 어처구니없는 신성모독을 저지르고 있다. 그러므로 기독교도가 사후에 회교지옥에 가든지 회교도가 사후에 기독교지옥에 가든지 둘 중 하나이다. 하지만 불교가 보기에 두 종교는 쓸데없이 다투고 있다. 창조주라니? 둘 다 헛소리를 하고 있을 뿐이다. 자꾸 어리석은 소리를 하면 멍청한 동물로 환생한다.

기독교와 회교가 전쟁을 일으켜 서로 학살하는 것은 신성모독을 저지르고 있는 상대방을 빨리 자기들 지옥으로 보내려는 의도가 분명하다. 어차피 아무리 말해도 안 듣는 시꺼먼 염소 같은 자들은 살아있어봤자 죄나 더 지을 것이니 빨리 없애는 것이 서로 좋다. 그런데 양측 사망자들 중 한쪽은 절대로 상대방 지옥에 가지 않는다. 두 종교가 동시에 참일 수는 없으므로 한쪽 지옥은 존재하지 않는 것이 분명하기 때문이다. 두 종교가 이런 지적을 받고 어리둥절하고 있을 때 불교가 나선다. 미망戒禁取見에 빠져 서로 증오하고 살해했으므로 둘 다 우리 지옥행이다. 어리석은 생각에 빠지기만 했다면 대뇌신피질이 발달하지 않은 미련한 축생계로 유배가는 정도로 충분하겠지만, 그 미망을 살인으로 실현하는 이념형 중범죄를 저질렀으므로 지옥행이다. 법계보안법法界保安法 위반에 해당하므로 엄벌을 피할 수 없다. 하하하, 재미나는 결론이 아닌가?

이렇듯 모든 종교는 서로를 부정하고 있고, 많아야 한 종교만 옳을 것이므로, 대다수 종교인은 지독한 망상 속에서 사는 셈이다. 따라서 전체적으로 보면 종교인들은 비종교인들에 비해 망상으로 가득 찬 사람들이다. 신앙심이 깊을수록 중증 망상증환자일 가능성이 급증한다.

예를 들어 어느 나라 인구가 600만 명인데, 기독교인이 100만 명, 이슬람교 100만 명, 불교 100만 명, 힌두교 100만 명, 유대교 100만 명이고, 무신론자가 100만 명이라 하면, 종교인 500만 명 중 적어도 400만 명은 망상증이 확실하다. 누가 가짜라고 찍어 말할 수는 없지만 가짜가 400만 명 이상이라는 것은 부인할 수 없는 사실이다. 많아야 한 종교만 참일 것이기 때문이다. 수학적 추론의 힘이다.

하지만 무신론자 100만 명 중 적어도 몇 명이나 망상증인지는 확실치 않다. 종교가 하나라도 참이라면 무신론자 100만 명은 모두 망상증이고 종교가 모두 거짓이라면 무신론자 망상증 환자는 한 명도 없다. 즉 '0'명이거나 '100만' 명이다. 그 중간은 없다. 정말 이상한 일이 아닌가?

인간은 누군가에게 의지하지 않고는 못 산다. 신이 없고 귀신조차도 섬기지 않는 유가儒家는 공자에게 의지해서 살지만, 공자는 요·순에 의지했다. 주공에게도 의지했다. 그래서 『논어』에는 공자가 "꿈에 주공이 나타나지 않는다"고 한탄하는 대목이 나온다.

인간은 어류·파충류·포유류·영장류 순서로 진화했다. 어류·파충류·포유류·영장류에게 내세나 종교가 없는 것은 확실하므로, 종교는 영장류와 인간 사이 그 어디선가 생겨난 것이 분명하다. 정확히 언제라고 지적할 수는 없지만 그 사이 언젠가 발생한 것이다. 그러므로 종교인들이 주장하듯이 종교가 시작도 없는 태초부터 존재한 것은 아니다. 그런 주장은 천부당만부당하다. 그리고 어류·파충류는 지도자 없이도 아쉬움이 없어 보이므로 지도자에 대한 의지依支 역시 파충류와 포유류 중간 어디선가 생긴 것이 분명하다.

그러므로 우리가 할 일은 '어느 누구도 부인하지 않는 그리고 특정 종교와 무관한 황금률에 따라 사는 것'이다. 모든 종교에는 인류가 축적한 지혜의 말씀과 황금률이 들어있다. 이들을 충실히 따르면 행복도 절로 따라온다. 살인하지 말라, 도둑질하지 말라, 지나치게 술을 마시지 말라, 거짓말하지 말라, 삿된 음행을 하지 말라, 효도하라, 증오하지 말라, 사랑하라, 해를 끼친 자에게 관용을 베풀어라, 내가 당하기 싫어하는 일을 남에게 하지 말라, 대접받고 싶은 대로 남에게 행하라, 남에게는 관대하고 자신에게는 엄격하라, 보답 없이 선행을 행하라, 어려운 이들을 도와라, 약자를 감싸라, 악과 타협하지 말라, 모든 인간은 모두 형제이다, 모든 사람은 평등하다, 탐욕을 멀리하라, 마음을 가난하게 하라, 집착하지 말라, 어두운 데서 손톱을 깎지 말라, 오얏나무 아래서 갓을 고쳐 쓰지 말라, 겸손하라, 모든 일에 감사하라, 근면하라, 하늘은 스스로 돕는 자를 돕는다 등등 무수히 많은 가르침이 있다. 아마, 다 모으면 어느 종교경전보다도 양이 많으리라.

　이런 가르침에 충실하면 신이 있건 없건, 천국이 있건 없건, 지옥이 있건 없건, 성직자들이 협박하건 말건 개의치 않을 것이다. 스스로 자기 마음이 보람과 긍지와 기쁨으로 충만할 것이기 때문이다. 그리고 이런 선함은 다른 누군가의 승인을 받아야 하는 것이 아니다. 알 수 없는 옛날부터 인간에게 내재되어있는 것이다.

　이런 일을 하지 않아도 자기들 신을 믿으면 구원을 얻고 천국에 간다고 가르치는 종교가 있다면, 그 종교는 악마의 종교임이 분명하다. 그리고 스스로 이리할 수 있다면 종교가 필요할 이유는 나변에도 없다.

　아마 인간이 종교를 믿는 이유는 이런 힘든 일을 하지 않고도 값싼 믿음에 영靈을 싣고 절대자(초월적 독재자 또는 천상의 독재자, transcendental dictator or celestial dictator)의 백으로 손쉽게 구원을 얻으려는 한탕주의적 무임승차철학 때문일 것이다. 인간이라면 마땅히 해야 할 선행八萬四千細行을 하지 않고도 예수만 믿으면 혹은 아미타불만 믿으면 천국이나 극락에 갈 수 있다면 이 얼마나 쉽고 편한 복된 길인가? 종교적인 '은하철도'나 'UFO(신비한 비행능력을 지닌, 선택받은 극소수만 그 정체를 안다고 하는, 비행물체)'가 아닐 수 없다.

누군가를 절대화하고 그에 대한 절대적인 믿음을 갖는 것은 유한하고 불완전하고 비非절대적인 인간이 할 수 있는 일이 아니고, 또 해서도 안 된다. 도대체 불완전한 인간이 어떻게 다른 존재가 완전한지 알 수 있다고 하며 '자신의 완벽한 인식능력'을 주장하는가? 이런 일은 망상이자 광신狂信이고, 이런 일이 인류에게 무한한 고통을 초래해온 것은 인류역사가 증명하고 있다.

5천 년 동안 왕들이 (폭력적인) 신들로부터 권한을 받아 (폭력적으로) 사람들을 지배해왔으나(왕권신수설이나 중국의 천자개념), 지금은 헌법이 신의 지위를 박탈하고 그 자리를 대신 차지하였다. 정치체제의 근거가, 신이라는 종교적 권위로부터 헌법이라는 세속적 권위로 옮겨간 것이다. 우리를 우리 주변에 실재하는 악당들로부터 구원하는 것은 헌법이지 신이 아니다. 존재하지 않는 신은 존재하지도 않는 악마로부터나 우리를 구원할 뿐이다. (모든 신은 서로 반목하고 상대방을 부정하므로 전체적으로 보아 신들은 가짜이다. 즉 존재하지 않는다.) 대체로 인간 세상에 전쟁이 끊이지 않는 것은 서로 반목하면서 편협하고 폭력적인 신들 때문이다. 인류가 이만큼 국제적인 평화를 이룬 것은 종교를 초월한, 즉 신을 초월한 유엔과 같은 세속기구 덕이다. 그러므로 이제 인간의 정신적인 구원 역시 유신론적 종교로부터 벗어날 때가 되었다.

이 일의 첨병으로는 신을 세우지 않는 불교가 가장 적합하며, 그리하려면 불교가 먼저 정화되어야 한다. 부처님 재세시의 맑고 깨끗한 모습을 회복해야 한다.

정각正覺 직후 존경하고 의지할 사람이 없다고 한탄하시던 부처님은 결국 '존경하고 의지할 대상은 진리法'임을 깨달은 것으로 보인다. 인류역사상 처음으로, 35억 년 진화의 과정에서 취득되고 인정받고 각인된

'누군가를 따라야 한다'는 유전적 습성을 깨뜨린 것이다. 이것은 부처님의 유언인 '법등명 자등명法燈明 自燈明'에 여실如實히 반영되어있다. 우리는 이것이 부처님의 최후의 가르침이라는 사실로부터 깨닫는다. 우리를 구원하는 것은 초월적인 존재가 아니라 오직 진리法라는 것을. 그리고 그 진리는 남이 대신 찾아주는 것이 아니라 스스로 찾아야 하므로 자기 자신我에게 의지해야 한다. 부처님我을 구도의 길로 나아가게 한 것도, 6년 고행을 하게 한 것도, 정각을 이루게 한 것도, 정각을 이룬 후의 삶을 지탱한 것도 모두 진리法에 대한 목마름, 추구, 획득, 그리고 전파이다.

이 진리를 향한 한마음이 인류를 새로운 진화進化의 길로 그리고 구원으로 이끄는 길잡이가 될 것이다.

뼈 숭배 사상:
연목구어 緣木求魚

살아있을 때는 힘이 없던 뼈가, 왜 죽으면 갑자기 힘이 세질까?
뼈는 힘줄이 있어야 힘을 발휘한다. 죽어 힘줄이 다 썩어 없어진 뼈가
어떻게 힘을 발휘할 수 있을까? 성자의 영혼은 왜 뼈 주위를 맴도는 것
일까? 그렇게 갈 데가 없을까?

구텐베르크는, 성물참배자들에게 팔던 성물관람용 거울 틀을 만드는
자신의 주물기술을 응용해, 금속활자를 만들었다. 거울소지자는, 성물
을 보려고 구름같이 모인 군중들 틈에서, 거울을 머리 위로 쳐들고 앞
사람들에 가로막힌 성물을 거울에 반사시켜보았다

기독교의 성물 집착

십자군전쟁 당시의 유럽 기독교계는 성물聖物: 성스러운 물건 집착에 빠져
있었다. 기독교인들은 성물이 기도를 들어주는 신비로운 힘이 있다고
믿었다. 그래서 교회는 성물이 하나라도 있어야 기도객을 많이 유치하
고 기부금을 충분히 흡족하게 받을 수 있었다. 그래서 성직자들은 광적
으로 성물유치 사업에 빠져들었다. (이 일은, 아직도 그 여진이 남아있는,
한때 우리 불교계를 휩쓸던 진신사리 봉안 소동과 비슷하다. 남방불교국가들
에서 부처님 진신사리를 모셔온다고 야단이 났었다. 만약 성물에 그토록 신
비로운 힘이 있다면 왜, 가지가지 온갖 종교적 성물이 부지기로 존재하는 인
도가 그 모양 그 꼴인지 설명할 수 있어야 한다. 그 성물들이 그렇게 영험하
다면, 성물주인이 살아있을 때는 그 영험함이 엄청나게 더 컸을 터인데, 왜 그
당시는 아무도 소원을 빌지 않았는가? 그리고, 꼭 죽은 후에야 영험해지는 이
치는 또 무엇인가? 뿐만 아니라, 부처님의 진신사리를 봉안한 거대한 사리탑

들의 존재에도 불구하고 불교는 인도에서 사라져버렸다!) 그런데 그런 영특한 성물이 부족한 것은 당연하다. 인류역사에서, 귀한 것이 흔한 적은 없었다. 그렇지 않다면 지상은 이미 오래전에 천국이 되었을 것이다.

십자군전쟁의 주요 목표 중 하나는 성지(예루살렘)에서 성물을 획득하는 것이었다. 예수가 매달렸던 십자가(조각), 예수의 수의(조각), 최후의 만찬장의 포도주 잔(Holy Grail, 聖杯) 등 매혹적인 대상에 대한 희망으로 부풀어 올랐다. 예루살렘으로 가기만 하면 다 이루어질 것만 같았다. 예수의 유물이 아니더라도 기독교 성자들의 유품만 획득해도 성공이었다.

그로부터 수백 년 후인 루터가 종교개혁을 하던 16세기 초에도 성물을 보고 만지면 죄가 사해진다는 믿음이 있었다. (연옥에서는 불火 정화와 고문을 당하지 않는다.) 죄에서 벗어난 신자들은 교회에 돈을 바쳤으며, 성물을 소유한 교회들은 상당한 수입을 올렸다. 루터가 살던 독일 비텐베르크에도 십자가 나뭇조각, 뼈, 십자가형을 받던 날 예수의 머리에 씌운 가시, 머리카락을 전시한 곳이 있었다.

예수의 은밀한 곳의 거시기 피부龜頭皮를 성물로 모신 사원들도 존재한다니 기괴하기 짝이 없다. 유대인인 예수가 어린 시절에 할례를 받을 때 잘린 피부라고 한다. 소위 피부사리이다! 그중 한 곳은 수녀원인데 성녀 아무개가 기도 중에 신랑 예수로부터 받은 것이라고 한다! 놀랍게도, 그걸로 만든 반지를 받았다고 한다. 영적 결혼의 징표로 받은 것이라고 하기에는 너무나 세속적인 (그리고 자극적인) 예물이다. 그 사원이 무슨 소원에 영험할지는 짐작이 가고도 남는다.

그렇지 않은가? 종교는 정말 재미있다. 그런데 그 재미나는 얘기를 정색을 하고 근엄한 얼굴로 더없이 장중한 톤으로 하니, 우매한 중생들은 속아 넘어갈 수밖에 없다. 특히 풍성한 수염으로 인하여 사자머리처럼 위압적으로 보이는 동방정교회 신부들이 그런 역할을 할 때는 압권이다. 종교를 바꾸고 싶을 정도로 인상적이다. 4월 1일 만우절은, 시시한 거짓말로 서로 속고 속이며 시시덕거릴 것이 아니라, 인류가 그동안 얼마나 종교의 거짓말에 속아왔는가를 상기하고 이제라도 '종교의 거짓말에서 벗어나자'고 굳게 다짐하는 날이 되어야 한다.

기독교 구교인 가톨릭에서 예수는, 기도 대상으로서는 여섯 번째에 지나지 않는다고 한다. 첫 번째가 아니라는 것도 놀라운 일인데, 두 번째, 세 번째, 네 번째, 다섯 번째를 지나 여섯 번째란다. 가톨릭 신자들은, 수많은 성자들 중에서, 잡다한 소원과 가지가지 질병에 맞추어 거기 맞는 성자들에게 성공과 치유의 소원을 빈다. 다행히 가톨릭은 수만 명의 성자saint들을 자랑하므로 각각의 성자는 각각의 전문분야를 자랑한다. 철저히 전문화가 이루어진 것이다.

예를 들어서 무좀을 나으려면 '치퇴좀무' 성자에게 빌어야 한다. 하하하. 그런데 어떤 사람이 성자가 되려면 반드시 복수의 기적을 행했다는 증거를 바티칸으로부터 인정받아야 한다. 하늘을 날았다든지, 비를 내렸다든지, 총알을 피해 갔다든지, 또는 기적적으로 고질적인 중증 무좀을 치료했다든지 하는 증거가 필요하다. 가톨릭은 기적집착증후군 miracle-addiction syndrome을 앓고 있는 것이 분명하다. 이 증상은 수그러들지 않는다. 수십 년 전에 가톨릭이 '악마의 변호인Devil's Advocate' 제도를 폐지한 후에 가톨릭 성인聖人 수가 급증하였다. 성인 후보자가 생전에 행한 기적에 대해서 비판적인 시각으로 의문을 제기하던 역할을 하는 '악마의 변호인'을 세우지 않자 공인을 받는 기적이 급증한 것이다.

인과관계의 오인

기도로 인한 성취는 많은 경우 원인과 결과의 오인誤認에 기인한다. 사람들은 A가 일어나고 그다음에 B가 연이어 일어나면, A가 B의 원인이라고 생각하는 경향이 있다. '까마귀 날자 배 떨어진다'는 격이다. 그러나 시간적으로 선행한 사건이 후행한 사건의 원인일 필요가 없다. 어디, 까마귀가 난다고 배가 떨어지랴? A가 먼저 발생하고 그다음에 B가 발생했다고 해서, A가 B의 원인인 것은 아니다.

예를 들어, 쉰 살 먹은 당신이 아침마다 규칙적으로 해뜨기 전에 화장실에 갔다고 해서, 그게 지난 50년 동안 아침마다 제시간에 태양을 떠오르게 한 원인은 아니다. (웃을지 모르지만, 윤리적인 이유로는 과민성대장염이나 변비에 걸린 사람들을 무시할 수 없기 때문이다.) 쉬운 말로 하자면, 늦잠도 못 자고 휴일도 없이 아침마다 어김없이 제시간에 떠올라야하는 불쌍한 태양에게, '당신이 화장실에 가는 것'이 (태양이) 늦잠을 못자게 하는 징크스가 아니라는 말이다.

태양신을 섬기던 중미中美의 아즈텍인들은 혹시라도 태양이 다음 날떠오르지 않을까 두려워서 높다란 피라미드 위 제단에서 수백 년 동안매일매일 사람을 죽여 태양신에게 심장을 제물로 바쳤지만, 이 일이 태양이 떠오르게 한 원인은 아니다. (이 인신공희人身供犧는 1520년 스페인인코르테스의 아즈텍 정복과 함께 사라졌다. 그리고 태양은 여전히 떠올랐다. 전날보다도 더 핏빛으로 빛나면서.) 단 하루라도 제물을 안 바치고 시험을해보았으면 될 것을 소심하고 어리석은 인간들은 행여 지구의 종말이올세라 꿈도 못 꾼다. 사람은 스스로 구속될 뿐이다.

제주도 돌하르방 코를 만진 사람들 중 반은 반드시 아들을 낳는다. 그렇다고 돌하르방 코를 만진 것이 아들을 낳은 원인은 아니다. 코를 만지고도 딸을 낳은 같은 수의 사람들을 고려하지 않은 어리석은 생각일 뿐이다. 아프리카 밀림의 침팬지들은 많아야 200여 마리의 무리를 이루고 산다. 지금도 뉴기니나 아프리카나 브라질에 살고 있는 석기문명 원시인들은 그 정도 크기의 무리를 이루고 산다. 작은 무리 속에서는, 경험의 양이 적을 수밖에 없으므로 즉 표본집단이 작으므로, 통계적인 착각이 일어나기 쉽다. 신뢰할 만한 통계를 얻으려면 상당히 큰 샘플이 필요한데 작은 집단에서는 불가능하다. 그래서 그런 착각 또는 망상을 일으키기 쉽다. 지금 인간은 그 수가 73억 명을 넘어서서 사방에 유의미한 통계가 넘치고 넘치는데도, 인간은 아직도 석기시대 원시인의 습성을 못 버리고 있다.

사주팔자도 엉터리이긴 다른 미신들과 조금도 차이가 없으나, 『토정비결』은 저자 이지함이 그 비결을 저잣거리에서 무수히 많은 사람들을 관찰함으로써 얻었다고 전하니 통계적인 접근방법만은 높이 사줄 수 있다. 사람을 많이 상대하는 직업을 가진 사람은 초면初面일지라도 상대방이 어떤 사람인지(즉 직업이나 성품이 어떠한지) 상당히 유의미한 추측을 할 수 있다고 하니, 더욱 그렇다. 그러나 거기서 그치면 좋은데 사람의 미래를 알 수 있다고 주장하니(그것도 큰소리로), 혹세무민惑世誣民의 술術이 아닐 수 없다. 이런 사람들이 특히 불교계에 많다. 기독교와 같은 유일신교는 '신'이라는 엄청나게 큰 초월적인 특대 망상을 하는 반면에, 불교인들은 작은 망상을 무수히 많이 한다. 아마 양측 다 망상총량은 동일할 가능성이 있다. 이른바 '망상총량불변妄想總量不變'의 법칙이다. 유일신교인들은 망상을 하나神로 몰아서 크게 하고, 불교인들은 여럿(잡다한 미신)으로 잘라서 작게 한다.

풍수지리 역시 마찬가지이다. 특히 음택풍수陰宅風水가 그러하다. 정보가 부족했던 옛날에 비해서 지금은 사방에 정보가 차고 넘친다(예를 들어, 뭐든지 인터넷으로 구글google해보라. 대부분, 당신이 알고 싶은 것을 금방 검색해낼 수 있다). 그러므로 묏자리와 그 후손의 성공을 추적조사하면 그 진상이 백일하에 드러날 것이다. 대관절, 죽은 사람의 뼈다귀가 신통력을 발휘할 이유가 무엇인가? 그것도 전망 좋은 곳에 묻힌 뼈다귀는 왜 갑자기 힘이 세진다는 말인가? 생시에 경치 좋은 곳에 살면서도 힘이 없던 자가, 죽어서 그 좋은 경치를 볼 눈이 없어졌음에도 불구하고 돌연히 힘이 세어진다는 말인가? 팔이 있을 때도 팔씨름만 하면 지던 자가 정작 팔이 없어지자 팔씨름을 잘한다는 말이나, 혹은 이가 있을 때도 이를 간 적이 없던 자가 이를 다 잃자 갑자기 이를 '뿌드득 뿌드득' '들들' 간다는 말과 같은 말이 아닌가?

여기에도 역시 원인과 결과의 착각顚倒夢想이 도사리고 있다. 묫자리가 훌륭한 것은 망자가 그런 자리를 쓸 수 있을 정도로 권력과 부가 있었다는 말이지, 그 반대가 아니다. 즉, 묫자리를 잘 써서 권력과 부가 생긴 것이 아니라는 말이다. 밭 한 뙈기 없는 서민이 무슨 수로 명당에 묫자리를 쓸 수 있겠는가?

불교계에는 사주팔자·궁합·토정비결·풍수·점치기 등의 미신이 아직도 창궐하고 있다. 승속僧俗을 가리지 않는다. 합리적인 부처님을 본받아 이치에 맞게 사유를 하면 절대로 그런 일이 없을 것인데, 이런 일이 벌어지는 것은 '미륵반가사유상'을 박물관 깊숙이 모셔둔 결과이다. 불교에 적대적인 세력들이 불교 최고의 무기인 '사유思惟'를 사장시키고자 일부러 (박물관에) 유폐시킨 것은 아닌지 의심이 들 정도이다. 문화재라는 아름다운 이름으로 포장을 해서. 종교적인 수행의 보조도구를 문화재로 만드는 것은 그 본연의 목적을 상실하게 하는 것이다. 종교창시자들이 지하에서 눈물을 흘릴 일이다. "내가 왜 박물관유물이 되어야 하느냐?"고. 음침하고 어두운, 찾는 이 없는 박물관의 유물!

(거의) 동시에 일어난 사건도 마찬가지이다. 즉 A, B 두 사건이 동시에 일어났다고 해서, A가 B의 원인이라고 할 수는 없으며, B 역시 A의 원인이라고 할 수는 없다. A가 B의 원인이라는 것을 밝히려면, 첫째로

'A를 하면 반드시 B가 일어나는지'를 확인해야 하며, 둘째로 다른 이유가 없는 상태에서 'A를 안 하면 B 역시 안 일어난다'는 것을 확인해야 하며, 셋째로 A가 유일한 이유인지를 알기 위해서는, 'A가 아닌 C를 할 때도 B가 일어나는지' 여부를 확인해야 한다. 운동선수들의 터부·징크스라는 것은 바로 이 점을 착각한 것이다. 또 설사 A를 하면 B가 일어나고, 또 A를 안 하면 B가 안 일어난다 하더라도, 몇 번이나 그런 일이 일어났는지 횟수가 중요하다. 얼마든지 우연으로 그런 일이 일어날 수 있기 때문이다.

예를 들어 코털을 뽑았더니 홀짝 맞추기 게임에서 이겼다면, 한 번 그런 일이 일어날 확률은 $\frac{1}{2}\left(\frac{1}{2}\right)=\frac{1}{4}$ 이다. 세 번 연속 일어나려면 $\frac{1}{64}$ 확률이며, 여섯 번 연속해서 일어나려면 $\frac{1}{4096}$ 이다. 이 정도는 충분히 일어날 수 있는 사건이다. 그러나 만약 1,000번 연속해서 일어난다면 인과관계가 있다고 의심할 만하다. 이런 일이 벌어질 확률은 2^{1000} 분의 1로서, 2^{1000}은 0이 250개가 넘게 달려있는 상상을 초월하는 큰 수이다. 따라서 확률은 0.000……(250개 0이 줄줄이 늘어서 있다)……0001이다. 무슨 이유로 그러한지는 몰라도, 뭔가 이유가 있을 확률이 크다. 설사 코털을 뽑는 것과 홀짝을 맞추는 것이 진짜 인과관계(원인과 결과)는 아닐지라도 엄청난 확률로 상관관계가 있을 수 있기 때문이다.

예를 들어 정부에 어떤 중요한 정책변화가 있기 며칠 전마다 언론에 보도된다고 해서, 그 선행한 언론보도가 정책변화의 원인은 아니다. 단지 (제보자를 통해서) 미리 알고 보도한 것뿐이다. 둘 사이에는 전혀 인과관계가 존재하지 않는다. 그러나 상관관계는 존재한다. 이렇듯, 사건 A가 사건 B에 선행한다고 해서 A가 B의 원인인 것은 아니다.

확률이 극히 희박한 일도 언제든지 일어날 수 있다. 그리고 실제로 일어난다. 확률 n분의 1인 사건은 n이 얼마이건 간에 항상 일어난다. 인구 n인 나라에서 모든 사람이 서로 다른 번호의 로또 복권을 사면 반드시

한 사람이 당첨되는데 그 당첨확률은 n분의 1이다. 그러므로 매주 확률 n분의 1인 사건이 일어난다. n이 조兆이건 경京이건 조경兆京이건 구골 (googol, 1 뒤에 0이 100개 붙은 수. 전 우주의 모래수보다도 큰 수)이건 구골플렉스(googolplex, 1 뒤에 0이 googol개 있는 수)이건 상관없다.

유물의 진정한 역할

유물을 기리는 것은 그것이 신비로운 힘이 있기 때문이 아니라 그리움 때문이다. 유물은 부모나 자식의 사진과 같은 것이다. 생에 의욕을 잃다가도 이들의 사진을 보면 힘을 얻는다. 이 고해苦海로부터 우리의 질긴 생명을 이어가게 하는 무서운 힘을 발휘한다. 죽은 자는 말이 없지만, 우리 뇌(마음)속에 남아있는 그들은 아직도 무시무시한 힘을 발휘한다. 그렇다고 이런 효과를 신통력이라고 부르지는 않는다.

성물로 인해서 우리 마음에 변화가 일어난다면, 진짜 신통력은 우리 마음이 부리는 것이다. 하찮은 성물을 보고 그 큰 마음을 내니 말이다. 성물로 인해서 성인의 가르침을 더 공부하겠다는 마음이 나고, 더 수행을 하겠다는 마음을 낸다면, 그것이 진정한 성물의 기능이자 성물숭배이다. 만약 이런 효과를 볼 수만 있다면, 성물은 아무리 봐도 지나치지 않을 것이다. 그러나 그 너머로 비약하면 미신이고 광신이다.

해동 화엄종사 원효 스님을 '일체유심조一切唯心造'의 깨달음으로 이끈 것은 해골바가지였다. 명당은 고사하고 굴속에 버려져 뒹굴며 썩어가던 이름없는 해골! 우리로 하여금 세상(몸과 마음과 기세간器世間)의 실상實相을 바로 보게 하여 이 사바세계의 고통을 벗어나도록 인도하는 것이면 무엇이든지 성물이다.

삼천대천세계에는 사망한 유정·무정이 즐비하건만, 그들은 태고 이래로 말이 없다. 말을 하는 것은 지금 여기서의 우리 마음이다.

자주 들르는 통도사 금강계단에 갈 때마다 한없이 감동한다. 그곳에
모셔진 부처님 진신사리의 신통력에 감동한 것이 아니라, 그 먼 이역 인
도 땅에서 동쪽 끝 이 땅까지 사리를 모셔온 선인들의 구도심과 스승
부처님에 대한 존경심에 감동한다. 그리고 대웅전에 앉아 그분의 가르
침을 묵상하노라면 한 줄기 불어오는 미풍에도 혹시 그분의 숨결이 느
껴질세라 숨을 죽인다.

약이색견아 이음성구아 시인행사도 불능견여래

若以色見我 以音聲求我 是人行邪道 不能見如來

2,500년 전에 서쪽 땅에 몸을 나투신 부처님은 무한 보배를 남기셨건
만, 어리석은 중생들은 흙덩이를 좇는 구자狗子와 같구나. 사자라면 흙
덩이를 던진 팔뚝을 물고 금빛 갈기를 휘날리며 승천을 하여야 하건만,
무상無常 중의 무상인 뼈라니 엉뚱한 곳에서 부처님을 찾는구나.

부처님은 자신을 보고자 하면 살아계신 32상相 80종호種好도 떠나라
고 하셨건만, 생기없는 유물에서 무엇을 얻으려고 부지런히 머리를 조
아리는가.

버리고 버려서 아무것도 남지 않을 때 진정 소중한 것이 나타나는 법
이거늘, 사死(에 대한 집착. 환망공상과 욕망과 미련)를 버리지 못하니 생生
(에 대한 집착. 환망공상과 욕망과 미련)도 버리지 못한다.

무수한 중생이 생멸을 거듭하고 부처는 단 한 번 왔다 가버렸건만, 갈
애渴愛는 그를 소재로 삼아 주인 없는 동산에 환망공상으로 끝없이 꽃을
피운다.

...

낙원과 지옥

종교낙원이 오면 나머지는 다 지옥행이다. 지상에 둠스데이(Doom's Day: 지구 최후의 날)가 와 아마겟돈 전쟁이 벌어지면 믿는 자들만 살아남아 낙원으로 가고 나머지는 다 지옥행이다. 어느 종교든지 믿는 자들은 낙원행이요, 나머지 사람들은 다 지옥행이다. 그러므로 종교적인 낙원은 없는 게 낫다. 있어도 안 오는 게 낫다. 그래야 종교적 아우슈비츠인 지옥문이 열리지 않는다. 이에 비해 세속적인 낙원은 모두에게 열려있다. 종교적 낙원은, 고문·학살을 자행하는 지옥을 쌍으로 인정하는, 믿음차별적이고 반인륜적인 개념이다

이 광대한 우주에 인간이 도망갈 곳은 존재하지 않는다

대승은 천국을 만들고 소승은 천국에 간다

낙원이나 천국은 가는 것이 아니라 만드는 것이다.
낙원이나 천국은 가는 곳이 아니라 만드는 곳이다.

지옥 역시 마찬가지이다.

신앙심이 돈독한 사람들은 현실세계와는 초연한 척, 거리를 두고 내세의 천국을 꿈꾼다. 이들은 겉으로는 좋은, 성스러운 사람으로 보이지만 사실은 소승이다. 자기 자신의 구원에만 노력한다. 권력자들의 전횡 축출과 나쁜 경제·정치·사법제도의 개혁에는 관심이 없다. 그런 것은 악하고 부조리한 사바세계의 특징이므로 '그냥 멀리하는 것이 좋다'고 여긴다. 깨끗한 고가의 고급 천은 식탁을 닦는 데는 무용지물이다. 값싸고 더러운 걸레가 세상을 정화한다. 이 얼마나 아이로니컬한가?

힘들고 귀찮고 사익私益, private interest이 없어도, 새로운 제도하에서 혜택을 누릴 미래중생의 행복을 위해 희생하는 것이 대승이다.

천국행은 일확천금

왜 사람들은 내세의 천국을 꿈꿀까? 일확천금 사상 때문이다. 외국어(중국어나 산스크리트어)로 된 시시한 주문을 하나 외우거나 우스꽝스러운 신을 믿고 천국행을 꿈꾼다. 하지만 세상일은 한 번에 이루어지지 않는다.

진화론을 보라. 35억 년이 걸려, 단세포 생물에서 인간까지, 5억 년전의 바다생물의 90퍼센트가 사라진 캄브리아기 대멸종과 데본기 대멸종, 바다생물 95퍼센트와 육지동물 75퍼센트가 사라진 2.5억 년 전의 페름기 대멸종, 트라이아스기 대멸종, 공룡을 사라지게 한 백악기 대멸종을 초래한 6,500만 년 전의 대형운석충돌 등 크고 작은 숱한 재앙을 극복하고 살아남아, 점진적으로 고등생물로 진화한 것이 인간이다. 기독교 「창세기」 주장처럼 신이 진흙에 숨을 불어넣어 순식간에 만든 것이 아니다. 그런 생각은 전형적인 일확천금 사상이다. 사실은 거꾸로 인간이 순식간에 신을 만들어냈으니, '신'은 원조元祖 일확천금 사상이다. 자기를 보살펴주는 무한한 능력을 가진 초능력자를 만들어낸 것이다. 이제 당신이 할 일은 당신이 만들어낸 신을 일심으로 믿는 일이다. 후손들에게는 훨씬 더 쉬운 일이다. 신이 만들어진 자세한 내력·내막을 모르기 때문이다.

닭고기·돼지고기·쇠고기가 만들어지는 과정, 즉 도살되는 장면을 본사람은 고기를 먹기 힘들다. 마찬가지로 신이 만들어지는 과정을 본 사람들은 신을 믿기 힘들다. 그래서일까, 신학자들과 생물학자들은 대부분 무신론자들이다. 반면에 자연과학 중 가장 현실과 유리된 학문을 하는 수학자들 중에 유신론자가 가장 많다.

상인약수 上仁若水

인과론은 내세에 좋은 과果를 얻는 것이 아니라, 현세에 좋은 과를 얻는 것이 되어야 하며, 설사 내세에 우리가 존재하지 않더라도 우리 후손이 좋은 과를 받게 지금 여기서 우리가 좋은 인因을 심는 것이 중요하다. 상인上因은 약수若水라, 수혜자의 자격業을 묻지 않고 무차별적으로 혜택果을 베푼다. 발전된 과학기술과 정치·경제·사회제도의 혜택이 바로 그렇다. 그러므로 무연보시적인 상인上因을 뿌려야 한다.

인류는, 넓게는 생물계는, 서로 인연으로 얽힌 인연체이기 때문이다. 즉 하나이기 때문이다. 신비로운 초월적 존재로서 하나가 아니라, 우리가 생명과 자연의 비밀을 알아감에 따라 밝혀지고 드러나는, 구체적인 존재로서의 하나이다. 예를 들어 모든 동물의 유전자는 거의 일치한다. 심지어 미물인 초파리조차 유전자의 60퍼센트가 인간 유전자와 일치한다.

지금 내가 하는 일이 느리고, 가시적인 결과가 빨리 나타나지 않더라도, 결국 미래에 가족·후손·사회·국가·인류에게 큰 혜택을 주고 행복하게 함에 보람을 느끼는 것은 인류가 하나의 생명체라는 증거이다.

이것이 진실한 의미에서의 '하나'이자 한마음一心이다. 개인은 의식하지 못해도 역사는 도도히 흘러간다는 점에서, '전체'의 의식이 있을지 모른다.

문화유전자meme적으로 보아도, 인간의 삶의 질에 결정적인 역할을 하는, 형벌이 고대의 잔혹한 형벌에서 현대의 인도적인 형벌로 진화하는 데는 오랜 세월이 걸렸다. 결코 이 모든 변화가 한꺼번에 한 세대에 일어난 것이 아니다.

우리의 미개한 과거 모습: 고대의 야만적인 형벌

고대의 대표적인 형벌로는 월형刖刑(발뒤꿈치 자르기), 월족형刖足刑(아킬레스건 자르기), 빈형臏刑(무릎 슬개골 잘라내기. 이 형을 받으면 앉은뱅이가 된다. 『손자병법』의 저자 손빈은 동문 방연의 모략에 걸려 이 형을 받았다), 궁형宮刑(거세, 성기절단, 질폐쇄, 『사기史記』의 저자 사마천이 이 형을 당했다), 의형劓刑(코 '비' 자 옆에 칼 '도' 자가 있다. 코 베기), 이형刵刑(귀 베기), 발설형拔舌刑, elinguation(혀 뽑기), 괄형刮刑(혀 자르기), 묵형墨刑(얼굴에 먹물로 죄명을 새겨 넣기), 경형黥刑(얼굴·팔뚝 등의 살을 따고 홈을 내어 죄명을 찍어 넣는 형벌), 박피형剝皮刑(산 채로 가죽 벗기기, 명태조 주원장과 페르시아의 캄비세스 왕이 즐겨 시행했다. 주원장은 탐관오리들의 가죽을 벗겨 속에 짚을 채워 박제를 만든 다음 관청에 전시했다. 관리들은 그 옆에서 공무를 보았다. 캄비세스 왕은 부패한 판사 시삼네스를 산 채로 가죽을 벗겨 의자깔개로 사용했다. 네덜란드인들은 박피형 장면을 극사실주의로 그리게 해서 법정 중앙에 걸어놓았다), 박척형剝剔刑(뼈와 살을 모두 분리하는 형, 오대십국 남한의 왕 유창이 즐긴 형벌), 낙형烙刑(단근질, 불에 달군 쇠붙이로 몸을 지지기), 포락형炮烙刑(포는 통째로 구울 포이고 락은 지질 락이다. 이 형벌은 불에 달군 쇠로 단근질하는 형벌이다. 상나라 마지막 왕 주왕이 평소 웃지 않는 총비寵妃 달기를 웃기려고 고안했다. 이글거리는 숯불 위에 구리봉을 걸치고 가열한 다음 기름을 바른다. 그 위를 죄인이 맨발로 걸어가다가 미끄러져 떨어지면 숯불에 통째로 구워진다. 요부이자 독부毒婦인 달기는 그 모습을 보고 박장대소하며 즐거워했다고 한다. 그 바람에 수많은 사람들이 이 형벌을 당했다. 이 형벌이 쇠빗으로 사람을 빗는 철소형鐵梳刑과 결합하면, 포락형으로 불에 달궈져 부풀어 오른 죄인의 살은 철소질에 쉽게 떨어져나가 뼈만 남는다. 이 참혹한 형벌은 요나라 목종 야율경이 즐겨 사용했다), 압슬형壓膝刑(무릎 위

●요참형. 불교「지옥도」중 한 장면. 작두로 허리를 두 동강 낸다.

를 널빤지 같은 압슬기로 누르거나 무거운 돌을 올려놓기), 주뢰周牢(주리 틀기. 우리나라 사극에 단골로 등장한다), 착전鑿顚(정을 박아 정수리 뚫기), 사지절단형(한고조 유방이 죽자 황후 여태후呂太后는 유방의 총애를 받았던 척부인戚夫人의 사지와 혀를 자르고 눈과 귀를 멀게 한 다음 돼지우리에 처넣어 살게 했다. 즉 인간돼지로 만들었다. 그 모습과 어머니 여태후의 잔인함에 충격을 받은 효혜제孝惠帝는 그 충격으로 시름시름 앓다 요절했다), 거열형(다섯 대의 수레에 각각 머리와 사지를 묶어 각기 다른 방향으로 수레를 몰아 찢어 죽이기, 성삼문이 세조에게 이 형을 당했다, 이 형벌을 고안한 진나라 상앙도 이 형을 당해 죽었다), 참형(목 자르기), 혈적자血滴子(청나라 옹정제가 만든 살인기계. 투구에 가죽포대를 단 모양이다. 투구 안에는 날카로운 칼날들이 스프링에 연결되어 설치되어있다. 거리에서 살해대상을 만나면 그 머리에 이 투구를 씌우고 끈을 당긴다. 그 순간 스프링 힘으로 칼날이 튀어나와 목을 자르고, 잘린 목은 투구에 연결된 가죽주머니 안으로 '툭' 떨어진다), 요참형腰斬刑(허리를 두 동강 내 죽이기), 촌참형寸斬刑(토막 내 죽이기,『금강경』에서 부처님의 전생인 인욕선인이 가리왕에게 당한 형벌.『불경』'마하승기율摩訶僧祇律 명십구승잔법'에, 수일 내로 이 형을 받게 된 음탕한 여인을 비구니로 받아들인 사례가 나온다), 능지처사형(살을 조금씩 회를 떠 잘라내 죽이기. 청대에 4,000번 정도 각을 뜬 것이 최다기록이다), 쇄골표풍碎骨飄風(사형에 처

● (왼쪽) 청말(淸末) 능지처사형 사진.
● (오른쪽) 거열형. 팔, 발, 머리 5곳에 묶은 밧줄을 소가 5방향으로 끌어 6토막을 내 죽인다.

● (왼쪽) 영국의 팽형. 솥 밑의 장작불을 보라.
● (오른쪽) 도요토미 히데요시 암살미수범 이시가와 고에몬의 팽형. 자신의 몸이 삶아지는 와중에도, 연좌제로 동반팽형을 당하는 어린 자식을 구하려는 필사적인 모습.

● (왼쪽) 꽂이형. 땅에 세워진 날카로운 봉에 사람을 꿴다.
● (오른쪽) 능지처사형. 도끼로 찍어 몸을 토막 낸다.
  꽂이형과 능지처사형이 불교 「지옥도에 나타나는 것은 그림이 그려질 당시, 또는 그 이전에 이미 이런 형벌이 시행되었다는 증거이다.

한 후 뼈를 빻아 바람에 날리기), 팽형(끓여 죽이기, 도쿠가와 막부 일본에서 천주교 신자들과 신부들이 이 형을 당했다), 확팽濩烹(가마솥에 넣어 삶아 죽이기), 화형(중세유럽에서 수십만 여인이 마녀사냥을 당해 종교재판에서 이 형을 선고받아 산 채로 불에 타 죽었다), 꽂이형(1미터 정도의 끝이 날카로운 봉으로 사람을 항문부터 입까지 뚫어 꿴다. 드라큘라의 모델인 루마니아의 왕 블라드 체페슈가 만찬장에서 유흥거리로 즐긴 형벌이다. 사람을 뾰족한 말뚝 끝에 앉히면 말뚝이 체중의 압력으로 항문을 뚫고 입을 향해 올라간다. 이러한 현상이 서서히 일어나게 하려고 일부러 말뚝 끝을 뭉툭하게 만들었다. 감상하며 즐기는 시간을 늘리려는 의도였다), 갈고리형(끝이 구부러진 금속봉을 항문으로 집어넣어 갈고리에 장이 걸리게 한 다음 봉 끝에 무거운 돌을 매달아놓으면 서서히 돌의 무게로 봉이 아래로 내려가면서 내장이 빠져 죽는다), 생매장형(항우가 포로로 잡은 진나라 군사 40만 명을 죽인 방법이다), 십자가형(예수가 이 형을 당하기 100년 전에, 스파르타쿠스 반란에 참여한 로마노예 6,000명이 이 형을 당해 로마 아피아 가도를 따라 수 킬로미터에 걸쳐 늘어선 십자가에 매달렸다), 맹수밥형(초기 기독교인들이 로마인들

●서양의 「지옥도」. 그림 중앙의 팽형 장면을 보라. 지옥이 인간 의식의 반영이라는 결정적인 증거이다.

에게 당한 형벌), 동물강간형(로마제국에서 시행됨, 동물이 사람을 강간하게 함, 경우에 따라 생식기관 파열로 죽는다), 장살형杖殺刑(때려 죽이기), 해형醢 刑(죄인의 살을 저미어 육포肉脯로 만든 다음 술과 소금에 담가 젓갈醢로 만드 는 것. 공자의 제자 자로子路가 정적에게 살해당한 다음 해醢가 되어 공자에게 전달되었다. 이 사건 이후로 공자는 해醢를 끊었다) 등이 있다.

지옥은 인간 의식의 그림자

이런 참혹한 형벌이 잔인하게 가해진 속세의 현실이 생생하게 반영 된 것이 종교경전에 표현된 지옥묘사이다. 지옥이 우리 마음의 반영이 라는 결정적인 증거이다. 따라서 정신문명이 발달함에 따라 미개한 형 벌이 사라지듯이 미개한 지옥도 사라질 것이다.

흥미로운 일화를 하나 소개한다. 『장아함경長阿含經』 「폐숙경弊宿經」에 서 바라문 폐숙이 가섭존자에게 말했다. "살아서 나쁜 짓을 하면 죽어 서 지옥에 간다는 비구들의 말을 못 믿겠다. 나는 죽은 이가 돌아와 환

●불교「지옥도」에 나타나는 팽형. 지옥이 인간 의식의 반영이라는 결정적인 증거이다. 그림이 그려질 당시의, 고대 인간의 야만적인 의식을 생생히 증언하고 있다. 이런 대형 솥은 토기나 도자기로 만드는 것이 불가능하고 동이나 철로 만들어야 하므로 지옥은 청동기시대 이후의 발명품이 분명하다. 솥 안의 물을 끓이는 연료는 무엇일까? 말린 소똥일까? 장작일까? 아니면 원자력일까?

생처를 말해주는 것을 본 적이 없다. 죽어가는 내 친척에게 '죽어서 지옥에 가면 꼭 돌아와 알려달라'고 부탁을 했건만 아직까지 소식이 없는 것으로 보아 지옥은 없다." 이어지는 가섭의 대답이 천재적이다. "당신이라면, 만약 사형선고를 받은 도둑이 '놓아주면 고향에 가 친척들을 만나 작별인사를 하고 돌아오겠소'라고 부탁하면 놓아주겠소? 당신 친척은 죄를 짓고 지옥에 떨어져 옥졸에게 잡혀있는지라 당신에게 소식을 전하지 못하는 것이오."

이 일화에서 흥미로운 점은 부처님 당시에는 '도둑질을 해도 사형을 당할 정도로 법이 가혹했다'는 점과, 합리적인 의문을 제기한 폐숙이 가섭의 논리에 설득당했다는 점이다. 하하하. 폐숙이 상황설정을 잘못했다. 감옥에 갇힌 사람에게, 돌아와 수감사실을 알려달라는 꼴이니 말이다. 하하하. 그 연세에, 날카롭게 허점을 파고 들어가는 가섭의 순발력이 대단하다!

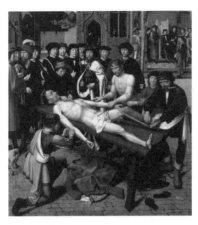
●제라드 다비드, 「캄비세스 재판」(1498). 박피형 장면. 오른팔 피부를 벗기려고 절개하는 모습과 피부가 벗겨져 붉은 살이 드러난 왼쪽 다리를 보라. 부패한 재판관 시삼네스는 산 채로 박피형을 당했다.

놀랍게도 요즘 유럽에는 하숙下宿형 감옥이 존재한다. 하루 중 일정시간을 감옥 밖에서 보낼 수 있다. 정해진 시각까지 감옥으로 돌아가면 된다. 여행도 허용된다. 필자는 실제로 이런 사람을 만난 적이 있다. 유럽의 인도주의가 이유이기도 하지만 더 큰 이유는 2008년 세계금융위기 이후로 재정이 안 좋아져서 감옥유지비용을 감당하지 못해 죄수들을 잡아둘 수만 없

기 때문이다. 그래서 미국 캘리포니아 주는 죄수들을 감옥에 가두지 못하고 아예 풀어주거나 형기를 줄여준다. 지옥도 경제사정이 나빠지면 하숙형 지옥이 생길까? 그러면 가섭은 같은 대답을 할 수 없다. 지옥에 간 폐숙의 친척이 잠시 지구표면으로 돌아와, 즉 땅 위로 솟아올라와, 폐숙에게 자기가 지옥에 갔다고 알려주면 되니 말이다. 하하하.

발안형拔眼刑, 摘眼刑은 눈알을 뽑는 형벌이다. 비잔틴제국 황제 바실리우스 2세는 대對 불가리아 전쟁에서 잡은 불가리아 군 포로 15,000명을 100명 단위로 나눈 다음, 99명의 눈알을 뽑고 1명은 애꾸로 만들어 그 1명이 나머지 99명을 인솔해서 불가리아로 돌아가게 만들었다.

사지절단형·낙형·월족형을 받은 자의 출가를 금하는 '마하승기율 명잡송발거법'은 부처님 당시의 인도도 잔인한 형벌을 가함에 있어서 결코 예외가 아니었음을 생생히 보여주고 있다. 사지절단형이나 월족형을 받은 자는 거동이 자유롭지 못하여 탁발이 불가능한 것이 출가금지 원인으로 보인다. 또 이 계율은 『금강경』에서 인욕선인이 받은 사지절단

형이 단순한 종교문학적인 창작이 아님을 증명하고 있다.

현세가 내세

인간에게 가해지는 상벌賞罰과 인간이 누리는 물질적·정신적 행복과 불행은 대부분이 타인으로부터 온다. (그리고 타인이 만든 '신'으로부터 온다. 자기가 만든 신에게 벌을 받는 교주는 존재하지 않는다. 교주의 신은 항상 다른 사람들을 벌준다.) 친구, 배우자, 부모, 자식, 동료, 원수, 적, 동일 종교인, 이교도인, 이기적 종교인, 이타적 종교인, 정통종교, 사이비종교, 약탈종교, 베풂종교, 편 가르기 종교, 더불어 살기 종교, 폭력의 신, 사랑의 신, 사기꾼, 박애주의자, 이웃, 선한 이웃, 악한 이웃, 평화로운 이웃 나라, 호전적인 이웃 나라, 착한 상인, 폭리 상인, 착한 재벌, 나쁜 재벌, 경찰, 도둑, 강도, 살인자, 선한 정치인statesman, 악한 정치인politician, 청렴 공무원, 부패 공무원, 유능 공무원, 무능 공무원, 익명의 대중, 앵벌이 언론, 정론 언론, 협력업체, 경쟁업체, 경쟁국, 우방, 적대국, 천사, 악마 등 인간의 행·불행은 거의 다 타인으로부터 온다. (인간이 군집생물체라는 증거이다.)

인류공동체가, 인간이 인간에게 잔인한 형벌을 가하고 인간이 인간을 노예로 부리는, 미개한 사회에서 오늘날처럼 자유·평등·박애의 사회로 진보하는 데는 짧게는 10만 년, 길게는 35억 년이 걸렸다. 돌아보면 지금까지 걸어온 길이 까마득하다. 위대한 성취가 아닐 수 없다.

그러므로,
천국과 낙원은 가는 것이 아니라 만드는 것이다.
천국과 낙원은 가는 곳이 아니라 만드는 곳이다.

내세는, 미래에 오는 것이 아니라, 현재에 만드는 것이다. 바로 여기에!

종교의 기능은 우리 마음을 정화하여 우리가 사는 이 세상을 더 좋은 세상으로 만드는 것이 되어야 하지, 수많은 다른 사람들을 뒤에 남겨두고 죽은 다음 좋은 세상으로 도망가는 것이 되어서는 안 된다. 우리가, 지금 여기에서, 만드는 세상이 미래의 우리와 후세 사람들의 내세가 되는 것이지 따로 내세가 있는 것이 아니다. 따라서 우리는 모두 더 나은 사회를 건설하기 위해 현실에 참여하는 전사戰士가 되어야 하지, 반쯤 눈을 감은 현실도피주의자가 되어서는 안 된다.

자기도 모르게
지옥행을 당하는 외계인들

> 무한한 우주에서 오직 지구에만 생명체가 산다는 생각은
> 어처구니없는 생각이다
> 이는 전 세계 농지에 기장을 뿌렸는데
> 그중 오직 한 알만이 싹이 터 자랄 거라고 믿는 거나 다름없다
> 〈키오스의 『메트로도루스』, 기원전 4세기〉

대항해시대인 1492년에 콜럼버스의 아메리카 대륙 발견으로 말미암아 스페인과 포르투갈 사이에 '새로 발견되는 땅의 소유권'에 대한 격렬한 분쟁을 일어났다. 이에, 2년 후인 1494년에, 교황 알렉산데르 6세가 세계지도에 브라질 동쪽을 통과하는 자오선(북극과 남극을 잇는 선)을 그어 세계를 둘로 나누어 서쪽은 스페인 식민지로 동쪽은 포르투갈의 식민지로 정해주었다. 그 후 더 많은 신세계가 발견되면서 새로운 분쟁이 일어나자, 1529년에 사라고사Zaragoza 조약을 통해서 일본 동쪽을 지나는 자오선이 스페인과 포르투갈의 식민지를 가르는 경계선으로 그어졌다. 그 결과 일본은 포르투갈 차지가 되었다. 일본은 자기도 모르는 사이에 포르투갈의 소유물이 된 것이다. 이것이 스페인인들이 아닌 포르투갈인들이 1543년을 기점으로 범선을 몰고 일본에 오게 된 연유이며, 조선이 임진왜란 기간인 1592~1599년에 일본이 마구잡이로 쏘아대는 포르투갈제 조총 총알에 유린을 당해 인구의 3분의 1이 학살을 당하며 전 국토가 지옥으로 변하게 된 사연이다.

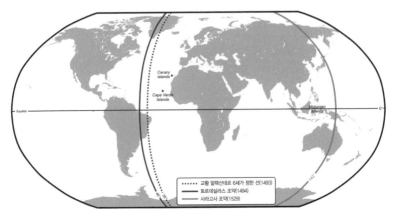

●가톨릭 교황의 중재하에 스페인과 포르투갈이 제멋대로 세상을 나눠 가진 세계지도. 왼쪽의 보라색
자오선이 1494년 토르데실라스 조약(Tordesillas Treaty)에 의한 영토분리선이며, 오른쪽의 녹색
자오선이 1529년 사라고사 조약(Zaragoza Treaty)에 의한 영토분리선이다. 보라색 선 왼쪽은 스
페인 땅, 오른쪽은 포르투갈 땅으로, 그리고 녹색 선 왼쪽은 포르투갈 땅, 오른쪽은 스페인 땅으로 정
했다. 파렴치한 놈들이었다. 당시 유럽인들은 지구촌의 이리 떼들이었다. 아시아, 아프리카, 아메리카
대륙에 살던 비유럽인들의 삶을 지옥같이 만든 지옥사자들이기도 했다. 일찍이 유럽문물을 받아들여
아시아의 이리가 되기로 결심한 것이 일본이다.

　　한국인 입장에서는 일본을 아무리 비난해도 지나치지 않다. 한국인
이 만든 종교인 대종교에서 보면 일본인들은 지옥행이다. 초대형 예언
을 즐겨 구사驅使한 불교승려 탄허에 의하면, 일본은 대부분의 땅이 이
미 서기 2000년경에 바다밑으로 가라앉아 물고기 밥이 되었어야 한다.
하지만 일본인들은 그 사실을 전혀 모를 것이다. 자기들의 선조는 이미
지옥에 떨어졌고 자기들은 앞으로 지옥에 떨어질 거라는 사실을. 이처
럼 한 종교는 그 종교를 믿지 않는 사람들을 지옥으로 떨어뜨린다. 그래
야 우주의 정의가 바로 선다고 믿는다.

　　외계인들은, 지구상에 무성생식無性生殖으로 태어나 십자가형 수난을
당한, 예수에 대해 모를 것이 확실하다. 우리도 외계인들의 종교를 전혀
모르는데, 그들이라고 우리 종교를 알 리 만무하다. 일석一石의 상대성이
론에 의하면 일체 정보전달은 빛의 속도를 넘을 수 없으므로 더욱 불가
능하다. 그래서일까? 지구상에서도, 불과 400년 전에는 아메리카인들

과 외부인들은 서로 상대방의 존재를 몰랐다. 그러니 당연히 상대방의 종교도 몰랐다. 그러므로 아메리카인들과 외부인들은 자기도 모르는 사이에 서로 상대방의 지옥으로 떨어지게 되어있었다.

아마 외계인과 우리의 관계도 이럴 가능성이 있다. 즉 우리 지구인은 외계인을 모두 지옥으로 떨어뜨린 것이다. 그들이 예수나 석가나 알라나 크리슈나를 알 리 없으므로, 그들은 모두 기독교나 불교나 이슬람교나 힌두교 지옥행이다. 그러므로 (만약 지구 종교가 하나라도 참이라면) 지옥에 가면 외계인들이 득실득실할 게 분명하다. 과학자들의 추산에 의하면 우주에는 생명이 있는 행성이 엄청나게 많을 것이므로, 지구인 수에 비해서 외계인 수가 압도적으로 더 많을 것이기 때문이다. 드레이크Frank Drake의 확률식을 이용한 일부 추산에 의하면, 문명이 발달한 행성은 우리 은하계에만 해도 1,000개가 있으며, 전 우주에는 100조~1,000경 개가 있다. 한 행성에 100억 명이 산다면 우주의 외계인 총인구는 자그마치 1자秭~10양穰 명이다. 이 엄청나게 많은 외계인들이 모조리 지옥행이다. 물론 지구상의 종교가 하나라도 참이라면 그렇다는 말이다. (다행히도『불경』에 의하면, 외계인이 사는 행성의 수는 10억 개로 훨씬 적어, 지구인들이 지옥으로 떨어뜨리는 외계인들의 수가 10만분의 1~100억분의 1로 급감한다. 불교는 자비로운 종교이다.) 그러므로 지옥에는 지구인이 가뭄에 콩 나듯 드물 것이다. (즉, 지옥중생 100조~1,000경명당 한 명 정도가 지구인이라는 얘기이다.)

그런데 불가사의하게도, 지옥에 다녀왔다는 사람들 중에 지옥에 있는 외계인을 보았다고 증언하는 이가 없다. 한 명도 없다. 괴이한 일이다. 외계인들의 외모가 기기묘묘할 것이므로 그 모습들을 절대 놓칠 수 없을 것이다: 한번 보면 절대로 잊을 수도 없을 것이다. 아프리카에 가서 기린을 못 보았다고 하는 소리나, 동물원에 가서 동물을 못 보았다는 소리와 전혀 다를 게 없다. 정말 알 수 없는 일이다.

흔히 기독교 교리를 비판할 때, '기독교 하나님은 예수를 모르는 자들을 모두 지옥으로 보낸다'는 교리가 집중포화를 당한다. 사랑의 신이라는 기독교 하나님이, 예수 당시에 유대 땅 반대편에 살던, 즉 예수에 대한 정보가 전혀 전해지지 않은 아시아에 살던, 그래서 예수에 대해서 전혀 들어본 적이 없는 한인漢人들이나 고구려인들을 그것도 갓난아이들까지 지옥에 떨어뜨리는 게 말이 되느냐는 비판이다. 광개토대왕도 세종대왕도 지금 지옥에 있다. 이 두 분을 존경한다고 자랑스럽게 고백하는 대한민국 기독교인들은 대체 어찌 된 일일까? (물론, 자연유산 되어 세상에 태어나지도 못한 태아들도 지옥에 간다. 또 예수 전에 태어난 자들도 모조리 지옥행이다. 선인이건 악인이건 차이가 없다. 동등하게 지옥으로 간다. 그리하여 성인 요堯·순舜도 지옥에 있을 터이니, 유자儒者들이 기독교를 극렬히 반대할 만도 하다. 졸지에 지옥에 떨어지게 되었으니 어찌 화가 안 나겠는가? 아마 요·순이라도 화가 날 것이다.) 외부세계와 유리된 깊은 산속에 살던 화전민들도 억울하다. 깊고 넓은 바다에 의해서 유라시아 대륙으로부터 격리된 오스트레일리아, 아메리카, 뉴기니에 살던 원주민들은 더 억울하다. 자기들도 모르는 사이에 아무 허락도 없이 흰둥이 놈들이 자기들의 지옥행을 예약해둔 것이다. 지구인들의 종교는 정말 이상하다. 인간의 지성을 고문하는 초월적이고 불가사의한 형이상학적인 고문도구이다.

그런데 우주에서 지구에만 고등생물이 산다고 믿었던 과거에는 이정도 비판으로 끝날지 모르지만, 우주에 고등생물이 무수히 살고 있다고 확신하게 된 지금은 더 혹독한 비판이 기다린다. 기독교 교리는 무수한 외계인들을 모두 지옥으로 떨어뜨린다. 이 광활한 우주를 지름 910억 광년의 원반형圓盤形 지옥대기소로 만들고 있다. 물론 깨인 기독교인들은 이런 교리를 믿지 않을 것이다. 그렇지 않은 편협한 기독교인들은 참회해야 마땅하다. 외계인들 보기에 창피하지도 않은가?

지금 이 순간도 지구상 어딘가에서 신흥종교가 탄생하고 있으며, 그 순간 나머지 사람들은 다 그 신흥종교 지옥행이다. 마찬가지로 지구 밖, 우주 어디선가 신흥종교가 생길 때마다 지구인들은 한 명도 예외없이 모두 그 신흥지옥에 떨어진다. 그리고 지구인들은 아무도 그 사실을 모른다. 외계인의 행성은 너무 멀리 떨어져있고 정보전달은 빛의 속도를 넘을 수 없으므로, 우리는 우리 생전에는 절대로 알 수 없다. 우리가 이미 지옥으로 떨어지게 되었다는 사실을. 비극은 그걸 피할 방법이 없다는 점이다. 외계종교가 지구에 도달할 때쯤이면 우리는 이미 이 세상 사람이 아니기 때문이다.

지구 밖으로 멀리 갈 것도 없다. 아마 개미나 벌도 종교가 있을지 모른다. 개나 소나 닭이나 돼지나 장어나 광어나 미꾸라지도 종교가 있을지 모른다. 그리고 인간은 이미 그들 지옥에 떨어지게 되어있는지 모른다. 그 사실을 우리 인간만 모르고 있을 수 있다. 동물들의 고통과 눈물을 보상해주려면, 인간이 지옥에 가야 마땅하다. 그렇지 않은가?

당신이 조물주라 해보자. 당신은 광어를 지옥으로 보내겠는가? 아니면 광어를 산 채로 사시미칼로 회를 떠서 먹는 인간을 지옥으로 보내겠는가? 동물들을 부려먹고, 잡아먹고, 재미로 죽이고, 삶의 터전을 파괴하고, 삶의 터전에서 내쫓는 인간들이 지옥에 안 가면 도대체 누가 지옥에 가겠는가? 우리 인간은 이미 지옥에 가게 되어있는데 그걸 모르고, 아주 까맣게 모르고, 가지가지의 이상한 새 종교를 만들어 천국에 갈 거라고 망상을 피우고 있을 가능성이 농후하다. 아주 농후하다. 거의 100%일 것이다. 인간의 종교적 환망공상은 우주적 개그콘서트 수준이다.

2
진화론 : 식물은 윤회하는가?

진화론은 인류역사상 가장 위대한 발견이다. 생물체의 모습과 기능이, 35억 년 전에 단세포생물로 출발하여 인간을 비롯한 수많은 다세포생물에 이르도록, 지금까지 끝없이 변해왔다는 걸 밝힌 위대한 이론이다. 종교는 진화하지 않는 영혼을 강조하고 식물에는 영혼이 없다고 주장하지만, 진화론에 비추어 보는 순간 종교적 교리는 대부분 헛소리로 전락한다. 육체가 진화한다면, 육체 속에 거하는 영혼도 진화해야 할 것이다. 하드웨어가 변하는데 어찌 소프트웨어가 변하지 않을 것인가? 그리고 영혼이 육체에 맞추어 진화한다면, 구태여 영혼을 설정할 필요도 없을 것이다.

흔적신痕迹神 흔적천痕迹天

흘러간 것은 흘러간 것이다
흘러간 것이 거슬러 흐르는 법은 없다

상선약수(上善若水)이다〈『도덕경』〉

도는 어디에 있는가?

사업을 하려면 차용借用은 필수이다

『장자』「지북유」에 장자와 동곽자 사이에 다음과 같은 대화가 있다.

동곽자가 물었다.

"도는 어디에 있는가?"

"없는 곳이 없다."

"구체적으로 이름을 지적하여 말해보시오."

"쇠파리에 있다."

"도가 그렇게 지저분한 곳에 있는가?"

"가라지나 피 같은 잡초에 있다."

"어째서 하찮은 것에 있는가?"

"옹기조각에 있다."

"왜 점점 심해지는가?"

"똥오줌에 있다."

"……."

장자가 말했다.

"당신의 질문은 본질을 말한 것이 아니다. 구체적인 사물을 벗어나 도를 이야기하려 해서는 안 된다. 지극한 도는 이와 같고, 위대한 말도 이와 같다."〈『장자』「지북유」: 김교빈, 이현구의 『동양철학 에세이』〉

어디서 많이 들어본 말 같지 않은가?

'초목와석草木瓦石(풀·나무·기와·돌)도 모두 불성이 있다'는 중국 선불교의 '초목와석실유불성 사상'과, 부처가 뭐냐는 질문에 대한 운문선사의 답인 '간시궐幹屎厥(마른 똥막대기) 화두' 등 말이다. 잡초와 옹기조각이 바로 초목와석이다. 똥오줌은 간시궐이다. 장자가 말한 대로 모두 구체적인 사물들이다. 재미있는 것은 도가 있는 곳으로 쇠파리를 들었다는 점이다. 파리의 일종인 초파리는 유전자가 60%나 사람과 일치한다. 누가 "사람에게 도가 있다면 초파리에게도 60% 정도는 있는 거 아니냐?" 하고 주장하면, 그냥 헛소리라고 내치기는 뭐할 것이다.

남의 말이나 이야기를 인용하는 것은 전혀 잘못이 아니다. 인간의 역사가 그러했다. 예를 들어 유대인들의 『모세오경』의, 즉 기독교인들의 『구약』의, 노아의 홍수이야기는 메소포타미아 지역의 길가메시 신화를 빌려온 것이다. 이곳은 유프라테스 강과 티그리스 강 사이의 지역이므로 홍수가 그것도 큰 홍수가 일어날 수밖에 없었다. 사막이 많은, 그래서 홍수와는 거리가 먼, 가나안 지방의 종교인 유대교에 대홍수 이야기가 삽입되는 사연事緣이다. 학자들은 유대인들이, 당시 지금의 뉴욕에 해당하는 국제적인 문화중심지, 바빌론에 노예로 끌려갔을 때 배워온 것이라고 한다. 문제는 빌려온 이야기로 새로운 의미를 창출할 수 있는지 여부이다. 식탁에서 갑자기 손님이 암살자로 돌변해 달려들 때, 달리 다른 무기가 없다면, 식기인 포크나 젓가락을 빌려 호신용 무기로 사용한들 뭐가 문제일까? 눈이나 명치나 목젖을 정통으로 찌를 수만 있다면 소기의 효과를 보고도 남을 것이다.

부실사업은 과감히 정리하라

초점은 불교가 도교에서 빌려온 파리, 초목, 옹기조각, 똥오줌으로 새로운 의미를 창출했는지 여부이다. 만약 돌, 나무, 물에도 사람처럼 보고 듣는 의식이 있고 심지어 피를 흘리며 복수할 수 있다고 믿으면, 이는 '엉뚱한' 방향으로 새로운 의미를 창출한 것이다. 한국불교를 대표하는 큰스님들 중에 이런 분들이 있으니 대원 스님이 그 주인공이다. 이런 절집문화 때문인지 진제 종정스님은 진화론을 범주적으로 부인한다.

아무리 생각해봐도 현재 불교는 초기불교에서 퇴화한 점이 제법 많아 보인다. 뭔가 크게 잘못된 것이다. 불교 근본교리인 무아론無我論과 자업자득自業自得에 어긋나는 생전예수재, 천도재, 49재 등 말이다. 철학이 잘못되면 행으로 반드시 나타난다. 뒤틀린 모습으로 발현된다. 현대 과학과 지식수준에 안 맞고 한참 뒤떨어지는 괴이한 이야기들은 불교인들에게 괴이한 행동들을 유발할 뿐이며, 이것이 현대한국불교의 문제의 근원이 아닌가, 조심스레 추측해본다.

상습적으로 친딸을 성폭행한 인면수심 아비를 잡아넣으려 하자, 어미가 사법기관에 선처해달라고 탄원을 했다. 가장이 감옥에 들어가면 가족이 먹고살 길이 없다는 것이었다. 종종 이런 이유로 형이 감량된다. 그래서일까, 불교에 숨어있는 고질적인 미신적인 면(의식과 교리)을 지적하는 필자에게 사람들은 반문한다. "그럼 당신의 대안은 뭐냐? 대책 없이 비판만 하는 것이냐? 우리더러 굶어죽으라는 거냐?" 하고 항의한다. 옳은 길을 가면 우주법계가 먹여살려주지 않겠는가? 유학자들은 특히 선비들은 개인적인 유불리有不利를 따지지 않고, 심지어 목숨을 돌보지 않고, 옳은 길로 가곤 했다. 맹자님이 강조하였듯이 '소인은 이익을 보지만 군자는 의義를 보기 때문'이라는 것이다. 이들은 초야에 묻혀 살다가도, 나라가 위기에 처하면 이런 정신으로 의병을 일으켰다. 임진왜란과 구한말의 의병장들이 그들이다. 불교에 둥지를 튼 미신은 그냥 없애면 된다. 이것이 바로 부처님의 파사현정破邪顯正의 도道이다. 이 풍요로운 자본주의 시대에 설마 굶어죽기야 하겠는가? 굶어죽을까봐 노심초사 애지중지 돌보아야 하는, 비만한 애완동물인, 욕심이 문제일 것이다.

야훼와 사천왕천은 낙후사업이다

종교도 생물체처럼 진화를 하는 것이고, 진화는 일시에 기존의 것을 없애고 새것을 만드는 혁명이 아니라 쓰던 것을 개량하거나 그 위에 새로운 것을 덧붙여가는 점진적인 과정이기에, 종교에는 옛날 흔적이 남아있다.

기독교 『구약』이 좋은 예이다. 『구약』에는 인종청소와 대량학살을 명령하고 인신공희를 받던 미개한 야훼 하나님이 버젓이 남아있다. 요즘 기독교인들이 이런 야훼의 만행에 대해서는 아예 언급을 안 하는 점을 보면, 『구약』의 야훼신은 (최소한 눈뜬 기독교인들에게는) 흔적기관이 분명하다, 즉 흔적신痕迹神이다. 기독교인들은 오래된 신神인 『구약』의 야훼

●(왼쪽) 고도 6,714미터의 카일라스 산의 위용. 『불경』에 묘사된 모습과 일치해서 수미산으로 추정된다. 수미산 중턱에 사천왕천이 있고 정상에 도리천이 있다.

●(오른쪽) 마나사로바 호수에서 본 카일라스 산 원경. 초호화 주택단지이자 초고층 주택단지인 타워팰리스처럼 보이지 않는가? 중턱의 사천왕천은 로열층이고, 도리천은 최고층 펜트하우스다.

를 없애지 않고, 그의 부정적인 속성인 분노와 시기와 질투와 식인食人과 도륙屠戮 등의 증오瞋 본능은 버리고 그가 가진 창조주로서의 상징적인 힘만 빌려와 사랑의 신神인 『신약』의 하나님을 만들었다. 야훼가 흔적신으로 전락한 연유이다. 비유하자면 조선 지배계층이 이성계의 역성혁명에 반기를 들다 살해당한 정몽주로부터 (고려왕에 대한) 충성심만 분리하여 그를 충신으로 만들어 문묘文廟에 모시고 섬긴 것과 유사한 현상이다. 정몽주는 문묘18현文廟十八賢 중 설총, 최치원, 안향 다음이다.

또 다른 예로서는 불교 우주론에 남아있는 힌두교 신들이다. 불교는 차마 힌두교 신들을 다 없애지 못했다. 그러다가는 생존이 불가능할지 모른다. 신자가 없지 않겠는가? 인간은 시작을 알 수 없는 옛날부터 신이라는 소마soma를 만들고 거기 취해 살았다. (생각외로 많은 사람들이, 이상하게도, 맨 정신을 싫어한다.) 그러니 신들이 다 없어진 텅빈 공허한 하늘을 누가 좋아하겠는가? 그래서 그 위에 불교 우주론을 건설했다. 그러다보니 지금 천문학적인 상식과 지리학적인 상식으로 보기에 우스꽝스러운 모습을 하고 있다. '카일라스 산으로 추정되는 수미산 중턱에 사천왕천이 있고 정상에 도리천이라는 하늘나라가 있다'는 것은 말이 안 되는 소리이다. 6,714미터 고산지대 호화주택단지라는 소리나 다름이 없지 않는가? 그런데 그 높은 곳에 도시를 만들다니, 그곳은 공기가 희박하고, 바람은 사납게 불고, 날씨는 몹시 추울 거라는 점을 몰랐을까? 불가사의한 일이 아닐 수 없다.

아직도 이런 낡은 우주관을 믿고 가르치는 것은 '사람 꼬리뼈나 고래 뒷다리 같은 흔적기관이 지금도 여전히 유용한 기능을 하고 있다'는 주장이나 전혀 다를 바가 없다. 사천왕천이나 도리천은 이미 그 기능을 다한 흔적기관일 뿐이다. 사천왕천의 주재신인 사천왕四天王이나 도리천의 주재신인 제석천帝釋天, Indra은 일종의 흔적신이다. 다른 그럴듯한 답이 없었던, 고대 인도인들의 우주적 지적 호기심을 다스려준 기능 말이다. 그런데 혹시 이런 의문이 들지 않는가? 지금은 흔적기능마저 사라져 쪼그라든 흔적기관에 누가 살고 있을까? 혹시 이미 폐도시가 된 것은 아닐까?

지나가는 길에 말하자면, 우주는 거의 진공이다. 우주에 있는 물질은 상암 경기장만 한 공간에 좁쌀 하나 있는 정도이다. 이런 식으로 우주공간에 흩어져있는 좁쌀들이 별들이다. 지구에서 가장 가까운 별인 센타우루스 자리의 프록시마까지도 4.3광년이나 걸린다. 자그마치 40조km이다. 지구에서 태양까지 거리의 27만 배 거리이다. 이 거리 안에는, 즉 태양을 중심으로 한 반경 40조km 안의 허공에는 아무 별도 없다는 말이다. 거의 아무것도 없다는 말이다. 이처럼 우주는 비어있다.

그런데 왜 밤하늘은 별들로 빽빽이 가득 차 있는 것처럼 보일까? 가까운 별, 먼 별 할 것 없이, 별이란 별은 모두 한꺼번에 동시에 이차원 망막에 나타나기 때문이다. 이 광활한 빈 우주공간을 채워줄 신들이 사라진 우주는 정말 삭막할 것이다. 그래서일까? 인간이 신에 대한 믿음을 버린다는 것은 정말 힘든 일이다. 하지만 신이 없이도, 사실은 신이 내는 초대형 소음에도 불구하고, 생명과 우주의 기원과 발생과 전개와 소멸을 성공적으로 설명해온 것이 인간 역사이다. 이 점에서 필자는 인간을 한없이 존경한다.

사업을 하다보면 실패는 반드시 일어난다 成敗事業之常事

인간은, 의식과 지능이 발달함에 따라 자연현상과 사회현상에서 '원인과 결과의 법칙'을 발견한 이후로, 지적 호기심이 충족되지 않으면 몹시 힘들어한다. 우주와 인간의 기원, 생사, 길흉화복, 영고성쇠의 원인을 알고 싶어 한다. 옳건 그르건 뭔가 그럴듯한 답을 주어서 그 호기심이 마구 날뛰는 것을 막아야 한다. (가짜 젖꼭지를 물리지 않으면 아무거나 마구 집어먹다 크게 탈이 나는 갓난아이와 같다.) 잘못하면 통제불가능한, 황당무계하고 난폭한 이론을 답이라고 주장할 수 있기 때문이다.

●무시무시한 번개. 신이라 불리는 데 부족함이 없어 보인다. 만약 당신이 학교에 다니지 않았다면 이 번개를 보고 과연 뭐라고 생각할까?

예를 들어 중앙아메리카 아즈텍 제국인들이 내어놓은 답인, 태양신은 인간을 마구 잡아먹었다. 생사람을 무수히 제물로 바쳤으니, 인간의 호기심은 잘 다루지 않으면 몹시 위험하다. 물에 휩쓸려 죽고, 번개에 맞아죽고, 가뭄에 굶어죽고, 더위 먹어 죽고, 얼어죽고, 병들어 죽던 인간은 천둥·번개·비·구름·홍수·추위·더위·질병을 관장하는 신들을 만들어내고는 마음이 편해졌다. 이들을 달래기 위해 제물을 바치면 되었기 때문이다. 설사 기도가 안 이루어지더라도 그건 자기 정성이나 행이 부족하기 때문이니, 영문을 알 수 없는 불확실성으로부터 해방이 되었다. (예를 들어 유대인들은 자학의 대가이다. 이집트와 바빌론에 노예로 끌려가거나 로마제국에 멸망당하는 등, 일이 잘못될 때마다 "야훼를 잘못 섬겨 이런 일이 일어났다"고 자책했다. 일의 원인과 결과가 명확했다. 이민족들이 보기에는 자신들의 신이 야훼보다 더 셌기 때문이지 다른 이유가 있는 것이 아니므로 다 헛소리였지만, 최소한 유대인들이 보기에는 그랬다.)

인간의 지식은, 인간이 어느 때 어느 곳에 있든지, 시공의 제약으로부터 벗어날 수 없다. 그래서 인간이 만들어 내놓는 답은 항상 불완전할 수밖에 없다. 그럼에도 불구하고 아무 답이 없는 것보다는 어떤 형태의 답이라도, 불완전하고 심지어 잘못된 답이라도, 없는 것보다는 있는 것이 더 낫다. 앞으로 엎어지고 뒤로 넘어지더라도 답을 찾아가는 과정이, 즉 더 나은 답을 찾아가는 과정이 바로 인간 지성의 활동과 작용이기 때문이다. 그러므로 과거의 미개한 미신과 종교에 대한 믿음을 지금 기준으로 비난할 수는 없다. 하지만 아직도 그리 믿는다면 어떻게 깨인 젊은이들의 비난을 면할 수 있으며, 세인의 조롱거리가 되는 것을 피할 수 있겠는가?

필자가 흔적기관의 예로 기독교 신 야훼와 불교 신 사천왕과 제석천왕을 들었지만, 잘 찾아보면 훨씬 더 많을 것이다. 각자 부처님의 말씀을 공부하고 사유하고 수행하여 개발한 지혜로 면밀히 살펴보면 스스로 여기저기에서, 숨어있어 눈에 잘 안 띄는, 흔적기관을 발견하는 기쁨을 누릴 수 있을 것으로 믿는다. 유레카!

그렇다고 건실健實한 믿음을 지닌 분들이 그 흔적기관들의 존재와 발견에 대해서, 부인하고 싶을 정도로, 수치스러워할 필요는 없다. 사업을 함에 있어서 성공과 실패는 일상적인 일이기 때문이다成敗事業之常事. 하물며 생명과 우주의 기원에 대해서 설명하고, 생물계에 만연한 고통의 원인과 그 해소책을 제시하려는 종교에 있어서야 더 말할 나위가 있겠는가? 자신의 실수를 인정하고, 그 실수에서 배워, 새 출발을 하면 그만이다.

창업자들이 처했을 어려움을 생각해보라

일본불교를 중흥시킨 쇼토쿠聖德 태자는 백제로부터 목수 세 명을 초빙해서 사천왕사를 지었다. 그중 한 사람인 금강중광金剛重光(곤고 시게미쓰, 한국명 유중광)의 후손들이 578년에 금강조金剛組(곤고구미)라는 건설회사를 만들어 사천왕사 유지·보수와, 나라의 호류지 건립과, 주요 사찰 복원 등을 해왔다. 그런데 연매출 75억 엔에 종업원이 100명에 이르던 이 기업이 1,400년 만에 파산하여 사라졌다. 거품경제 때 토지구입으로 진 빚이 눈덩이처럼 불어나자 감당을 하지 못한 것이다. 2006년에 벌어진 일이다. 금강조는 일본역사상 최장역사의 기업이었으며, 대대로 이어오면서 운영한 가족기업으로서는 세계최고最古의 기업이었다. 이런 기업이 한 번의 잘못된 판단으로 사라진 것이다.

서구 자본주의 주식시장 400년 역사에서 지금까지 100년 이상 살아남은 대기업은 거의 존재하지 않는다. 20세기 대기업들의 평균 수명은 75년에 불과하다. 131년 전에 다우존스지수를 구성하던, 미국을 대표

● 자연은 인간의 환망공상에 전혀 아랑곳하지 않고 항상 눈부시게 아름다운 자태를 뽐낸다. 인도 판공 호수의 모습. '판공'이란 티베트어로 길고 좁고 신비로운 호수라는 뜻이다. 보기에는 아름답지만 소금 물 호수가 완전히 얼어붙을 정도로 혹한의 겨울이 닥치는 곳이다. 히말라야 4,350미터 높이에 있고 길이가 130킬로미터가 넘는데 티베트에 60퍼센트, 인도에 40퍼센트 정도가 속한다.

하던, 우량 대기업들은 지금은 하나도 남아있지 않다. 부단한 혁신이 없이는 아무것도 살아남지 못한다. 세계가 무상無常, impermanent하기 때문이다. 그 어느 누구도, 그 어느 것도 당신의 정체성을 항구불변恒久不變한 것으로 지켜주지 않는다.

　자신이 태어난 인도대륙의 천년 전통종교 베다교를, 그 방대한 경전을, 생명과 우주의 기원을 설명해주던 가르침을, 누구나 절대적 진리라고 숭앙崇仰하던 가르침을, 그리고 그 가르침과 오의奧義와 깨달음을 천년 동안 이어온 성스러운 현자들을 모조리 미신과 사이비 깨달음으로 규정하고, 총체적으로 부정하고, 철저히 타파하고 혁신하려 했던 석가모니 부처님이 처한 어려운 상황을 곰곰이 생각해보시기 바란다.

남진제의 진화론 부정과
북송담의 현대과학 폄하*

과학은 의견을 바꾸는 것을 생명으로 하고
종교는 의견을 바꾸지 않는 것을 생명으로 한다

우리나라에는 두 분의 선불교 거장이 계신다. 소위 '남진제 북송담'
이다. 진제 스님은 남쪽 부산 해운정사에 주석하시고, 송담 스님은 북쪽
인천 용화사에 주석하신다. 한 분은 종정을 하시며 교화를 하시고, 한
분은 마을출입을 삼가고 수행을 하시며, 현밀顯密 쌍두마차로 우리나라
불교계를 이끌어가신다. 계행이 청정하고 반듯한 장로長老 수행자가 두
분이나 계신다는 것은 한국불교계의 홍복洪福이다. 두 분 다 달마대사를
통해서 중국을 거쳐 한반도에 전해진 정법正法을 잇고 있다는 자부심이
대단하시다.

그런데 이 두 분이 깜짝 놀랄 만한 발언을 하셨다. 필자는 처음에 이
발언들을 듣고 한동안 혼백이 흩어진 듯하였다. 과연 무슨 말씀들을 하
셨기에 필자가 그렇게 놀랐을까?

---

*『법보신문』에 「남진제 북송담의 진화론 부정 정당한가」로 2015년 6월 10일자로 게재.

진제 스님의 진화론 부정

조계종 종정 진제 스님은 진화론을 부정했다. 전면적으로 부정했다. 시자侍者가 스님에게 진화론에 대해서 묻자, 스님은 '동물이 진화해서 인간이 되는 법은 없다'면서, '원래 인간은 인간이고, 개는 개, 소는 소, 말은 말이었다'면서 진화론을 부정했다. 아울러 빅뱅Big Bang(우주폭발)도 부정했다. 우주는 항상 지금 이런 모습이라며, 과학자들이 뭘 몰라서 하는 주장이라는 것이었다. 종정스님의 사이트에 올려져있으니 확인하시기 바란다.(http://www.jinje.kr 법문 Q&A 48, 49항)

진화론은 인간의 인생관, 종교관, 생명관, 우주관을 바꾼 일대 사건이었다. 서구에서는 '생명의 근원'의 지위에서 신을 끌어내렸으며, '인간에게 있는 영혼이 동물에게는 없다'는 불평등하고 편협한 시각을 몰아내었다. 진화론으로 인해 모든 생명체의 평등을 강조하는 동양종교 사상에 대한 과학적 근거가 마련되었다. 그런데 큰스님이 진화론을 부정했으니 이만저만 큰일이 아니다.

의식의 출현은 최근의 일이며 자의식의 출현은 아주 최근의 일이다. 인간은 아메바에서 출발하여 35억 년 만에 드디어 의식을 발달시켰다. 의식이 의식을 들여다보는 자의식自意識, meta-consciousness(증자증분證自證分)이 출현하였다. (자의식을 가진 동물은, 코끼리·침팬지·돌고래·까마귀·문어 등 몇 종류밖에 없다. 이들은 하나같이 도구를 사용할 줄 안다.) 10만 년 전 무렵에 언어가 생겼으며, 언어의 발달은 의식의 발달을 가속화시켰다. 그 결과 자연현상과 사회현상에 대한 무수한 질문을 쏟아냈다. 말을 갓 배운 어린아이들이 무수히 쏟아내는 질문처럼, 마구 질문을 쏟아냈다. 2,500년 전 무렵에 세계 곳곳에서 벌어진 사유의 폭발이다. 그리스, 중국, 인도 등에서 봇물처럼 쏟아져 나왔다. 조로아스터·소크라테스·플라톤·아리스토텔레스·소피스트들, 공자·묵자·노자·장자·혜자·제자백가, 베다교·사명외도·순세파·자이나교·수론파·불교 등등, 이들이 내뱉은 무수한 말들은 무수한 글자로 기록되어 전해진다. 『경전』을 보면 글자들이 와글와글, 한껏 달궈진 프라이팬의 콩들처럼, 당장 뛰쳐나올 것만 같다.

의지의 존재를 통해서 인과관계를 파악했다

이들은 자신을 돌아보며 자신의 의지에 의해서 일이 일어나는 것을 보며 생각을 했다. (어린아이들이 자기가 똥을 만들었다는 걸 처음 발견하고 얼마나 감격해하는지 아시는가? 아마 처음으로 의지를 발견한 인간의 심정이 그러했을 것이다. 망치를 들면 모든 게 못으로 보이듯이, 의지를 발견한 인간의 눈에는 모든 사건과 현상의 배후에는 뭔가 의지가 있다고 믿었다.) 사건이 내 의지에 의해서 일어난다면, 비·천둥·번개 등도 누군가의 의지에 의해서 일어날 것이며, 나아가 인간의 탄생·죽음·질병·자연재해·전쟁의 승패도 누군가의 의지에 의해서 일어날 것이다. 그래서 그들은 그 의지의 주체에 신神이라고 이름을 붙였다. 이제 신에게 빌면 끝날 일이다. 그래서 신이 좋아하는 것을 찾아 나섰다. 동물 희생제의이다. '자기가 좋아하는 것을 신도 좋아할 것'이라고 망상을 피운 것이다. (개는 새나 뱀을 잡아 주인에게 바친다. 문 앞에 놓아둔다. 자기가 좋아하는 걸 사랑하는 주인에게 바치는 것이다.) 혹은 '자기에게 가장 소중한 것을 희생하는 것이 또는 주는 것이 좋을 것'이라고 생각해서 사람을 바치기도 했다. (당시 전 세계적으로 신들이 사람고기를 먹었다. 예를 들어 기독교 『구약』에는 야훼 하나님께 바치는 인신공희가 여러 곳에 기록되어있다.) 특히 젊은 처녀를 바쳤다. 자기도 가지기 힘든 '젊고 예쁜 건강한 처녀'를 바친 것이다. (우리나라의 『심청전』의 인당수 해신도 그 증거이다.)

신은 현상을 일으키는 숨은 의지이다. 그렇게들 믿었다

인도대륙에는 무수한 신들이 등장했다. (같은 시기의 그리스도 중국도 마찬가지였다.) 일종의 분업이었다. 각기 다른 일을 맡아 책임지는 여러 신들이 출현했다. 사람들은 신이 인간의 운명을 주관한다고 생각했다. 그리고 이 모든 신들 뒤에는 초특대 울트라 슈퍼 신이 존재하는데 그걸 브라흐만Brahman, 梵이라고 불렀다. 서양에서는 천지를 창조하고 관리하는 기독교 하나님 야훼가 등장했다. (후에 야훼는 성부·성자·성신 세 명의 신으로 분업한다.) 야훼는 천지와 만물을 창조했지만, 브라흐만은 아예 천지만물 그 자체이다. 둘 다 각자 우주 모든 것의 원인이다. 이런 의미에서 아리스토텔레스는 신을 '제1원인'이라고 불렀다. 모든 원인의 배후에 있는 첫 번째 원인이다.

아이들이 꼬리를 물고 끝없이 "그건 왜?" 하고 질문할 때, 대답하다 지쳐, 그리고 더 이상 몰라 신경질이 난 어른이 "몰라!" 하고 소리치는 게 바로 신이다. "몰라"가 바로 신이다. '뭔가 알 수 없을 때' 신이라는 이름을 붙이는 것이다. 나는 모르지만 뭔가 원인이 있다. 그걸 신이라고 부르는 것이다. 알 때는 수십 단계까지 열심히 설명을 하다가도, 더 이상 알지 못하는 순간이 오면 신을 끌어대는 것이다.

아는 것을 설명할 때는 신이 필요없지만,
모르는 것이 나올 땐 신의 의지로 돌린다

저 사람 얼굴이 왜 빨갛지요? 화가 나서 그래. 화가 나면 왜 얼굴이 빨게져요? 피가 얼굴에 몰려서 그렇지. 피가 몰려서요? 그래, 피가 빨간 색이잖아. 그럼 피는 왜 빨게요? 적혈구 때문이란다. 적혈구는 왜 빨게요? 헤모글로빈이라는 효소 때문이란다. 그래요? 그 헤모글로빈 효소는 왜 빨간가요? 다른 색은 다 잡아먹고 빨간색만 반사하기 때문이란다. 아빠, 빛은 아무 색깔도 없잖아? 겉보기만 그렇지, 사실은 여러 색깔의 모임이란다. 응, 알았어! 그럼 빛은 누가 만들었어? 그걸 내가 어떻게 알아~~~! 어린 아들과 아빠 사이의 대화다.

이렇게, 어떤 것이 어떻게 생겼는지, 알 수 없을 때 옛날 사람은 그냥 신이 만들었다고 주장했다. 그냥 신이 "빛이 있으라!" 하고 명령해서 빛이 생겼다는 것이다. 요즘 과학자들은 빅뱅으로 생겼다고 주장하지만, 빅뱅이 어떻게 생겼는지는 아직 모른다. 그러면 유신론자들은 신이 나서 말한다. "빅뱅은 신이 만들었다!" 『성경』을 다시 써야 한다. "신이 '빅뱅이 있으라 하매 빅뱅이 터졌다, 꽝!'"

내가 너에게 얻어맞은 것을, 신이 당신을 시켜서 나를 때렸다고 얘기하지는 않는다. 내가 먼저 한 대 쳐서 네가 나를 때린 것이다. 내가, 네가 맛있게 먹고 있는 육포를 좀 같이 먹자는데 네가 거절하자, 쥐어박은 것이다. 결국 문제의 시작은 먹고 싶은 마음이나 안 준다고 때리는 못된 마음이다. 이런 먹고 싶은 마음도, 때리고 싶은 마음도, 신이 일어나게 만들었나? 전쟁도 마찬가지이다. 신이 만든 것이 아니라 전쟁 당사자들의 마음이 문제이다.

연기론은 제1원인이 존재하지 않는다는 선언이다

이때 부처님이 나타나셔서 선언을 했다. "신은 없다. 제1원인으로서의 신은 없다. 인간은 자작자수自作自受 자업자득自業自得이지, 따로 인간의 길흉화복을 만드는 제1원인으로서의 신은 없다"고 주장하셨다. 그럼 세상일을 일어나게 하는 것은 뭘까? 부처님은 그것을 연기緣起라고 하셨다. 이것이 있으므로 저것이 있고 이것이 사라지면 저것이 사라지는 상호의존관계로 설명하셨다. 그러면 제1원인이 원천적으로 사라진다.

　예를 들어 100가지 원인이 하나의 사건이나 현상을 만들면, 거기에는 제1원인이 없다. 고만고만한 100가지 원인집단이 있을 뿐이다. 설사 100가지 중에서 소수의 비중이 높은 원인들이 있을 수 있지만, 이들이 나머지 비중이 낮은 원인들이 생기게 하는 것은 아니다. 그런 의미에서 제1원인은 존재하지 않는다.

연기가 설계자의 위치를 대체했다
연기론은 진화론의 철학적·과학적 근거이다

　이 사상은 혁명적인 사상이다. "설계는 반드시 설계자가 필요하다"는 상식적인 생각에 반하기 때문이다. 연기론은 물질과 사물에 일어나는 현상에서 '설계자'를 배제시키는 혁명적인 사상이다. 설계자의 위치를 '연기緣起'가 차지한 것이다. 그냥 '이것이 있으므로 저것이 있는 것'이지, 따로, 그 모든 현상을 있게 하는 제1원인으로서의 설계자는 없는 것이다. 이처럼 제1원인을 부정하면, 필연적으로, 제1원인으로서의 의지도 부정하게 된다. 즉 외계와 독립적으로 존재하는 실체로서의 아我, atman를 부정하게 된다. 비연기적非緣起的인 아我를 부정하게 된다. 그러면 무아론無我論에 이르게 된다. 아我란 5온五蘊의 모임에 지나지 않는다는 이론이다. (5온은 인간의 육체와, 좋고 나쁨을 느끼는 작용·생각하는 작용·의지작용·기억작용 등의 정신작용을 말한다. 즉 육체와 정신의 하드웨어와 소프트웨어, 즉 틀과 기능이다). 아我란 색수상행식色受想行識 5요소의 모임에 지나지 않으며, 5온의 연기작용에 지나지 않는다는 말이다. 인간은 자의식meta-consciousness이 생긴 이래로 항상 의지를 의식하고 살아왔기에, 또 항상 제1원인으로서의 의지를 생각하고 살아왔기에, "제1원인의 주인으로서의 '아我'가 없다"고 주장하는 무아론은 가히 혁명적인 이론이었다.

그래서 지금도 사람들은 무아론을 이해하지 못한다. 특히 '과학과 등을 지고 사는' 종교계가 더욱 그러하다. 그래서 사람들은 자꾸, 부처님이 출세하기 이전의 원시시대로 돌아가, 유아론有我論을 주장한다. 그중 가장 악명 높은 것이 '참나'이다. 참나는 진아眞我 또는 진짜 아트만true atman이라는 뜻으로서, 한국의 기라성 같은 스님들이 주장하는 참나는 '불생불멸 상주불변 영생불멸하는, 보고 듣고 생각하고 꼬집히면 아픈 줄 아는, 몸뚱이를 바꿔 새 몸을 갈아입는' 윤회의 주체이다.

이들의 '참나 이론'은 무수한 모순과 허점이 있다. 참나는 한마디로 '제1원인 이론'이다. 참나가 모든 사건과 현상의 제1원인이라는 것이다. 개인적인 사건과 현상은 물론이고, 사회적인 사건과 현상뿐만 아니라, 우주적인 사건과 현상의 제1원인이다. 참나는 허공을 창조하므로(허공각소현발虛空覺所現發), 그리고 현대물리학에 의하면 '허공은 진짜 아무것도 없는 것이 아니라 허공에너지로 꽉 차 있다' 하므로, 허공에서 우주가 탄생하여 사실상 참나는 우주를 창조하는 제1원인이다. 이것은 서양의 '신'에 해당하며 우주의 '실체'에 해당한다. 참나론은 심지어는 '우주에 존재하는 것은 참나뿐'이라는 극단적인 유심주의적唯心主義的 실체론으로 발전하기도 한다. 참나만이 존재하고 나머지는 분별망상이라는 주장은, '우주에는 브라흐만Brahman, 梵만 존재하지 개별자나 현상이 존재한다는 생각은 착각'이라는 힌두교 불이일원론不二一元論 사상과 정확히 일치하는 것이기도 하다. 세상은 브라흐만의 꿈이라는 것이다. 낭만적으로 얘기하면 세상은 브라흐만의 놀이터lila이다.

●높이 6미터까지 이르는 거대한 개미집. 가우디 성당을 빼닮았다. 오른쪽은 스페인의 가우디 성당. 아
직도 미완성이다. 두 건축물 중 하나는 설계자가 있고, 다른 하나는 설계자가 없다! 설계자가 없는 것
은 완성품이고, 설계자가 있는 것은 미완성품이다.

진화론에는 제1원인이 없다

진화론은 '제1원인이 없다'는 이론이다. 설계자가 없는 설계이며 경
쟁자 없는 경쟁이다Design without Designers. Competition without Competitors. 그래
서 진화론을 이해하면 무아론無我論은 저절로 이해가 된다. 여기서 아我.
atman는 디자이너와 경쟁자에 해당한다. 우주아인 브라흐만으로 보면 디
자이너요, 개별아인 아트만으로 보면 경쟁자이다. 사람들은 묻는다. "어
떻게 설계자가 없는 설계가 있을 수 있는가?" 하고. 시계는 반드시 시계
를 설계한 사람이 있지 않은가? 하고 묻는다. (사실 시계는 누가 만들었다
는 것을 이미 누구나 알고 있기에, 시계에 설계자가 있다는 말은 하나마나 한
소리다. 다른 예를 들자면, 지금도 석기시대에 사는 아마존·뉴기니 원시인들
이 밀림에서 '동영상이 상영 중인 스마트폰'을 습득하면, 그걸 누가 만들었다

●개미집을 약탈하는 침팬지들. 각자 막대기를 하나씩 들고 있다. 막대기를 개미집 구멍에 쑤셔 넣으면 침략자인 막대기에 개미들이 달라붙는다. 그러면 막대기를 입으로 훑어 고단백질 개미를 맛있게 잡아먹는다. 어디서 이런 도살자들이 떼로 몰려왔는지 개미들은 알 길이 없겠지만, 개미들 입장에서는 청천벽력이 아닐 수 없다. 개미는 도대체 누구에게 이 서러운 운명을 하소연해야 할까? 개미 신이 있을까? 인구 2,000만의 대도시가 한순간에 쑥대밭으로 변한다. 하지만 태양은 여전히 빛나고, 바람은 산들산들 불고, 종달새는 노래한다.

고 생각할 것인가? 아마 신이 만들었다고 생각할 것이다. 또, 남태평양의 화물숭배교Cargo Cult는 비행기에 실려 오는 화물은, 인간이 아니라, 신이 만든 것이라고 생각한다. 사람이 만든 것임에도 불구하고 자신들의 지력을 넘어서는 일이기에, 즉 자신들의 지력으로는 도무지 이해할 수 없는 일이기에, 감히 인간이 만든 것이라고는 생각하지 못하고 신을 끌어들이는 것이다.) 하지만 자연계에는 '설계자 없는 설계'가 존재한다.

예를 들어 스페인 가우디 성당을 빼닮은 남미의 개미집은 누가 설계한 것인가? 거기에 개미집을 설계한 단일 설계자가 있는가? 어떤 천재 개미가 애플 워크스테이션을 이용해 설계한 것인가? 아니면 자기 머릿속에서 상상으로 설계를 한 것인가? 그 모래알보다도 작은 뇌로 그런 일을 하는 것이 가능하다고 보는가? 절대 불가능할 것이다. 즉, 한 마리의 설계자 개미는 없다. 수많은 개미가 모여 대★ 건축물 건설이라는 위업을 이루어내는 것이다.

(사실은 우리 뇌의 활동도 개미들의 활동과 비슷하다. 1,000억 개 뇌세포가 합동작전을 해서, 사유를 해서, 인간문화를 만들어낸다. 거기 어디에도 삼성 그룹의 이건희 같은 최고 통치자는 존재하지 않는다. 즉, 단 하나의 우두머리 뇌세포는 존재하지 않는다. 심지어 중앙통제 센터나 전략기획 조정실이나 일본제국의 대본영 같은 사령부도 존재하지 않는다.)

무아이지만 적응에 적합한 것이 살아남는다. 이 과정이 끝없이 되풀이되면서 생물체의 모습에 변화가 온다. 식물이 가장 좋은 예이며 동물은 개미가 가장 좋은 예이다. 그래서 진화론은 경쟁자 없는 경쟁이다. 즉 진화론은 무아연기無我緣起경쟁이다.

식물은 식識이 없이도 새끼를 낳고 동물을 잡아먹는다

다른 예도 있다. 식충식물인 통발과 파리지옥은 동물(물고기와 곤충)을 잡아먹는데, 동물이 접근을 하면 통발 속으로 빨아들이거나 끈끈한 주걱에 붙인 다음, 통발과 잎을 오므려 도망가지 못하게 한 후, 소화액을 뿜어내 녹여 먹는다. 불교에 의하면 식물은 식識(의식 마음)이 없다. 식이 없으므로 윤회도 하지 않는다. (불교 6도윤회인 '지옥·아귀·축생·인간·아수라·천인'에는 식물이 없다.) 식識이 없으므로 당연히 번뇌망상이 없고, 번뇌망상이 없으므로 정신적인 고통도 없고, 따라서 깨달음을 얻는 일도 없고, 열반에 들지도 않는다. 식識이 없으므로 몸뚱아리의 주인인 아我가 없다. 다시 말해서 아예 처음부터 설계자가 없다. 그러므로 물고기나 곤충이 잡아먹힌 것은 사실이지만 잡아먹은 통발이나 파리지옥은 존재하지 않는다. 둘은 식識이 존재하지 않기 때문이다.

해바라기가 해님을 향해 고개를 돌리는 것은 의지의 작용이 아니라

햇빛을 향해 움직이는 기계적인 작용이다

해바라기에게는 '해님을 향해서 고개를 돌리자고' 생각을 할 마음이 없다. 식물의 진화는 마음識의 개입이 없이도 일어난다. 그런데 왜 동물의 진화에는 마음이 개입을 해야 할까? (대행 스님은 동물의 진화가 그런 식으로 일어났다고 주장한다. 공룡이 "꼬리야 없어져라" 하고 마음을 내서 꼬리가 없어졌고, 새가 "날개야 생겨라" 하고 마음을 내서 날개가 생겼다고 주장한다. 이런 사상은 '마음이 물질에 대한 절대적인 지배위치를 가지고 있으며 마음이 모든 것을 결정한다'는 '마음 쇼비니스트적인' 또는 '심 쇼비니스트적인' 사상에 지나지 않는다.) 그럼에도 불구하고 식물은 결혼을 하고 새끼를 낳아 종을 유지하며 잘만 산다. 미루나무는 새끼들에게 가벼운 날개옷을 입혀 하늘로 날려 멀리멀리 보내, 좁은 곳에 모여 먹이를 두고 아웅다웅 싸우면서 사는 것을 막는다: 부모에게 새끼들이 서로 싸우는 것처럼 괴로운 일은 없다.

식識이 없는 식물이 식識이 있는 동물을 잡아먹는다

통발과 파리지옥처럼, 식識이 없는 주제에, 감히 식識이 있는 동물을 잡아먹고 살기도 한다. 어떻게 이런 일이 벌어질 수 있는가? 어떻게 설계자 없이 설계가 일어날 수 있는가? 모든 일에 설계자가 있어야 한다고 주장하는 사람들은, 특히 불교도들은, 통발과 파리지옥의 존재에 대해서 뭐라고 말할 것인가? (식識이 없는 존재는 업이 없을 터인데, 통발과 파리지옥은 잡아먹힌 물고기와 곤충을 상대로 어떤 업을 쌓은 것이며, 잡아먹힌 물고기나 곤충은 통발이나 파리지옥에게 어떤 업을 쌓은 것일까?) 또

장미꽃이나 백합처럼 아름답고 정교한 식물들에 대해서 뭐라고 설명할 것인가? 바람의 힘을 빌려 새로운 주거지를 찾아 멀리 날아가는 민들레 꽃씨에 대해서는 뭐라고 말할 것인가? (민들레가 "날개야 생겨라" 하고 마음을 내서 날개가 생긴 것인가? '새가 마음을 내서 "날개야 생겨라" 해서 날개가 생겼다'는 대행 스님의 주장이 과연 맞는 것일까?) 맛있는 꿀을 만들어놓고 새들을 유혹해 새들의 힘을 빌려 수정을 하는, 즉 짝짓기를 하는 동백꽃에 대해서는 뭐라고 말할 것인가? 마다가스카르 섬에 있는 30cm나 되는 꽃대롱을 지닌 혜성난초는 30cm 길이의 혀를 가진 나방의 도움을 통해서만 꽃가루받이가 가능하다. 그런데 혜성난초가 나방의 긴 물건에 맞추어 자기 걸 늘린 것일까, 아니면 그 반대일까, 즉 나방이 혜성난초의 긴 물건에 맞추어 자기 걸 늘린 것일까?

마음이 없이도 삶이 가능하고, 멋진 디자인도 가능하며, 진화도 가능하다

이런 놀라운 식물들의 예는, 식識이 즉 마음이 없어도 얼마든지 멋진 설계가 있을 수 있다는 결정적인 증거가 아닌가? '디자이너 없이도 멋진 디자인이 얼마든지 나온다'는 진화론의 결정적인 증거가 아닌가?

6도윤회론을 개정해야 한다

해결책은 둘 중 하나이다. 6도윤회론을 개정하거나 폐기하거나! 6도윤회에 식물계를 집어넣어 7도윤회론으로 바꾸거나, 정 그게 싫으면 아예 6도윤회론을 포기하면 된다.

아마 전자가 더 합리적일 것이다. 왜냐하면 식물도 유전자가 있으며 동물유전자와 상당히 유사하기 때문이며, 세포구조도 유사하다. 바나나와 토마토는 유전자가 인간 유전자와 60%나 일치한다. 둘 다 풀이니, 아마 잡초와도 상당히 일치할 것이다. (그러하니, '번뇌가 잡초처럼 치성하다'는 말은 진실로 빈말이 아니다.) 고대인들은 이런 사실을 전혀 몰랐다. 알 길이 없지 않은가? 천안통을 얻으면 멀리 있는 것이나 심지어 아주 멀리 있는 별나라까지 볼 수 있다고 주장했지만, 정작 가까운 것은, 즉 세포 속을 본다는 상상은 하지 못했다. (좋은 예로 부처님 10대제자 중한 사람인 아나율 존자는 천안통天眼通[천리안, clairvoyance]을 얻었음에도 불구하고 실을 작은 바늘귀에 꿰지 못해 고생했다. 작은 것과 큰 것은 이처럼 다르다! 큰 것과 작은 것은, 사이즈의 차이가 아닌, 본질적인 차이가 있다!) 왜냐하면 세포라는 것을, 즉 세포라는 개념을, 상상하지 못했기 때문이다. 그러니 유전자는 더 말할 나위가 없다.

천안통이 있다는 선인仙人, rishi, seer들이
'죽은 사람이 달로 환생한다'는 망상을 했다

아이로니컬한 것은 천안통을 얻은 사람이 무수히 많았음에도 불구하고, 그 어느 누구도 달의 표면이 어떻게 생겼는지 기술한 적은 한 번도 없다. 정말 이상한 일이다. 우파니샤드 시절의 인도인들은 사람이 죽으면 달로 간다고 했다. 거기서 좀 머무르다 비가 되어 지상으로 귀환하여, 식물에게 먹힌 후, 씨앗으로 들어간 다음, 씨앗이 남자에게 먹히면 남자의 정액을 통해서 여자에게 들어가 자궁에 머물다가, 인간으로 환생한다고 믿었다. 정자와 씨앗과 빗방울 속에 난쟁이 형태로 인간영혼이 웅크리고 앉아있다는 인도판 호문쿨루스 이론이다! '하하하' 하고 큰 웃음이 터져 나올 정도로 재미야 있지만, 이런 원시적인 사상을 믿어야 할 이유는 나변에도 없다. 그렇지 않은가?

식물은 식識이 없으며 6도윤회에 끼어들 자리도 없다

그런데 문제는 식물을 윤회계에 집어넣는 경우, 식識(의식 마음)이 없는 그래서 번뇌가 없는 식물이 과연 어떤 죄를 질 수 있느냐는 문제와, 죄를 진 식물은 지옥에 가서 어떤 벌을 받느냐 하는 고약한 문제가 등장한다.

가엾은 피라미와 개똥벌레를 잡아먹은 통발과 파리지옥은 지옥에 가도 싸다 쳐도, 나머지 절대다수 식물들은 어떻게 할 것인가? (만약, 절대 그럴 리가 없지만, 식물이 식識이 있다면 하지만 동시에 번뇌도 없고 의지와 운동능력의 부재로 인하여 업을 쌓는 일이 없어 아예 6도윤회를 하지 않는다면, 식물은 이미 열반에 들어있는 거나 마찬가지이다. 그러나 아무도, 식물이 수행을 할 필요가 없는 부처라고, 인정하지 않을 것이다. 그러므로 식물에게는 식識이 없다.) 식물은 톱으로 썰고 도끼질을 해대고 장작으로 만들어 태우나? 그건 지구상에서도 벌어지는 일이니 지옥까지 가 받을 필요가 없지 않은가?

혹시 축생이나 인간으로 태어나는 것이 벌이 아닐까? 식물시절에 없던 정신적인 고통을 당하니 말이다. '하하하' 웃음이 다 나온다. 7도윤회는 식물계가 가장 위에 자리잡은 '지옥 < 아귀 < 축생 < 인간 < 아수라 < 천상 < 식물'순이 아닐까? '하하하' 또 웃음이 나온다. 기독교『구약』에 나오는 에덴 동산의 '지혜의 나무'는 지혜만 있지 죄는 없다. 좋은 예가 아닐 수 없다. 혹시, 불교 참나주의자들과 유심론자들이 말하는 (불생불멸하고 상주불변하며 청정무구한 우주유일의 실체로서의) 참나와 불성은, 즉 지혜로만 충만한 참나와 불성은, 에덴 동산의 지혜의 나무와

같은 존재가 아닐까? 전혀 감정이 없는 메마른 존재!

진화론은 곧 연기론. 진화를 통해서 생명체의 연기가 드러난다

진화론은 연기론이다. 수많은 조건이 모여, 설계자 없이, 하나의 현상을 만들 뿐이라는 이론이다. (그리고 만들어진 그 현상 역시 다시 다른 것들과 연기하며 변해간다.)

생물학적 진화에는 그 어떤 의지의 개입도 없다

진화론에 의하면 생명체는 환경에 맞추어 변화를 한다. 우리 몸속의 수많은 유전자에는 분자수준에서 끝없는 변이가 일어난다. 지금도 일어나고 있다. 이 글을 쓰고 있는 순간에도, 이 글을 읽고 있는 순간에도 일어나고 있다. (인간의 눈은 작은 것도 보지 못하고, 몸속도 보지 못하므로, 절대 이런 변화를 목격할 수 없다. 또 목격하더라도 그것이 뭔지 알아보는 지혜가 없으면, 봐도 뭘 봤는지 모른다. 개가 컴퓨터 작업을 하는 인간을 본들 인간이 뭘 하고 있는 줄 알겠는가? 개도 두 눈으로 보긴 하되 무슨 일이 일어나고 있는지는 이해하지 못하는 것이다. 인간과 달리 지혜가 없기 때문이다. 눈과 지혜는 '감시 카메라와 소프트웨어'에 비유할 수 있다. 카메라는 자기가 뭘 봤는지 모르나, 소프트웨어와 연결하면 뭘 봤는지 알아내어 적절한 경고를 한다.) 이 변이들 중에서 생존에 유리한 것이 남아 유지된다. 즉, 그런 돌연변이 유전자를 지닌 개체가 살아남아 유전자를 후세에 전해준다. 이런 과정을 수만 번, 수십만 번, 수백만 번, 수천만 번, 수억 번 거치면, 처음과 엄청나게 다른 기이한 생명체가 탄생하는 것이다.

이 과정에는 그 어떤 의지의 개입도 없다. 분자 수준의 변이는 수없이 일어나며 그런 변이 자체는 가치중립적이다. 어떤 의지를 지닌 존재가 그런 변이를 만드는 것이 아니다. 만약 그렇다면 좋은 변이만을 만들어야 할 것이지만 현실은 그렇지 않다. 온갖 변이를 다 만들어낸다. 그래서 머리가 둘 달린 뱀, 다리가 여덟 개 달린 소가 태어나는 것이다.

머리가 둘 달린 티없이 아름다운 소녀(들)도 존재한다. 미국의 선진문화로 이들은 정상인을 위한 고등학교를 다니며 행복하게 살고 있으며 결혼도 꿈꾼다(YouTube 참조). 이걸 죄와 벌이나 인과관계로 파악하려는 것은 지극히 인간적인 관점이다. 이런 식으로 생각을 하면 동남아시아의 해일은 거기 사는 사람들이 뭔가 나쁜 짓을 해서 받는 과보라고 생각하는 우를 범하게 된다. 그런 생각은 "동남아시아인들이 하나님을 안 믿어서 해일이라는 벌을 받은 것"이라고 주장하는 기독교 목사들의 생각과 다를 바가 없다.

천지는 불인이고 유전자 변이 역시 불인이다天地不仁而 變異亦不仁.

장애인들이 거의 다 기독교인인 이유는 무엇인가

놀라운 통계를 하나 제시한다. 우리나라 장애인들은 거의가 기독교인들이다. 엄마 뱃속에서부터 기독교인이었을 리는 만무하므로, 태어난 후 스스로 선택한 것이 분명하다. 육신의 장애도 서러운 일인데, 전생의 죄까지 뒤집어쓰는 건 감당할 수 없는 일이기 때문이리라. 인간은 서로 육체적으로 해칠 뿐만이 아니라 정신적으로도 해친다. 종교가 이런 일에 앞장설 때 눈앞이 깜깜해지고 인간에 대한 희망을 잃게 된다. 유대교는 이민족을 인종청소 대상으로 취급했고, 기독교는 이방인을 사탄의 자식으로 보았으며, 힌두교는 불가촉천민을 우주가 끝날 때까지 그 저주받은 지위에서 벗어나지 못하게 했으며, 장애인들이나 용모가 추한 자나 가난한 자나 우둔한 자나 불운한 자들을 "전생의 죄業, karma로 이 생에 그렇게 태어났다"고 저주했다. 도대체 그런 용감한 확신은 어디서 온 것일까? '전생의 죄'라는 것은 '신의 저주'라는 말과 무엇이, 얼마나, 어떻게 다를까?

종정 스님이 진화론을 부정하는 이유

진제 스님은 왜 진화론을 부정할까? 여기에는 아주 깊은 이유가 있다. 기독교인들이 진화론을 부정하는 것과 근본적으로 같은 이유이다. 기독교인들은 『성경』에 깊은 감화를 받아 『성경』에 나오는 이야기는 다 참이라고 믿는다. (하나를 믿으면 다른 것들까지 믿는 인간의 고질적인 병이다. 사실일 가능성이 크다 하면 별 문제가 없을 것을, 100% 진실이라 고집하니 문제가 생기는 것이다.) 광신적인 사람들은 『성경』은 문자 그대로 일점일획도 틀림없이 다 참이라고 믿는다. 「창세기」에 의하면 신은 약 6,000년 전에 우주를 단 6일 만에 창조했다. 그리고 그때 동물과 식물은 처음부터 사람은 사람 모양으로, 개는 개 모양으로, 소는 소 모양으로, 말은 말 모양으로, 또 선인장은 선인장 모양으로 창조했다. 그러므로 만약 진화론을 인정하면 『구약』 「창세기」 이야기가 다 '구라'로 전락한다. 그래서 죽기살기로 진화론을 부정한다. 미국인구의 약 70%가 기독교인이며 대부분이 개신교인데 이들은 거의다 진화론을 부정한다.

이에 비해 가톨릭은 다르다. 20세기 중반에 교황이 진화론을 어느 정도 인정했다. 가톨릭 교황도 인정하는 진화론을, 대한민국에서 도가 가장 높은, 종정 진제 스님이 부인하는 이유는 뭘까?

만약 진화론이 참이라면 불교에도 몇 가지 무척 곤란한 점이 발생한다.

첫째, 『불경』의 내용과 배치가 된다.

『장아함경』「기세간경紀世間經」에 의하면 인간의 기원은 천인이 지구상으로 하강해서 인간이 된 걸로 나온다. 그러므로, '지구상에서 자연발생적으로 생명이 탄생하고, 그 생명이 단세포생물로부터 출발하여 어류·파충류·포유류·영장류를 거치며 진화하여, 마침내 인간이 되었다는' 진화론을 어떻게 인정할 수 있겠는가?

둘째, 진화론을 인정하면 35억 년 동안 지구상에서 인도人道가 사라진다.

35억 년 동안 사람이 없었으니 사람으로 태어날 길이 없다. 자그마치 35억 년 동안이나! 그러면 지구에는 지옥·아귀·축생·아수라·천인만 존재했다. 6도윤회에서 인간만 빠진 것이다. 인간계가 없이 나머지 5계가 자기들끼리 왔다갔다 교류한 것이다. 이것은 대단히, 아니 무한히, 심각한 문제점을 노출한다. 만약 진화론이 참이어서 지구상에 과거 35억 년 동안 인간이 존재하지 않았다면, 『불경』에 나오는 과거7불 얘기가 다 '구라'가 되고 말기 때문이다. ('구라'라는 비속어를 쓰지 않을 수 없는 고충을 이해해주시기 바란다.) 우리나라 불교신자들 중에는 석가모니 부처 바로 전의 부처인 가섭불이 서라벌 땅에서 교화를 했다고 믿는 사람들이 있다. 이런 내용을 책으로 펴내기까지 했다. 이들은 단순히 진화론에 무지하기 때문에 이런 주장을 하는 것이다. 아무리 간단한 것일지라도 배우지 않고 스스로 아는 것은 참으로 어려운 일이다. 그래서 인간은 끝없이 배워야 한다. 학이시습지 불역열호學而時習之 不亦悅乎이다.

그리고 『불경』에 보면 툭하면 누가, 예를 들어 아난이, 과거 500생 동안 바라문이었다는 주장이 나온다. 하지만 진화론에 따르면 인간은 지난 35억 년 동안 존재하지 않았는데 무슨 수로 과거 500생 동안 바라문을 할 수 있었겠는가?

『불경』에 의하면 과거에는 지금보다 인간의 수명이 더 길었다고 주장하니, 예를 들어 최장 84,000세까지 살았다고 하니 500생×84,000년 하면 4,200만 년이 되는데, 그때는 다름 아닌 공룡시대 바로 후이다. 이것은 명백히 말이 안 된다. 진화론에 의하면 공룡시대에는 인간이 존재하지 않았기 때문이다.

인간 수명 84,000세가 너무 심하다면 1,000세로 대폭 깎아보자. 그래도 500생을 살려면 50만 년이 걸린다. 그때는 크로마뇽인 시대도 아닌 호모 에렉투스 시대이다. 인간으로 보기 힘든 원숭이 같은 시대인데 거기 무슨 바라문이 있었을까. 만약 그때 바라문이 있었다고 주장하면 지금 침팬지·고릴라·오랑우탄도 바라문 계급이 있어야 한다.

1,000세도 심하다면 100세라 하자. 그러면 5만 년 전인 크로마뇽인 시대이며 그때는 아직 도시를 이루지 못한 때이고 인구도 수만 명이 힘들었을 것이다. 크로마뇽인 시대에 브라만(바라문)이 없었던 것은 명백하다. 브라만은 기원전 2000년경에 아리안 족이 유럽에서 인도로 쳐들어가 생긴 계급이기 때문이다.

셋째, 진화론은 '인류가, 아득한 옛날의 평균수명 84,000세의 황금시대로부터, 점점 타락해 평균 수명 10세의 악세로 퇴보한다'는 말세사상을 부인한다. 자이나교도 유사한 말세사상을 가지고 있다. 힌두교에도 그리고 기독교에도 당연히 말세사상이 있다. 즉 전 세계적으로 말세사상이 있었다. 심하게 말하면 인류는 항상 말세에 살았다. 어느 시대이건, 너무 살기 힘들어서 자기들 시대를 말세로 간주했기 때문이다. 이는 종교가 '그 시대가 주는 한계를 벗어나기 힘들다'는 점을 보여준다.

현대에 와서 말세사상이 수그러들었다. 이 즐거움이 넘치는 풍요로운 세상에서 사람들은, 권태 끝에 자살을 할지언정, 지금을 말세라고는 규정하지 않는다. 이제는 성직자들까지도 '말세이다, 천국이 가까이 왔다,

회개하고 참회하라' 하는 수천 년 된 단골구호를 내팽개쳐버리고, 세상 오욕락五慾樂 즐기기에 방수가발을 쓰고 '풍덩' 뛰어든 지 한참이다. 손을 뻗으면 잡을 수 있는 눈앞의 즐거움을 차마 외면할 수 없기 때문이다. 그래서 성직은 직업으로 전락했다. 현양매구懸羊賣狗 장사치가 되고 말았다.

진화론은, 오히려, 인류가 야만에서 문명시대로 나아가고 있음을 보여준다. 35억 년 전 단세포 동물 아메바로 시작해, 비늘 옷에 지느러미를 달고 물속을 헤엄치던 물고기가 땅 위로 올라와, 빌딩만 한 공룡들 발밑에서 숨도 제대로 못 쉬고 살던 쥐새끼만 한 포유류를 거쳐, 600만 년 전에는 침팬지와 갈라서서, 자의식自意識, meta-consciousness까지 갖춘 지금의 인간으로 진화한 것이 어찌 진보가 아니랴? 지구상의 생물들 중에서, 오직 인간만이, 전두엽이 발달한 인간만이, 불법佛法을 이해하고 해탈할 수 있기에 35억 년 진화의 역사는 진보의 역사가 아닐 수 없다! 그리고 앞으로도 끝없이 진보할 것이다. 태양계 다른 행성으로, 태양계를 벗어나 은하계 다른 행성으로, 그리고 다른 은하계로 진출할 것이다.

우리는 종교가 주는 염세주의를 극복할 필요가 있다. 어차피 세속을 버린 사람들이 종교인들 아니던가? 종교를, 세속의 안티테제로서 받아들일지언정, 100% 문자 그대로 받아들이다가는 염세주의의 늪에 빠지기 십상이다. 불교인들의 사회참여가 저조한 이유일 것이다. 이 세상이 꿈이라는데, 그래서 빨리 꿈을 깨야 한다는데, 누가 꿈속에서 열심히 살고 싶겠는가? "꿈속에서는 열심히 꿈을 꾸세요, 나중에 후회하지 마시고 마음껏 꿈을 즐기세요, 깨달으면 꿈을 즐기고 싶어도 절대로 즐길 수 없답니다. 법계이치가 그렇게 되어있습니다!"라는 법문을 들어본 적 있는가?

그래서 진화론을 인정하면 일부 『불경』이 근본적으로 구라가 되는 것이다. 사정이 이러하다보니, 진제 종정이 진화론을 인정하지 못하는 것이다. 붓다와 불타는 사랑에 빠진 사람들로서는, 아름다운 서체로 쓰인 지혜로운 고대인들의 말을 안 믿는 건, 믿는 것보다 훨씬 더 힘들다. (윤기 흐르는 먹으로 짙게 눈 화장을 한 그림문자가 한 줄기 지혜와 자비를 던지며 윙크를 하면 그 매력은 거부할 수 없는 마력으로 다가온다. 그러면 이성을 포기하고 감성에 몸과 마음을 맡기고 모두 믿는 수밖에 없다.)『불경』이 문자 그대로 참이라고 믿는 사람들은, 그래서 죽기살기로 진화론을 부정한다.『불경』이 죽거나 진화론이 죽거나 둘 중 하나이다. 첫사랑을 포기하느니 죽는 게 낫다는 심정이 이보다 더하랴! 그 중간은 없다. 부분적으로 진화론을 인정하는 가톨릭의 유연성을 따라가지 못하고, 지극히 경직된 정신자세를 유지한다. 따라서 진제 종정의 진화론 부인은 실수이거나 일회성 해프닝이 아니라 확신일 것이다.

그 증거로는 송담 스님 등 다른 큰스님들도 일관되게 진화론을 부정한다는 사실을 들 수 있다. ("원숭이가 진화를 해서 인간이 되는 것이 아니다. 인간 '껍데기'를 벗고 다음 생에 원숭이가 되는 것은 가능하다." 송담 스님의 발언이다. 그런데 껍데기를 벗는 그놈은 과연 누구일까? 참나眞我, true atman 일까? 주인공일까? 아니면, 불성일까? 여래장일까?)

문자주의적 근본주의 불교

이런 어처구니없는 일이 일어나는 이유는, 문자주의 기독교 광신도들처럼,『불경』을 문자 그대로 다 믿어서 그렇다.『불경』을 문자 그대로 다 믿는 골수분자들 입장에서는, 부분적일지라도『불경』을 부정하는 진화론을 참을 수 없는 일이다. 그래서 현대과학을 폄하하는 발언을 하는 것이다.

송담 스님은 현대과학이 별거 아니라는 증거로 수천 년 전에 지구상에 지금보다 더 발달한 문명이 있었다는 경천동지할 발언을 한다.

이는 과거에는 사람들이 성품이 착했고 지구는 살기 좋은 낙원이었으며 수명이 84,000세에 이르렀는데, 사람이 악해지면서 수명이 짧아졌다는 『불경』의 내용을 그대로 믿기 때문일 것이다. 화석 증거에 의하면 어떤 생물도 84,000세를 살 수 없으며 인간은 겨우 4만 년 전에 인간의 모습을 갖추었으므로, 수명이 84,000세가 되는 것은 원천적으로 불가능하다.

인도인들은 지구의 역사를 순환적으로 보았으며 그 결과 인도토양에서 자란 불교도 지구역사를 순환적으로 보아, 인간의 수명이 84,000세에서 10세 사이를 증감하며 왔다갔다 반복한다고 믿었다. 그러니 진화론을 인정할 수 없거니와 지구의 지질학적인 변화도 인정할 수 없다. (기독교인들은 지구의 나이가 『성경』에 쓰인 대로 6,000년이라 믿으므로 현대우주론을 믿지 않는다. 현대우주론에 의하면 지구 나이가 46억 년이기 때문이다.) 그래서 진제 종정은 우주팽창도 부인하는 것이다. '지구는 까마득한 옛날부터 지금 모습이었으며 사람은 사람 모양, 개는 개 모양, 소는 소 모양으로 살아왔다'고 주장하는 것이다. 전형적인 정태우주론(steady-state cosmology, 정상우주론定常宇宙論)이다. 모든 게 다 무상인데 왜 하필이면 생물계와 우주는 전체적으로 정태상태steady state를 유지해야 하는 걸까? 지식인들이 가장 두려워하는 것은 새로운 지식이고, 종교인들이 가장 두려워하는 것은 새로운 생명관과 우주관이다. 새출발하면 되련만, 원점에서 새출발해야 하는 그리고 가진 걸 전부 내려놓아야 하는, 재교육이 누군들 두렵지 않을까?

송담 스님의 현대과학 폄하

송담 스님 법문 중에는 다음과 같은 내용이 있다.

(출처 http://emokko.tistory.com/m/post/155, 17:15부터 참조)

"현대인들은 인과의 법칙을 인정認定을 하려고 하지 아니하고 부정을 해버리고 그럽니다마는, 그런 사람은 극도의 근시안近視眼이 되어가지고 아직 귀가 맥혀갖고 있어서—이 과학이라고 하는 것이 지금 매우 유치한 단계에 있는 것이지, 과학이 그렇게 훌륭하게 발달되었다고 할 수가 없습니다. 이런 정도의 과학은 4,000년 전에 이미 다 발달이 되어있었고, 만 년 전에는 더 과학이 발달된 때가 있었으리라고 생각합니다.

마야문명이라든지 모다 그런 것이 지금 땅속에서 바닷속에서 현대문명보다도 훨씬 발달된 문명의 자취가 지금 다 발굴이 되어갖고 있는 것을 볼 때에 오늘날 과학이란 것은 별로 바람직하게 발달을 못했고, 또 발달했다는 것이 유치한 단계에 놓여있습니다.

과학이 발달했지만 인간을 쪼끔 편리하게는 해주었다고 할 수 있으나, 인간을 갖다가 매우 해롭게 허는, 나아가서는 인류를 멸망하게까지 하는 그러한 바람직하지 못한 방면으로 발달이 되어서 매우 우려되는 바입니다마는, 우리 불법佛法을 믿는 사람은 그런 어리석은 사람들—참으로 위대한 우리의 살길이 있는 줄을 모르고 그 유치한 단계에 있는 과학에 빠져가지고, 그나마 그것도 잘 알지도 못하면서 꺼떡허면 불교를 미신迷信이라고 이렇게 비방을 하고 그런 어리석은 사람들 때문에, 이 세계는 점점 병들어가고 살기가 어려운 그러한 세계로 변해가고 있습니다."

스님의 법문을 하나하나 살펴보기로 하자. (독자들은 필자가 스님의 치열한 수행과 고매한 인품을 부정하는 것이 아님을 유의하시기 바란다. 단지 무엇이 진리인지를 논하고자 할 뿐이다. 높은 분의 의견이라고 이의를 달지 못한다면, 이는 불교가 아니다. 우리 불교가 이어받은 중국 선불교 전통에서는 제자가 스승에게 고함을 지르고 심지어는 들이받기도 한다.)

〈현대인들은 인과의 법칙을 인정認定을 하려고 하지 아니하고 부정을 해버리고 그럽니다마는, 그런 사람은 극도의 근시안近視眼이 되어 가지고 아직 귀가 맥혀갖고 있어서—이 과학이라고 하는 것이 지금 매우 유치한 단계에 있는 것이지, 과학이 그렇게 훌륭하게 발달되었다고 할 수가 없습니다. 이런 정도의 과학은 4,000년 전에 이미 다 발달이 되어있었고, 만 년 전에는 더 과학이 발달된 때가 있었으리라고 생각합니다.〉

4,000년 전은 아직 문자가 발달하지 않은 청동기 시절이다

4,000년 전은 이집트가 겨우 피라미드나 만들던 시절이고 중국은 아직 주나라도 시작이 되지 않은 시절이다. 인구도 별로 안 되고 갑골문을 통해서 원시적인 형태의 한자와 문장이 발굴되는 정도이다. 그리스는 아직도 도시국가에 지나지 않았다. 인도는 아리아인이 쳐들어 내려오기 전이었으며 겨우 벽돌집을 짓고 사는 모헨조다로와 하라파문명이 시작되는 시점이었다. 4,000년 전이면 전 세계적으로 이제 겨우 석기시대를 벗어난 청동기시대인데 무슨 수로 현대보다 더 문명이 발달했다는 것인가?

만 년 전은 수렵채집 시절이다

만 년 전은 이제 겨우 농사가 시작된 시점이다. 인구도 형편없었고, 과연 전 세계 인구가 10만 명이 됐을까? 심지어 문자도 발명되지 않은 시기이다. 그런데 어떻게 지금보다 더 과학이 발달되었다는 말인가? 일부 신앙인들이 믿듯이, "종교수행자들이 인류역사와 우주역사에 대해서 과학자들보다 더 잘 그리고 더 깊이 안다"고 믿는 것은 완전히 잘못된 생각이다. 주장만 있지 아무 증거가 없다. 그리고 대체로 틀린 주장 일색이다. 이들 수행자들은 누구보다도 첨단과학문명을 이용한다. 스마트폰, 기차, 자동차, 비행기, 에어컨, 컴퓨터, 텔레비전, 귀뚜라미보일러, 은행통장 등등. (은행통장 거래에는 최첨단 수학인 암호론이 이용된다.) 착한 사람이 가장 많이 아는 사람은 아니다.

속인들은 10에 9은 참말을 해도 하나를 거짓말을 하면, 비난을 받고 감방에 가기까지도 한다. 그런데 종교인들은 10에 9는 틀린 말을 하고 하나만 맞을 정도여도, 아무 탈이 없다. 속인들의 그들에 대한 반석과 같은 믿음이, 오히려, 그 틀린 말에 자기들 같은 범인凡人이 모르는 심오한 진리가 숨겨져있을 거라고, 생각하게 만들기 때문이다.

에드거 케이스는 광인이었다

혹시 4,000년 전 또는 만 년 전에 지금보다 더 발달한 문명이 있었다는 증거로, 독실한 기독교인인 전직 전도사 에드거 케이스Edgar Cayce, 1877~1945의 증언을 듣지나 않는지 의심이 간다.

그는 자신이 전생에 사라진 대륙 아틀란티스의 대제사장이었으며 아틀란티스 대륙은 주민들끼리의 최첨단 과학무기를 동원한 전쟁의 충격으로 대륙이 갈라져 바다 밑으로 가라앉았다고 주장했다. 천리안으로 소문난 그에게 사람들이 경마와 목화시장에 대한 결과를 미리 알고자 부탁했다. 그는 이에 응했으나, 그의 예언은 별무신통이었다. 그는 자신의 전생에 대한 기록을 남겼으며, 무수한 사람들의 전생을 읽었다. 에드거 케이스는 일종의 광인이며 온갖 해괴한 발언을 일삼은 사람이었다.

그는 아카식 레코드akashic records와 점성술도 믿었다. 아카식 레코드는, 신비주의자mystic들이 에테르체로 존재한다고 믿는, '우주의 모든 사건과 지식의 기록저장소'로서 일종의 우주도서관이다. 아르헨티나의 환상문학가 호르헤스는 팔각형의 무수한 방으로 이루어진 우주도서관을 상상해서 '바벨의 도서관'이란 작품으로 발표했다. 이곳에는 과거·현재·미래 삼세의 모든 책이 소장되어있다. 문자 그대로 가능한 모든 책이다. 예를 들어 특정 책의 가능한 모든 오·탈자를 포함한 무수한 책과 가능한 모든 언어로의 번역본이 보관되어있다. 동양사상에 박식한 불교도인 그의 작품은 아마 힌두교 개념인 '아카식 레코드'의 영향을 받았을 것이다. 아카식 레코드는 불교의 아뢰야식과 유사하다. 그 차이는 아뢰야식이 과거정보의 저장소인 반면에, 아카식 레코드는 미래의 정보까지 저장하고 있다는 점이다. 그래서 아카식 레코드를 통해서 미래지식을 얻고자 명상을 하는 과학자들도 있다. 일종의 일확천금 사상이다. 불교도들 중에 이런 과학자들은 없을 것이다. 왜냐하면 아뢰야식이 미래정보까지 보관하는 것은 아니며, 역사상 일체종지一切種智자 부처가 된 사람은 석가모니 부처님 한 사람뿐이었기 때문이리라.

그는 영매역할도 했다. 일종의, 20년 후에 생길, 뉴에이지의 선구자였다. 그는, 스스로 자신에게 최면에 걸어, 최면 상태에서 자신과 타인의 전생을 읽었다. 그래서 '잠자는 예언가'라는 별명을 얻었다. 하지만 최면에서 깨어난 후에는 자신이 무슨 말을 했는지 기억하지 못했다. 그는 영매로 활동하기도 했는데 영매나 무당이 신들린 상태에서 한 말을 깨어난 후에 기억하지 못하는 것과 유사한 현상이다. 현대에도 한때 최면술을 이용한 전생읽기가 유행한 적이 있으나 지금은 그 신빙성과 부작용으로 인하여 금지되어있다. 고고학적으로 지구과학적으로 전혀 입증이 안 된 서양판 남사고의 『격암유록』과 『정감록』 수준의 이야기를 믿는다면 한국불교에 재앙이 아닐 수 없다. 그는 캘리포니아 인근바다 속 땅이 솟아올라 지금보다 더 발달한 고대문명의 유적이 드러날 것이라고 예언했지만 그런 일은 벌어지지 않았다.

그는 고대에 영혼이 동물과 짝짓기를 해서 3.6미터 거인들을 만들었다고 주장했다(여기서 기독교가 에드거 케이스에게 미친 지대한 영향을 엿볼 수 있다. 기독교『구약』은 「창세기」에서 "하나님의 아들들이 인간의 딸들과 짝짓기해서 고대의 영웅인 거인 '네피림'들을 낳았다"고 주장하기 때문이다. 이들은 노아홍수 때 다 익사해 멸종했다).

사람들은 그가 평소에 읽은 러시아 신비가 구르지예프G.I. Gurdjieff, 1866~1949의 수제자 오스펜스키Ouspensky와 신지학회 창설자 마담 블라바츠키Blavatsky, 1831~1891의 글들이 최면상태에서 튀어나온 것으로 평가한다. 이 두 사람은 각각 서양판『괴담 모음집』을 여러 권 썼다. 구르지예프의 사상은 동양 선도仙道의 환망공상과는 성격이 판이한 새로운 환망공상이다. 그의 책들을 일독하기 바란다. 블라바츠키는 동서양의 기괴한 사상과 종교를 거의 다 모아서 하나로 융합을 한 희대의 인물이다. 그의 작품『장막이 걷힌 아이시스의 비밀Isis Unveiled』 등, 일독을 권한다. 인간의 환망공상이 어디까지 갈 수 있는지 가늠할 수 있다. 이들의 글을 읽으면 스스로 자신을 돌아보게 된다. 그 거대한 환상공상 앞에서 초라해진 자신을 발견하고는, "겨우 이걸 환망공상이라고 하는가?" 하는 자괴감에, 스스로 망상을 자제하게 된다.

●마야인들이 신전 벽에 남긴 마야문명의 식인문화 그림. 토기에 담긴 잘려진 팔·다리·머리를 보라. 오른쪽 신에게 바친 사람을 인신공희 의식이 끝난 후 둘러앉아 잡아먹고 있다.

마야문명은 지금과 비교하면, 당시 다른 문명들이
이미 오래전에 발명한 바퀴도 발명하지 못한 지극히 원시적인 문명이었다

〈마야문명이라든지 모다 그런 것이 지금 땅속에서 바닷속에서 현대문명보다도 훨씬 발달된 문명의 자취가 지금 다 발굴이 되어갖고 있는 것을 볼 때에 오늘날 과학이란 것은 별로 바람직하게 발달을 못했고, 또 발달했다는 것이 유치한 단계에 놓여있습니다.〉

말씀이 너무 지나치지 않으신가? 아마 스님은 과학이 얼마나 발달했는지 모르시거나 문명의 이기를 전혀 사용 안 하시는 게 분명하다. 마야문명이 더 발달했다니 어떻게 이런 말씀을 하실 수 있는가? 마야문명은 바퀴조차 발명하지 못한 미개한 문명이었다. 게다가 인신공희에다 식인가지 자행했다. 당시 어느 주요 문명보다도 뒤처진 문명이었다. 현대 종교인들은 자기들이 누리고 있는 과학이 얼마나 위대한지를 전혀 모르고 있다. 인간은 이미 달나라에도 다녀오지 않았는가? 닐 암스트롱이 첫발을 디딘 이래로 12명이나 달표면을 걸었다. 만약 이런 일이 없었다면 이외수 씨 같은 사람들이 달에 사람이 산다고 주장할 때 상당수가 현혹당할 수 있다. 이런 일이 벌어지지 않는 것은 과학문명의 공이다! 고대에는 나도 모르고 너도 모른다고 마구 망상을 구사했다. 달에 미인이 산다느니, 토끼가 산다느니, 죽으면 일단 달로 간다든지 하면서 달 표면 위로 거친 환망공상이 거침없이 질주하게 만들었다. 달이 영계환승 인천공항도 아니고, 원! 마치 자기 부모의 고마움을 모르고 남의 부모나 바라보는 사람이나 다를 바가 없다.

곰곰이 앉아 생각해보라, 현대과학이 얼마나 위대한지. 필자는, 밤마다 어두컴컴한 호롱불 밑에서 할 수 있는 일이 없어 멀뚱멀뚱한 눈을 억지로 감아가며 잠이나 청하던, 시골에서의 어린 시절이 지금도 기억난다. 그래서 종종 스마트폰을 어루만지며, "어디서 이런 희한한 물건이 생겨났을꼬!" 하고, 감탄에 감탄을 거듭한다.

그리고 어느 땅속 어느 바닷속에서 현대문명보다 더 발달한 문명의 자취가 지금 다 발굴되어있는가? 이런 엉터리 정보는 어디에서 나온 것일까? 어느 엉뚱한 신도가 전해준 것일까?

과학은 인간을 어마어마하게 편리하게 해주었다
과학은 모든 사람에게, 전설로만 존재하던, 천안통 천이통 신족통을 부여했다

〈과학이 발달했지만 인간을 쪼끔 편리하게는 해주었다고 할 수 있으나, 인간을 갖다가 매우 해롭게 허는〉

결코 조금이 아니다. 어마어마하게 편리하게 해주었다. 하나만 예를 들자면 옛날에 부산에서 한양에 가려면 빠른 걸음으로는 2주, 느린 걸음으로는 한 달이 걸렸다. 그것도 눈비 다 맞아가면서. 인도까지는 1.5년에서 3년이 걸렸다. 가다 죽기도 한다. 고비사막을 건너다 죽기도 하고, 얼음길을 건너다 죽기도 한다. 삼장법사 현장의 인도 길을 동행한 제자들 중 한 사람은 도중에 한데서 자다가 얼어 죽었다. 또 한 사람은 산길을 가다 낙석에 맞아 즉사했다. 지금은 비행기 안에 반나절만 편히 앉아있으면 부처님 나라에 도착한다. 그런데 이게 조금 편리해진 것인가? 부모님을 떠나보내고 그제야 부모님의 은혜를 깨닫고 눈물을 흘리는 자식처럼, 인간은 현대과학 문명의 혜택을 잃어버리고 원시시대로 돌아가야 그 고마움을 절감할 것이다.

과학이 인간을 해롭게 한다고요? 과학은 해를 끼치는 것보다 이익을 주는 것이 천문학적으로 더 크다. 작게는, 과학발전이 없으면 스님들 대신 험한 일 죄다 하는 공양주보살들은 한겨울에도 찬물에 설거지와 빨래를 해야 하고, 부목들은 지게로 난방·취사용 땔나무 대느라 등골이 휠 것이다. 냉장고가 없으니 음식은 상하기 일쑤일 것이고… 크게는, 의학기술발달로 예전에는 죽도록 고생할 것을 지금은 안 하고, 죽었을 사람들이 지금은 다 산다. 그런데 어떻게 과학이 주는 편리는 조금이고 해는 몹시 큰가? 어떻게 그런 생각을 할 수 있는가? 반反 과학문명주의인가? 과학문명의 혜택을 입지 못하는 아프리카의 난민들과 방글라데시와 콜카타의 빈민들을 보라.

콜카타에 있던 마더 테레사 수녀의 빈민구호소는 유명해지기 전에는 한 일이 없다. 그냥 병들고 죽어가는 아이들을 모아놓은 것 정도였다. 약과 의사와 의료시설이 없는데, 착하고 여리기만 한 수녀 간병원看病員들이, 뭘 할 수 있었겠는가? 심지어 인근 병원으로 옮기면 살릴 수 있는 아이조차 방치하여 죽게 만들었다. 한 아이만 살릴 수 없다는 게 이유였다. 중병에 걸린 모든 아이들의 병원비를 감당할 수 없었기 때문이다. (이상은 작고한 세계적인 논객 크리스토퍼 히친스의 증언이다. 그는 이 사례에 대해서 몹시 분개했고 죽을 때까지도 분을 풀지 않았다.) 유명세를 타고 기부금이 답지하자 비로소 진정으로 할 수 있는 일이 생겼다. 신앙의 힘은 멀고 과학기술의 힘은 가깝다. 신앙에 힘이 있더라도, 과학기술의 힘을 빌리지 않고는 그 힘을 발휘하는 것이 불가능하다. 과학문명의 힘을 알 수 있다.

이 세계는 병들어가는 것이 아니라, 더 살기 좋은 세상으로 변하고 있다

〈나아가서는 인류를 멸망하게까지 하는 그러한 바람직하지 못한 방면으로 발달이 되어서 매우 우려되는 바입니다마는, 우리 불법佛法을 믿는 사람은 그런 어리석은 사람들—참으로 위대한 우리의 살길이 있는 줄을 모르고 그 유치한 단계에 있는 과학에 빠져가지고, 그나마 그것도 잘 알지도 못하면서 꺼떡허면 불교를 미신迷信이라고 이렇게 비방을 하고 그런 어리석은 사람들 때문에, 이 세계는 점점 병들어가고 살기가 어려운 그러한 세계로 변해가고 있습니다.〉

핵폭탄을 만든 것을 제외하고는, 병들어가는 것이 아니라 더 나은 사회로 변하고 있다. 인류가 점점 더 악해진다는 것은 착각이다. 하버드대학의 세계적인 심리학자 스티븐 핑커와 UCLA의 세계적인 인류학자 재레드 다이아몬드는 그 반대임을 입증했다. 그들의 대작 저서인 『우리안의 선한 본성The Better Angels of Our Nature』과 『어제까지의 세계The World until Yesterday』를 보라.

예전에는 소수 지배계층이 피지배계층을 착취하고 살았다. 신분의 벽은 넘을 수 없는 장벽이었다. 무간지옥無間地獄으로 떨어지는 한없는 벽을 거꾸로 세운 벽이었다. 윤회를 통하지 않고는 신분상승은 불가능했다. 사람들이 윤회에 매달린 것에는 이생의 가망 없는 희망을 내생으로 돌린 면이 있다. '고통스러운 이생과 즐거운 내생 세트'와 '즐거운 이생과 고통스러운 내생 세트' 중 하나를 선택해야 한다면, 전자를 택할 사람은 과연 얼마나 될까? 조선조에는 많게는 90%가 노비·종·평민 등 피지배계층이었다. 이들은 세금·부역·병역 등 모든 의무를 짊어졌다. 하지만 지금은 누구나 평등한 세상이다. 이게 다 과학·기술·농업혁명과 경제·정치·교육·사회제도의 발달로 이루어진 일이다. 종교가 기여한 바는 거의 전무하다. 대부분의 종교는, 지배계급에 편승해 민중을 상대로 착취를 하지 않으면, 체념을 가르쳤다.

예전에는, 불과 100년 전만 해도, 90% 이상의 사람이 까막눈이었지만 지금은 대중교육의 혜택으로 모두 교육을 받으며 인터넷의 발달로 웬만한 지식은 공개되어있다. 그러니 본인이 노력만 하면 무식하다는 소리는 듣지 않는다. 우리 욕에 "무식한 놈"이라는 게 있음을 상기하시라. 얼마나 사람들이 배운 게 없었으면 그런 욕이 다 생겨났겠는가? 태어난 마을에서 평생 땅만 파먹으며 살다 죽는 삶에서 벗어난 것이, 송담 스님이 보시기에는, 병들어가는 삶인가? 음식, 교육, 의료보험, 사회보장 등으로 인간으로서의 자존심이 얼마나 신장되었는가? 옛날에 굶어 죽고 병으로 죽은 사람이 얼마나 많았는지 다 잊어버리셨는가? 부모가 자식을 종으로, 첩으로, 심지어는 창부로 팔아먹는 경우도 있었다. 지금은 그런 일이 없지 않은가?

불교도들이 이상으로 삼는 극락을 보라. 지금이 옛날보다 극락에 가깝다. 세상은 항상 불완전한 것이다. 초점은 지금이 과거에 비해 얼마나 더 나아졌냐 하는 점이다. 지금 50~80대 한국인 중에, 과거 1920~1970년대로, 돌아가고 싶은 사람이 몇이나 될지 궁금하지 않을 수 없다.

옛날에 얼마나 많은 사람들이 질병으로 죽어갔는지 상기하시라

옛날에는 중세유럽이나 아시아에 무서운 질병이 나돌았다. 흑사병은 나돈 지 수년 만에 유럽인구와 중국인구를 3분의 1씩 몰살시켰으며, 그 후로도 1700년대까지 지속적으로 나타나 런던, 베네치아, 이탈리아에서 수백만 명의 목숨을 집어삼켰다. 또한 천연두·수두·소아마비·디프테리아 등으로 어린아이를 잃는 부모들의 특히 어머니들의 비통한 심정은 이루 말할 수 없었다. 열 달 뱃속에 넣어 힘들게 키우다가 낳아서는 젖을 물리어 애지중지 키우던 아이를 백일이 되기 전에, 돌을 넘기기 전에, 잃는 것은 참을 수 없는 고통이었다. 장이 꼬이거나 맹장염에 걸리면 그냥 죽음뿐이었다. 중세유럽의 유아·영아·어린이 사망률은 엄청 났다. 다섯 살이 되기 전에 많게는 3분의 1이 죽었다. 예를 들어 영국 왕 에드워드 1세의 왕비는 자식을 열여섯 명 낳았지만 그중 아홉 명이 여섯 살을 못 넘기고 죽었다. 왕족이라도 별수없었다.

콜레라 장티푸스에 걸리면 집안이, 마을이, 지방이, 나라가 떼죽음이었다. 얼마나 지독한 질병이었는지, 장티푸스는 '염병한다'는 입에 담지 못할 욕설을 만들어냈다. 간질에 걸리면 어떻게 해볼 도리가 없었다. 그냥 "또 지랄한다"고 하며 지켜보는 수밖에 없었다. 얼마나 참혹한 피해를 입혔으면, '염병한다' '지랄한다' 하는 말로 다 남아있겠는가? 세균학의 발달은 이 질병들이 죄에 대한 신의 벌이 아니라 그냥 세균의 작용임을 밝혀냈다. 즉 거기에, 마음을 가진 존재의, '의지'의 개입이 없다는 것을 밝혀냈다.

종기는, 그중에서도 등창은 무시무시한 질병이었다. 달걀만 한 종기가 나거나, 동전만 한 종기가 여러 개 나면, 종종 죽음으로 이어졌다. 임금도 별수없었다. 정조는 즉위 초부터 재위기간 내내 종기로 고생하다 결국 종기로 죽었으며, 효종도 종기를 앓은 지 7일 만에 죽었다. 지금은 항생제 한 방이면, 또는 수술 한 번이면, 부모·형제·배우자와 친지를 잃는 아픔을 겪지 않아도 된다.

백내장·녹내장에 걸리면 암흑세상으로 직행한다. 지금은 간단한 수술로 시력을 회복한다. 지금도 가난한 나라 사람들은, 의학기술의 혜택을 보지 못하고, 어둠 속에서 종교에 매달린다.

부귀한 양반들이 천수를 누리지 못하고 일찍 죽은 경우는 과음으로 인한 간암·위궤양·십이지장궤양 등이 원인이었을 것이다. 지금은 조기검진이 가능하고, 또 걸려도 상당수가 치료와 수술을 받고 살아난다.

옛날에는, 힘줄이 '툭' 끊어지면 그냥 평생 불구신세가 된다. 특히 아킬레스건이 끊어지는 건 최악의 상황이었다. 지금은 괴력을 발휘하는 기계로 두 동강 난 아킬레스건을 잡아당겨 꿰매면 된다. 동료교수가 배드민턴을 치다 아킬레스건이 끊어졌지만, 현대에 그리고 문명국 대한민국에 태어난 덕으로, 입원수술을 받고 완치하더니 '쌩쌩' 전 세계를 휘저으며 잘만 돌아다닌다. 농사일을 하다가 작두에 손가락이나 손목을 잘리면 하나님·성모 마리아·부처님·관세음보살에게 기도를 해도 방법이 없었으나, 지금은 현미경미세접합수술로 다 붙일 수 있다.

운 좋게 이 모든 질병을 피해가더라도 풍을 맞으면 끝이다. 방구석에 누워 죽을 때까지 대소변 받아내게 하며 가족들에게 크나큰 짐만 된다. 그래서 "차라리 죽는 게 낫지" 하는 넋두리까지 생겼다. 지금은 풍도 예방이 가능하고 뇌수술로 치료할 수도 있다. 이런 세상을 어떻게 점점 더 병들어가는 세상이라 하고, 과학이 별로 해준 게 없고 오히려 해를 끼친 게 크다고 폄하할 수 있는가?

웬만한 질병은 예방과 치료 가능

옛날에는 50이 되면 이빨을 다 잃어 합죽이가 되는 일이 흔했지만, 지금은 불소를 섞은 수돗물에다가 치약 칫솔의 발달로 이를 잘 잃지 않으며, 상한 이는 크라운을 씌우고 잃은 이는 임플란트를 하면 거의 자기 이 같은 기능을 발휘한다.

재래식 화장실에는 사람들 변을 통해 나온 하얀 생고무줄 같은 회충이 우글거렸다. 회충이 많아서 배가 아픈 것을 횟배앓이라고 부를 정도로 기생충 감염은 보편적인 질병이었다. 영조는 수십 년 동안 횟배를 앓았다. 얼마나 뱃속에 회충이 많았는지 식도를 타고 올라오는 회충을 토하기도 했다. 『이조실록』에 의하면 10회나 토했다. 큰 거는 길이가 15센티미터에 달했다. 한 번은 코로 나온 적도 있다. 영조는 중증 기생충 감염 환자였다. 왕이라도 별수가 없었다. 이름만 들어도 끔찍한, 무시무시하게 생긴 갈고리촌충·편충 감염도 있었다. 이들은 길이가 1m에 달할 정도로 길다. (필자의 동료교수는 자기가 어렸을 때 촌충을 치료해준 동네 의사선생님의 아들에게 지금도 무척 고마워한다. 그 아들도 동료교수이다. 이 세상에는 고마워할 일이 참 많다! 진심이다! 고마워할 일이 없다면, 그건 단지 찾아보지 않아서 그렇다.) 항문에는 개미만 한 요충들이 들끓었다. 머리에는 이가 득실했고 옷 실밥에는 수퉁니들이 떼를 지어 살았다. 시간이 나면 속옷을 뒤집어 이를 잡는 것이 일이었다. 두 손톱 사이에 끼우고 '톡' 소리 나게 눌러 죽였다.

15년 전에 중국에 가면 사방에 벽에 전봇대에 성병치료 광고전단이 어지럽게 붙어있었다. 소위 창병 또는 화류병花柳病이라는 질병은 치료불가능이었다. 특히 매독은 신대륙에서 유럽으로 옮겨간 후 돌고 돌아 전 세계를 감염시켰다. 수많은 사람들이 이 병으로 신체가 썩어들어가거나 기형으로 변형되고, 이 병을 피를 통해 태중의 아이에게까지 전염시켜 자기 아이를 매독아이로 태어나게 만들었다. 왕이라도 별수없었다.

필자도 어린 시절 병원문턱이 높아 치과에 잘 가지 못했지만, 지금은 국민의료보험으로 병원문턱이 낮아졌으니 그때에 비하면 천국이다. 국민의료보험은 사실상 세금이다. 부자가 더 아플 리는 없지만 더 많이 내기 때문이다. 많은 사람들은 부자가 돈을 더 많이 낼수록 천국은 더 가까워진다고 믿는다. 그러니 지금이, 천국은 아닐지라도, 옛날보다는 천국에 더 가깝다.

구한말 조선을 방문한 유럽인들은 흉년으로 길가에 버려진 아사한 시신을 수없이 목격했다고 증언한다. 중국이나 우리나라나 흉년이 들면 무수히 많은 사람들이 죽어나갔다. 무수한 사례들이 중국과 한국의 『실록』에 남아있다. 식량이 부족한 것이 제1원인이긴 하나 교통이 발달하지 않아 식량을 기근이 발생한 곳으로 제때 신속하게 옮기는 게 어려웠다. 그래서 나라 전체적으로는 식량이 여유가 있어도, 국지적으로 굶어죽는 일이 발생했다. 지금처럼 기차, 자동차, 비행기 등의 교통수단과 도로가 발달했다면 벌어질 수 없는 일이었다.

인간으로 태어나는 것이 맹귀우목처럼 희귀한 복이라면
인구를 폭발적으로 늘린 과학기술발전은 더없는 축복이다

과학문명의 도움이 없이는 73억 명이나 되는 인구를 잘살게 할 수 없다. 일부 못사는 나라도 있지만 전체적으로 잘산다. 인류역사상 이렇게 잘산 적이 없다. 인구도 어마어마하게 늘었다. 부처님 시대에 비해서 천 배는 늘었을 것이다. 맹귀우목盲龜遇木처럼 어렵다는, 인간으로 태어나는 것을 기하급수적으로 쉽게 만들었다. 지금까지 어마어마한 수의 인간을 만들어냈다. 인간으로 태어나는 것이 복이라면 과학문명이 그런 일을 한 것이다. 예전에는 산욕열·마마·수두·홍역으로 어마어마하게 죽었지만 지금은 의학발달로 이런 병으로 죽는 일은 없다. 옛날에 사람들이 병으로 떼로 죽어나가도 종교가 할 수 있는 일은 없었다. (페스트는 중세 유럽의 인구 3분의 1을 몰살시켰다. 병을 하나님이 내리는 벌로 간주한 사람들은, 페스트에 아직 걸리지 않은 자는 걸리지 않으려고, 그리고 이미 걸린 자는 치료하려고, 성당에 모여 죄를 참회했지만 오히려 그곳에서 병을 옮기고 옮았다. 그래서 더 많이 죽었다. 예나 지금이나 인간의 어리석음은 그 깊이를 측량하기 힘들다.) 질병의 치유는 믿음이나 신앙의 영역이 아니라 의학의 영역이기 때문이다. 의학기술이 발달하려면 경제발전이 필수적이다. 사회에 부가 쌓여야 과학기술 연구개발에 투자할 여유가 생기기 때문이다.

수명증가도 과학기술발전의 공이다

평균수명도 엄청나게 늘었다. 『불경』 우주론에 의하면, 악세惡世에서는 수명이 줄어 평균수명이 10세까지 갔다가, 선세善世에서는 늘기 시작해서 84,000세까지 이른다 하니, 평균수명이 예전의 40세에서 지금의 80세까지 두 배로 폭증한 걸 보면 우리는 지금, 과거에 비해서, 선세에 살고 있는 것이 분명하다. 모두 과학의 힘이다. 농업혁명, 화학비료, 농기구기계학, 석유, 전기에너지, 비닐화학, 경제학, 섬유학, 토목공학이 없으면 인구를 유지하지 못한다. 그러면 선업을 쌓고도 인간으로 태어날 기회를 얻지 못한다. 이게 말이 되는가?

따라서 과거에 비해 인구가 폭증했다면 인간 세상이 더 나아지고 있다는 증거이며 (사실 더 나아지고 있다), 이에는 과학기술의 공이 지대하다. 자유민주사회를 이룩한 정치·사회제도 개혁의 공도 있으며, 인간의 욕망을 자극하고 저장하는 화폐를 다루는 경제학의 공도 크다. 화폐의 본성은 난폭하기에 잘 통제하지 못하면 하이퍼인플레이션이라는 재앙을 초래한다. 인간의 삶과 미래는 과거 행行이 작용하기도 하지만 자유의지가 작용하기도 하기 때문이다. 그렇지 않으면 결정론으로 빠져 수행을 할 필요가 없을 것이다.

단세포생물 아메바는 무한 복제하므로 수명이 무한이다. 84,000세를 넘는다. 최소한 35억 세이다. 다세포 생물이 되면서 수명이 짧아졌다. 물론 유전자 관점에서 보면 여전히 무한이기는 하다. 인간이 출현했다. 원시시대 인간의 평균수명은 20세 정도였다. 그러다 과학이 발달하면서 유아사망률과 질병으로 인한 사망이 급격히 줄어들면서 100세 가까이로 수명이 늘어났으며, 일부 미래학자들은 40년 내로 수명이 무한대가 될 것이라고 예측한다. 의식이 없는 무한수명의 단세포동물에서 출발한, 의식이 있는 유한수명의 다세포생물인, 인간은 과학이라는 배를 타고 다시 무한수명을 향해 우주공간을 달려간다. 84,000세에서 10세를 거쳐 다시 84,000세로 가는 것이 아니라, 무한에서 유한을 거쳐 다시 무한으로 간다.

과학이 유치한 단계에 있다고요? 과학문명은 결코 유치한 단계에 있지 않다. 과거에 비해서 눈이 어지러울 정도로 발전했다. 혜초 스님이 인도까지 3년을 걸어갔지만 지금은 반나절도 안 걸린다. 만약 혜초 스님이 그 당시에 천안통으로 지금 세상을 보셨으면 "아! 저 시대 중생들은 모두 다 신족통을 하는구나" 하고 감탄하셨을 것이 분명하다! 그런데 어떻게 지금의 과학이 과거보다 유치한 단계에 있는가? 그것도 4,000~10,000년 전보다!

불법은 과연 염세적 인생관인가?

모든 물질문명의 향상을 부인하는 염세적 인생관은 불법에 어긋난다. 부처님이 속인들에게는 세속에서 열심히 살 것을 가르치셨기 때문이다.

누구나 불성佛性이 있어 언젠가는 성불한다고 한다. 그러나 그렇다고 해서 "어차피 성불할 거 도 닦을 필요 없어요. 그냥 시간만 가면 돼요"라고 말하는 스님은 없다. 반대로, "빨리 성불해야 한다"고 가르친다. 성불할 때까지 사바세계의 삶이 주는 고통이 너무 크기 때문이다. 되도록 빨리 성불함으로써 사바세계의 고통을 줄이듯이, 슬기롭게 잘 살아 사바세계의 고통을 줄여야 한다.

이 점에서 불법의 핵심은, 특히 '일천제一闡提 사상'(영원히 성불할 수 없는 몹시 근기가 하열한 중생이 존재한다는 사상)을 부인하는 대승불교의 핵심은, 부처가 되자는 것이 아니라, "부처가 되는 데 걸리는 시간을 단축하자"는 것이다. 다른 말로 하자면, 개별 생명체의 고통의 총량을 줄이자는 것이다.

지금까지 과학기술이 인류문명과 삶의 질을 향상시켜 인류 행복증진에 지대한 공을 세워온 점을 감안하면, 인류에게 새로운 조망을 던져주는 과학발견을 특히 진화론을 공부하고 이해하여 불법에 대한 새로운 해석을 내놓아야 한다. 현대인의 마음을 어루만져줄 수 있는 새로운 관점을 제시하여야 한다.

그것이 세대를 이어가는 인류의 희망이기 때문이다. 과연 선대 인류가 그냥 주저앉았다면, 자연과 질병에 휘둘리지 않고 당당하게 사는 지금 21세기의 삶이 어떻게 가능하겠는가?

스승과 선배를 뛰어넘는 것이, 제자와 후배의 의무이자 스승과 선배의 은혜를 갚는 길이다.

오직 향상일로뿐

어떤 사회든지 만약에 모든 구성원들이 불평이 없고 행복하다면, 그 사회는 이미 천국이다. 하지만 그런 사회는 인류역사상 존재한 적이 없다. 특히 집단이 클수록 더욱 그러하다. 과학기술과 예술과 정치·경제·사회·복지·놀이·교육제도 등 어느 것 하나 완벽한 것은 없다. 그렇다고 불완전을 이유로 비난할 수는 없다. 우리 불완전한 인간은 끝없이 개선하며 앞으로 나아갈 뿐이다. 설사, 영원히, 완벽한 사회인 낙원에 이르지 못할지라도! 이걸 향상일로向上一路라 한다.

오늘이 어제보다 나을 수 있다면, 이 얼마나 감사한 일인가! 많은 사람들이 불행한 이유는 오늘이 어제보다 낫다는 사실을, 즉 자신이 얼마나 복을 누리고 사는지를 자각하지 못해서이다. 이 점에서 행복은 분명 우리 마음에 달려있다. 진실로 인식의 전환은 세속적이건 궁극적이건 고를 소멸하고 행복을 가져온다.

마지막으로, 진화론은 가설이 아니라 사실이다!

진화론을 가설이라고 생각하는 사람들이 있는데 전혀 그렇지 않다. 진화론은 그 증거가 84,000대장경만큼 쌓인 엄연한 진리이다. 큰스님들의 반反진화론적인 그리고 반과학적인 사상·발언과 진화론·과학 중 어느 쪽을 진리로 받아들일지는 전적으로 여러분의 몫이다.

달라이 라마가 한 말을 상기하시기 바란다. "나는, 과학과 『불경』이 충돌하면, 과학을 택할 것이다."

나도 틀릴 수 있다는 열린 자세를 가져야만, 종교가 과학과 보조를 맞출 수 있다.

신성과 악마성

신성과 악마성은 35억 년 전의 단세포 생물을 부모로 둔 형제이다

옛날 서양에서는 인간이 가진 성욕性慾·살욕殺慾 등을 악마의 성품으로 보았다. 악마가 우리 안에 들어와 작용하는 것으로 보았다. 동물적 본성을 인정할 수 없었던 것이다. 그래서 동물을 영혼이 없는 존재로 간주했다. 인간 안에 있는, 사랑·연민·배려·관용·지력 등의 신(천사)적인 성품과 성욕·폭력·분노·미움·살해 등의 악마적인 성품의 공존은 풀수 없는 미스터리였다.

모든 생물은 동일한 단일 조상을 두었다
광합성을 하는 동물도 존재한다. 식물과 동물의 유전자가 섞이기도 한다

진화론은 이런 미스터리에 대한 답을 제공했다. 인간이 동물의 단계를 거친 것을 증명했다. 유전자의 발견은 모든 생물이 같은 조상을 가진 것을 증명했다. (식물도 동물과 같은 조상을 둔 형제지간이다. 에덴 동산의

식물들은, 특히 지혜의 나무는, 아담과 이브와 형제자매지간이다.)

광합성은 식물의 전유물專有物이 아니다. 광합성을 하는 동물이 존재한다.

푸른갯민숭달팽이는 해조류를 먹고 사는데, 통째로 흡수된 해조류의 엽록체가 달팽이의 투명한 피부 밑에 자리를 잡는다. 그래서 피부가 푸른색이다. 엽록체는 햇빛을 받아 광합성을 해서 달팽이에게 포도당을 제공한다. 그 결과 9개월 동안이나 아무것도 먹지 않고도 살 수 있다. 포도당 제조공장인 엽록체가 낡으면, 다시 싱싱한 해조류로부터 새 엽록체를 제공받는다. 놀랍게도, 이 달팽이들은 해조류로부터 광합성유전자를 복사해 자기 유전자에 편입함으로써 스스로 광합성을 할 수도 있으며, 이 광합성유전자는 당연히 자기 새끼들에게 전해진다. 식물의 유전자가 동물유전자의 일부가 된다는 말이다! 짝짓기를 통하지 않고 식물과 동물의 유전자가 섞이는 기상천외한 방법이다.

점박이도롱뇽의 경우에는, 해조류의 엽록체가 도롱뇽의 세포 안으로 들어가 미토콘드리아 옆에 자리 잡고 광합성을 통해서 미토콘드리아에 산소와 탄수화물을 제공한다.

광합성을 하는 곤충의 예도 있다. 일부 진딧물은, 날씨가 추워지면, 식물에서 훔쳐온 것으로 보이는 유전자로 광합성장치를 만든다.

유전자의 변이를 역추적逆追跡한 바에 의하면, 인간이 지금의 침팬지보다도 더 미개한 상태였던 게 불과 600만 년 전이다. 인간은 장장 35억 년 동안이나 동물로 살아온 것이다. (정확하게는, 지구생명의 역사를 35억 년이라 하면, 35억 년에서 600만 년을 뺀 34억 9,400만 년이다.) 그러므로 인간이 동물의 성품을 가진 것은 지극히 당연한 일이다. 오히려, 인간이 신적 성품을 가진 것이 기적이다. 하지만 동물에게도 어느 정도 신적인 성품이 공존한다. 동물도 자기희생, 연민, 사랑 등을 지녔다. 사자, 물소, 미어캣, 침팬지 등은 새끼와 동료를 구하기 위해 자기 목숨을 건다. 침팬지는 우리에 갇힌 낯선 침팬지를 풀어주고 음식을 나누어 먹는다. 보노보는 성을 생식의 수단이 아닌 친교와 쾌락의 수단으로 삼는 유일한 동물이다. 이들은 남녀노소, 이성동성을 가리지 않고 하루 중에도 수시로 서로 성교의 기쁨을 나눈다. 입을 벌리고 환희의 비명을 지른다. 성의 '생식 이외의 파생효용'을 발견한 두 번째 생물이다. 보노보는 뒤늦게 200만 년 전에 침팬지와 갈라졌지만 성에 있어서는 인간과 유사한 길을 걷고 있다.

동물에게는 신성과 악마성이 공존한다.
인간은 동물로부터 진화했으므로 인간이 지닌 신성은
하늘에서 떨어진 것이 아니라 점진적으로 발달한 것이다.
만약 하늘에서 떨어진 것이라면 형제지간인
식물에게도 신성이 있어야 한다

　동물들에게는 '인간이 가진 신성'과 동물성이 공존한다. 이 성품이 인간에게는 다른 동물들과 달리 발달한 것이다. (사실, 모든 동물은 다른 동물과 달리 발달한다. 그게 진화이고 그래서 생물종의 다양성이 펼쳐진다.) 지구라는 폐쇄된 생태계에서, 인간만이 동물들과 떨어져 유리된 존재일 리는 만무하다. 인간은, 동물이 동물을 잡아먹고 사는 것처럼, 동물을 잡아먹고 살았으며 생긴 것도 영락없는 동물이다. 머리 하나, 항문 하나, 눈 두 개, 귀 두 개, 콧구멍 두 개, 코 하나, 목구멍 하나, 심장 하나, 폐 두 개, 콩팥 두 개, 간 하나, 오줌보 하나, 팔다리 네 개에, 심지어 발가락까지 닮았다. 인간이 동물로부터 진화했다는 결정적인 증거이다. 그럼에도 불구하고 인간이 동물에게 하는 짓은, 성공한 사람이 비루한 친척을 동물처럼 멸시하고 심지어는 잡아먹는 꼴이다.

인간은 동물로부터 진화했으므로, '인간이 가진 신적인 성품'은 처음부터 있던 게 아니라 35억 년 동안 점진적으로 발달한 것이다. 아메바·지렁이·쥐 등에, '인간이 가진 신적인 성품'이 없는 것은 분명하므로, 이런 신적인 성품은 처음부터 있던 게 아니다. 조금씩 생겨 점진적으로 발달한 것이다.

이를 부정하고 인간에게 본래부터 신적인 성품이 있다고 주장하는 것은 아메바나 지렁이에게도, 인간과 동일하게, 신적인 성품이 있다고 주장하는 것과 다름이 없다.

그런데 만약 아메바 같은 단세포 동물에게 신적인 성품이 있다면, 식물과 동물은 같은 조상(단세포생물)으로부터 진화한 것이므로, 식물에게도 신적인 성품이 있어야 한다. (식물유전자는, 동물유전자처럼 네 종류 염기인 A·G·C·T로 이루어진 이중나선 구조이며, 동물유전자와 반 이상 일치한다.) 그러나 동물의 불성佛性과 아트만(참나)을 인정하는, 불교와 힌두교 모두 이를 부정한다. (기독교·이슬람교·유대교는 한발 더 나아가, 식물과 동물에는 영혼이 없고, 오직 인간에만 영혼이 있다고 주장한다. 인간은 자연계의 히틀러이다!) 대단한 모순이 아닐 수 없다.

이런 모순이 생기는 이유는 '동물이 본래부터 신적인 성품을 가지고 있다고 생각해서' 그렇다. (이런 생각을 버리면, '식물도 본래부터 신적인 성품을 가진 것이 아니냐'는 치명적인 반론이 원천적으로 차단된다. 그 결과, 상기上記 모순이 발생하지 않는다.)

왜 몸은 35억 년 전 옛 몸이 아닌데 마음만은 35억 년 전 옛 마음일까
자연계는 특히 동물계는 부처님이 생각하시는 것보다 훨씬 더 잔인하다

몸은 35억 년 전에 처음부터 지금의 몸을 가진 게 아닌데, 어째서 마음만은 35억 년 전에 처음부터 완전한 마음을 지녔다고 주장할까?

동물은 (남을 죽이고 잡아먹는) 악마적인 성품도 동시에 가졌으므로, 처음부터 신성을 가졌다면, 같은 이유로 처음부터 완벽한 악마의 성품을 지녀야 할 것이다. 사자는 물소를 산 채로 뜯어먹지만, 곤충도 마찬가지이다. 말벌은 살아있는 숙주의 몸에 알을 낳는다. 알은 부화한 다음 숙주를 파먹으며 자라지만, 말벌유충이 다 자랄 때까지 숙주의 몸은 살아있어 썩지 않는다. 어미 말벌이 미리 숙주에 마취제를 투입하여 신경계를 마비시켰기 때문이다. 숙주인 애벌레는 산 채로 뜯어 먹히는 것이다.

당신이 목 아래를 마취당하여 꼼짝 못하고 누워 있는데 누군가 배 속에서 당신을 파먹는다고 상상해보라. 당신이 죽을 때까지. '사각사각' 파먹으며 목까지 올라온다고 생각해보라. 그리고 그걸 목격한다고 상상해보라.

자연계는 이처럼 무시무시하다. 부처님 당시보다 더 무시무시해진 것일까? 아니다. 단지 생물학이 발달하여 기존의 사실을 알아낸 것뿐이다. 이런 일은 자연계에 비일비재하다. 모든 곤충의 10퍼센트는 살아있는 숙주의 몸에 알을 낳는 포식기생자parasitoid이다. 자연계는 부처님이 생각하시던 것보다 훨씬 더 잔인하다. 피바다이다.

인간은 다른 동물들을 잡아먹는 주제에, 그것도 어마어마하게 잡아먹는 주제에, '본래 선한 완벽한 성품을 갖추고 있다'는 과대망상을 한다. 또 온갖 흉측한 무기로 서로 잔인하게 죽이면서도 완벽한 신의 성품을 지녔다고 주장한다. 칼·창·활·도끼·철퇴, 총·대포·기관총, 화학무기·세균무기, 폭탄·원자탄·수소폭탄·중성자탄, 지뢰·부비트랩·크레모아claymore, 소이탄燒夷彈·네이팜탄·화염방사기 등 온갖 무기를 발명해 잔인하게 서로 죽이면서 말이다. 찔러 죽이고, 참수해 죽이고, 불로 태워 죽이고, 박살내 죽이고, 갈가리 찢어 죽인다. 탐욕과 증오와 무지의 충돌은 이처럼 무섭다.

식물이 오히려 부처의 성품을 지니고 있다

사람이 아니라, 오히려 정전백수자庭前柏樹子(뜰 앞의 잣나무)가 신의 성품을 지녔다고 해야 옳을 지경이다. 누구를 해치는 일도 없고, 날이 덥건 춥건 불평하지 않고 감내한다. 뭇 생명의 집이 되고 양식이 된다. "부처가 뭐냐?"는 질문에, 조주 고불古佛은 "정전백수자"라고 대답했다. 복잡한 생각이 없이, 또 마음을 불가마처럼 태우는 초열焦熱번뇌가 없이, 묵묵히 뭇 생명에 이로운 행을 하는 것이 어찌 부처가 아니랴. 자기를 얽어매는 번뇌는 다른 게 아니라 바로 고정관념이다. 무여열반에 든 부처에게 감정이 없다면, 식물은 이미 무여열반에 든 부처이다. 무여열반에 든 부처가 누리는 상락아정常樂我淨을 다른 중생들이 나누어 즐길 수 없다면, 식물은 이미 상락아정의 무여열반에 든 부처이다. 의식에 대한 집착이 가장 큰 집착이기 때문이며, 의식에 대한 집착을 여읜 '말없는 행복'大寂樂이 최고의 행복이기 때문이다.

사랑과 증오를 보려면 사자와 물소를 보라

신적인 본능이건 악마적 본능이건, 35억 년 진화과정을 통해서 종種의 보전에 기여한 것은 살아남았고 그렇지 못한 것은 사라졌다. 새끼와 가족과 동족은 사랑해야 종이 살아남고, 적과 먹이는 죽여야 종이 살아남는다. 나를 잡아먹으려는 자나 죽이려는 자는 미워하고, 나에게 먹이를 주고 살려주는 자는 좋아해야, 개체가 살아남는다. 가족과 종이 살아남는다. 그래서 사랑과 증오는 필요해왔고, 생명체 안에 동시에 존재해왔다. 좋은 것은 사랑하고 나쁜 것은 미워한다. 식용버섯은 사랑하고 독버섯은 미워한다. 사람의, 동물의, 사랑과 미움은 생각외로 단순한 기원을 갖는다.

아프리카 사바나의 사자와 물소의 서로 죽고 죽이는 싸움과 증오는 이에 대한 증언이다. 사자 사망의 제1원인은 물소뿔이고, 물소 사망의 제1원인은 사자이빨이다. (사자가 온몸을 물소뿔에 찔려 만신창이가 되어 죽어가면서도 마지막 순간까지 물소를 잡아먹으려고 시도하는 것을 보면, 술과 담배로 간암과 폐암에 걸려 죽어가면서도 죽도록 마시고 피우는 사람들을 보는 것 같다. 탐욕과 증오와 무지는, 부처님이 보시기에, 물소뿔이었을 것이다.) 비극은, 사자로서도 어쩔 수 없다는 점이다. 식물을 소화시킬 효소가 없으므로 남을 잡아먹거나 굶어죽거나 둘 중 하나이다. 과연 최선은 사자가 자이나교도가 되어 자발적인 아사, 즉 단식사斷食死를 하는 것일까?

진화론과 우주론은 인류에게 새로운 눈과 패러다임을 제공한다
무아론과 넓은 의미의 윤회에 눈을 뜨게 하는 첩경이다

새로운 진리의 발견은 우주와 생명에 대한 새로운 패러다임을 제공하여 인식의 전환을 가능하게 한다. 새로운 지식과 관점은 우주와 생명에 대한 이해를 풍성하게 만든다. 못 보던 곳을 보게 되고, 한 곳이 아니라 여러 곳을 보게 되고, 보는 눈에 깊이가 더해지면, 감히 마주 보지 못할 정도로 지혜가 빛난다.

진화론과 우주론이 그런 역할을 한다. 현대우주론은 지구가 특별한 행성이 아니라 100해 개가 넘는 행성 중 하나에 지나지 않는다는 것을, 진화론은 인간이 특별한 존재가 아니라 식물·동물과 같은 선상에 있는 생물이라는 것을 밝혔다.

인간이 생물에 대해, 특히 동물에 대해 이해하지 못하면 무아론도 이해할 수 없고 윤회론도 이해할 수 없다. 제대로 이해할 수도 없고, 깊은 이해도 불가능하다. 몽롱한 안개에 싸인 듯한 신비로운 이해가 아니라 눈이 시릴 정도로 명징한 이해를 얻는 것은 절대로 불가능하다.

종교는 눈가리개이다

진리는 다 드러나 있으나, 다만 자기가 보지 못할 뿐이다.

종교는 거대한 눈가리개이다. 심안心眼을 가려, 봐도 뭘 봤는지 모르게 만든다.

나가세나, 윤회, 닭과 알
닭이 먼저냐 알이 먼저냐

모든 동물은 알에서 태어난다

한때 인구人口에 회자膾炙되던 질문이 있다. '닭이 먼저냐, 알이 먼저냐' 는 재미나는 질문이다. '닭이 먼저'라 대답하면 '알이 먼저 있어야 닭이 부화할 거 아니냐'고 반박을 당하고, '알이 먼저'라 대답하면 '닭이 먼저 있어야 알을 낳을 게 아니냐'고 반박을 당한다. 이래도 문제이고 저래도 문제이다. 진제 종정스님처럼 "시작도 없는 옛날부터 닭은 닭이었고 알은 알이었다"고 주장하면 해결되겠지만, 불행하게도 이건 사실이 아니다.

알이 먼저이다

과연 닭이 먼저일까? 알이 먼저일까?

당연히 알이 먼저이다. 닭은 알을 생산하는 수단일 뿐이다. 난자가 알이기 때문이다. 사실은 유전자가 먼저이다. 닭이 알을 생산하는 수단인 것처럼, 알은 유전자를 전달하는 수단이기 때문이다. 지구상에 처음으로 단세포 생물이 탄생한 35억 년 전은 알이 생겨나기 한참 전이었으며, 당시에 세포분열이라는 무성생식無性生殖을 통해서 전달되던 것은 유전자이다. 그러므로 유전자가 알보다 먼저이다.

그렇다고 해서 인간이나 생물의 가치가 훼손되는 것도 아니다. 17세기에 지동설로 인하여 천동설이 무너지면서, 서양 유신론자들은 '우주의 중심으로서의 지구와 인간의 가치가 격하될 것'이라고 호들갑을 떨며 분노했지만, 그래서 그런 주장을 한 사람들을 불에 태워 죽였지만, 그 후 인간은 지동설을 통해서 우주의 진리를 발견하여 (하나님이 존재한다면) 하나님이 창조한 우주의 비밀을 알아냄으로써, 하나님의 작품인, 우주설계의 정밀함과 우주창조와 인간창조의 위대성을 증명하였다. 아이로니컬하게도 현대의 유신론자들은 인간의 진리탐구능력 그 자체에서 하나님의 창조섭리를 발견한다.

그러므로 인간이, 종교적 신념으로, 목숨을 걸고 하는 일은 아무리 의심해도 지나치지 않는다. 한때의 광기일 가능성을 배제할 수가 없기 때문이다.

유전자와 진화론은 무아론을 과학적으로 증명하고 있다

유전자와 진화론의 발견은 '석가모니 부처님의 무아론無我論'의 과학적 증명에 가장 혁혁한 공을 세우고 있다. 시대를 앞서간 무아론의 위대성을 입증하고 있다. 그런데 역설적으로 한국불교계는 조계종정 진제 스님과 대大수행자 송담 스님을 앞세우고, 시대에 뒤처지게, 전면적으로 진화론을 부인하며 결사적으로 반대의 기치를 드높이 치켜들고 있다. 아마 이분들이 참나론자true atmannist들이기 때문일 것이다. 하지만 참나론자들은 분기탱천할 필요가 없다. 유전자는, (참나가 있다면) 참나를 결정하는 게 아니라, 몸을 결정할 뿐이다. 설마 지고의 참나에게도 유전자가 있을까?

나가세나는 유전자의 존재를 몰랐다
닭에서 알로 알에서 닭으로 전해지는 것은 유전자이다
유전자와 진화론은 불일불이不一不異論이다

   인도의 전륜성왕 아소카의 할아버지인 찬드라굽타 시절에 북인도를 침입한, 알렉산드로스가 남기고 간 그리스인들이 세운 나라의 왕 밀린다는 불교에 조예가 깊었다. 어느 해 밀린다는 고승 나가세나를 초청해 날카로운 질문을 던지며 불교문답을 한다. 그 내용이 『밀린다왕문경』으로 전해져 내려온다. 그중 윤회·무아·업에 대한 부분을 일부 소개한다.
   "무아無我인데 어떻게 윤회輪廻가 가능하냐?"는 밀린다 왕의 물음에, 나가세나는, "윤회란 닭이 알을 낳고 그 알에서 닭이 나오며, 이 닭이 역시 알을 낳고 그 알에서 다시 닭이 나오는 것과 같아서, 사람의 생과 사는 결코 중단되는 때가 없다. 하지만, 이 몸에서 다른 몸으로 옮겨가는 영혼 같은 존재는 없다"고 대답했다. 소위 불교의 트레이드마크인 무아윤회無我輪廻이다. 무아윤회는 불교가, '윤회를 주장하지만 아트만(영혼)윤회를 주장하는' 힌두교와 갈라서는 대大분기점이다. 불교와 힌두교의 결정적인 차이점이다.
   생명체는 특히 포유류는, 설사 조류가 아니더라도, '난자라는 알'이 '정자라는 단세포'를 만나 이루어진다. 나가세나가 예로 든 닭처럼, 포유류도 알을 낳건 안 낳건 난자라는 알을 통해서 이어진다(오리너구리는 진짜 알을 낳는다). 나가세나는 이 점을 꿈에도 몰랐을 것이다. 알 속에 물질적인 유전자가 들어있다는 사실은 더더욱 몰랐을 것이다. 나가세나가 비유하였듯이, 무아윤회란 밤새워 타는 등불과 같다. 초저녁 등불과 한밤중 등불과 새벽의 등불은 같은 등불로 보이지만 사실은 같은 등불이 아니듯이, 무아윤회에서도 어제의 나와 오늘의 나와 미래의 나는 같은 나로 보이지만 사실은 같은 나가 아니다.

생물체의 이어짐은 유전자를 통해서 이어진다. 생물의 종種의 연속성과 부모자식 간의 유사성을 확보하는 것은, 즉 인간이 인간을, 돼지가 돼지를, 소가 소를, 개가 개를, 그리고 닭이 닭을 낳게 하는 것은 유전자이다. 비물질적인 영혼이 아니라 물질적인 유전자이다. 하지만 이 유전자도 불변의 물질은 아니다. 유전자는 시공時空(시간과 환경)을 따라 변화한다. 그러므로 부모와 자식은, 600만 년 전의 (지금의 침팬지보다 미개한) 인간과 지금의 문명화된 인간은, 같은 존재도 아니고 다른 존재도 아니다. 소위 중관철학의 '불일불이不一不異' 사상이다.

나가세나는 과일들의 맛이 다른 이유는 각 나무들의 종자種子가 다르기 때문이라 했는데, 이것 역시 유전자가 다르기 때문이다. 식물도 세포로 이루어져있으며, 세포에는 동물과 같은 이중나선구조의 유전자가 들어있다. 나가세나는 이 비유를 '사람들이 서로 다른 이유로 업業을 내세우기 위해' 들었지만, 사람들이 총명하고 미련하고, 단명하고 장수하고, 병에 잘 걸리고 건강한 것은 유전자가 결정하는 체질 탓이다.

예를 들어 북극곰은 영하 수십 도의 기후에 얼음물을 들락날락거려도 절대 감기에 걸리지 않는다. 이는 북극곰의 전생의 업 때문이 아니라 유전자 때문이다. 북극곰이 전생에 '얼음물에 빠진 동물을 구해준 선업' 때문이 아니라, 방한기능을 하는 두터운 피하지방층과 물이 스며들지 못하는 촘촘한 털을 만들어내는 유전자 덕분이다.

또 사자가 풀을 먹지 않는 이유는 풀을 소화시킬 수 없기 때문이다. 즉 전생의 업 때문이 아니라 풀을 소화시키는 소화액을 만들지 못하는 유전자 때문이다. 환경과 문화의 영향도 있다. 술을 많이 마시고 자극적인 음식을 즐기는 문화에 태어나면, 위궤양·간경화·위암·간암에 걸릴 확률이 급증한다. 흡연을 장려하는 문화에 태어나면 폐암에 걸릴 가능성이, 코카콜라 등 달달한 탄산음료를 즐기는 미국에 태어나면 비만증에 걸릴 가능성이, 그리고 기름진 음식을 즐기는 문화에 태어나면 전립선질환에 걸릴 가능성이 커진다. 개인의 전생의 업과는 전혀 무관하다.

·

유전자와 진화론은 불교 무아론의 쌍둥이 이론이다

유전자는 부단不斷이고 돌연변이는 불상不常이다

유전자는 가假이고 돌연변이는 공空이고 진화는 중中이다

이처럼 유전자는 생물계 종種의 정체성과 특성을 설명하는 이론이며, 진화론은 자연계의 다양성을 설명하는 이론이다. 종의 정체성과 다양성을 설명함에 있어서, 신비로운 윤회를 설정할 이유가 조금도 없다. 불교도라면 만물을 주관하는 하나님을 인정하지 않을 것이다. (연기緣起와 업業, karma이 모든 것을 설명한다고 생각할 것이다.) 마찬가지로 통속적인 윤회가 생명계를 주관할 이유는 없다. 유전자와 진화론이면 충분하며 통속적인 윤회론보다도 더 잘 설명한다. 더욱이 유전자와 진화론은 불교의 무아론에 딱 들어맞는 이론이다. 마치 부처님의 무아론을 증명하려고 기다렸다는 듯이 나타난 이론이다. 중요한 점은 유전자와 진화론은, 무아론처럼, 단멸론斷滅論도 아니고 상주론常住論도 아니라는 점이다. (옛날에는 유전자의 존재를 몰랐기에 통속적인 윤회론에 대한 부정은, 불교 신자와 힌두교 신자에게는, 단멸론과 동의어였다.)

'자신의 의식이 통속적인 방법으로 영원히 이어져야 한다'는 점만 포기하면 된다. 사람들이 윤회론에 집착하는 이유는, '자신이 과거의 기억을 하나도 잃지 않고 모두 간직한 채로 영원히 존재해야 한다'는 집착 때문이다. (개인마다 기억은 다 다른데 뭐가 그리 특별해서 그 모든 기억을, 특히 구질구질한 기억까지, 다 기억해야 한다고 믿을까? 달라이 라마는 "부처는 과거 일을 문자 그대로 하나도 빠짐없이 다 기억한다"고 주장한다. 그런데 자신은 어제 일도 가물가물하므로 깨달은 사람이 아니라고 했다.) 인간은 (거의) 누구나 전생을 기억하지 못하면서, 그래서 전생의 악업에 대한 기억과 그로 인한 고통으로 플래시백flashback을 겪듯이 괴로워하지도 않으면서, 전생을 논하고 윤회를 논하는 것은 모순이다. 중증 치매에 걸린 사람은 장기기억까지 상실하여 과거의 안 좋은 기억으로부터 겪는 고통이 없다. 정체성도 상실하여 자아에 대한 심적 고통도 없다. 그런데도 기억에 없는 과거와 미래의 고통으로부터 벗어나자고 하는 가르침은, 아무래도 불가사의한 이론이라고 아니할 수 없다.

질문을 하나 던진다. 당신이 잠을 자는 사이에 과거의 기억을 문자 그대로 다 잃어버렸다. 깨어보니 아무것도 생각나지 않는다. 자기가 누구인지도 모르고, 나이·직업·친구·주거지·가족관계 등 모든 것을 다 잊어버렸다. 다시 강조하지만 문자 그대로 '모든 것'을 잊어버렸다. 어제, 그제, 일주일 전, 한 달 전, 일 년 전, 수십 년 전에 무슨 일을 했는지 전혀 기억이 없고, 사람을 만나도 조금이라도 알아볼 수 있는 사람은 단한 사람도 없다. 그때 당신은 아직도 살아있는 것인가? 아니면 죽은 것인가?

만약 당신이 자신이 "여전히 살아있다"고 주장한다면, 통속적인 윤회론을 주장할 이유가 하나도 없다. 그런 식으로 존재하는 것은, 설사 존재한다 해도, 존재하지 않는 것과 동일할 것이기 때문이다. 또 그렇게 존재하는 것은 (영혼의 환생이 없이) 유전자를 통해서 비슷한 '후손의 몸'으로 살아남는 것과 별로 다를 것이 없다. 몸이란 살아있어도 어차피 변하는 것이며, 둘 다 '과거로부터 이어진 과거에 대한' 연속적인 의식이 없기는 마찬가지이기 때문이다.

과보가 나타나기 전에, 업이 있는 곳을 미리 알 수 있다

나가세나는 '나무가 아직 열매를 맺기 전에 어느 가지에 열매가 열리고 안 열릴지를 미리 알 수 없다'는 걸 예로 들면서, "과보가 나타나기 전에는 업이 있는 곳을 알 수 없다"고 말하는데, 전혀 그렇지 않다. 옛날에는 그랬을지 몰라도 지금은 그렇지 않다. 미리 알 수 있다.

심지어 동물이나 인간이 불임인지 아닌지 암수에 관계없이 알 수 있다. 교미를 해서 그 결과를 확인해보기도 전에 알 수 있다. 암컷의 무난자증無卵子症이나 수컷의 무정자증無精子症을 진단할 수 있다. 태아의 유전자를 조사해서 태어나기도 전에 미리 기형여부를 알 수도 있으며, 심지어 부모의 유전자를 조사해서 아이가 수태되기도 전에 '아직 존재하지도 않는' 아이의 유전병 유무나 기형 여부를 미리 알 수 있다.

그럼 나가세나가 예를 잘못 든 것인가? 그렇지 않다. 어떤 예를 들어도 마찬가지이다. 과학의 발달은 상상을 초월할 정도로 많은 것을 알아냈기 때문이다. 미래에는, 심지어, 난자와 정자가 없는 부부일지라도, 자기들을 닮은, 즉 유전적으로 동일한, 애를 낳을 수 있을 것이다. 각자의 체세포에서 취한 유전자를 섞어 세포(예를 들어 세포핵을 제거한 남의 난자)에 주입한 다음 이 세포를 배양해서 애를 만들면 된다. 이미 동물실험에서는 성공했다.

시대의 한계는 잘못이 아니지만
구시대의 헛소리를 믿는 것은 잘못이다

그러므로, 만약 나가세나와 같이 과학적이고 분석적인 마음을 지닌 이가 현대에 태어난다면 절대로 옛날처럼 생각하지 않을 것이다. 왜냐 하면 나가세나가 그런 생각을 한 것은, 미래세의 모든 과학발견을 (초능 력으로) 미리 다 알고 한 게 아니기 때문이다. 당시에는 과학이라는 개 념이나 분야조차도 없었다. 당시에, 진리를 판별하는 최고의 수단은 성 인의 말인 성언량聖言量이었다. 심하게 말하자면 '모든 진리를 단 한 사 람의 성인이 독점하는' 일종의 독재체제였다.

뿐만 아니라 성인들의 말은 서로 달랐다. 그래서 제자들은 편을 지어 싸웠다. 우주의 진리를 수호하기 위해 목숨을 걸고 싸웠다. 아마 나가세 나는 (통속적인 윤회론이 참이라면) 이미 환생하여 위대한 생물학자가 되 었을 가능성이 있다. 이 경우 현생의 그가 '나가세나였던 전생'을 기억 하지 못하는 것은 자연의 배려이다. 한없는 과거의 무수한 미련한 엉터 리 생각을 기억하는 것은 두뇌용량이 허용하지도 않거니와 결코 유쾌 한 일도 아니기 때문이다.

그 시대인이 그 시대의 제약조건하에서 열심히 사유하여 당시로서 는 최선의 이론을 내놓는 것은, 비록 이 이론이 후대에 잘못된 이론으로 밝혀질지라도, 전혀 잘못된 일이 아니고 오히려 칭찬받아야 마땅한 일 이다. 전대前代의 잘못은 후대에 시정하면 될 일이다. 이런 탐구심이, 진 리를 발견하게 하는 동력이 되어, 인류문명을 발달시키기 때문이다. 하 지만 신앙이 그런 역할을 한 적도 없고 한 바도 없다. 그런 역할은 지혜 가 한다. 단기적으로는 엎치락 뒤치락할지라도, 장기적으로 인류를 발 전시키는 것은 지혜이다. 여기에 자비를 더하면 금상첨화이다. 지혜와 자비를 기둥으로 삼는 불교가 위대한 점이다.

(종교는 파이를 늘리는 방법이 아니라 공평하게 나누는 문제이지만, 실제로는 대부분의 종교가 성직자들과 권력자들의 몫을 늘려 민중의 몫을 줄이는 역할을 했다. 이에 비해 과학기술은 인류의 파이 자체를 늘리는 방법이다. 그리고 개인의 부가 증가해야, 지켜야 할 부가 있음으로 인해, 민주주의가 발달한다. 그런데 지켜야 할 부가 있으려면, 먼저 개인의 재산을 보장하고 키우는 자본주의의 발달이 선행해야 한다. 예를 들어 고대 그리스에서 투표권은, 스스로 무기와 갑옷을 장만하여 외적을 물리칠, 재산이 있는 시민들에게만 주어졌다. 남의 걸 지키겠다고 목숨을 걸 사람은 존재하지 않기 때문이다. 인구가 많아야 수백 명인 씨족집단은 공산주의가 가능하고, 또 그래야 자본주의보다 더 행복할 것이다. 하지만 인구가 수백만·수천만·수억·수십억이 되면 전면적인 공산주의는 불가능하다. 이는 사상의 문제이기 전에 수數의 문제이다. 좁은 지역의 적은 수의 사람들 사이에는 동질성을 확보할 수 있지만, 넓은 지역의 많은 사람들 사이의 동질성은 확보하기 어렵기 때문이다. 집단의 크기가 수백만 명을 넘어서면 거의 불가능하다.)

문제는 이미 거짓으로 밝혀진 과거의 이론에 집착하는 행위이다. 이것은 비난받아야 마땅하다. 새로 태어나는 순진무구한 지구촌의 새 생명들을 몽매주의蒙昧主義, obscurantism로 물들이기 때문이다. 지구상의 특정 지역들이 각각 이슬람 망상·기독교 망상·유대교 망상·도교 망상·참나 망상·무속 망상으로 집단적으로 물들어있는 것은, 종교적 망상이 '개인의 선택'이라기보다는 '집단의 세뇌'라는 점을 증명하고 있다. 이와 다르게, 과학은 그런 성향을 보이지 않는다. (설사 있다 해도 단기적인 현상일 뿐이다. 새로운 증거가 나타나면, 상이한 이론을 지닌 학파로 인한, 국소적인 편향은 사라진다.) 지역에 따라 지지하는 이론이 다른 일은 없다. 맹목적으로 추종하는 일은 더더욱 없다. 이것이, 과학의 눈과 방법으로 종교를 바라보아야 하는 이유이기도 하다.

남의 종교만 종교이고, 자기 종교는 종교가 아니라 진리이다

종교인들은, 종교를 옹호하는 것 같지만, 사실은 옹호하지 않는다. 자기 종교만 옹호하지 다른 종교는 악마의 가르침이라 생각하기 때문이다. 그러므로 종교인들은 자기 믿음체계를 수호하는 것이지 종교 자체를 인정하는 게 아니다. 아마 종교에 반대할 것이다. 자기 종교는 종교가 아니라 진리라 생각하고, 다른 이들의 믿음이야말로 헛소리를 양산하는 종교라 생각할 것이 틀림없기 때문이다. (그러므로 종교를 옹호하는 사람은 사실상 존재하지 않는다.) 그렇지 않으면 인류역사에 나타난, 이교도들에 대한, 무수한 고문·학살과 같은 잔인한 행동을 설명할 길이 없다.

종교는 밈이다

마지막으로 지적을 하자면, 유전자는 물질적인 생체유전자뿐만이 아니라 비물질적인 문화유전자도 있다. 소위 밈meme이다. 한국인이 미국에 입양되면 미국문화를, 미국인이 한국에 입양되면 한국문화를 완벽하게 익힌다는 점에서, 문화는 문화를 통해서 전달된다.

종교도 마찬가지이다. 이슬람국가 아이가 태국의 불교가정에 입양되면 불교도가, 태국 아이가 이슬람국가의 이슬람가정에 입양되면 이슬람교도가 될 것이다. 광신도들의 주장처럼 종교가 개인의 선택인 것은 아니다. 대체로 사회의 선택이다. 갓난아이들이 자기들끼리 무인도에서 자라면 인간의 현대문명과 현대종교를 복원하지 못할 것은 명백하다. 지금도 석기시대에 사는 뉴기니·브라질·아프리카의 원시인들이 결정적인 증거이다. 그들은 문명인들과 같은 시대를 살아도, 문명과 유리된

탓으로 아직도 석기시대에 산다.

그러므로 선대에서 후대로, 가정과 사회 곳곳에 스며들어있는 교육과 제도와 풍습과 전통을 통해서, 전해지는 문화는 선천적인 것이 아니라 후천적인 것이다. 인류는 거대한 문화유전자의 연기로 차 있는 아궁이와 같다. 아궁이에 들어가면 연기로 숨이 막히지만, 아궁이를 나오면 땔감도 아니다. 마찬가지로 사람人은 사람들 사이間에서만 사람이다. 그걸 인간人間이라 한다.

3
참나는 허구이다

종교는 인간의 정체성을 영원한 것으로, 즉 죽음을 초월한 것으로 묘사한다. 예를 들어 영혼이란 개념이 있다. 기독교는 영혼이 죄에 물들거나 죄가 씻긴다고 가르치는 반면에, 한국불교는 영혼이 죄에 물들지 않는다고 가르친다. 기독교에 의하면 영혼은 하나님이 만들었으므로 죽이고 살리는 것은, 즉 영혼의 수명은 하나님 맘이다. 이에 비해서 한국불교는 영혼의 수명이 무한하다고 주장한다. 태어난 적도 없고 죽지도 않는다는 것이다. 영혼은, 만든 자도 없을 뿐만 아니라 어느 누구도 파괴할 수 없다고 한다. 그렇게 완벽하게 깨끗하고, 생겨난 적도 없고 없어지지도 않는, 그리고 몸을 바꿔 환생하며 영원히 사는, 영혼을 참나 또는 주인공이라고 부른다.
이 장에서는 그런 영혼이론이 허구라는 것을 다각도로 밝힌다.

여하시 본래면목:
건달바

답은 의문의 종식이 아니라 새로운 의문의 시작이다
종교는 길이 막힐 때마다 그 길이 막다른 길이라고 주장하지만,
항상 길은 뚫렸고, 막다른 길은 존재한 적이 없다

중국 선불교의 실질적인 창시자인 육조 혜능은, 떠꺼머리 행자신분으로 한밤중에 스승인 오조 홍인으로부터 궁극적인 가르침과 인가를 받고, 깨달음의 징표로 물려받은 (인도로부터 달마 대사를 통해 전해진 석가모니 부처님의) 의발衣鉢(가사와 발우, 즉 옷과 밥그릇)을 들고, 질시하는 무리들을 피해서 새벽같이 도망가다, 두 달 반 만에 대유령 정상에서 사품장군 출신의 혜명에게 따라잡힌다.

이때 혜능이 그에게 던진 질문이 '불사선불사악 정여시 나개시 명상좌 본래면목不思善不思惡 正與時 那箇是 明上座 本來面目?'이다. '선도 생각하지 않고 악도 생각하지 않을 때 명상좌 그대의 본래면목은 무엇이냐?'라는 질문이다. 우리가 선악·고저·장단 등의 36대법對法을 포함한 일체의 (분별적) 사유를 중단했을 때 우리에게 남는 것은, 과연 무엇일까?

망막에 충돌하는 것은 사물의 본모습이 아니라 광자이다

고막을 때리는 것은 사물의 본소리가 아니라 공기입자이다

점막을 자극하는 것은 본냄새가 아니라 분자이다

과학이 발달한 이래로 '이 세상은 보이는 모습 그대로가 본래면목인 것은 아님'이 밝혀졌다. 그전에는 인간은 '우리 눈에 비치는 사물의 모습'이 '사물의 변치 않는 모습'이라 생각했다. (사물의 이름은 사람이 부여한 것인데, 그 이름에 걸맞은 것이 존재할 이유는 그 어디에도 없다. 낭만주의일 뿐이다. 이름은 우리의 소망과 선입관과 사물·현상에 대한 허술한 인식과 이해를 간직한, 우리 마음의 투영이다. 거기 무언가 존재하는 것은 부인할 수 없으나, 세상은 내가 원하는 대로나 지각하는 대로 존재하는 것은 아니다. 그래서 칸트는 감각세계를 떠나 존재하는, 즉 감각기관으로는 파악할 수 없는, 따라서 절대로 알 수 없는 '물자체ding-an-sich'라는 말을 만들어냈다. 하지만 물체를 이루는 아원자의 세계는 끊임없이 변하는데 거기 어디 물자체가 있을 것인가? 존재하는 것은 물物, thing이 아니라 추상적인 관계뿐일지도 모른다. 뿐만 아니라 이 '물'이나 '존재한다'라는 말까지도 정의하기가 녹록지 않다. 아마 불가능할지도 모른다. 말이란, 반드시, 정의하지 않은 다른 말을 사용해 정의할 수밖에 없기 때문이다. '물'과 '존재한다'라는 말이 바로 이런 정의할 수 없는 말일 수 있다. 또, 감각기관을 이용하지 않고, 즉 감각된 것을 전혀 이용하지 않고, '물'과 '존재한다'는 말을 정의할 수 있는가?)

다른 동물들은 다르게 보고, 다르게 듣고, 다르게 맡는다

인간은, 인간이 보는 대로, 동물도 사물(삼라만상)을 같은 모습으로 보리라 생각했다. 즉 사물에는 보는 생물에 따라 달라지지 않는 고정불변한 모습이 있고, 보는 기능은 모든 생물에게 동일하고, 동물들은 모두 '동일한 고정불변의 모습'을 본다고 생각했다.

빨간 꽃은 나에게나 바둑이에게나 동일하게 빨간 꽃이고, 박쥐가 듣는 자연의 소리는 우리가 듣는 소리와 다르지 않다고 생각했다. (그것을 '듣는 성품'이라 표현했다.) 즉 '불변의 듣는 성품'으로 소리의 고정불변한 모습을, 즉 본래면목을 듣는다고 생각했다. ('듣는다는 것'에 대해서 전혀 반성하지 않은 것이다.) 물론 들리는 모습 그대로도 아니다. 인간이 들을 수 있는 가청주파수는 넓은 전체 소리주파수 중 극히 일부이다. 그리고 박쥐나 돌고래는 인간이 듣지 못하는 초음파를 듣는다. 산부인과에서 태아를 볼 수 있는 초음파영상을 연상하면 된다. 즉 박쥐나 돌고래는 생체 초음파캠코더ultrasonic bio-camcorder이다.

그런데 놀라운 사실이 밝혀졌다. 바둑이(개)는 거의 색을 보지 못한다. 색맹이다. 바둑이는 네 가지 색만 볼 수 있다: 파란색, 노란색, 흰색, 검은색. 나머지 색깔은 이 네 가지 색깔의 색조로 나타난다. 예를 들어 오렌지색은 약간 진한 노란색으로 나타나고, 빨간색은 검은색 또는 짙은 회색으로 나타난다. 그러므로 바둑이에게 '빨간' 꽃은 존재하지 않는다. 그래서 설사 바둑이가 화가가 되더라도, 수묵화가라면 모를까, 인상파 화가는 절대 되지 못한다.

이와 같이 동물들은 각자, 서로 다른 감각의 세계에 살고 있다. 세상은 수많은 파장의 빛과 소리로 넘쳐난다. 가시광선은 그 파장들 중 극히 일부분에 지나지 않는다. 동물들은 인간이 보지 못하는 것을 능히 본다.

냄새 역시 마찬가지이다.

●귀엽기 그지없는 생체 초음파영상기 큰돌고래.

● 꽃 냄새를 맡는 개.

개의 후각능력은 인간의 수십만 배나 된다. 개의 뇌 크기는 인간의 10분의 1이나, 후각세포 개수는 50배나 된다. 그러니 후각능력이 뛰어날 수밖에 없다. 축구장 크기의 공간에 장미꽃 냄새 분자 하나만 있어도 맡을 수 있다. 개는 인간이 느낄 수 없는 수많은 종류의 냄새를 맡을 수 있다. 개가 느끼는 세상은 광활한 냄새의 세계일 것이다. 우리가 가지가지 색깔의 총천연색 세상을 보듯이, 개는 온갖 냄새로 가득 찬 총천연향 세상을 맡을 것이다.

개들에게 미술관이 있다면 그림 대신에 향기그림과 향기조각이 있을 것이다. 캔버스 여기저기가 갖가지 향기로 구성된 그림. 각 부분이 향기로 구성된 조각품. 세계적인 유명 브랜드 향수병들로 만든 조각품. 자연에서 맡을 수 없는 초현실적인 향기로 가득한 초현실주의 후각예술품. 예를 들어, '빛의 속도로 평행우주 속으로 퍼지는 나노 번째 블랙홀 향香'이란 제목의 후각예술품.

인간은 다른 사람이나 동물의 감정을 시각을 통해 느끼나, 개는 냄새를 통해 느낀다. 그러므로, 인간이 그림에서 표정을 통해 감정을 표현하듯이, 개의 예술품은 냄새를 통해서 감정을 표현할 수 있다.

종교적 신비경은 뇌의 작용이다

이제 과학의 발달로 뇌와 의식의 비밀이 풀리고 있다. 종교인들이 민망할 정도로 그 비밀이 마구 파헤쳐지고 있다. 임사체험, 유체이탈, 황홀경, 비전, 그리고 신비적 합일 등이 인정사정없이 해체된다. 뇌의 특정부분을 전기적으로 자극함으로써 그런 체험을 만들어낼 수 있음이 밝혀지고 있다. 자극을 받으면 '신의 임재'나 '신과의 합일'을 느끼게 만드는 뇌부위도 있다는 보고도 있다.

(그 부위는 '신점神點, God spot: 이 부위에 전기자극이 가해지면 피실험자는 신의 임재를 느낀다'이라 불리며 뇌 여러 곳에 존재한다. 특히 측두엽이 중요하다. 종교적인 엑스터시가 '측두엽간질 발작'이라는 설이 수그러들지 않고 있다. 간질환자였던 도스토옙스키는 간질 발작 중에 느끼는 환희는, 이 세상 그 무엇과도 바꿀 수 없을 정도로 더없이 황홀하다고 증언했다. 실제로 유튜브에 들어가면, 황홀감에 대한 기억으로 눈물을 흘리며 그리 증언하는 간질환자를 볼 수 있다. 멀쩡하고 순박하고 착하게 생긴 미국 젊은이다. 꼭 한번 보시기 바란다).

그래서 수천 년 전의 주장을 답습踏襲하는 종교인들의 마음에는 짜증이 일어난다. 그들이 궁극의 진리로 받들어 모시는 종교경전은, 수천 년 전에 쓰인 교과서를 단 한 번도 개정하지 않고 초판 그대로 쓰는 격이다. (우주의 비밀을 배우는 학생들은 절대로 업데이트되지 않는 그 옛 교과서에 실린 진리가 모든 진리라고 무조건 믿어야 한다고 세뇌당한다.) 교정했다면 수천 판은 될 것이다. 예를 들어 2,000th edition of the holy bible. 매년 개정판을 내면 경전장사 이문이 쏠쏠할 것이다. 속세에서는 교과서 제조업체와 저자들이 그 짓을 해댄다. 불쌍한 학생들은 혹시 성적이 나빠질까 불안해서 개정판인 새 책을 안 살 수가 없다.

종교계도 이 점을 심각하게 검토해야 한다. 그러면 혐오제품 판매인 지옥공갈·협박장사를 하지 않고도 재정문제를 많이 해결할 수 있다. 구원받으려면 새 경전을 아니 살 수 없기 때문이다. 드물지만 가끔 개정판을 내는 자들이 있는데, 그 내용이 형편없는 개악이라 오히려 사이비라 비난을 받는다. 통일교, 모르몬교 등이 그 대표적인 예이다. 개정판『성경』은 각각『원리강론』『모르몬경』이라 불린다.

137

여하시 본래면목: 건달바

하지만 현실은, 문자로 기록이 되지 않아서 그렇지, 어느 종교나 신도들은 시공을 통해서 끝없이 개정판을 만들어낸다. 자기들 머릿속에! 당신은 학교에서 당신 자녀를 구한말 교과서로 가르친다면, 학교를 어마어마한 크기의 망치로 두들겨 부수어도 분이 풀리지 않을 것이다. 동일한 일(구한말 교과서로 가르치는 일)이 종교와 종교경전에서 벌어진다.

의식의 발달에 따라 본래면목에 대한 인식도 달라진다

따라서 본래면목도 새롭게 볼 수밖에 없다. 인간의 변화, 즉 진화와 더불어 새로운 시각으로 볼 수밖에 없다. 뉴턴 역학이 상대성이론으로 재해석이 되고, 아인슈타인의 상대성이론이 양자역학으로 재해석되듯이, 본래면목 역시 그래야 한다. 큰 틀조차 무너질 수 있으며, 큰 틀이 유지되는 경우에도 부족한 디테일이 채워져야 하고 불량한 디테일은 삭제되고 미개한 디테일은 리노베이트되어야 한다. (베다교는 불교에 의해서, 그리고 유대교는 기독교에 의해서 처참하게 부인되고 깨뜨려졌다.) 무상無常관에 의하면 우리 자아도 변화한다, 즉 진화한다. 그러므로 무아無我인 것이다. 5온五蘊이 물리세계의 법칙에 따라 진화한다면, 즉 몸과 신경계와 뇌가 진화한다면, 자아 역시 예외가 아니기 때문이다.

인간이 600만 년 전에 침팬지보다 미개한 상태였을 때는, 자아에 대해서는 고사하고 물질세계에 대한 의문조차 없었다. 지금 개나 침팬지를 비롯한 동물들을 보라. 우주에 대해서 무슨 호기심이 있으며, 자기의식을 들여다보는 메타의식(의식에 대한 의식. 의식을 의식대상으로 삼는 의식)이 있는가. '월월, 인간이 수시로 말을 걸어대는 저 이상한 막대기 같은 물건(스마트폰)은 무엇일까?' 또는 '왈왈, 그 작동방식이나 원리는 무엇일까?' 하는 의문이 일어나지 않는다. 인간은 600만 년 동안 열심히 새로운 자아를 만들었고, 그 만들어진(진화한) 자아에 대한 성찰이 태양계 역사상 최초로 폭발한 것이 부처님의 '무아사상無我思想'이다. 뭔가 지극히 견고한 것(알갱이)이 우리 내부를 꽉 채우고 있는 줄 알았는데, 알고 보니 텅비어있다. 즉 '공空'이라는 것이다(서양철학자 데카르트는 그 알갱이가 송과선에 있다고 주장했지만

●속알머리 없는 양파.

낭설로 밝혀졌다). 그래서 『불경』은 공空을 설명할 때 알갱이가 없는, 즉 까도 까도 결국 남는 것이 없는, 즉 빈 공간만 남는 파초줄기를 들어 비유한다. 편하게는, 중국집 춘장 옆의 양파를 들어도 좋다.

　자기라는 의식이 없던 동물적인 상태에서 '자기라는 의식'이 생기고, 다시 '의식을 의식'하는, 즉 '자기를 의식하는 의식'이 생겼으며, 부처님은 자기에 대한 반성의 결과로 '우리가 생각하듯이 자아가 존재하는 것은 아니다'라는 사실을 깨달은 것이다. ('의식이 없는 상태로서의 무아無我'에서 '의식이 있는 아我'로, 그리고 '의식이 있는 아我'에서 다시 '의식이 있는 무아無我'로 발달한 것이다.) 현상적으로는, '없던' 자아가 '생겼다'가 다시 '없어진' 것이다. 그랬다가 힌두교의 영향으로 다시 '아我가 있다'로 바뀌었다(무아無我 혁명이, 수억 인구의 강고한 힌두교 기득권 세력의 반격으로, 결국 무산된 것이다.) 그것도 자그마치 우주 크기의 아我인 '브라흐만梵'의 출현이다. 물론 불성, 여래장, 주인공이니 하는 말로 교묘히 변장·위장을 하고 나타났다. 그로부터(즉 부처님의 초전설법으로부터) 1,000년 만에, 다시 기본으로 돌아가자고 외친 것이 혜능의 본래면목이다. 힌두교적인 유아론에 물든 불교에 내려친 삼천대천세계 크기의 초대형 망치질이었다.

이렇게 회복된 무아론이, 사이비불교인들에 의해서, 참나 진아 주인공 등으로 다시 변질되고 더럽혀지고 있다.

즉 무아(無, 기원전 10만 년, 언어 출현 이전) ⇒ 유아(有, BC 1000년, 그리스 만신교, 인도 베다교, 중국 하늘·조상숭배) ⇒ 무아(無, BC 500년, 부처님 출현) ⇒ 유아(有, 기원후 100년, 유아론적 불교 출현) ⇒ 무아(無, 기원후 660년, 혜능 출현) ⇒ 유아(有, 현재 만개상태)로 변천한 것이다.

'현대과학이라는 새로운 눈'을 얻은 21세기 인간이 새로운 세상을 보기는커녕, 오히려 예전에 능히 보던 것을 못 보는 청맹과니가 되어버렸다. 당달봉사가 된 것이다.

본래면목은 고정되어있지 않다. 새로운 눈으로 새 세상을, 즉 새 '몸과 마음'을 봐야 한다. 시공의 흐름을 따라 우리도 그 흐름에 몸을 맡기고 변화하고 진화해야 한다. 우리 심신이 진화한다는 그 사실에 순응해야 한다.

수태 시 여성의 몸에 들어가는 것은 건달바가 아니라 정자라는 유전자이다

2,000년 전 일부 불교승려들은 건달바(일종의 영혼)가 여체女體에 들어와야 임신이 된다고 생각했다. 하지만 지금 21세기의 인간은 초등학생도 알고 있다, 수태 순간에 여체(난자)에 들어가는 것은 건달바가 아니라 정자라는 것을.

전자현미경으로 찍은 정자와 난자의 조우순간을 보라. 거대한 공같이 생긴 난자를, 몹시 길고 가느다란 꼬리를 단 조그만 올챙이같이 생긴, 정자가 뚫고 들어가는 모습을 보라. 이 어마어마한 순간에 왜 건달바라는 얼토당토않은 미개한 시대의 발명품이 끼어들어 '순수한 신비'를 때려부수고 오염시키고 살해하며 어지럽히는가.

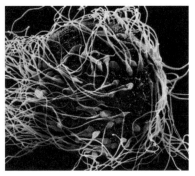

● (왼쪽) 난자. 둥그런 난자를 둘러싸고 있는 해바라기 꽃잎 같은 부분은 진입을 시도하는 정자들이다.
난자 안의 둥그런 부분은 난황이다.
● (오른쪽) 난자를 둘러싼 정자들. 전자현미경으로 본 장면이다.

과거에 서양인들은 사람모양으로 생긴 조그만 영혼homunculus이 정자
속에 들어가 웅크리고 앉아있다고 생각했다. 그런 그림도 남아있다. 이
작은 인간homunculus이 여체 속에 들어가 열 달 동안 무럭무럭 자라서 갓
난아기로 태어난다고 생각했다. 단세포 수정란에서 출발하여 세포분열
을 거듭해서 100조 개 세포무리인 인간이 된다는 생각은 꿈에도 하지
못했다. 인간은 수태 순간부터, 몸집은 극히 작을지 몰라도, 인간모습을
하고 있다고 생각한 것이다.

그런데 2억 개나 되는 그 수많은 정자마다 각각 하나씩 영혼이 들어
있다는 말인가? 아마 옛날 사람들은, 정액이 들어가야 임신이 된다는
것은 알았지만, 정자가 그렇게 많다는 사실은 꿈에도 몰랐을 것이다. 아
니면 영혼은 2억 개 정자 중에 특정한 하나에만 존재하고, 그놈만이 난
자에 도달한 것이다. 그렇다면, 2억 개 정자의 난자를 향한 달리기시합
(다카르 경주)은 처음부터 조작된 경기이다. 나머지 정자들의 경주는 다
쓸모없는 들러리 경주이다. 설마 그들이 페이스메이커일 리는 없으리
라. 아니면 뒤늦게 자궁에 진입한 다른 수컷의 정자들의 전진을 저지하
는 역할을 하는 것일까?

초기기독교 교부 테르툴리아누스155년경~230년경는 여성이 구강성교 중에 정액을 삼키면 식인행위cannibalism에 해당한다고 비난했다. 아마 이분도 정액 속에 들어있는 '사람모양으로 생긴 조그만 영혼homunculus의 존재'를 믿었을 것이다. 그렇지 않고서야 어찌 살인이라는 말이 나올 수 있겠는가?

잠깐만! 이란성 쌍둥이는 영혼을 가진 정자가 두 개나 된다는 말이 아닌가? 정말 괴이한 일이다. 영혼이론은 정말 문제가 많은 이론이다. 난자는 하나만 배출되어있는데 영혼을 가진 정자가 두 개라면 둘 사이에 영혼 터지는 싸움이 일어나겠다. 가만! 그 경우는 준※일란성쌍둥이가 되는 것이라고 주장하겠구나. 그러려면 둘은 2억 마리 형제들 사이에서 약속한 듯이 맨 앞으로 나와 사이좋게, 더 빠르지도 더 늦지도 않게 보조를 맞추어, 같이 행진을 해서 동시에 같은 난자에 진입해야 한다. 다른 난자에는 눈길도 주지 말아야 한다. 난자는, 정자가 한 마리라도 난자 안으로 들어오면, 문을 걸어 잠가버리기 때문이다.

아무튼 영혼이론은 괴이한 이론이 아닐 수 없다. 이 이론의 결정적인 오류는, (일부) 정자에는 영혼이 있다고 하면서도, 난자에는 영혼이 없다고 가정하는 데 있다. 여기서 심각한 두 개의 불합리한 점이 발생한다. 첫째로 여성차별주의적인 이론이며, 둘째로 여성도 태아 DNA의 반을 제공하기 때문이다.

마지막으로 결정적인 허점이 있다. 왜 2억 마리 들러리 정자들에도 DNA가 있다는 말인가? 2억 벌의 여분의 DNA라니, 이 무슨 (조물주의) 어리석은 설계란 말인가? 만약에 영혼이 정자를 타고 난자로 달려가다 정자가 고장이 나는 경우 갈아타려고 여러 마리 정자를 준비했다손 치더라도, 2억 마리는 너무 과하지 않은가? 몸집비율을 감안하더라도, 정자보다도 어마어마하게 더 먼 거리를 달리던 몽고기병들이 몽고초원에서 유럽의 빈까지 2주 만에 달려가는 데도 각자 네 마리 정도의 말이면

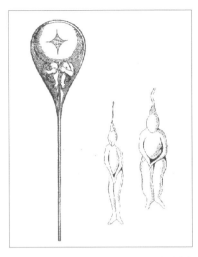

●(왼쪽) 정자 속의 영혼. 그림 왼쪽의 정자머리에 들어가 있는 머리가 몹시 큰 '작은 사람 호문쿨루스
(homunculus)'를 보라. 니콜라스 하르트쇠커(Nicolaas Hartsoeker)의 1695년작 드로잉.
●(오른쪽) 19세기의 판화. 연금술사 파우스트(Faust) 앞의 둥근 용기 속의 '작은 인간'을 보라.

충분했기 때문이다. 정자는 이동효율이 몽고기병의 500만 분의 1이라
니, 어마어마하게 비효율적인 정자이다!

앞에서 소개한 정자로 에워싸인 난자 사진을 보라. 수많은 정자가 난
자로 진입하려고 애쓰는 것을 보면, 한두 마리만 영혼이 있다고 하는 것
보다는, 모두 예외 없이 영혼이 있다고 해야 옳을 것 같다. (난자가, 정자
한 마리가 난자 안으로 들어오자마자, 껍질을 단단하게 만들어 다른 정자들이
못 들어오게 하는 것을 보면 더욱 그렇다.) 하지만 DNA를 가졌다고 해서
영혼이 있다면, 난자도 체세포도 모두 영혼이 있어야 한다. 한 사람 몸의
100조 개의 체세포에 존재하는 100조 명의 영혼! 한 영혼 안에 '바글바
글' 거주하는 100조 명의 영혼들! 정말 기괴한 현상이 아닐 수 없다. 게
다가 하루에도 수없이 세포가 탄생하고 죽으니, 그에 따라 세포들의 영
혼들도 수없이 나타나고 사라진다. 더욱더 기괴한 현상이다.

이리저리 아무리 따져봐도 영혼이론은 허점투성이이다. 그냥 버리는

게 낫다. 그래도 계속 쓰고 싶으면, 고치는 것보다는 오히려 제대로 된 것을 새로 사는 것이 낫다. 불교제품을 사시라. 수태 시 영혼이 들어온다는 불교이론이 그나마 가장 우수하기 때문이다.

힌두교에 따르면 당신은 2억 개가 넘는 영혼을 지니고 있다

매우 놀랍게도 힌두교에 의하면 2억 개 모든 정자가 각기 영혼이 있다. 이런 주장을 하는 대표적인 인사로서는 한때, 수십 년 전 뉴에이지 시대에, 미국에서 대단히 유행을 한 '하레 크리슈나 운동'의 교주 프라부파다Srila Prabhupada가 있다. 힌두교는 모든 것에 아트만(영혼)이 있다고 믿기 때문이다. 이 경우 난자의 영혼과 정자의 영혼이 합쳐져서 (수정란이라는) 하나의 영혼을 만들어낸다. 이 이론에 대해서 당신은 어떻게 생각하시는가? 이 정자의 영혼유무에서, 윤회론을 주장하는 불교와 힌두교 두 종교가 근본적으로 갈라진다. 통상 불교는 정자에 영혼이 있다고 믿지 않기 때문이다. 불교는 정자를, 스스로 움직이는 백혈구와 같은, 일종의 생물학적 기계bio-machine로 보는 경향이 있다.

모든 것에 영혼아트만, 我이 있다는 힌두교와, 그 어디에도 영혼이 없다는 불교. 두 종교는 극과 극이다!

2,000년 전, 그때는 어느 누구도 정자와 난자의 개념이나 존재를 몰랐다. 그래서 건달바나 중음신中陰身이라는 개념이 생긴 것이다. 수태의 순간에 몸에 들어가는 영혼. 정보를 소지한 존재. 과거의 업과 과거에 대한 기억을 짊어지고 옮기는 존재. 피부색, 광대뼈 유무, 파상모, 직모, 길고 짧은 하체와 사지, 크고 작은 골반, 째진 눈, 동그란 눈, 좁고 넓은 미간, 비굴함, 용감함, 너그러움, 총명함, 인자함, 도벽, 폭력성, 우울증, 조증, 언어능력, 음악성, 미술성, 통찰력, 공간감각, 산술능력, 추리력, 분

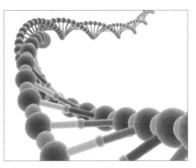

● (왼쪽) 이중나선 DNA.
● (오른쪽) 노란색·녹색·붉은색·밤색이, 4종류의 염기인 A·C·G·T를 나타낸다.

석력, 논리적 사유력 등 각자의 육체적·정신적 특성과, 성격을 담지擔持해서 새 몸으로 옮겨주는 존재.

정보를 나르는 것은 건달바나 중음신이 아니라 유전자이다

그런데 현대과학은, 다윈이 예측한 대로, 그런 존재를 발견했다. 유전자이다! 그 기하학적인 모양과 화학적 구조와 작동방식도 밝혀졌다. 모양은 이중나선double helix이고, 구조는 네 종류의 염기인 A·C·G·T(아데닌·시토신·구아닌·티민)로 이루어져있으며, 작동방식은 자기 복제이다. 마침내, 그런 정보의 담지자가 발견되었으므로, 더 이상 건달바나 중음신이 필요없게 된 것이다. 정자는 정보를 가득 담은 생체 usb이다! 게다가 고객을 향해 스스로 움직여 정보를 배달하니 서비스 만점이다. 주문을 받은 적도 없는 2억 마리의 올챙이들이, 고객의 필요사항needs을 미리 파악해서, 무한 경쟁을 벌인다. 교미 후 더 큰 암컷에게 잡아먹히는 사마귀처럼, 정자는 거대한 난자와 교미 후 유전정보를 전해주고는 난자 속에서 해체된다. 불쌍한 수컷들은 올챙이시절이건 개구리시절이건 죽도록 경쟁을 해야 하는 운명이다.

예로부터 사람들은 '콩 심은 데 콩 나고, 팥 심은 데 팥 난다'는 것은 알았다. 하지만 왜 그리되는지는 몰랐다. 식물의 각기 다른 모습은 유전자 때문이지 영혼 때문이 아니다. 왜냐하면 불교에 의하면 식물은 식識(의식)이 없기 때문이다.

반면에 동물은 의식이 있다. 뇌가 있기 때문이다. 사람은 대뇌 변연계에 손상이 오면 감정이 없어지며, 해마에 손상이 오면 기억을 하지 못한다. 변연계는 감정을 담당하고, 해마는 단기기억을 장기기억으로 바꾸는 기능을 하기 때문이다. 그러므로 인간의 의식이나 정신적인 능력 역시 신체기관(뇌)의 작용이며 영혼의 작용이 아니다.

의식이 있는 동물을 잡아먹는 의식이 없는 식물을 보라

진공묘유眞空妙有와 팔불중도의 근거는 유전자이다

만약 영혼의 작용이라 고집한다면, 식충식물인 파리지옥Venus flytrap의 잎이나 통발bladderwort의 오므림 역시 '영혼의 작용'이라고 억지를 부려야 한다. 생물계에 관한 한, 용수의 팔불중도八不中道는, 진단은 옳았으나 그 원인은 모른 것이다. 팔불중도를 성립시키는 근거는 다름 아닌 유전자이다.

상기上記 두 식물은 (불교와 기독교에 의하면) 영혼이 없어도 지성적으로 작동하는 경이로운 생물의 예다. 그러므로 우리 인간은 겸손해야 한다. 위대한 스승 '자연' 앞에서 두 손을 앞으로 모으고 언행言行을 삼가해야 한다. 특히, 뭐든지 다 안다고 교만하게 큰소리치면 안 된다. 그렇지 않으면 아리스토텔레스처럼 망하는 수가 있다. 뭐든지 다 아는 존재(신이나 초인)를 잘 안다고 큰소리쳐도 안 된다. 이런 말은, 코흘리개 아

● (왼쪽) 통발. 통발은 수중식물이다. 통발은 식충식물로서 치어(稚魚)나 올챙이를 잡아먹는다. 둥글게
보이는 부분이 동물을 잡는 도구인데, 물고기 잡는 도구인 통발처럼 생겼다. 이 통발은 먹이가 들어오
면 순식간(0.01초)에 닫힌다. 이 식물은 통발 안의 물을 끊임없이 밖으로 펴냄으로써 통발 내부를 진
공으로 유지한다. 먹이가 통발에 달린 털을 자극하면 통발 입구가 열리면서 진공의 힘으로 통발 주위
의 물이 통발 안으로 빨려들어가는데, 이때 먹이도 같이 휩쓸려들어간다. 그러면 문을 닫고 소화액을
분비해서 잡아먹는다. 물리학적 원리를 이용하는 대단히 지능적인 식물이다. 그런데 불교에 따르면
이 식물은 식(識, 의식)이 없다! 도대체 어찌 된 일일까? 일찍이 아리스토텔레스는 "자연은 진공을 싫
어하므로 자연에는 진공이 존재하지 않는다"고 단언했지만, 통발은 적어도 수천 년 동안 말없이 진
공을 만들어왔다. 그런데 (불교에 따르면) 아리스토텔레스보다도 더 똑똑한 이 식물은 영혼이 없다!
● (오른쪽) 파리지옥. 곤충이나 거미를 잡아먹는다. 곤충이 잎 표면의 돌기를 20초 내로 두 번 건드리면
두 번째로 건드릴 때 잎이 닫힌다. 닫히는 속도는 0.1초다. 첫 번째와 두 번째 자극 사이의 시간차
를, 움직이는 곤충이 발생시킨 것으로 판단하는 메커니즘이다. 놀랍게도 생물과 무생물을 구별할 줄
알아서, 빗방울 같은 무생물의 자극에는 반응하지 않는다.

이들이 다른 아이들 기죽이려고 하는 "우리 아버지와 형은 엄청나게 힘
이 세고, 모르는 게 없다"는 말과 조금도 다를 바가 없는 유치한 말이기
때문이다.

생물 간의 정신적인 능력의 차이는 유전자 때문이다

  침팬지나 돌고래나 개가 인간과 같은 지능·사유·언어를 구사하지 못
하는 것은 유전자 때문이다. 영혼 때문이 아니다. 영혼은 존재한다 해
도 영혼에는 그런 능력이 없다. 만약 그렇지 않다면, 그런 능력을 윤회
를 통해 잃어버린다는 말이다. 어떤 사람이 정신적인 능력을 개로 환생

하면서 잃어버렸는데, 다시 인간으로 환생하면 갑자기 그 능력이 회복되는가? 처음으로 인간으로 환생한 개라면, 개로 사는 동안에 새로 획득한 정신적인 고등능력이 없는데, 어떻게 갑자기, 인간이 지닌 정신적인 고등능력이 생겨나는가? 만약 그게 아니라면, 영혼은 무한한 능력을 소유함에도 불구하고 개나 인간의 육신이 그 능력을 제한하고 가둬놓는 것인가? 육체는 정신(영혼)의 감옥이란 말인가? 개라는 육체에 갇힌 테르툴리아누스의 영혼! 필시, 그는 연기법에 무지한 무명업보無明業報로 지금까지 40번이나 줄곧 개로 태어나고 있으리라.

신이나 마음처럼 모든 것을 설명하는 이론은 아무것도 설명하지 못한다

사물은 그대로이건만, 현미경의 배율에 따라, 그리고 현미경의 종류에 따라 그 모습이 달라진다. 이 점에서 사물은 현미경이란 측정도구에 갇힌 것이다. 마찬가지로 사물과 현상은 우리 인식능력·수단에 갇힌다. 아마 이런 식으로 영혼을 이해하는 것이리라: 본래 가진 무한한 능력을 회복하는 것뿐이라고. 그런 식으로 생각하면 아메바도 원생동물도 무한한 능력을 가진 영혼이 배후에 도사리고 있는 것이다. 말이 되지 않는 소리임은 금방 눈치챌 수 있다. 이런 유類의 이론으로는 아무것도 설명하지 못한다. 칼 포퍼가 말했듯이 "모든 것을 설명하는 이론은 실제로는 아무것도 설명하지 못한다".

예를 들어 자연현상과 사회현상을 보고 제기한 '어떻게 그런 현상이 가능하냐'는 물음에, '신이 했다. 즉 신이 그 현상이 일어나게 조처했다'는 답은 실제적으로 아무 답도 주지 못한다. 자연과학과 사회과학의 발달에 전혀 기여하지 못한다. 농업기술혁명이나 과학기술개발이나 정치·경제제도발전이나 의학발전을 가져오지 못한다. 무슨 일이든 '신이

했다' 하고 '무한한 신비(감)'에 빠져들면 그만이다. 그런 신비는 일종의 정신병(정신이상)에 지나지 않는다.

중학교에서 수학시험문제를 받은 중학생이 문제를 푸는 대신에 '심오한 수학과 그런 오묘한 수학시험문제'의 창조를 가능하게 한 신에 대한 깊고 깊은 신비감에 빠져있는 장면을 상상해보라. 그것도 시험시간 내내! 그런 학생이 무슨 쓸모가 있겠는가? 종교적 신비주의자들은 유치원입학부터 대학졸업까지 그리하는 이들이다. 심하면 죽을 때까지 그리한다. 외부세계를 의식하지 못하고 종교적 엑스터시에 빠져 산다. 위험에 처한 타조가 머리를 흙에 처박고, 위험을 못 느끼는 것과 다를 바가 없다.

그런데 과학의 발달로 그 존재가 밝혀졌다. 몸과 마음의 특징을 전달해 만들어주는 존재가 마침내 만천하에 그 모습을 드러냈다. 바로 난자와 정자라는 성세포에, 2m 길이로 접혀 들어앉아있는 이중나선 DNA이다. (2m라는 길이는 세포크기에 비해서 엄청나게 긴 길이이다. DNA의 길이는 세포지름의 100만 배 정도나 된다!)

그러므로 (만약 건달바가 존재한다면) 건달바는 둘이다! 하나가 아니라 둘이다. 육체적인 특징이 유전자에 의해서, 즉 난자와 정자 양쪽의 유전자에 의해서 결정된다는 것을 인정한다면, 정신적인 특성 역시 난자와 정자 양쪽에 의해 결정된다고 보아야 한다.

백 번 양보해서 인간에게 영혼, 즉 건달바가, 즉 중음신이 있다고 인정해도 새로 태어나는 아이의 영혼, 즉 건달바는 '부의 영혼'과 '모의 영혼'의 합이다! 즉 수태 시 두 개의 건달바가 합체를 해서, 하나의 건달바를 새로 만들어내는 것이다!

쌍둥이는 몸도 마음도 서로 비슷하다

유전자 기능의 확인에 있어서, 일란성 쌍둥이의 예가 결정적이다. 이들은 육체적인 생김새(외모와 내부장기)가 같을 뿐만 아니라, 성격 취향 생각까지 매우 유사하다. 출생 시 헤어져서 각기 다른 가정에서 양육되다 수십 년 만에 다시 만난 경우에도 동일한 현상을 발견할 수 있다. 즉 그들은, 오랫동안의 공간적·물리적인 격리에도 불구하고, 놀랍게도 비슷한 성격과 취향을 가지고 있다. 심지어 배우자나 직업이나 인생경로까지 비슷한 경우도 있다. 이 경우, 건달바나 영혼이나 중음신 이론이 성립하려면, 아주 비슷한 업을 가진 놈들이 복수로 수태 시 수정란으로 들어와야 한다. 다분히 억지스럽다는 점을 부인하기 힘들다.

그러나 인간에게는 문화유전자도 있으므로 일란성 쌍둥이가 정확히 같은 존재인 것은 아니다. 뿐만 아니라 생체유전자도 그 발현은 환경의 영향을 받는다. 이 점에서, 유전자가 모든 것을 결정한다는 '유전자 결정론'은 참이 아니다. 즉, 생명은 필연과 우연의 협주이다. 다른 말로 하면, 생명은 유전자와 (시공간적인) 환경의 협주이다. 정보와 환경의 어우러짐이다. 불교적 표현으로는 생명은 정보와 환경의 연기緣起이다.

그런데 이 유전자는 돌연변이한다. 그래서 공가중空假中 삼제三諦(세 가지 진리)가 성립한다. 유전자의 존재는 가假이고, 유전자의 변이는 공空이며, 생명체의 진화는 중中이다. 부연설명하자면 이렇다. 무언가 있으므로 '가假'이며, 그 무언가가 고정불변한 상태로 유지되지 않으므로 '공空'이며, 결국 진화라는 '가도 아니

●찰스 다윈이 탄 비글호.

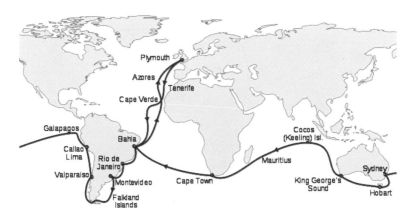

● 찰스 다윈의 비글호 항로(1831~1836).

고 공도 아닌 생명의 존재양태'는 '중中'이라고 부를 수밖에 없다.

그리고 이 유전자의 발현과 진화는, 앞서 언급했듯이 독자적으로 이루어지는 것이 아니라, 환경과 연기적으로 이루어지므로, 생명과 환경은 하나도 아니고 둘도 아니다. 즉 불일불이이다. 거창하게 표현하자면 나와 우주는 하나도 아니고 둘도 아니다. (장자의 거대한 세계관을 상징하는 붕새는, 바로 이 점에서 호소력이 있다. 지구상의 모든 생명체들은 유전자가 거의 일치하며, 우주와 동일한 화학물질로 구성되어있다. 그러므로 우리는 지구이자 우주이다.)

공가중 삼제와 중도연기가 우리 본래면목

바로 이 공가중 삼제, 불일불이, 오온즉시공 공즉시오온五蘊卽是空 空卽是五蘊이 우리의 본래면목이다. 중도연기적인 본래면목이다. 따로 진아, 참나, 주인공과 같은 신비적이고 초월적인 본래면목이 존재하는 것은 아

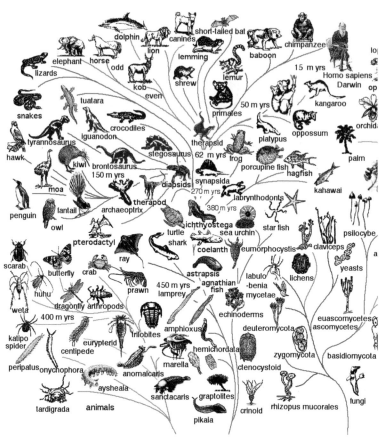

●진화의 계통수(系統樹, evolutionary tree). 오른쪽 위에 다윈이 인간을 대표해 앉아있다. 다윈 바로 왼쪽에는 침팬지가 앉아있다. 다윈은 문명동물이라 의자에 앉아있고, 미개한 침팬지는 그냥 바닥에 앉아있다.

니다. 처음으로 적나라하게 목격한 '생명과 사물과 현상'의 비어있는 모습에 인간의 우뇌는 어마어마한 공포를 느낀다. 이때 '반야지혜'라는 좌뇌는 우리로 하여금 공포를 벗어나게 한다. 공포(客: 객관)와 '공포를 느끼는 마음(主: 주관)'과 '공포의 일어남, 즉 공포를 느낌'은 연기적인 현상이지 고정불변의 실체가 아니라는 깨달음이 일어나게 함으로써, 즉 '공포는 본래 없는 것'이라는 인식전환이 일어나게 함으로써.

이 점은 『반야심경』에 "보리살타 의반야바라밀다고 심무가애 무가애고 무유공포 원리전도몽상 구경열반菩提薩埵 依般若波羅蜜多故 心無罣碍 無罣碍故 無有恐怖 遠離顚倒夢想 究竟涅槃"이라고 표현되어있다: 보리살타는 반야바라밀다에 의지함으로써 마음에 걸리는 장애가 없으며, 장애가 없는 고로 공포심이 없으며, 전도된 몽상을 멀리 여의고 구경열반에 들어간다.

1,350여 년 전에 혜능은 외쳤다. "본래무일물 하처야진애本來無一物 何處惹塵埃!" 본래 한 물건도 없는데 어디 때가 끼겠는가?

그렇다! 35억 년 광대한 진화의 여로에 무슨 본래면목이 있어서 번뇌가 끼겠는가? 그렇지 않으면 아메바나 지렁이도 정신적인 번뇌가 있다고 인정해야 한다. 그러므로 우리(생명체)의 본래면목은 중도연기일 뿐이다本來面目 中道緣起 空假中 是三無差別. 기세간의 본래면목 역시 중도연기이다.

기계 속의 유령:
자아는 죽었다

피리 속에는 피리 소리가 없다

선사禪師: 송장은 눈이 있어도 보지 못한다. 그러므로 눈이 아니라
　　　마음이 보는 것이다.
안과의사: 봉사는 마음이 있어도 보지 못한다. 그러므로 마음이 아
　　　니라 눈이 보는 것이다.
부처: 싸우지들 말거라. 눈과 마음이 온전해도 대상이 없으면 보지
　　　못한다.

그러므로 본다는 것은 대상과 눈과 마음의, 즉 대상과 심신의 연기
緣起현상이다.

부처님이 이미 2,500년 전에 무아론無我論을 설하셨음에도 불구하고,
아직도 많은 사람들이 그 의미와 중요성을 알아차리지 못하고 있다.

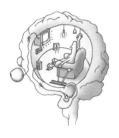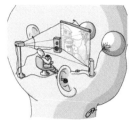

● 데카르트의 극장(cartesian theater). 머릿속에 들어앉아 영화 보듯이 외경을 보는 존재를 보라. 텔레비전화면과 영사막은 눈에, 음향장치는 귀에 연결되어있다.

기계 속의 유령

서양사상에 '기계 속의 유령ghost in a machine'이라는 것이 있다. '몸속의 영혼soul in a body'을 다르게 표현한 것이다. 우리가 영화관에 앉아 영화를 보듯이, 우리 '몸이라는 집' 속에 누군가 들어앉아 '눈(구멍)이란 창'을 통해서 밖을 본다는 말이다. 그 누군가는 물론 귀(구멍)를 통해서는 듣고, 코(구멍)을 통해서는 냄새 맡고, 입(구멍)을 통해서는 맛을 보고, 피부를 통해서는 감촉을 느낀다는 말이다. 물론 생각도 그 누군가가 한다. 이런 주장을 '데카르트의 극장cartesian theater'이라고 부르기도 한다.

심장 의식설

창이 막히거나 망가지면 밖을 볼 수 없다는 논리는 이해해줄 여지가 좀 있지만, 뇌가 망가지면 생각을 할 수 없다는 사실은 어떻게 설명할 것인가? 생각은 뇌가 아니라 심장이 한다고 주장하는 괴이한 이론가들은 더욱 할 말이 없을 것이다.

지금이 고대 그리스(아리스토텔레스)나 이집트도 아니고, '뇌가 아닌

심장이 생각을 한다'고 믿는 사람들은 도대체 어떻게 된 사람들인가? 지금도 인도인과 티베트인과 남방불교인은 '마음이 심장에 있다'고 믿는다. 한국인 중에도 그런 사람이 있다. 티베트 밀교와 남방불교의 영향이다. 목 아래가 없는 사람에게 기계를 이용해서 피를 공급해 살게 하면, 심장이 없는 이 사람은 마음이 없는 사람인가? 말이 되는 소리를 해야 할 것이 아닌가? 차라리 '마음은 피에 있고, 생각은 뇌가 아니라 피가 한다'고 주장하는 것이 그나마 나을 것이다. 물론, '마음이 심장에 있다'는 주장이나 '마음이 피에 있다'는 주장이나, 둘 다 어처구니없는 주장이다.

호문쿨루스

요즈음 유행하는 '변신 로봇 머릿속에 들어앉아 로봇을 운전하는 사람'을 생각하면 이해하기 쉽다. 로봇이 기계에, 그리고 사람이 유령에 해당한다. 또는 영화 「스파이더맨」에 등장하는 긴 팔이 여러 개 달린 괴물기계 가슴 속에 들어앉아 괴물기계를 운전하는 악당을 연상하면 이해하기 쉽다. 혹은 자동차(기계)를 운전하는 사람(유령)을 연상해도 된다. 그와 같은 것들이 기계 속의 유령이자 영혼이다.

서양 근대철학의 아버지이자 해석기하학의 창시자인 르네 데카르트 1596~1650는 '영혼은 뇌의 송과선松果腺에 존재한다'고 생각했다. 뇌 깊숙이 있는 조그만 솔방울같이 생긴 송과선에 자리 잡고 안(눈)·이(귀)·비(코)·설(혀)·신(피부)을 통해서 외계에서 들어오는 감각정보를 경험하는 존재가 있다고 생각했다. (지하 벙커에 자리잡은 사령부를 연상해도 좋다. 이곳의 사람들은 지하에 있음에도 불구하고 외부의 모든 정보를 보고받는다. 데카르트에게는 송과선이 바로 이 지하벙커이다.) 지금도 많은 사람이 이 기계 속의 유령을 믿으며, 이 유령이 자기들 뇌 속에 '작은 사람의 형태'로 산다고 믿는다. 이 작은 사람은 '호문쿨루스'라고 불린다.

뇌에 흩어져있는 감각중추와 인지중추

현대과학에 의하면, 인간의 감각과 인식기능은 뇌 전체에 분산되어있지 어느 특정한 곳에 있는 것이 아니다. 시각중추는 후두엽에 있으며(그래서 뒤통수를 된통 가격당하면 시각을 잃을 수 있다), 청각중추는 측두엽에 있다. 그리고 공의 표면 같은 뇌피질은 피부와 1 대1로 대응되고 있다. 즉 뇌에는 온몸의 피부지도가 존재한다. 그러므로 팔이 없음에도 불구하고 팔에 간지럼을 느끼는 환상통幻想痛으로 고생하는 사람은, 얼굴의 특정부위를 긁으면 간지럼증이 사라질 수 있다. 바로 그 특정 얼굴부위를 담당하는 뇌부위와 팔을 담당하는 뇌부위가 서로 인접해있어서, 전자前者를 긁어줌으로써 인접한 후자後者에 영향을 주기 때문이다.

언어·논리·분석·수학·이성 등은 좌뇌가 담당하며, 직관·통찰·예술·공간감각 등은 우뇌가 담당한다. 단기기억을 장기기억으로 바꾸는 기능은 해마에 있으며, 변연계는 감정을 담당하고, 전두엽은 의사결정과 계획 등을 담당한다.

국가와 사회는 일정한 방향으로 움직이지만, 거기에 모든 것을 결정하는 단일한 결정자는 없다. 집단을 움직이는 것은 단일한 결정권자가 아니라 제도, 즉 시스템이다! 뇌에도 이런 시스템이 존재한다. 수학적으로는 일종의 알고리듬이 존재하는 것이다. 그리고 그 알고리듬은 단수가 아니라 복수이다. 누가 이런 알고리듬을 만들었을까? 유신론有神論자들은 신이 만들었다고 주장하겠지만, 진화생물학자들에 의하면, 만든자는 존재하지 않으며, 그냥 진화의 과정에서 자연선택natural selection을 통해서 '자연적으로 그리고 점진적으로' 생기고 발전한 것이다.

국가에서 대통령이 모든 결정을 하지 않으며, 일을 분담한 각 부처의 장관들이 자기 부처의 모든 결정을 하는 것도 아니며, 다시 장관 밑의 국장들이 자기 부서의 모든 결정을 하는 것도 아니다. 이렇듯 고도로 발달한 복잡한 조직의 의사결정은 역逆캐스케이드cascade를 이루며 연쇄적으로 이루어진다. 뇌의 의사결정도 마찬가지이다.

절대권력을 가진 자가 없는 국회가 더 좋은 예이다. 가장 높은 지위의 국회의장에게도 그런 권력은 없다. 국회는 국회법과 시스템에 의해서 돌아가지 일개인의 결정에 의해서 운영되지 않는다. 의사결정은 투표에 의해서 집단적으로 일어난다. 그럼에도 불구하고 우리는, '국회가 비리혐의로 체포위기에 처한 동료 국회의원을 보호하려고 방탄국회를 열었다'고 하면서, 마치 국회가 생물체와 같이 의지를 지닌 것처럼 묘사한다.

한국 선사들의 유아론
보는 것은 현상이지 주인공 같은 보는 자가 있는 것이 아니다

한국의 선사禪師들은 '보고 듣는 주인공'이 우리 몸 안에 있다고 주장한다.

하지만 중국에서 찬술된 유아론적有我論的인 위경僞經(가짜경전)이라고 비판을 받는 『능엄경』조차도 '보는 성품은 몸 안에도 없고, 몸 밖에도 없다'고 논증한다. 몸 안에 있다면, 집 안에 있는 사람이 집 안의 가구를 보는 것처럼 몸 안의 심장·위장·비장·간 등의 장기臟器를 보아야 하고, 집 안에서 밖을 볼 때 창문(틀)을 보는 것처럼 눈肉眼을 보아야 하지만, 장기와 눈은 보이지 않는다. 몸 밖에 있다면 밖에서 집을 보는 것처럼 우리 몸肉身(특히 얼굴이나 등)을 볼 수 있어야 하지만, 우리가 우리 자신의 몸 전체를 볼 수 있는 것은 아니다. 그러므로 보는 성품은 몸 안에도 몸 밖에도 없다. 이상이 『능엄경』의 논리이다.

본다는 것은 근根(시각기관)·경境(시각대상)·식識(시신경) 등 삼자의 상호관계에 의해서 일어나는 연기적緣起的 현상일 뿐이다. 예전에는 뇌의 기능과 뇌신경세포회로망, 즉 커넥톰connectome의 존재를 전혀 몰랐으므로 본다는 것이 연기적 현상임을 알아차리기 힘들었지만, 지금은 과학의 발달로 그 사실이 백일하에 드러났다. 명상·수행·해탈은 개인적인 성취이지만 문화는 집단적인 성취라는 점에서, 과학문명의 위대성을 볼 수 있다. 깨달음 근처에도 가보지 못한 번뇌뭉치 사람들이 힘을 합쳐 거대한 '생체 병렬컴퓨터'를 만들어, 마음의 비밀을 밝혀내고 있으니 말이다. 무명중생無明衆生들을 우습게만 볼 일이 아니다!

수행자들의 공포

수행자들이 공포에 떨 만하다. 특히 반反물질문명적이고 반과학적이며 반자본주의적인 분들은 더할 것이다. 누가 알겠는가, 언젠가 깨달음을 선사하는 기계가 발명될지! 혹자는 40년 안에 그런 일이 벌어질 것이라고 장담한다. 그러면 한때 지구인구 반의 존경을 받던 위대한 마르크스도 감히 상상하지 못한, 그 기계를 구입할 돈이 있는 부자들만 깨달음을 얻는, 가장 불평등한 자본주의가 도래할 것이다. 이른바 '오도悟道자본주의' 또는 '해탈자본주의'이다. 현대가 지적 자본주의라면 미래는 영적 자본주의이다. 지금 돈을 주고 지식을 사듯이(교육·연구·특허·기술개발·고급두뇌 유치 비용 등), 미래에는 돈을 주고 영성靈性, spirituality을 살 것이라는 말이다.

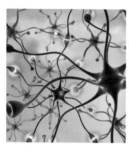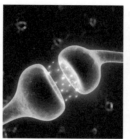

●뇌신경망. 문어대가리 같은 부분이 뇌신경세포인 뉴런이고 문어다리 같은 부분이 정보전달 도로인 축색돌기와 수상돌기. 축색돌기와 수상돌기의 접합 부분인 시냅스. 뉴런과 돌기의 전자현미경 사진. 하나의 뇌에는 뇌세포는 1,000억 개, 돌기는 1,000조 개가 있다.

아마 우리 세대가 돈이 없이도 '평등하게' 해탈을 얻을 수 있는 마지막 세대일지 모른다. 물질적 자본주의야 참을 수 있을지 모르지만, 영적 자본주의를 참을 수 있겠는가? 그러므로 그런 시절이 도래하기 전에 다들 열심히 수행해야 한다. 특히 (필자처럼) 가난한 사람일수록! 자본주의의 파멸은 물질적 자본주의의 극極에 가서 오는 것이 아니라, 영적 자본주의의 폐해弊害로 무명중생들이 봉기를 일으켜서 올지 모른다. 물질적 무산계급이 아니라, 영적 무산계급인 무명중생들이 들고 일어난다는 말이다.

"왜, 부자 너희들만 영적 고급주택단지에서 상락아정을 누리고 사느냐"고 규탄하면서. 번뇌로 가득 찬 사람들이 번뇌로부터 해방된 사람들을 비난하는 해괴한 일이 벌어지는 것이다. 영적 좌파정당인 해탈평등당解脫平等黨 또는 해탈정의당解脫正義黨이 등장해도 결코 이상한 일은 아니리라. 당명 앞에 '민주' 자를 붙여도 무방하다. 민주해탈평등당 또는 민주해탈정의당이라고.

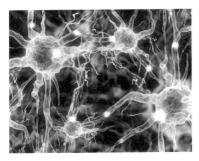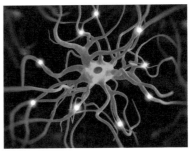

● 뇌신경망의 발화. 뉴런들과 돌기들이 전기적으로 발화(fire)하는 장면. 영화 「스파이더맨」에 나오는 팔이 여럿 달린 괴물 같은 모습의 뉴런과 돌기. 하나의 뉴런에는 돌기가 1,000~1만 개가 달려있다. 우리가 어떤 생각을 하는 등 특정한 뇌활동을 하면 그에 연관된 뉴런들이 선별적으로 분주하게 발화한다. 뉴런과 돌기 들은 사용하면 늘어나고 발전하며, 사용하지 않으면 줄어들고 퇴화한다. 퇴화하지 않으려면 화투라도 쳐야 한다. 민화투보다는 고스톱이 낫고, 고스톱보다는 바둑이 훨씬 더 낫다.

좌뇌 우뇌의 분리와 의식의 분리

　종교적 명상으로는 절대 볼 수 없는 사진들이다. 왜 '인간의 능력을 종교적인 능력으로 국한시켜야 한다'고 광적으로 주장하는지 미스터리이다. 인간은 몸과 마음으로 이루어진 '심신복합체'이지, 마음 단일체가 아니다. 그리고 그 마음조차도 단일체가 아니다. 1,000억 개의 뉴런들과 1,000조 개의 돌기들이 그 증거이다. 다른 증거도 있다. 뇌량은 좌뇌와 우뇌를 연결하여 둘 사이의 소통 즉 정보교환이 가능하게 함으로써 하나의 통합된 의식이 나타나게 하는 역할을 한다. 외과수술로 간질환자의 뇌량을 절단하면 좌뇌의식과 우뇌의식이라는 2개의 독립된 의식이 나타난다. 이것은 우리 표면의식 아래에는 적어도 2개의 의식이 숨어있다는 증거이다.

공空은 연기緣起이지 실체가 아니다

선사들이 주인공, 자성自性, 불성佛性을 묘사할 때 쓰는 '본래 텅빈 자리'라는 말은 맞지만(일체가 공空이다), 그런 '텅빈 자리'에 무엇이 있는가가 문제이다. 그 '텅빈 자리'에 지성知性과 감성이 있는가? (만약 '텅빈 자리'에 지성과 감성이 없다면 지성과 감성은 어디서 생기는가?) 만약 있다면, 모든 동물의 '텅빈 자리'의 지성과 감성은 서로 동일한가? 즉 지렁이와 박테리아와 인간의 지성과 감성은 조금도 차이가 없이 그 기능과 질에 있어서 동일한가? 인간의 정체성은 무엇인가? 흔히 '기억'이라고들 한다.

그렇다면 모든 기억이 없어졌을 때 남는 것은 무엇인가? 당신은 아무 기억이 없는 존재가 되고 싶으신가? (장기기억은 남아있는 치매환자도 주변사람들에게 처리하기 힘든 고통을 주는데, 아예 모든 기억이 없는 사람은 어떨지 상상을 해보시라.) 만약 그런 존재가 있다면 그는 이 세상과 전혀 소통이 불가능한 존재이다. 최소한 대승불교적인 존재는 아니다. 즉 이 고통의 세상 속으로 뛰어들어가 중생들의 고락苦樂을 같이 겪고 느끼는 존재가 아니다. 기독교가, 엉터리 교리와 미개한 신과 잔혹한 범죄의 역사(인신공희, 인종말살, 마녀사냥, 노예제도, 고문제도, 종교전쟁, 인종차별, 종교탄압, 세속전쟁)에도 불구하고, 끈질긴 생명력을 갖는 이유는 많은 사람들이 예수가 바로 그런 존재라고 믿기 때문이다.

혜국 스님의 몸 안에 있는 들을 줄 아는 놈: 전형적인 힌두교 유아론

혜국 스님은 다음과 같이 '주인공'론을 펼쳤다. (유튜브에서 '14 원각경 제6청정혜보살장 2014 05 29'제목으로 검색해보시기 바란다.)

"적멸寂滅의 세계는 성성적적惺惺寂寂의 세계이다. 깨어있고 고요한 그

자리를 깨달으면 부처이며 누구나 그 부처를 모시고 있다. 적멸은 이름
이 끊어진 자리이다.

지수화풍을 빌려 만든 몸뚱이나 허공이 듣는 것이 아니다. (이들은)
듣는 주인공이 아니다. 그런데 분명히 듣고 있는 놈이 있는데, 그게 적
멸이다. 우리 몸 안에 들을 줄 아는 놈이 있다. 누군가 듣고 있다. 몸뚱이나
귀가 아니다. 죽은 사람은 귀가 있어도 못 알아듣는다. 안에서 귀를 통해
서 듣는 놈이 있다. 그게 적멸이다."

적멸론寂滅論과 유아론有我論(아트만론)이 뒤죽박죽된 주장이다. 우리 몸
안에 들을 줄 아는 놈이 있는데, 그놈이 적멸이고 그 적멸이 주인공이라
는 말이다. 정확히 '기계 속의 유령'이다. '몸이라는 기계' 속에 들어앉
아 귓구멍을 통해서 듣는 '주인공이라는 유령'! 또, 듣는 것이 연기현상
緣起現象이라는 것을 부인하는 발언이기도 하다.

혜국 스님의 이 발언은 앞서 소개한 경봉 스님의 발언과 궤를 같이한
다. "참으로 나(참나)라고 할 수 있는 것은 이 몸을 운전하고 다니는 '소
소영령한 그 자리'가 바로 곧 나의 몸을 운전하고 다니는 운전수요 나의
'주인공'인 것이다." 즉 '주인공은 몸(기계)을 운전하고 다니는 운전사(유령)
이다'라는 말이다.

한국의 대부분의 선사들은 혜국 스님과 경봉 스님같이 생각할 것이
다. 많은 사람들이 한국불교가 유아론이 되어버렸다고 통탄하는 이유이
다. 사람들은, '자아가 없다'는 말을 들으면, 공포에 휩싸인다. 그 공포를
이기려면 『반야심경』에서처럼 '지혜(반야바라밀)'에 의지해야 하건만,
오히려 아트만(眞我, 참나)에 의지한다. 적멸이라는 말로 그럴듯하게 포
장을 해서.

이들이 주인공이 보고 듣는다고 주장하는 이유는 필시, 만약 이 주인
공이 보고 듣고 생각하지 못한다면 무정물과 다를 바가 없어져 '죽으면

사라진다'는 말과 동일할 것이기 때문이다. 이들은 보고 듣고 생각하는 주인공은 '무시무종無始無終으로 존재'하는 '불생불멸不生不滅의 존재'이며, 따라서 우리가 죽어도, 즉 우리 몸이 죽어도 이 주인공은 죽지 않으므로 걱정하지 말라는 주장이다. 그러니 몹시 죽기 싫어하는 일반 대중의 입장에서는 환호작약할 일이다.

사실 모든 종교는 유론有論(영혼론靈魂論·영생론永生論)이다. 죽기 싫어하는, 즉 소멸을 싫어하고 소멸에 대한 공포심에 빠져있는, 인간의 심리를 교묘하게 파고들어 영생永生상품을 파는 기업이다. 기독교의 영생상품은 영혼이고, 불교의 영생상품은 주인공·본래면목·지켜보는 놈·진아眞我 등 다양한 이름으로 불리는 '참나'이다.

필자가 혜국 스님을 거론하는 것은 다른 뜻이 있어서 그러는 것이 아니다. 혜국 스님은 손가락을 태워가면서까지 수행을 한, 부처님을 누구보다도 사랑하는 훌륭한 수행자이자, 이 시대에는 보기 힘든 청정비구이시다. 하지만 오로지 진리를 찾는 데 목숨을 건 눈 푸른 납자衲子들의 모임인 전국수좌회 의장까지 지낸 스님이 불자들과 젊은 수행자들에게 끼치는 영향력이 크기에, 그 견해를 비판하는 것뿐이다.

개미 집단과 벌 집단의 의사결정

개미집단(군집)은 군집차원에서 생각하고 계획하는 놈(들)이 없지만 마치 그런 것처럼 행동한다. 벌도 마찬가지이다. (과학자들은 개미를 유한개의 행동지침으로 이루어진 유한상태기계有限狀態機械, finite machine로 추측한다. 그 행동지침 중 하나가 페로몬의 명령에 복종하는 것이다. 예를 들어 자판기가 유한상태기계이다. 돈을 받고, 손님이 버튼을 눌러 상품을 선택하면 해당상품을 배출하고, 거스름돈을 내주는 기계.) 우리 마음도 그러한 면이 있다. (함부로 말하자면, 누가 당신에게 "＊＊놈아" 혹은 "개＊＊야" 하고 욕을 하면, 당신은 자동적으로 분노가 치밀어오를 것이다. 즉 '욕'이라는 입력이 들어가면 '화'라는 출력이 자동적으로 나오는 자동기계라는 말이다. 물론 매사가 그렇다는 것이 아니고, 이런 면이 다분히 있다는 말이다.)

우리 마음은 시각·청각·후각·미각·촉각·언어·공간지각·시간지각·평형감각·수계산·추리·연상·표상·사유·기억, 데이터 처리·사랑·전쟁·타협·정체성·감정·운동·호흡·혈액순환·체온유지·각종 호르몬 조절 등을 다루는 무수한 모듈(개별 업무부서)로 이루어져있으며, 마치 개미나 벌이 활동하는 것처럼 활동한다. (이 업무부서들은 반드시 고정적으로 뇌의 특정부위를 점유하고 있을 필요는 없으며, 상황에 따라 팀을 조성·해체하며 유동적으로 활동한다.)

벌 집단이 커지면 일군의 벌들이 새로운 여왕벌을 옹위擁衛하고 분봉分蜂을 한다. 유튜브에 이들이 새집을 '결정'하는 과정이 나온다. 한 서양인 양봉업자가 분봉하려는 수만 마리 벌을 넓적한 나무 주걱 위에 올려놓았다. 그리고 두 개의 벌집을 준비하여 서로 다른 방향의, 주걱에서 멀리 떨어진 곳에 두었다. 하나(A)는 벌들이 입구는 좁지만 안이 넓고, 다른 하나(B)는 입구는 넓지만 안이 좁다. 벌들은 전자前者를 선호한다. 좁은 입구는 외적을 막기 쉽고, 넓은 내부 공간은 생활하기에 편리하기 때문이다. 몇몇 벌이 벌집후보지를 찾아 사방으로 정찰을 나간다. 돌아온 벌들은 벌들 사이를 여기저기 비집고 들어가서 몸으로 자신들이 발견한 벌집 방향을 가리키면서 춤을 춘다. A를 발견한 벌들은 힘 있게 춤을 추는 반면에, B를 발견한 벌들은 그에 비해서 약하게 춤을 춘다. 춤을 본 벌들이 새 정찰대를 구성하여 지시한 방향으로 날아가 집을 확인하고 돌아와, 다시 전 정찰대처럼 춤을 춘다.

이 과정이 되풀이되면서 A 방향으로 춤을 추는 벌들의 수가, B 방향으로 춤을 추는 벌들의 수를 충분히 넘는 순간(즉 임계점을 넘는 순간),

갑자기 모든 벌이 A를 향해 나무주걱을 떠난다(이것은 국회에서 다수결 투표를 연상시키는 현상이다). 이 과정에 모든 정보를 취합해서 결정을 내리는 사령관은 없다. 즉 '기계 속의 유령'과 유사한 '군집 속의 유령'은 없다.

과학자들은 우리 뇌에서의 의사결정과정은 이와 유사할 것으로 추측한다. 우리에게 몇 가지 선택사항이 주어지면 우리는 어느 것을 선택할까 고민한다. 즉 뇌 여기저기서 뇌신경세포들이 팀을 짜서 각 선택사항을 지지하며 전기화학적으로 발화(fire)한다. 그러다가 뇌(벌 군체) 속의 1,000억 개의 뇌신경세포(벌) 중, 충분한 수가 한쪽 방향으로 전기화학적으로 발화(fire)하면 그쪽으로 의사결정이 이루어지는 것으로 본다. 즉 벌의 의사결정과정처럼 의사결정을 하는 결정권자가 없이 의사결정이 이루어진다는 말이다. 즉 '기계 속의 유령이 없다'는 말이며, 이것은 뇌에는 '모든 상황에서 자동차의 움직임을 결정하는 자동차 운전사가 없다'는 말을 뜻한다.

다른 예로서는, 단순한 조건반사는 외부로부터 주어지는 자극에 따라 자동적으로 일어나지 누가(영혼이) 판단을 한 다음 행동이 일어나는 것은 아니라는 사실을 들 수 있다.

겨울이면 날마다 아침저녁으로 장관을 이루는, 거대한 순천만 하늘의 철새들의 움직임 역시 군집의 이동방향을 결정하는 단일한 총사령관 철새는 없다. 청어, 꽁치, 멸치 등의 작은 물고기들이 이루는 군집 역시 마찬가지이다. 이들은, 즉 각각의 물고기는 자기 옆에 있는 물고기의 움직임에 영향을 받는다고 한다. 즉 옆 물고기 움직임을 따라 하는 것이다. 새들 역시 같은 방법으로 움직인다.

3
참나는 허구이다

참나라는 아트만에 홀린 스톡홀름 증후군

일부 사람들은 선사禪師들이 주인공, 참나, 진아 등의 말을 사용하는 것은 표현만 그렇게 한 것이지 유아론이 아니라고 강변強辯하는데, 전혀 그렇지 않다. 그들은 '진짜 유아론'의 의미로 그런 말을 한다. 영락없이 오리처럼 울고, 오리처럼 걷고, 오리처럼 날며, 오리처럼 헤엄치고, 오리와 짝짓기를 하는, 오리처럼 생긴 새는 오리이지, 다른 새가 아니다. 설사, 그 새가 자기는 오리가 아니라고 주장한다고 해서 오리가 아닌 다른 새로 바뀌는가? 무슨 변신로봇도 아니고. 선사들의 참나, 진아, 주인공이 바로 이 '오리'이다. 집주인이 전혀 모르는 낯선 사람이, 집주인이 없는 틈에 담을 넘어 남의 집에 들어가, 허락 없이 귀중품을 들고 나오면서, 자기는 도둑놈이 아니라고 주장하면 누가 믿겠는가? 보고, 듣고, 생각하는 놈이 바로 이 '참나' '진아' '주인공'이라는데, 그리고 이놈은 '불생불멸'이고 '무시무종'이라는데, 이게 '아트만'이 아니고 도대체 무엇이란 말인가?

부처님이 설한 무아론은 인도적인 '아트만'이나 서양적인 '기계 속의 유령' '영혼' '호문쿨루스'가 전혀 존재하지 않는다는 선언이다. 이 선언이 위대한 것은 이미 2,500년 전에 일체의 물질적인·과학적인 실험도구가 없이 이 사실을 발견했다는 것이며, 2,500년이 지난 이제서야 현대과학이 그 타당함을 입증해가고 있다는 점이다. 바로 진화론과 뇌과학이다. 그런데 비극은 불교인들이, 그사이를 못 참고, 자기 스승의 가르침인 무아론을 내다 버렸다는 사실이다. 그것도 오래전에! 더 비극은 내다 버렸다는 사실조차 모르고 있다는 점이다. 일반 불자들이 접하는 유명 스님들은 대부분 '참나'를 선양煽揚하고 가르치는 선사禪師들이지 학승들이 아니다. 그런데 문제는 대단히 유명한 학승들조차 선사들의 영향으로 유아론有我論, atman론으로 기울고 있다는 점이다. 이런 점을 지적하면, 즉 유아론을 비판하면, 떼로 나서서 비난한다. 전형적인 '스톡홀름 증후군Stockholm syndrome'이 아닐 수 없다! 자기를 납치한 아트만atman(유아론자)과 사랑에 빠져, 구해주려는 안아트만anatman(무아론자)을 비난하는 현상! 전도몽상顚倒夢想도 이런 전도몽상이 있을까?

부처님의 연기론에 의하면, '몸과 마음'의 '존재와 활동'은 연기緣起이다. 서양의 유일신은 모든 것을 가능하게 하는 부동의 원동자原動子, The First Mover, The Unmovable Mover이다. 즉 첫 번째 원인이다. 인과론적으로 보자면 '태초의 인因, The First Cause', 즉 '제일 처음의 원인'이다. 인도의 아트만사상은 바로 이 '첫 번째 원인인 원동자로서의 신'에 해당하는 사상이다. 모든 것의 원인이 되는 존재이다. (이 아트만에서 이 세상 모든 것이 나온다고 주장하면 전변설轉變說이 된다. 베단타 불이론不二論에 의하면 아트만은 브라흐만이다.) 한국불교의 선사들이 주장하는 참나, 진아, 주인공도 생명체와 의식이 존재하게 하는 원동자이다. 철저히 연기론을 부정하는 사상이다. 우주에서 우연을 배제하고 모든 것을 인과론과 연기론으로 설명하면서, 그 우연(인과와 연기에서 벗어난 것들)을 모조리 참나, 진아, 주인공에 농축시켜 때려 넣은 것이다.

이들이 말하는 참나, 진아, 주인공은 인과와 연기를 벗어난 존재이다. 이 점에서 이들은 열반 대신 '참나'의 실재를 주장하는 신유부新有部이다. 또 이들의 주인공은 유위세계인 인과세계와 무위세계인 열반세계 사이의 신종 튀기hybrid이다. 이런 괴이한 주장을 하는 사람들을 맹신하기에 불교가 발전이 없는 것이며, 오히려 퇴보하고 있는 것이다. 그리고 급기야는, 코끼리 대가리를 한 신 가네샤와 원숭이 신 하누만과 성스러운 암소를 믿는, 유아론의 태두(泰斗, 泰山北斗)인 외도 힌두교로부터 '너희는 우리의 아류'라고 인정(?)받는 일이 벌어지는 것이다. (힌두교는 부처를 비슈누 신의 아홉 번째 화신으로 간주한다.)

그런데 이런 모욕을 당하고도 전혀 부끄러워하지 않는다. (필자도 절

친한 인도인 친구에게 이 같은 모욕을 당한 적이 있다.) 웃어야 할지 울어야 할지 모를 지경이다. '아소카 선언(모든 종교는 하나라는 선언, 즉 겉·모양만 다르지 속·내용인 가르치는 진리는 같다는 선언)' 아래 서로 껴안고 반가워하면서, '우리는 모두 형제입니다' 하면서, 웃지는 않을까, 강한 의심이 든다. 아니, 부처님이, 인류가 서로 형제임을 몰라서, 브라만 교도들을 꾸짖으며 삼법인(무상無常·고苦·무아無我)과 연기법으로 사자후를 토하신 것인가? 힌두교 외도들에게 살해당한 목련존자, 부루나존자, 용수보살 등 부처님 제자들이 통곡할 일이다. 파사현정破邪顯正이란 위대한 탐구정신은 지하실에다 모셔두었는가 아니면 가택연금시켰는가? 그러면서도 일본이 독도가 자기들 땅이라고 우기면, 다들 하던 일 제쳐두고 들고 일어나 큰 소리로 꾸짖는다. 세속의 정체성은 끔찍이 지키려 하면서도, 불법佛法의 정체성은 '나 몰라라' 한다.

새로운 니체의 등장

1996년에 톰 울프Tom Wolf는 『포브스Forbes』에 발표한 "미안합니다만, 당신의 영혼은 방금 죽었습니다Sorry, But Your Soul Just Died"라는 글에서 신경과학의 놀라운 발견들을 언급하면서, 2006~2026 기간에 새로운 니체가 나타나 "자아는 죽었다The self is dead"라고 선언할 것이라고 예측했다. (톰 울프는 2016년 현재 미국 펜실베이니아 주지사이다.) 니체가 1885년에 "신은 죽었다God is dead"라고 선언한 것에 빗댄 표현이다. 1885년이라는 해는 다윈이 '진화론'을 발표한 지 불과 26년 후이며, 1882년에 사망한 다윈의 자서전이 출판되기 겨우 2년 전이다. 다윈은 자서전에서 기독교신에 대한 믿음을 버렸음을 처음으로 고백했다.

거의 같은 시기에 두 거장이, 각기 다른 방향으로부터 신궁神宮으로 진격하여, 독립적으로 신을 죽인 것이다. 한 사람은 사변적으로, 다른 한 사람은 실증적으로. 이들은 본시 신을 섬기는 기독교 신자였으므로, 사실은 신을 시해弑害한 것이다. 서양 지식인들은 19세기가 되어서야 '신'을 죽였고, 이제야 '자아'를 죽일 조짐이다. (불교적으로 표현하면 신공아공神空我空이다. 사람의 영혼은 기독교 교리에 의하면 신이 만든 것이므로 신의 죽음과 동시에 사라졌어야 마땅하다. 하지만 영생을 사랑하는 인간의 욕망은 질기고 질긴 원초적인 욕망인지라, 신이 사망한 후에도 지금까지 꿋꿋하게 살아남아있다.) 이들은, 이미 2,500년 전에 부처님이 신과 자아를 한꺼번에 죽여버렸다는 사실을, 전혀 모르고 있는 것이다.

그런데 어찌하여, 우리 배달민족은 이 위대한 부처님의 무아론無我論, anatman론을 버리고, 거꾸로 미개한 유아론有我論, atman론으로 후진하는가? 무슨 연유로, 과학문명이 선사하는 환한 빛을 피해서 어두운 몽매주의蒙昧主義의 동굴로 기어들어가는가?

기독교 『신약』에서 예수는 말한다. "소금이 그 맛을 잃으면 쓸 곳이 없다."

그렇다! 불교가 무아론無我論이라는 고유한 정체성을 잃으면 어디다 쓸 것인가? 그냥 힌두교로 흡수되고 말 것이다.

유물론

35억 년 전에 정신은 어디 있었나?

흔히, 유심론자들과 유신론자들은 '마음에 대한 과학적인 연구'와 '종교에 대한 과학적인 비판'을 유물론이라고 공격하고 비난한다.

유아론자 눈에는 부처님은 유물론자

그런 식으로 비난한다면 부처님도 유물론자이다. 인간을 5온五蘊의 무더기라고 선언하고, 아我, 아트만, 영혼는 5온 안에도, 밖에도, 그 중간에도 없다고 선언하셨기 때문이다.

이로 인하여 외도들은 그때까지 자기들이 가지고 있던 소중한 아我, 아트만, 영혼를 잃어버린 듯, 강탈당한 듯, 공포와 분노를 느꼈다. 목련존자, 부루나존자, 용수보살 등의 부처님 제자들이 외도들에게 살해당한 이유이다. 현대의 기독교인 등의 유신론자들이 불교의 무신론과 무아론을 듣고는, '우리가 하나님의 고귀한 창조물이나 자식이 아니라면, 그리고 심지어 하나님조차 없다면 우리는 아무 의미도 없는 존재냐'고 분개하는 것과 동일한 현상이었다.

부처님은 말씀하셨다. "내가 '무아無我'를 설하면 저들은 가지고 있던 '아我'를 잃어버릴(린) 듯이 공포를 느낄 것이다"라고.

필자의 기독교인 제자 한 사람은 필자를 통해 접하게 된 '진화론과 불교' 양자에 기초한 '무아론'에 충격을 받고 고백했다. 어제까지 하나님의 품안에서 누리던 안락함과 안전함이 이제 사라져버렸노라고. 그래서 뭔가 아주 소중한 것을 잃어버린 느낌이라고.

바로 부처님 당시의 외도들이 받은 충격이 그러했을 것이다. 흑백의 사람들이 풀처럼 빼곡히 돋아난 거뭇한 삼각형의 대지 위로 하얗고 까마득하게 솟아오른 거대한 히말라야 산들과, 힘찬 갠지스 강과, 광대한 데칸고원과, 광활한 인도양을 천둥·번개·바람·빛으로 다스리는 위대한 신들을 잃어버린 느낌. 그들의 면전에서, 지고의 성스러움과 표현할 길 없는 신비감에, 영혼이 통째로 흔들리는 경험을 잃어버린 느낌. 우주 크기의 거대한 힘을 지닌 신들에 대한 찬가가 갑자기 그 모든 신성함, 웅장함, 예술성을 잃고 땅으로 추락하고 말았다. 아무것도 아닌 헛소리나 픽션으로 변해버렸다.

이 일은 그 빡빡머리 사문沙門, sramana이 저지른 일이다. 갑자기 불인不仁한 천지 사이에 내던져진 황량함, 불안, 쓸쓸함이 해일처럼 거세게 몰려온다. 부처님은 참 못할 일을 하셨다. 깊은 동굴 속 질긴 어둠에 묻혀 있는, 아직 잠이 한참 덜 깬 사람들에게 날카롭고 눈부신 탐조등을 비추어대다니. 그것도 아리안족의 최신형 탱크 탐조등을!

아마, '마음은 따로 없다'는 뇌과학의 선언은 '마음은 물질과 연기緣起하지 않는다'는 마음독존주의자心獨存主義者들에게 똑같은 충격을 던질 것이다. 하지만 '중력은 물질higgs particle: 질량 힉스입자을 떠나서는 존재하지 않는다'는 말과 같은 말인데, 뭐 그리 놀랄 일이란 말인가? 물질은 존재하지 않는 공간에 중력만 존재할 수 있는가? 뇌가 없는 공간에 정신작용만 존재할 수 있는가? 눈이 없는 공간에 보는 기능만 남아있을 수 있는가? 봄seeing은 대상, 눈, 시신경 삼자의 연기작용이 아닌가? (정확히 얘기하자면 봄은 대상, 눈, 시신경, 뇌 사자四者의 연기작용이다. 현대뇌과학의 연구결과에 따르면, 뇌는 '눈이 보지 않은 것을 만들어내서' 없는 것을 보게 하기도 하기 때문이다. 거꾸로, 뇌는 '눈이 보고 있는 것'을 안 보이게 하기도 한다.) 뇌나 시신경이 사라지고 나면, 어디 따로 '봄'이 있다는 말인가? 만약 따로 있다고 주장한다면, 이는 '아我가 5온五蘊 밖에 존재한다'는 주장이나 다를 바가 없다.

어떤 사람은 '대상이 없어도 볼 수 있다'는 증거로 꿈을 든다. 하지만 시각중추에 이상이 생겨서 갑자기 색깔을 못 보게 되는 사람들이 존재한다. 이들은 꿈도 흑백으로만 꾼다. 그러므로 꿈이란 대상이 없이 보는 것이 아니다. 우리가 찍은 비디오는 실물을 대상으로 한 것이지만 원래 대상이 없이도 모니터에 상영할 수 있는 것과 마찬가지로, 생체 비디오에, 즉 우리 마음에 보관된 영상을 보는 것이 꿈이다. 또 꿈은 저장된 기존의 영상을 이용해서 새로운 영상을 만들어내는 일종의 생체 컴퓨터 그래픽bio-CG이다. 꿈은 한 마음이 다른 마음이 저장한 것을 기초로 만들어낸 영상을 제삼의 마음이 보는 것이다.

어떤 이들은 '눈이 없어도 볼 수 있다'면서, 그 증거로서 독창적인 이론을 내놓는다. 눈이 없어도 깜깜한 것을 본다는 주장이다. 눈을 감으면 눈앞이 깜깜하다는 경험으로부터 유추한 주장이다. 시신경이 파괴된 맹인에게는 '깜깜하다' 또는 '검다'는 느낌조차 없다. 깜깜하다는 것은 시력이 정상인 사람이 눈을 감거나 또는 암실 같은 어두운 곳에 들어갈 때 생기지, 시신경이 완전히 파괴된 맹인에게는 생기지 않는다. 정상인의 동공으로 들어오는 빛이 (전혀 또는 거의) 없을 때, 디폴트로 설치된 것이 검은색이다. 검은색은, 느끼는 것이 아니라, 감각의 부재현상일 뿐이다.

귀머거리 역시 무음無音을 듣는 것이 아니라, 아무 소리도 못 듣는 감각의 부재가 있을 뿐이다.

마음독존주의心獨存主義자들 또는 마음탈연기주의心脫緣起主義자들이 뇌과학에 반대하는 이유는, (그들은) '마음이 눈·귀·코·혀·피부·뇌가 없이도, 보고 듣고 맡고 맛보고 촉감觸感, touch하고 생각(지켜보는 등의 일체의 정신작용)할 수 있다'고 믿고 주장하기 때문이다.

마음은 물질의 창발적 현상

우주의 일체 모든 것을 프셀루트가 한다고 하면 믿겠는가

부처님의 (인간적인) 고민이 잘 나타나 있는 곳이 『초기경전』이다. 부처님은 '자신의 가르침이 너무 어려워 사람들이 이해하지 못해 결국 자신만 쓸데없이 고생하지 않을까' 우려했다.

과학적 종교인들과 따뜻한 유물론자들의 주장은 마음이 없다는 것이 아니라, 마음은 물질의 '창발적인' 성질이라는 것이다. 컴퓨터는 기계 즉 물질이지만, 우리 눈을 속이는 컴퓨터그래픽을 만들어 우리를 거친 '명량'의 바다로 인도하여 울돌목과 같이 울게 한다. 배달민족의 한恨에, 그리고 못난 임금과 못된 지배계층 아래서 지옥고를 겪는 백성의 고통에, 잠 못 이루는 성웅聖雄 이순신과 같은 마음이 되어서. 아무리 기계가 만든 CG이지만 우리의 감정까지 거짓일 리 있으랴. 영화 「명량」은 우리로 하여금, 컴퓨터라는 기계가 만들어낸 컴퓨터그래픽이 아니었다면 느끼기(하기) 힘든, 민족을 위해 위대한 희생을 한 고인에 대한 추모와 우리 후손들을 위한 우리 자신의 희생을 결의決意하게 만든다.

유교儒敎는 유물론이라 할 수 있지만, 무수한 아름다운 시와 그림 등의 예술품을 남겼다. 맹자는 백성을 괴롭히는 무도한 왕은 (천명天命을 받은 존재인 천자天子가 아니라) 필부匹夫에 지나지 않으므로 (죽이고) 내쫓을 수 있다는 위대한 인본주의 사상을 만들었다. 공맹孔孟을 추종하는 유자들은 사후에 존재하는 영혼을 인정하지 않는다. 사후에 혼魂은 하늘로, 그리고 백魄은 땅으로 흩어지면 그걸로 끝이다. 3년 걸려서 육신에서 분리된 혼백이 완전히 사라지면 그걸로 모든 것이 끝이다.

모든 종교는 다른 종교에 대한 유물론

모든 종교는 다른 종교에 대해서 유물론이다. 하지만 지극히 높고 아름다운 사랑(생명과 이성과 진리에 대한)과 예술품을 생산한다.

리처드 도킨스가 어떤 기독교인에게 물었다. 중동사람들이 이슬람교도로 남는 것과 무신론자가 되는 것, 이 둘 중 하나를 택해야 한다면 어느 쪽을 선호하느냐고. 그 기독교인의 대답은 놀라웠다. '중동사람들이 무신론자가 되는 것'이었다. 이 일화는 '한 종교는 다른 종교에게 무신론보다도 못하다'는 사실을 보여준다.

그러므로 안전하게 말할 수 있다, '한 종교는 모든 다른 종교에 무신론이자 유물론이다'라고.

그리스 신들을 믿은 사람들은

● 무기인 망치를 든 토르. 망치는 인드라(제석천)의 금강저에 해당한다. 이 망치에 얻어맞아 죽지 않으려면 토르를 믿고 따라야 한다. 즉 시키는 대로 해야 한다. 모든 종교의 벌은 이 망치질에 해당한다.

●아즈텍의 인신공희. 태양신에게 펄떡펄떡 뛰는 사람의 심장을 바쳤다. 그림 왼쪽 위의 붉은 것이 심장이다.

유물론자인가. 유신론자인가? 고대 게르만족과 바이킹족의 신인 토르Thor를 믿는 사람들은 유물론자인가. 유신론자인가? 토르는 천둥, 번개, 폭풍, 전쟁을 관장하는 북유럽의 신으로서 인도의 인드라Indra(제석천, 환인桓因)에 대응되는 신이다. 토르는 영어에 목요일(Thursday=Thor's day)로 남아있다. 영원히…. 북유럽신화의 주신主神 보탄Wotan을 믿는 사람들은 유물론자인가. 유신론자인가? 보탄Wotan은 영어에 수요일(Wednesday=Wotan's day)로 남아있다, 영원히.

태양신을 믿은 아즈텍인들은 유심론자인가. 유물론자인가? 기독교 『구약』의 야훼와 가나안 지역(지금의 이스라엘·레바논·요르단·시리아 지역)의 몰록Moloch 신에게 바친 인신공희人身供犧는 유물론인가. 유심론인가? 희생자들에게 제관들은 악마에 지나지 않는다.

800만 가미를 믿는 일본인들은 유심론자인가. 유물론자인가? 전범戰犯들을 전신戰神으로 모시는 일본인들은 유심론자인가. 아니면 유물론자인가?

십자군은 이들의 희생자들에게 악마보다 더한 존재이다. 왜냐하면 특정종교 경전상의 악마는 존재하지 않을 가능성이 있으나(사실은 엄청나게 크다. 거의 1에 가깝다), 십자군이 저지른 짓은, 악마의 존재에 관계없이, 사악하기 이를 데 없기 때문이다. 기독교·이슬람교·유대교·마니교·조로아스터교·부두교·힌두교·불교의 악마가 동일인일 리가 없으므로 특정종교의 악마가 존재할 가능성은 희박하다. 뿐만 아니라 힌두교와 불교의 악마는 귀엽고 인간적인 측면까지 있다.

●가나안 지방(지금의 이스라엘과 그 인근지역)의 식인종 신인 몰록(Moloch). 채식동물인 황소의 모습이지만 기이하게도 어린아이를 즐겨 먹었다. 제사장 손에 들린 제물인 어린아이를 보라.

싯다르타가 보리수 아래서 깨달음을 얻으려는 순간, 이 우주에서 가장 자극적인 즐거움을 제공하는 욕계 제6천 타화자재천他化自在天의 왕 마왕파순魔王波旬, Devaputra Mara이는 큰일 났다 싶어서 급히 자기 딸 세 명을 보내 부처를 유혹했다. 그게 통하지 않자 우레 폭우 마귀들을 보내 위협도 해보았지만 별무신통이라, 마지막으로 통 크게 이 세상을 통째로 주겠노라고 회유했지만 그것마저도 실패했다. 마왕파순은 "그대가 깨달음을 포기하면 나는 세상을 포기하겠노라"고 빅딜을 제안했지만 먹히지 않은 것이다. (믿을 게 따로 있지, 악마 말을 믿을 일은 아니다. 그런데도 사람들은 참 잘 넘어간다. 왜냐하면 마왕파순이는 우리에게 친숙하기 이를 데 없는 5온五縕의 모습으로, 즉 우리 몸과 마음의 모습으로 다가오기 때문이다.) 그래서 낙담한 마왕파순이는 중얼거린다. "죄다 넘어가는데, 이 어찌 된 일인가?" 큰 솥을 걸어놓고 끓여 죽이겠다거나 거열형이나 능지처사형을 가하겠다고 위협을 하는 대신에, 먼저 아름다운 자기 딸들을, 그것도 셋씩이나, 보내 유혹부터 하다니 참으로 인간적인 악마가 아닐 수 없다. 그리고 위협이란 게 고작 천둥·폭우라니 정말 귀여운 악마이다. 그러니 더욱, (한 종교의 악마는 다른 종교의 악마와) 같은 존재일 리가 없다.

80노구老軀의 부처님이 음식을 잘못 드시고 중병에 걸렸을 때, 악마는 부처님에게 당장 돌아가시라고 권한다. 가르침은 잘 전해지고 제자들은 공부를 잘하고 있으니 걱정 말고 어서 죽으라는 것이었다. (우리 마음의 악마는 항상 엄청난 설득력을 대동하고 그럴듯하게 나타난다.) 죽음에 임한 스승으로서 어찌 제자들에 대한 걱정이 없었을까? 부처는 '서둘지 말라'고 악마를 꾸짖으며, 석 달 뒤에 열반하겠노라고 한다. 아무튼 부처를 이 세상에서 빨리 제거하려는 자신의 악심을 그럴듯하게 포장하여 내미는 악마가 귀엽지 않은가?

유물론이란 인간의 자비와 지혜에 대한 무한한 가능성을 믿지 않는 것

유물론이란 인간의 아름다움과 선함(사랑 자비)과 진실함(진리를 추구하는 마음)과 이에 대한 무한한 가능성을 믿지 않는 것이다. 유신론이라도 또 유심론이라도 이런 가능성을 믿지 않는다면 유물론이다. 이런 의미에서 중세기독교는 유물론이다. 그 외에도 모든 근본주의적인 종교는 유물론이다. 이들이 섬기는 신이나 마음은, 바위처럼 단단하게 굳은 그리고 얼음처럼 얼어붙은 물질이지, 낭창낭창 유연해서 무한한 변화를 허용하며 우리 유한한 능력으로는 짐작조차 할 수 없는 무한한 방향으로 진화하는 창발성이 아니다.

원자를 인정한다고 분자를 인정하지 않는 것이 아니다.

원자에는 부드러움, 맛, 냄새, 촉감 등이 존재하지 않는다. 사물의 고유한 성질이 존재하지 않는다. 분자가 되면 갑자기 그런 성질들이 나타난다. 진공묘유眞空妙有이다. 그렇다고 해서 원자가 뭉쳐 분자가 되는 데 마음이 개입한 것이 아니며, 원자에는 없는 성질이 분자에 생기는 데 마음이 개입한 것은 더욱 아니다.

예전처럼 누구나 하나같이 모를 때면 뭐든지 신의 뜻으로 둘러치면 되었으나, 신이, '과학문명과 인식'의 발달에 따라 세상일(물질적인 현상과 정신적인 현상)이 차츰 설명됨에 따라, 변경으로 무한히 밀려나듯이 마음도 변경으로 밀려난다. 무한한 소실점으로. 원근법의 소실점으로. 원근법은 실로 위대한 발견이었다. 이 발견으로 이차원 평면의 그림이 갑자기 삼차원 물체의 입체감을 갖는 기적이 일어났다. 이 원근법이 바로 과학과 진화론이다. 과학의 발전은 신을 물질세계에서 쫓아냈으며, 진화론의 발견은 신을 생명세계에서 쫓아냈다. 그리고 진실한 의미에서의 다차원의 입체적인 신비를 드러냈다.

초월적이고 종교적인 신비주의에 경도된 사람들은, 과학자들의 '물질의 마음에 대한 영향력'에 대한 연구를 유물론이라고 공격한다. 뇌 이외에 생각하는 기능이 따로 있다는 주장이다. (고대 이집트인들과 아리스토텔레스는, 생각을 하는 기관은 심장이라고 믿었다.) 그 따로 기능하는 놈은 왜 뇌가 망가지면 기능을 하지 못하는가? 뇌가 즉 뇌 시각중추가 망가지면 볼 수 없다는 점에서, 백 보 양보해도 그놈은 안근眼根(시각 기관)·안경眼境(시각 대상)과의 연기관계에 있으므로 그놈은 그냥 안식眼識이라 해도 그만이다. 즉, 그놈은 초월적인 존재가 아니라는 말이다. (부처님은 식識을 초월적인 의미로 사용하신 적이 없다.) 나머지 5개의 식識인 이·비·설·신·의耳鼻舌身意에 대해서도 같은 말을 할 수 있으며, 따라서 그놈은, 육식을 뭉뚱그려서 지칭한 것에 지나지 않으며, 바로 뇌신경세포들의 작용이다!

연기법을 초월한 신성한 마음

마음탈연기주의자心脫緣起主義者(마음은 연기법을 벗어나 있다고 주장하는 사람)들은 부처님 당시의 베다교도들과 다를 바가 없다. 연기세계를 초월한 불생불멸의 실체적인 마음의 존재를 주장하기 때문이다.

혹자는 이런 마음을 '참나'라 하고, 혹자는 '진아'라 하고, 혹자는 '주인공'이라 하고, 혹자는 '주시하는 놈'이라 하는데, 오래전에는 '소소영령昭昭靈靈한 놈(그 자리)'이라고 했다. (중국인들이 불교를 받아들일 때 처음에는 불교를 잘못 이해해서 불교를 일종의 '신불멸론神不滅論: 영혼불멸론'으로 오해하기도 했다. 이 잔영殘影이 소소영령한 놈으로 남은 것이다. 이런 경향은 신수 사후의 북쪽 불교가 아니라, 혜능 사후의 남쪽 불교에 심했다. 이는, 신수가 마음을 맑은 거울에 비유했지만 혜능은 그런 거울은 없다고 주장한 점을 볼 때, 참으로 아이로니컬한 현상이 아닐 수 없다.)

이 말이 가장 전형적으로 묘사된 것이 남쪽 통도사에 주석하며 일세를 풍미風靡한 경봉 스님鏡峰, 1892~1982의 발언이다.

"참으로 나(참나)라고 할 수 있는 것은 이 몸을 운전하고 다니는 '소소영령한 그 자리'가 바로 곧 나의 몸을 운전하고 다니는 운전수요 나의 '주인공'인 것이다."

이 문장에는 참나, 소소영령한 자리, 주인공이라는 '있다파新有部'의 주요한 세 단어가 모두 나타난다. '주인공은 몸(기계)을 운전하고 다니는 운전사(유령)이다'라는 경봉 스님의 이 발언은 서구의 데카르트적인 '기계 속의 유령ghost in a machine'의 불교적인 환생이다. '있다파'의 사상을 간결하고 충실하게 표현한 명문 중의 명문이다! 그리고 경봉 스님을 비롯한 선인들의 이런 종류의 발언들은 현現 조계종정 진제 스님을 비롯한 여러 사람들이 입에 달고 사용하는 참나와 진아眞我의 기원이다. 이들은 참나, 진아, 소소영령한 놈(자리) 등의 '불생불멸의 실체론적인 존재'를 부정하는 무아론의 적자嫡子인 '없다파舊無部 舊無我派 緣起派'를 마구 맹렬하게 공격한다. 유물론자라는 주홍글씨를 씌워서.

도대체 얼마나 소중한 것을 지니고 있기에 잃어버릴까봐 저토록 조

바심을 낸다는 말인가? 본시 잃어버릴 것이 없다는 것이 부처님의 가르침인 무아론인데, 도대체 무엇을 잃어버릴 수 있다는 말인가? 육조혜능 스님이 말씀하셨듯이 '본래무일물本來無一物(본래 한 물건도 없다)' 아닌가?

신비의 근원

인류역사를 관통해서 볼 때, 전 단계의 미신을 부인하고 없애는 것은 유물론이라는 비난을 받았다. 이런 유물론은 더 높은 단계의 신비의 출발이다.

···

숨 에르고 코기토

> 다른 것은 다 부정할 수 있어도
> 생각하는 내가 존재한다는 것만은 부정할 수 없다
> 〈데카르트〉

> 이 세상에는 참나(眞我, true atman)만 존재하고
> 나머지는 다 환영이다
> 생각은 참나가 하는 것이다
> 우주는 참나가 만들어내는 꿈이다 〈청담〉

> 존재하는 것은 브라흐만(梵)뿐이다
> 우주는 브라흐만의 꿈이다 『우파니샤드』

'나는 생각한다. 그러므로 나는 존재한다'는 데카르트의 명제는 엉터리 명제이다.

기계가 생각을 하면 기계가 존재하는가? 당신은 절대 인정하지 않을 것이다. '기계는 절대로 생각을 할 수 없다'고 주장하거나, '설사 기계가 생각을 하더라도 기계가 존재한다고는 할 수 없다'고 주장할 것이다. 이 주장은, 물질적인 기계는 존재하지만 물질을 넘어선 기계는 존재하지 않는다는 말이다. 그런 식으로 생각하면, 왜 내가, 단지 생각한다는 이유로, 존재해야 하는가. 왜냐하면 데카르트의 논리에 따르면 생각을 하지 않는, 사실은 생각을 할 수 없는 기절한 사람이나 코마에 빠진 사람은 그 순간 존재하지 않기 때문이다. 데카르트가 존재한다고 선언한 것은 육체적인 몸이 아니므로 다른 사람이 대신해서, 기절이나 코마에 빠져 의식이 없는 사람의 그 순간의 (비물질적인) 존재여부를 결정해줄 수는 없는 일이다.

생각한다는 사실을 자기 존재의 증거로 치는 사람들은 사실은 영혼이나 신비로운 존재를 믿는 사람들이다. 그래서 그들은 실제로는, 생각한다는 사실을 존재의 증거로 치지 않는다. 그들에게 존재의 증거는 대상의 영혼, 진아, 참나, 주인공의 존재여부이다.

'기계 앞에 장막을 쳐서 가리고 기계와 대화를 할 때, 혹은 모니터를 통해서 기계와 문자로 대화를 할 때, 사람이 그 기계가 인간인지 기계인지 판단할 수 없으면 그 기계는 의식을 가진 것으로 봐야 한다'는 튜링 테스트가 있다. 지금도 일부 기계는 부분적으로 튜링테스트를 통과하며, 일부 미래학자들은 수십 년 내로 인간의 의식과 동일한 의식을 지닌 기계가 발명될 것이라고 예측한다.

인간이 생각을 한다고 해서 인간이 존재할 이유는 어디에도 없다. 당신이 생각하는 인간은 혹시 영혼이나 참나나 진아眞我는 아닌가? 뇌가 아니라 영혼, 참나, 진아, 주인공이 생각을 하는 것이라고 미리 가정한 것이 아닌가? 따라서 당신이 해석한 데카르트의 명제는 다음과 같이 바꿀 수 있다. '나는 생각한다. 그러므로 (나에게는) 영혼이 존재한다.' 데카르트의 본뜻은 분명 이러할 것이다. 왜냐하면 그는 '뇌의 송과선에 살고 있는 조그만 사람'인 호문쿨루스를 믿었기 때문이다. 따라서 그의 발언은 또 이렇게 바꿀 수 있다. '나는 생각한다. 그러므로 (나에게는) 호문쿨루스가 존재한다.' 이렇게 보면 데카르트의 주장은 하나도 지적인 주장이 아니다.

데카르트의 주장은, 본질적으로, '호문쿨루스는 생각한다. 그러므로 호문쿨루스는 존재한다'와 다를 바가 없다. 이 문장은 'A는 생각한다. 그러므로 A는 존재한다'의 구조를 갖는다. 그러면 '생각을 할 수 있는 것은 모두 존재해야 한다'고 해야 한다. 그러나 데카르트나 당신은 설사 생각을 하는 기계를 목격할지라도, 절대로 그 기계가 존재한다고 인정하지 않을 것이다. 대신, '그 기계는 생각을 하는 것이 아니라 기계적으로 정보를 뱉어낼 뿐'이라고 간주할 것이다.

데카르트는 동물은 고통을 못 느낀다고 생각했다. 단지 고통을 느끼는 것처럼 보인다고 주장했다. 그러므로 데카르트는 '동물은 생각할 수 없다'고 생각할 것이다. 다른 서양인들처럼 기독교 영향으로 동물은 영혼이 없다고 믿었기 때문이다. 하지만 개를 키워본 사람은 누구나 개가 생각을 한다는 것을 안다.

그러므로 그의 '코기토 에르고 숨'은 엉터리 주장이다. 그 총명한 데카르트가 이런 엉터리 주장을 한 것은, 아마 당시에 아직 뇌신경망 connectome이 발견되지 않았기 때문일 수도 있다. 뇌신경망은 물질이다. 그러므로 데카르트의 예는 인간의 사유가 물질적인 과학발전에 상당 부분 종속되어있다는 사실을 명확히 보여주고 있다. 과학, 종교, 철학의 역사는 환망공상의 역사이다. 이 세 분야의 차이는 과학은 옛 환망공상을 가차 없이 냉혹하게 부수어가는 과정이고, 종교는 첫 환망공상에 죽기살기로 집착하며, 철학은 버티고 버티다 더 참을 수 없는 지경이 되면 뒤늦게 옛 환망공상을 포기한다는 것이다.

동물에 대한 데카르트의 견해로 볼 때, 데카르트의 의견은 아무리 좋게 해석해도 이렇다. '영혼이나 호문쿨루스가 없는 존재는 생각을 할 수 없다. 그런데 나는 생각을 할 수 있으므로 영혼이나 호문쿨루스가 있다.' 이런 말은 그냥 영혼론일 뿐이지, 그 외에는 일고의 가치도 없다.

만약 영혼론이 아니라면 데카르트의 말은 '나는 생각한다. 그러므로 생각하는 현상이 존재한다'란 토톨로지tautology(동어반복)에 지나지 않는다.

차라리 거꾸로 말하는 것이 옳다. '나는 존재한다. 그러므로 생각한다.' 숨 에르고 코기토! 다시 말하자면 이렇다. '(나에게는) 생각을 할 수 있게 하는 소프트웨어나 알고리듬이 존재한다. 그러므로 (나는) 생각한다.' 이 말은 '스마트폰에 계산 소프트웨어가 존재한다. 그러므로 계산 한다'와 동일한 구조이다. 혹은 '자판기에는 판매 소프트웨어가 존재한 다. 그러므로 판매한다'와도 같은 구조이다. (중요한 점은 '생각을 할 수 있게 하는 소프트웨어나 알고리듬이 자기이지 따로 자기가 존재하지 않는다' 는 점이다.)

그리고 중요한 점은 이 소프트웨어가 진화한다는 점이다. 단세포동물 인 아메바나 원시적인 생물인 지렁이는 의식이 없고 생각을 하지 못한 다. 거의 자판기 같은 자동기계automaton에 지나지 않는다(우리 몸의 백혈 구도 마찬가지이다). 인간은 단세포생물로부터 어류·파충류·포유류·영 장류를 거쳐 지금의 몸과 마음으로 진화를 했다. (그리고 이렇게 진화를 할 수 있는 이유는 생물이 무아無我이기 때문이다. 무아이므로 몸과 마음의 모 습과 기능이 바뀔 수 있다. 즉 무상無常이다. 아이러니한 것은 신경계와 의식 의 발달과 더불어 물질적인 고통과 정신적인 고통이 발달하고 증가한다는 점 이다. 이 점에서 진화의 역사는 고苦의 증가의 역사이다. 물질계와 정신계를 느끼고 인식하게 하는 신경계와 의식의 발달은 [새로운 종류의] 육체적·정 신적 고통을 낳는다: 신경계가 발달하지 못한 곤충은 고통을 느끼지 못한다. 인식이 실상을 제대로 보지 못하면 그 괴리로 인한 고급 고통이 발생한다. 이 른바 '나[자아自我]'에 관련된 존재론적인 고통이다. 가장 진화한 인간만이 갖 는 가장 진화한 고통이다. 고통도 진화를 한다는 말이다. 이렇듯 지구생물체 35억 년 진화의 역사는 바로 삼법인三法印의 구현具顯이다! 그리고 자신의 생체 유전자와 습성과 지식이 후손과 문화를 통해서, 진화에 진화를 거듭하면서, 35억 년 동안 끝없이 이어진 것은 윤회이다.)

그 과정에서 생각하는 마음(소프트웨어)과 뇌신경망(하드웨어: con- nectome)이 생기고 발전한 것이다. 생각하는 능력은 정확히 진화의 순 서와 일치한다(고통을 느끼는 능력인 '육체적 고통과 정신적 고통의 가짓 수와 강도强度' 역시 진화의 순서와 일치한다). 단세포생물＜어류＜파충류<포유류<영장류<인류 순서이다. 그러므로 더욱더 '숨 에르고 코기토'가 옳다. 즉, 처음부터 생각하는 존재(영혼·아트만·참나·진아·신)가 있어서 그 존재의 의지와 설계에 따라 인간의 몸과 마음이 만들어진 것이 아니다.

물질적인 과학발전의 뒷받침이 없는 형이상학이나 신학은 거짓말쟁이 절름발이 신세로 전락한다. 단지 시간의 문제일 뿐이다. 인류역사가 증명하듯이, 조만간에 진실이 밝혀질 것이기 때문이다. 데카르트가 결정적인 증거이다. 데카르트는 위대한 철학자이자 과학자였지만 몇 가지 심각한 오류를 범하였다. 신이건 인간이건, 도도한 과학문명발달 앞에서 후대까지 변함없이 명성을 유지하며 조금도 체면을 구기지 않고 버텨낼 자는 거의 없다.

청화 스님의 유아론有我論: 유사 브라흐만梵 이론

> 자기가 망상을 하고 있다는 것을 깨달을 때까지는 망상이 지속된다
> 〈망상역학 제1법칙〉
> 자기의 망상과 동일한 망상을 가진 사람을 만나는 것은 최고의 행복이다
> 〈행복의 제1법칙〉

우리나라 선승禪僧들은 문제성 있는 발언으로 유명하다.

10여 년 전에 입적하신, 곡성 태안사에 주석하시던 청화淸華 스님은 청정한 계행과 일중식日中食, 장좌불와長坐不臥 등 치열한 수행으로 명성이 자자한 스님이셨다. 유명 여류소설가의 실명 구도소설의 주인공이 되기도 하였다. 스님은 간화선을 하지 않았으며, '아미타' 수행을 하였다. 이 아미타 수행법은 불교수행법 중 가장 유일신교에 가까운 수행법일 것이다. 이 점을 염두에 두고 청화 스님에 대한 다음의 비판을 읽으면 도움이 될 것이다.

청화 스님은 다음과 같이 말했다.(유튜브, "다시 듣고 싶은 고승들의 주옥같은 법문 - 제01회 청화 스님"을 참조하시기 바란다. 27:05부터 듣기 바란다.)

"부처님이 모양으로 안 계신다고, 그래서 부처님이 안 계시는 것이

아닙니다. 부처님은 '우주 에너지'로 계십니다."

도대체 '우주 에너지'란 무엇인가? 기氣인가? 물리학에서 말하는 에너지인가? 혹시 암흑 에너지일 가능성은 없는가? 이 정체불명의 용어 '우주 에너지'는 무슨 뜻인가? 누구든 성불成佛하면 그 순간 우주 에너지로 변하는가? 부처만 우주 에너지이고, 우리 무명 중생은 우주 에너지가 아닌가? 무명 중생은 무명無明, dark 에너지인가? 관측 불가능한 다크dark, 無明 에너지가, 관측 가능한 브라이트bright, 明 에너지로 바뀌는 것이 성불인가?

이상하다. 아주 이상하다. 우주 에너지로 바뀐 부처님은 태양에게 어떤 영향을 미치는 것일까? 여분의 에너지를 제공함으로써, 태양의 수명을 더 늘리는 역할을 하는 것일까? 우주 에너지인 부처의 에너지양은 얼마나 되는 것일까? 유한일까? 무한일까? 부처님이 우주 에너지라면 이 에너지를 잘 추출해 씀으로써, 한 번이라도 삐끗하면 치명적인 환경오염을 초래할, 원자력발전소를 없애는 방법은 없을까? 혹시, 말로만 우주 에너지이지 실제로는 아무 쓸모없는 에너지인 것은 아닐까? 거지들은 말한다: 우리는 우주적인 사랑이 필요한 것이 아니라, 밥 한 그릇 주는 조그만 사랑이 필요할 뿐이다!

"조그만 티끌 속에도, 이 공기 속에도, 과거나 현재나 미래나 영생불멸하게 부처님은 항시 계시는 것입니다."

영원히 살아계셔서 없어지지 않는 부처님이라니, 부처님은 언제부터 기독교 신이나 힌두교 신과 같은 존재가 되었는가? 불심공상 불생불멸佛心空相 不生不滅 아닌가? 부처님을 실체화하다니 유신론有神論 아닌가? 부처님이 아득한 과거에도 티끌 속과 공기 속에 있었다면, 우리도 지금 티끌 속과 공기 속에 있다고 해야 한다! 우리가 티끌 속에 있다니, 이 무슨 해괴한 말인가? 이 말은 대체 어떤 실제적인 영양가가 있을까? 우리는 지금 여기 지구에 있으면서 동시에 북극성이나 마두상 은하에 있는 것일까? 그리 멀리 갈 것도 없이, 지금 포항에서 글을 쓰고 있는 필자는 같은 시각에 서울 광화문에도 있는 것일까? 이런 주장은 도대체 무슨 효력이 있는 것일까? 이 말은 분명 힌두교의 아트만 이론이다. 아트만 이론에 의하면 모든 것이 아트만을 가지고 있다. 티끌도 공기도 2억 마리 정자도 각각 아트만을 가지고 있다. 그런데 아트만은 브라흐만이므로, 브라흐만은 어디에나 있다. 과거나 현재나 미래나 영생불멸하게 브라흐만은 항시 있다. 소위 범아일여梵我一如이론이다.

대한항공기 폭파범 김현희가 전향하여 기독교인이 되었다. "평생 종교가 금지된 공산주의 국가에 살던 사람으로서, 신을 믿는 것이 힘들지 않았느냐"는 질문에 그녀는 놀라운 대답을 했다. "주체사상에서 김일성을 빼고 그 자리에 신을 넣으면 되었다. 그래서 오히려 쉬웠다." 바로 이런 일이 한국불교에 벌어지고 있다. '범아일여'에서 '범'을 참나, 진아眞我, 불성 등으로 바꾸면 된다.

"그러기에 불심충만佛心充滿의 법계라."

2억 년 전에서부터 6,500만 년 전까지, 인간은 존재하지도 않았고, 1억 년 넘게 지구가 티라노사우루스같이 흉악하게 생긴 육식공룡들로 뒤덮였을 때도, 지구는 불심佛心으로 충만하였던 것일까? 더 멀리 거슬러 올라가 빅뱅이 일어나기 전에도 우주는 불심으로 충만한 것일까? 불심이 무슨 신이라도 되는 것일까?

"이 법계에는 사실은 '부처님의 에너지'로 충만해 있습니다."

'부처님의 에너지'는 위에 등장한 '우주 에너지'와 동일한 것일까? 도 대체 무슨 말인가? '우주 에너지'라는 말도 생경한 용어인데, '부처님의 에너지'라니 이건 또 무슨 뜻인가?

　"그러기에 아까 말씀드린 바와 같이, 부처님은 우주 에너지라, '우 주의 생명'이란 말입니다."

　도대체 '우주의 생명'이란 무슨 말인가? 새로운 생명체인가? 전 우주 가 부처라는 단일 생명체란 말인가? 이 이론은 힌두교의 범梵 또는 브라 흐만과 어떻게 다른가? 이름만 다르다 뿐이지, 혹시 같은 것은 아닌가? 석가모니 부처님은 전생에 설산동자시절에도 우주 에너지, 우주 생명이 었는가? 우리도, 지렁이, 아메바, 에이즈 균, 에볼라 균도 다 우주 에너 지이고 우주 생명인가? 아니면 중생이 부처가 되는 순간에 그제서야 우 주 에너지가 되는 것인가? 이 에너지는 물리학에서 말하는 에너지와 같 은 것인가? 아니면 도교의 기氣인가? 앙리 베르그송의 엘랑 비탈인가? 혹시 인도전통의학인 아유르베다 사이비치료사 디팍 초프라의 양자 에 너지quantum energy인가? 우리말로 하자면, 디팍 초프라는 한약에 스테로 이드를 섞는 대신에, 양자 에너지로 버무린 한약을 팔아먹은 것이다. 자 본주의라는 풍요로운 온상에는, 디팍 초프라 같은 사기꾼들이 여기저기 서 마구 창궐하고 있다.

　"따라서 그 우주의 생명자리 부처님은…
　부처님은 언제나 어디에나 계시기 때문에, 우리의 행위가 정당할 때에는 부처님의 호념이 있습니다."

　위에 인용한 청화 스님의 발언은 "부처님은 항상 편재한다, 즉 기독교 창조주처럼 옴니프레즌트omnipresent라는 말"이다. 그리고 우리의 행위가 옳을 때에는 부처님이 지켜주신다는 말이다. 기독교의 "내가 사망의 음침한 계곡을 지날 때에도, 주 여호와 하나님이 함께하시니"라는 구절을 연상시킨다. 항상 편재하는 부처님은 기독교인도 이슬람 교도도 호념護念하시는가? 선한 사마리아인도 호념하시는가? BC 1700년경의 함무라비 왕 시대에도 사람들을 호념하였는가? 건기의 세렝게티 초원에서 새끼들이 굶어죽기 일보 직전의 암사자가 물소를 공격하면, 부처님은 암사자와 물소 둘 중에 누구를 호념하시는가? 백악기의 티라노사우루스도 호념하셨는가? 소·말·개·돼지·닭·오리, 뱀장어·붕어·모래무지·가물치·오징어·문어, 모기·거머리·바퀴벌레·시궁쥐도 호념하시는가? 그리고, 에이즈 균도 에볼라 균도 호념하시는가? 공중의 새 한 마리도 보살핀다는 기독교의 창조신과 비슷하지 않은가? 언제부터 부처님이 우주중생들의 복지를 담당하게 되셨는가? 그것도 잠시 쉼도 없이 하루 24시간 동안, 영원히! 시작도 없는 과거부터 끝도 알 수 없는 미래까지!

이상의, 아래에 모아놓은, 청화 스님의 말씀은 언뜻 보면 얼마나 아름다운가! 하지만 기독교 시인들의 야훼 하나님에 대한 찬가나, 이슬람 시인들의 알라에 대한 찬가 역시 몹시 아름답기는 마찬가지이다. 노벨문학상에 빛나는 인도의 자랑, 타고르의 브라흐만梵에 대한 찬가·헌사인 시집 『기탄잘리Gitāñjalī』1909는 또 얼마나 아름다운가! 그러나 아름다운 것이 꼭 진리인 것은 아니다. 지극히 아름다운 찬가의 주인공들인, 야훼와 알라와 브라흐만과 아미타불이 동시에 사실일 수는 없기 때문이다. 적어도, 넷 중의 셋인, 75%는 가짜이다. 지극히 아름다운 것은 동시에 지극히 거짓일 수 있다!

"부처님이 모양으로 안 계신다고 그래서 부처님이 안 계시는 것이 아닙니다.

부처님은 우주 에너지로 계십니다.

조그만 티끌 속에나, 이 공기 속에나, 과거나 현재나 미래나

영생불멸하게 부처님은 항시 계시는 것입니다.

그러기에 불심충만의 법계라,

이 법계에는 사실은 부처님의 에너지로 충만해 있습니다.

그러기에 아까 말씀드린 바와 같이,

부처님은 바로 우주 에너지라, 우주의 생명이란 말입니다.

따라서 그 우주의 생명자리 부처님은…

부처님은 언제나 어디에나 계시기 때문에, 우리의 행위가

정당할 때에는 부처님의 호념이 있습니다."

청화 스님은 흠잡을 데 없이 청정한 삶을 사신 분이다. 돌아가실 때까지 치열하게 수행한 분이다. 그러나 그 철학은 허점이 너무 많다. 기이한 힌두교적이고 신비주의적인 유아론적 철학을 가지고 계셨다. 자신의 사상·견해에 대한 깊은 성찰이 부족했다. 아마 아무도 반론을 제기한 적이 없었던 것이 그 이유일 수가 있다. 그래서 시장의 우상이 되면 급속도로 진짜 우상으로 질주한다. "심신을 바쳐 도를 닦은 수행자는 모든 것을 다 알 것"이라는 대중의 망상·환상이 우상을 창조한다.

그는 아미타수행에 천착하였는데, 그에게 아미타불은 법계를 가득 채운 '상주불변常住不變'하고 '편재偏在'하는 '기독교 신'과 같은 존재였다. 불교 근본가르침인 무아론無我論에서 십만팔천 리나 벗어나고 말았다.

우리 인간은 누구나, 잘못된 생각을 100% 확신을 가지고 주장할 수 있다. 대뇌신피질이 지나치게 발달한 인간은 환망공상이다. 인류역사는 환망공상의 역사이다.

그러므로 평소에 당신의 지성을 버리고 벼려 취모검吹毛劍으로 만들어, 어처구니없는 환망공상이 다가올 때마다, 그리고 당신 마음속에 악성 환망공상의 싹이 올라오는 즉시, 가차없이 목을 날려버리시라.

 부처님이 아리아인들이 1,000년 동안 제조한 환망공상에 칼(반야지혜의 취모검)을 들이대셨듯이, 지금은 지난 2,500년 동안 제조된 일체 환망공상에 칼(과학으로 보강된 반야지혜)을 들이댈 때이다. 지금껏 인류가 발전시켜온 과학(자연과학과 인문사회과학)이, 이 일을 하고도 남을 정도로 비약적으로 발전했기 때문이다.

...

참나: 무비 스님의 한 물건一物

이 글에서는 참나가 존재한다는 가정하에서
어떤 어처구니없고 이상한 결론이 도출되는지 논할 것이다.
참나는 상락아정(常樂我淨)이라고 가정한다.

한 물건一物,
편재omnipresent하고 전지전능omniscient omnipotent한 존재

"여기에 한 물건이 있어서 이름도 모양도 없으나 과거와 현재와 미
래를 모두 꿰뚫고 있으며, 아주 작은 먼지에도 들어가지만 온 우주를
다 에워싸고도 남는다. 안으로는 불가사의한 신통묘용을 다 갖고 있
으며 밖으로는 온갖 존재에 일일이 다 맞추어 응하고 있다. 하늘과 땅
과 사람에 있어서 주인 노릇을 하고 천지만물 삼라만상의 왕 노릇을
한다. 무엇과도 비교할 수 없이 크고 높아서 그와 짝을 할 수 없다."

〈무비 스님의 『직지강설 하』, 111쪽〉

성철 스님과 동산 스님 등 위대한 승려를 배출한 남방의 총림 범어사
에 주석하시는 무비 스님은 우리나라에서 몇 손가락 안에 꼽히는 학승
이시다. 항상 진지한 자세로 수행하시고 공부하시는 분으로 불교계에서

크게 존경을 받으신다. 하지만 무비 스님이 자신의 저서 『직지강설直指講
說』에 인용한 윗글은, '한 물건一物'이라는 괴이한 존재에 대한 강고한 믿
음을 표출하고 있으며, 심각한 문제점을 맹렬하게 분출하고 있다.

　'아주 작은 먼지에도 들어가고 온 우주를 다 에워싼다'는 표현은 힌두
교 아트만我 또는 브라흐만梵을 표현하는 데 쓰인다. 먼지에도 아트만我
이 있고, 우주에는 브라흐만梵이 있다. 베단타 불이론不二論에 따르면 범梵
은 아我이다(범아일여梵我一如). 당신의 '한 물건一物'은 분명 아트만이나 브
라흐만이다. 우주에 편재한 존재이다. 진실로 당신의 '한 물건'은 온 우
주를 다 에워싸고 있는가? 가슴에 손을 얹고 대답해보시라. 특히 출근
시간에 늦을까 택시를 잡아탈 때, 중요한 회의에 늦을까 안절부절못할
때, 사랑하는 사람의 임종을 지키지 못할까 노심초사할 때, 스스로 자
신에게 물어보고 답하시라. 정말 우주를 에워싸고 있는지. 당신의 한 물
건이!

　'한 물건一物'이 안으로 불가사의한 신통묘용을 다 갖고 있다니, 아메

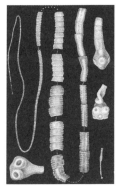

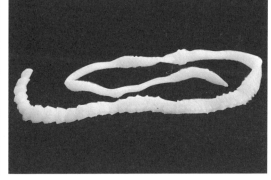

●(왼쪽) 갈고리촌충.

●(오른쪽) 민촌충.

●많은 경우 우리의 미감(美感)은 추한 것에 대한 외면과 추한 것의 격리로부터 온다. 예기치 않게 추한
것에 노출되면, 우리는 갑자기 소스라치게 놀란다. "아니, 어찌 이럴 수가!"라고 비명을 지르면서. 종
종 진실은 전혀 유쾌하지 않다. 오히려 불쾌하다. 예수의 "진리가 너희를 자유롭게 하리라"는 말은 반
만 참이다. 나머지 반은 각자에게 달려 있다.

바나 모기의 '한 물건'이 무슨 신통묘용을, 그것도 불가사의한 신통묘용을 가지고 있다는 말인가? 금방 손바닥에 맞아죽을 줄 모르고 널따란 나대지 이마에 앉아 피를 빠는 모기의 '한 물건'은, 어찌하여, 불가사의한 신통력은 고사하고, 목숨을 잃지 않고 배를 채울 수 있는 적절한 식사장소를 택하는 최소한의 소박한 능력조차 없다는 말인가?

'한 물건'이 '밖으로 온갖 존재에 일일이 다 맞추어 응한다'니, 아메바나 모기나 쇠똥구리가 언제부터 온갖 존재에 다 맞추어 응하고 있는가? 쇠똥구리는 소똥이 아니면 관심이 없다! 회충·촌충·편충·요충(의 한 물건)은 인간의 몸 밖의 세계에는 관심도 없으며 일일이 맞추어 응하는 일도 없다. 대량살상무기WMD인 구충제가 위장으로 쏟아져 들어올 때, 이 기생충들의 '한 물건'은 도대체 어디서 무얼 하는 것일까? 구충제의 효능에 맞추어 응해서 기꺼이 육신이 살해당하게 하는 일을 하는 것일까?

'한 물건'이 '하늘과 땅과 사람에 있어서 주인 노릇을 한다'니, 당신의 '한 물건'은 다른 사람의 주인 노릇을 하는가? 그런데 다른 사람의 '한 물건' 역시 당신의 주인 노릇을 하는 것은 아닌가? 그럼 서로 상대방의 주인 노릇을 하는 것인가? 말이 서로 엉켜, 말이 되지 않는가? '한 물건'이 '천지만물 삼라만상의 왕 노릇을 한다'니, 당신의 '한 물건'도 천지만물 삼라만상의 왕 노릇을 하고, 다른 사람의 '한 물건'도 천지만물 삼라만상의 왕 노릇을 하는가?

● 민촌충 대가리. 부정관 대상으로 그만이다. 하지만 이들도 참나론자들의 주장에 따르면 하늘, 땅, 인간의 주인역할을 하는 한 물건 또는 참나가 있다. 이 사진을 보는 순간 전혀 역겨움이 일지 않는다면, 당신에게는 참나가 있을 가능성이 몹시 크다. 주종(主從), 미추(美醜) 등으로 이루어진 상대세계를 초월한 참나가!

그럼 같은 천지만물과 삼라만상을 두고, 73억 사람들의 73억 '한 물건들'이 동시에 왕 노릇을 하는가? 게다가 아메바·모기·회충·민촌충·갈고리촌충·편충·요충·쇠똥벌레의 '한 물건들'도 천지만물과 삼라만상의 왕 노릇을 하고 있는가? 갈고리촌충의 '한 물건'은 자기 몸을 박멸하는 구충제의 '왕'인가? 당신의 가슴에 손을 얹고 대답해보라. 당신은 당신의 직장 부하를, 천지만물 삼라만상의 왕은 고사하고, 당신의 왕으로 인정한 적이 있는가?

아니면 아예 처음부터 우주에는 단 하나의 '한 물건'만 존재하고, 모든 생물·무생물은 이 '한 물건'의 현현顯現인가? 이는 정확히 힌두교의 범아일여梵我一如사상 아닌가? '브라흐만 전변설轉變說' 아닌가? 이 사상이 불교에 유입된 것이 '수불리파 파불리수水不離波 波不離水'라는 사상이다. 물水과 물결波은 같은 것이다, 즉 우주마음 또는 우주식宇宙識이라는 대양에 이는 수없는 파도가, 개인마음 또는 개인의식이라는 힌두교 사상이다.

문제는 이런 유아론有我論적인 사상이 선종禪宗·교종教宗·출가자·재가자 할 것 없이, 한국불교계 전체에 만연하고 있다는 점이다. 그리고 이런 유類의 신비주의적이고 초월적인 사상은 중생의 삶에 전혀 도움이 안 된다. 찌르는 듯한 사바세계 고통의 광풍이 불어오면, 유아有我사상은 힘없이 보랏빛 옅은 안개처럼 흩어진다. 불교인들이 사회발전에서 다른 종교인들에 비해서 뒤처지는 결정적인 이유일 것이다. 초기 경전들을 보라. 부처님은 지극히 실용적인 분이다. 동물 희생제의, 하늘에 제사지내기, 종교의식 등에 대해서 날카로운 지성으로 비판하신다. 도대체 이런 황당한 '한 물건' 철학은 어디에서 솟아난 것인가? 그리고 어떻게 버젓이 부처님 가르침이라고 행세를 하는가?

참나

위에 인용한 '한 물건'과 매우 유사한 물건이 있으니 참나眞我이다.

참나眞我는 본래 존재하는가. 아니면 만들어진 것인가.

연기법緣起法에 따르면 만들어진 것은 반드시 무너진다.

따라서 참나는 (만약 존재한다면) 만들어진 것이 아니라 본래 있는 것이다.

그러면 참나는 상주불멸常住不滅·불생불멸不生不滅·영생불멸永生不滅의 실체가 된다. 이것이 바로 힌두교의 '아트만atman'이다. 부처님이 극렬하게 비판하는 아트만이다. 부처님이 아트만을 부정한 것은 인과론因果論 때문이다. 힌두교의 아트만은 인과를 초월한 존재이므로, 우리가 아트만이라면 수행을 할 이유가 전혀 없기 때문이다. 참나가 바로 인과를 초월한 아트만과 같은 존재이다.

모든 존재가 참나라면 도대체 수행을 할 이유가 무엇인가? 무슨 짓을 해도, 아무리 끔찍한 짓을 해도, 당신은 참나가 아닌가? (홍주종洪州宗은 바로 이런 이유로 비판을 받았다. 당나라 스님 마조도일馬祖道一이 강서성 홍주에서 창시한, 홍주종에 따르면 모든 행위는 불성佛性의 작용이다. 그렇다면 "살인, 강도, 강간 등의 악행도 불성의 작용이냐?"고 날카로운 비판을 받았다.)

만약 당신이 '사람들이 스스로 참나라는 것을 몰라서'라고 대답한다면, 모르는 것은 참나가 아닐 터이니 '모르는' 제삼의 다른 존재가 있다는 말이다. 그럼 당신에게는 적어도 두 개의 존재가 있다. 참나와, 참나가 아닌 그 무엇. 그리고 '완벽한' 참나가 수행을 할 리는 만무하므로, 수행을 하는 것은 비非참나이고, 비非참나는 수행의 완성과 함께 사라지는 것이 분명하다. 따라서 참나론은 이원론이다. 그런데 비非참나가 겪은 수많은 전생을 기억하는 것은 참나이다. 왜냐하면 이미 비非참나는 (성불하던 순간에) 사라졌기 때문이다. 그런데 참나는 도대체 무슨 이유로, 중생의 무한 번의 윤회전생에 전혀 관여하지 않았으면서도, 지금은 사라져 존재하지도 않는, 쓸데없는 짓만 하던, 자기와 전혀 관련이 없는, 비非참나의 삶과 행위를 다 기억한다는 말인가? 게다가 전생은 무한하므로 참나의 메모리 용량은 무한이다! (모든 생물의) 참나는 '무한 바이트' USB이다.

(번뇌·망상을 하는 어리석은) 비非참나는 처음부터 존재했는가? 아니면 중간에 생긴 것인가? 만약 처음부터 있었다고 하면 그것은 인과론에 위배된다. 아무도 인因을 만들지 않았는데, 어찌 비非참나라는 과果가 있는가? 비非참나로 대표되는, 처음부터 존재한, 즉 우리 의사와 무관하게 존재한, 어리석음과 번뇌·망상이 어찌 우리 책임이란 말인가? 중간에 생겼다 하더라도, 인과론에 위배되는 것은 변함이 없다. 인과를 벗어난 참나에게 어떻게 비非참나가 생긴단 말인가? 시작도 없는 아득한 옛날부터 무수히 윤회를 해온 당신에게 있는 무명無明(어리석음)은, 당신이 만든 것인가, 아니면 처음부터 있던 것인가? '처음부터 있었다'고 한다면, 당신이 어리석은 것은 결코 당신의 책임이 아니다. (이런 주장은 기독교의 원죄개념과 같다. 사실은 훨씬 더 고약하다. 기독교에 의하면, 인간은 최소한 처음 창조될 당시에는 청정했으나 나중에 타락한 것이지만, '처음부터 인간에게 무명이 있었다'는 주장은 '인간은 무한한 기간의 과거에 단 한 번도 청정한 적이 없는 존재'라는 저주이다.)

'중간에 생겼다' 하면, '무명이 없는 존재에게 갑자기 무명이 생겼다'는 말인데 이게 말이 되는 소리인가? 더 거창하게 말한다면, 참나인 이 우주에 어떻게 중간에 비非참나 즉 무명·번뇌·망상이 생길 수 있다는 말인가? 이런 문제를 그냥 덮는다 하더라도, 대단히 심각한 문제가 하나 남아있다. 중간에 비非참나가 생길 수 있다면, 설사 혹독한 수행을 통해 비非참나를 없애더라도 언제 다시 비非참나가 생길지 누가 아는가? 이런 문제들은 참나·비非참나 이원구도二元構圖로는 절대 해결할 수 없다.

(이 '참나·비非참나' 문제는 뒤에 다시 거론한다.)

　만약 누구에게나 본래부터 즉 태초부터 참나가 있다면, 개미나 아메바에게도 참나가 있을 것이다. 그리고 참나는 만들어지는 것이 아니므로, 개미의 참나는 인간의 참나와 (최소한 그 기능에 있어서는) 같을 것이다. 그런데 진화론에 의하면, 지금의 고등 생물인 인간은 과거의 미개한 아메바·어류·파충류 단계로부터 진화한 것이므로, 아메바 시절부터 참나를 가지고 있었다고 인정할 수밖에 없다. 즉 모든 생물의 참나는 서로 동일하다고 인정할 수밖에 없다는 말이다. 육신은 진화에 따라 변했어도, 참나는 변치 않았다는 것이다.

　그런데 (서암 전 조계 종정, 혜국 스님, 경봉 스님 주장처럼) 참나가 보고 듣고 생각하는 것이라면, 개미의 참나도 보고 듣고 생각할 것이다. 인간과 동일하게 똑똑한 생각을 하고, 인간처럼 보아야 할 것이다. (다시 강조하자면, 참나는 만들어지거나 진화하고 변하는 존재가 아니기 때문이다. 즉 인과에 의해 지배되는 연기세계緣起世界를 벗어난 존재이다. 즉 초월적인 존재이다.) 그런데 개미의 참나는 색깔을 못 본다. 생각도 못 한다.

　만약 참나가 (개미 몸이라는) 육신의 영향으로 본래 능력을 발휘하지 못한다면, 참나는 무기력한 존재이다. 육신이라는 감옥에 갇힌 수감자이다. 개미의 참나는 개미라는 육신에 갇힌 죄인이다. 그런데 참나는 번뇌·망상이 없는 존재이므로 악행을 할 수 없는데, 어떻게 참나가 육신에 갇히는 벌을 받을 수 있다는 말인가? 뿐만 아니라, 인과세계因果世界인 현상계를 초월한 참나가 어떻게 한 평도 안 되는 조그만 육신에 갇힐 수 있다는 말인가?

　만약, 참나주의자들의 주장처럼, 모든 생물이 본래 참나라면, 그래서 사자가 참나라면 무고한 누를 잡아먹는 것은 누구인가? 염병染病(장티푸스)이 참나라면 수많은 사람을 공격하여 살해하는 것은 누구인가?

　만약 사람이 본래 참나라면 번뇌와 망상을 하는 것은 누구인가? 수행을 하는 것은 누구인가? 그리고 참나를 찾는 것은 누구인가?

참나가 참나를 찾는 것인가?

만약 참나가 번뇌·망상을 한다면 참나가 아니므로, 참나가 번뇌·망상을 하는 것이 아님은 분명하다.

그렇다면 '참나가 아닌 다른 나'가 우리 안에 동시에 존재하는 것이 분명하다.

이 '비非참나'는 부처가 되면 사라지는 것인가? 아니면 사라지지 않는 것일까? 만약 부처에게도 비非참나와 참나가 동시에 존재한다면, 모든 중생에게도 그러할 것이다. 그런데 부처로 하여금 모든 신구의身口意 삼행三行을 옳게 하도록 만드는 힘은 참나에 있는 것일까, 아니면 비非참나에 있는 것일까. 왜 부처의 비非참나는 전혀 힘이 없고, 중생의 비非참나는 무지막지하게 힘이 센 것일까.

만약 부처에게는 비非참나가 없다면, 예전의 중생시절의 비非참나는 어디로 가버린 것일까. 참나가 "아! 괴롭다. 수행을 하자" 하고 마음을 낸 것이 아님은 분명하다. 참나는 '상락아정常樂我淨'의 '락樂'이므로 괴로울 리가 없기 때문이다. 그러므로 수행을 하자고 결심한 것은 비非참나이다. 어떻게 부처가 "부처가 되자" 하고 생각할 수 있겠는가? 다른 말로 하자면, 어떻게 이미 '참나'인 '참나'가 "참나가 되자" 하고 생각할 수 있겠는가? 만약 이런 일이 벌어진다면 참나는 정신이상자이거나 중증 치매환자이다. 그런데 막상 부처가 되자 비非참나는 어디론가 사라져버렸다. 신축건물이 준공되자 공사장 인부들이 지구상에서(공사장이 아니다) 홀연히 사라져버린 것과 같은 현상이다. 이는 UFO, Big Foot, 외계인 납치사건, 연예계 가십 등을 다루는 미국의 황색 주간지 『인콰이어러The National Enquirer』에나 나옴 직한 괴이한 일이다.

사노라면 즐거운 순간들도 있는데, 이는 참나가 느끼는 것인가, 아니면 비非참나가 느끼는 것인가? 만약 보고 듣고 아픈 줄 아는 것이 참나이고 참식識이라면(서암 스님, 혜국 스님, 경봉 스님은 바로 이렇게 주장한다. 뿐만 아니라, 부처도 상한 버섯요리를 먹고 극심한 고통을 느꼈으며, 여러 성문 아라한들도 질병으로 인한 고통을 이기지 못하고 자살한 점을 보면, 그리고 부처와 아라한이 참나인 점을 보면, 보고 듣고 아픈 줄 아는 것은 참나이다), 우리가 겪는 일체의 감정은 참나가 겪는 것이다. 고통스러운 감정인 분노·시기·질투·살의殺意·미움·증오·낙담·절망·우울증도 모두 참나가 겪는 것이다. 그렇다면 이것은 참나의 특성인 상락아정常樂我淨의 '락樂'에 위배된다.

만약 보고, 듣고, 꼬집으면 아픈 줄 아는 것이 참나라면, 생각도 참나가 하는 것이다. 그럼 번뇌·망상도 참나가 일으키고 하는 것이다. 이것은 참나가 가진 상락아정의 '정淨(번뇌가 없음)'에 정면으로 위배된다. 이런 일이 벌어지지 않으려면, 참나는 생각도 없고 느끼지도 않아야 한다. 즉 생각하고 느끼는 것은 '비非참나'이며, 수행을 하고 깨달음을 얻는 것도 '비非참나'이다. (참나 이원론에 의하면 '비非참나'는 비참悲慘한 나이다. 전혀 가치가 없는 해롭기만 한 존재이다.)

반면에 참나는, 존재한다고 해도, 일체의 '생각'도 '느낌'도 없다. 마치 무생물無情物 같은 존재이다. 당신은 이런 존재가 되고 싶으신가?

결론적으로 참나는 존재해도 상락아정常樂我淨에서 '락樂'과 '아我'는 없다. 왜냐하면 느끼는 기능이 없으므로 락樂이 불가능하며, 생각이 없으므로 아我도 불가능하다. (생각이 없는 중력重力이나 전자기력電磁氣力에 '아我'가 있다고 주장할 정신 나간 사람은 없을 것이다.) 참나는 돌멩이 같은 무정물無情物, 무생물이므로 정淨은 인정해줄 수 있다. 돌멩이에게는 번뇌가 없기 때문이다.

마지막으로, 사실은 '상常'도 불가능하다. 참나에는 생각하는 기능이 없는데, 참나가 '상常(변치 않고 영원히 존재함)'이라는 것은 누가 발견했다는 말인가? 설마 비非참나가 그런 엄청난 일을 할 수 있다고는, 어느 누구도 주장하지 않으리라. 일상적인 물체의 '상常·비상非常'은 비非참나도 목격할 수 있는 일이지만, 우주 끝까지 영원히 존재할 참나의 상常을 잠시 존재하는 '하루살이 같은 비非참나'가 어떻게 알 수 있다는 말인가? 그러므로 참나가 상常이라면, 그 사실을 아는 것은 비非참나가 아니다.

그런데 참나에게는 일체의 '생각하고 아는 작용'이 없으므로, 참나가 아는 것도 불가능하다. 뿐만 아니라, 아무리 골수 참나주의자라 할지라도 설마 참나가 전지전능全知全能하다고 주장하지는 않을 것이다. 그러면 기독교 신과 같은 존재가 되기 때문이다.

그러므로 (만약 참나가 존재한다면) 참나에게 남은 유일한 특성은 정淨(번뇌가 없음)뿐이며, 이는 모든 무정물無情物, 무생물이 가지고 있는 (하나도 특별할 것이 없는) 특성이다. 따라서 참나가 되자고 주장하는 것은 무정물이 되자고 주장하는 것이나 다름없는 '단멸론斷滅論'이다!

한마디로 참나眞我는 힌두교 아트만의 변형이거나 아류인 환망공상에 지나지 않는다.

지금까지 살펴본 것처럼 '뭔가'를 '실체'로 인정하면, 즉 '시공을 통해서 불변하며 영원히 존재하는 존재'를 인정하면, 온갖 모순이 발생한다. 이것이 바로 부처님이 『금강경』에서 '이일체제상 즉명제불離一切諸相 卽名諸佛'이라 한 이유이며, 용수보살이 중론中論에서 일체의 '실체론적인 주장'을 논파論破하는 이유이기도 하다. 부처란, 깨달음이란, 시공을 통해서 발생하는 '연기적인 현상'이지 실체가 아니다. 긴 매서운 겨울이 끝나고 봄이 되어 매화가 피면, 그 향기와 미태美態를 즐길 일이지만, 같은 매화가 이듬해 봄까지 살아남는 것도 아니고 부활하는 것도 아니다. 매 순간 새로운 세상이 벌어지니 일일시호일日日是好日이다. 이것이 바로 생명계의 신비이다. 결코 되풀이 되지 않을 매 순간이 더없이 소중하기 때문이다.

불교인이 참나를 맹목적으로 믿는 것은, 중세유럽이 1,000년 동안 맹목적으로 기독교(기독교 창조신과 기독교 경전)를 믿은 것과 다를 바가 없다. 그러다 흄, 스피노자 등의 깨인 철학자들이 나타나 기독교를 맹렬히 비판한 것이다. 이미 로마시대의 철학자들이 기독교신앙을 미개한 신앙이라고 비웃었지만, 일단 로마제국과 중세유럽의 국교가 되자 권력의 힘에 의해서 기독교사상이 모든 사람을 광적狂的으로 구속한 것이다. 유럽인들이 제정신을 찾는 데는 자그마치 2,000년 가까이 걸렸다.

마찬가지로, 어처구니없는 힌두교 아트만론有我論을 부처님과 그 제자들이 비판하였건만, 불교인들이 다시 유아론의 무지와 망상 속으로 굴러떨어진 지 벌써 2,000년 가까이 된다. 이제 불교인들도 깨어날 때가 되었다. 힌두교 창조신과 서양 유일신만 비판할 것이 아니라, 우리 안에 도사리고 있는 오래 묵은 환망공상도 비판해야 한다. 왜냐하면 이 환망공상이 인류역사상 모든 신과 망상적인 종교와 철학을 창조했기 때문이다.

사람들은 흔히 착각한다. 자기我라는 것은 변치 않는다고. 그러나 그렇지 않다. 우리의 몸과 마찬가지로, 마음도 끝없이 변한다. 몸은 아메바에서 물고기로, 파충류로, 포유류로, 영장류로, 마침내 인간으로 자그마치 35억 년 동안 끝없이 변했다. 그리고 지금도 변하고 있다. 마음이 변하지 않으면 변한 몸을 어떻게 감당할 것인가? 최신형의 하드웨어(고성능 컴퓨터의 몸체)를 낡은 소프트웨어로 어떻게 돌릴 수 있을까? 남이 뛰니 나도 뛰지 않을 수 없는 '앨리스의 이상한 나라'처럼, 남이 뛸 때 나는 뛰지 않으려면, 큰 돌, 큰 산, 큰 강, 큰 바다, 큰 나무, 하늘, 땅, 바람, 불, 태양, 석신石神, 산신山神, 수신水神, 용신龍神, naga, 목신木神, 천신天神, 지신地神, 풍신風神, 화신火神, 태양신을 믿고 살면 된다. 도망가던 타조가 흙에 머리를 묻는 것처럼, 미개한 신앙에 마음을 묻고 살면 된다.

잊지 마시기 바란다. 나我(몸과 마음, 심신복합체, physio-mental composite)란 끝없이 진화한다. 그래서 무아無我이다.

지평선 너머에는 지평선이 없는 것이 아니라 또 다른 지평선이 있을 뿐이다. 아무리 아我를 넘어선 아我를 찾으려 해도, 또 다른 아我일 뿐이다. 미개한 유심론(참나론, 眞我論, atman론)은 유물론이다. 오히려 진화한 유물론이 유심론이다. 인간에 대한 새로운 시각과 통찰을 제공하기 때문이다. 인류과학·문명의 역사는 무수한 과거의 미개한 유심론唯心論들과 유신론有神論들의 공동묘지이다.

참나경 진아경眞我經

티베트 닝마파(紅帽派)의 개조(開祖) 파드마삼바바(蓮花生尊者)는
8세기에 108권의 비밀경전을 티베트 전역에 숨겨놓았다
그 후 그의 제자들이 환생을 거듭하며 그 경전들을 찾아내,
오늘날 그 수가 65권에 이른다

나는 이와 같이 들었다. 한때 부처님이 왕사성 독수리봉에 1,250 비구들과 함께 계셨다. 돌독수리石鷲 한 마리가 상승기류를 타고 창공에 솟아오르자, 까마득한 저 아래 사바세계를 조망하시던 부처님이 문득 금구金口를 여셨다. 내가 보리수 아래서 정각을 얻은 후 바로 무여열반에 들지 않고, 부러 세상에 머물며 교화한 지 벌써 40여 년이구나. 내 처음에 우려하던 바와 달리 내 문중이 이리 융성하여, 이제 때가 무르익었으니 최상승법을 설하노라.

일체는 무상無常이라 고苦이며 무아無我이다. 젊음·건강·사랑·미모·부·어린 자식·수명·권력·기억력·추리력·판단력·근력·시력·청력·후각·미감·촉감·감수성, 그 어느 것 하나 시간이 가면 낡아 삐걱거리지 않는 것이 없다. 그러니 어찌 고苦가 아니겠느냐. 또, 이것들은, 하나같이 내 뜻을 따라주기는커녕 오히려 괴로움을 주므로, 나我라고 할 수도 없다.

하지만 어리석은 중생들에게 감추어진 또 다른 비밀의 세계가 있음을 알라. 내 이제, 무시 이래로 닫혀있던 여래장如來藏을 열어 '비밀 중의 비밀'을 보이노라.

오래전에 어떤 이가 내게 물었다.

여래는 무여열반 후 세상에 존재하는가, 아니하는가?
여래의 몸과 마음은 같은가, 다른가?
우주는 시간적으로 시작과 끝이 있는가, 없는가?
우주는 공간적으로 유한한가, 무한한가?

이 질문들에 대해 그동안 답을 하지 않았지만, 오늘은 답을 하리라.

우주는 시간적으로 시작도 끝도 없으며, 공간적으로는 한없이 무한하며, 여래는 즉 참나眞我는 이 시작도 끝도 없는 무한한 우주에서 생긴 적도 없고 사라지지도 않으며, 영생불멸하다. 참나는 언제 어디에나 있으므로, 티끌에도, 공기에도, 돌멩이에도, 담석膽石에도, 수레바퀴에도, 이끼에도, 염병에도, 학질에도, 문둥병에도, 에이즈 균에도, 에볼라 균에도, 암세포에도, 중음신에도, 건달바에게도, 개狗子에게도, 잣나무栢樹子에도, 똥막대기乾屎厥, 厠籌에도 없는 곳이 없다. 그러므로 참나와 몸은 같다. 다시 말해, 우주 삼천대천세계는 참나 그 자체이다.

어리석은 이들은 자기에 집착하지 말라는 말이 방편인지 모르고, "일체가 무아無我"라고 외친다.
온 우주가 자기 것이라면 무슨 집착할 일이 있으랴? 온 우주가 자기라면 어디 애증愛憎이 설 자리가 있으랴? 사람들은 좁은 육신肉身만을 자기라 여겨, 소유와 감각에 집착하고, 욕망의 충족·불충족에 따라 불같은 애증을 일으킨다.

근기가 열등한 자들은 무아를 움켜잡고 놓지 않는다. 그러나 그렇지 않다. 만약 정말로 무아라면 설산수행 6년은 무슨 소용이 있을 것이며, 삼아승지겁 고통과 피눈물의 윤회는 무슨 소용이 있을 것인가. 그러므로 알라. 참나는 영생불멸하다. 그대들이 스스로, 무명無明으로 참나를 덮어, 보지 못할 뿐이다.

눈에 백내장이 있으면 못 보나 백내장이 걷히면 볼 수 있는 것과 같이, 마음에 무명이 걷히면 맑은 아침하늘에 해가 떠오르는 것처럼 명명백백히 보리라. 이제 내 밑에서 오래 수행을 하여 준비가 되었으므로, 그대들 마음의 백내장을 걷어주리라.

참나는 온 우주이므로 상주불변하니라. 상락아정이니라. 내가 곧 우주이므로 어디 더 취득할 욕망이 존재하랴. 온 우주를 자기 부동산으로 소유한 사람에게는, 더 취득할 부동산이 존재하지 않는 것과 같다. 어리석은 사람이 소유욕을 충족시키려 이것저것 움켜잡는 것은, 이미 자기 소유인 땅을 사러 돌아다니는 어리석은 자와 다를 바가 없다.

온 우주가 이미 '나我'이자 '내 것我所'이므로, 더 이상 죽음과 태어남이 없으며, 더 소유할 것도 없어, 마음은 탐욕을 여의어 깨끗하니淨 갈애로부터 해방되어 항상常 즐거우니라樂.

온 세상이 '자기'이자 '자기 것'인 자의 놀라운 포만감과 행복을, 가진 것 없는 무명중생無明衆生들이 어찌 짐작이나 할 수 있겠는가.

혹자는 불성佛性이란 단순히 부처가 될 가능성에 지나지 않는다고 주장하는데, 세계 최대용량의 나무 "제너널 셔먼General Sherman"의 씨앗이 조그만 핀치새 부리에 산산조각 나 소화되면 영원히 큰 나무로 자랄 수 없거늘, 지난날의 "큰 나무로 자랄 가능성"이 그때는 아무리 크고 멋있었을 지라도 지금 무슨 소용이 있을 것인가?

그러므로 알라. 불성이라는 '참나'는 그런 공허空虛한 것이 아니니라. 참眞實되고 '헛되지 않아不虛, 無無我' '참나'라 하는 것이다.

무량대수 수백억 광년 동안 육신이라는 좁은 집에 갇혀, 안과 밖을 분별하고 나와 남을 분별하며, 밖을 소유물로 만들어 안에 구겨 넣으려는 탐심貪心에, 그리고 그 탐심을 방해하는 것은 무엇이든지 그에 진심嗔心을 일으키며 윤회해왔다. 이제, 아득히 긴 세월 동안 살던, '윤회의 탈것'인, 몸이라는 좁은 집을 벗어버리고 우주와 하나가 되니 진실로 상락아정이로다.

부처님이 설법을 마치시며 게송을 읊으셨다.

무아설법 시방편설. 참나즉시 제법실상.
우자불견 최상승법. 허로집착 허무무아.
여등비구 금일당지. 우주여아 일여동근.
참나상주 불생불멸. 약오여시 불이어불.
상락아정 현전불멸. 무무아법 대열반법.
無我說法 是方便說. 참나卽是 諸法實相.
愚者不見 最上乘法. 虛勞執着 虛無無我.
汝等比丘 今日當知. 宇宙與我 一如同根.
참나常住 不生不滅. 若悟如是 不異於佛.
常樂我淨 現前不滅. 無無我法 大涅槃法.

주문을 설하니,

"무아방편 참나진설 우자무아 지자참나 무아단멸 참나상주 여실지견 상락아정"이로다.

無我方便 참나眞說. 愚者無我 智者참나. 無我斷滅 참나常住. 如實智見 常樂我淨

날아갔던 돌독수리가 다시 돌아와 내려앉자, 대중은 큰 꿈에서 깨어난 듯 길게 탄식하며 말했다.

"오늘 희유한 설법을 들으니, 만 길 깊이의 구부러진 동굴에서 살다 처음으로 빛을 본 듯, 눈물이 비오듯 앞을 가리는구나."

그리고 모두 한목소리로 찬탄했다.

"천상천하 무여참나, 천상천하 무여참나."

"天上天下 無如眞我, 天上天下 無如眞我."

대행의 기이한 생물학:
지적설계론과 주인공 신학

과학은 우주와 생명을 무한한 질서를 지닌
경이로운 대상으로 보게 만들지만
과학에 대한 무지는 우주와 생명을
무한히 자유로운 망상의 원자재로 만든다

대행大行 스님을 추종하는 무리들이 그의 가르침을 모아 경전을 만들었다. 크기와 모양이 기독교『성경』과 비슷한데, 검은색으로 장정을 하고, 측면에는 금박을 입혔으며, 실로 제본하였다. 글씨가 몹시 커서 내용이 책 크기를 따라가지 못한다. 체제는 기독교『성경』처럼 번호를 붙인 장과 절로 구성되어있다. 한 구절을 경의 다른 부분과 비교해 보도록 교차주도 갖추어져있다. 책명은 거창하게도『한마음 요전』이다. 이 책은 한마음一心을 구현한 대행 스님의「행장기行狀記」이기도 하다.

대행은 이 한마음을 '주인공'이라고 부른다. 또 주인공을 '참나'라고 부른다. 주인공은 전지全知, omniscient · 전능全能, omnipotent · 편재遍在, omnipresent 하고 시공을 초월한 존재이므로, 기독교 신과 같은 존재이다. 뿐만 아니라 주인공은 나와 세계의 '주인Lord'이며, '진리'요 '빛'이요 '생명'이요, '알파(시작)'이자 '오메가(끝)'이다. 기독교『신약』에 등장하는, 영락없는 기독교 신이다. '나를 곤경에 빠뜨리는 것도 곤경에서 구해주는 것도 주인공'이라고 하니, 기독교『구약』「욥기」의 야훼 하나님이기도 하다. 우주가 생기기 전부터 존재하고 우주가 다 없어져도 존재하는 불생불멸^{不生不滅}, 부증불감^{不增不滅}, 불구부정^{不垢不淨}, 지고지락^{至高至樂}한 존재이다.

주인공은 만물의 근원이고 만물이 그로부터 비롯되므로, 아리스토텔레스의 제일원인^{第一原因, The First Cause}이다. 주인공은 일체 모든 사물과 생물이 될 수 있으므로, 인도 바라문교^{婆羅門敎, Brahmanism}의 브라흐만^梵 전변설^{轉變說}이기도 하다. 대행의 사상은 바라문교와 기독교가 혼합된 괴이한 사상이다. 부처님의 근본가르침인 무아론^{無我論}에 정면으로 위배되는 전형적인 유아론^{有我論}이다. 이상은 『한마음 요전』에 나타난 주인공에 대한 대행의 철학이며, '주인공 신학'은 대행이 평생 설한 핵심사상이다.

『한마음 요전』 첫 번째 쪽에 주인공에 대한 '믿음'이 천명^{闡明}되어있다. '내 주인공만이 모든 병고액난^{病苦厄難}(질병과 재앙으로 인한 괴로움과 어려움)을 녹일 수 있다'는 등의 주인공에 대한 오종^{五種}신앙이 제시되어 있다(하지만 병은 주인공이 고치지 못한다. 맹장염에 걸리면 그 즉시 병원으로 가서 수술을 받아야 하며, 충치가 생기면 치과에 가서 신경치료를 받아야 한다. 대행 자신도 치과치료를 받은 바 있다. 치료가 잘못되어서 볼이 움푹 들어가는 부작용이 생겼다고 불만을 표한 적이 있다. 주인공에게 맡기지 않고 병원에 들른 업보인지 궁금하다). 대행은 '모든 것을 주인공에게 맡기라'고 가르친다. '모든 것을 하나님에게 맡기라'는 유일신교의 신앙고백을 보는 듯한 느낌이다.

대행의 진화론에 대한 치명적인 오해

이 책 『한마음 요전』에는 UFO와 수성·금성·화성·목성에 살고 있는 외계인 등 기괴한 내용들이 여기저기 당당하게 자리잡고 있는데, 그 중에 진화론도 있다. 제8장 '윤회와 진화'에 다음과 같은 내용이 등장한다. 진화론에 대한 황당무계한 내용이다.

〈예를 들어 꼬리가 있는데 그 꼬리가 불필요하다고 느끼게 됨으로써 꼬리가 사라졌고, 날개가 필요하다고 느끼게 됨으로써 날개가 생긴 것이다.〉

(생물학적) 진화라는 단어를 제목으로 사용했지만, 옳게 사용한 것이 아니다. 위 내용은 대행이 어설프게 얻어들은 진화론이 엉터리라는 것을 증명한다. 라마르크의 용불용설用不用說(획득형질이 유전된다는 설. 예를 들어 지게꾼의 굵은 다리가 자손에게 유전된다는 설)조차 성립하지 않는데, 어떻게 대행의 지향志向진화론intentional evolution이 성립하겠는가. 마음제일주의 진화론이다.

수영선수들은 손발이 커지기를 원하는데 정말로 커지는가? 아마 이들은 손가락 사이나 발가락 사이에 커다란 물갈퀴가 달리길 소원할지도 모른다. 만약 대행의 지향진화론이 참이라면 이런 소원을 가진 선수들은 물갈퀴가 생길 것이고, 그러면 올림픽 금메달은 따놓은 당상이다. 하지만 수영선수들의 우람한 어깨와 커진 폐나, 테니스 선수들과 야구 선수들의 커진 한쪽 팔은 절대로 유전이 되지 않는다. 마음이 특정 육체 기관을 불편하게 생각한다고 해서 사라지는 것도 아니고, 필요하다고 생각한다고 해서 생기는 것도 아니다. 지렁이나 박테리아나 단세포동물은 마음이 없다. 없는 마음이 무슨 수로 필요와 불필요를 느낀다는 말인가?

대행은 진화론을 공부 좀 하시라. 종교인들은 혹독하게 비판을 받을 필요가 있다. 어설픈 말도 안 되는 소리를 과학용어로 포장해서 선량한 대중을 미혹迷惑하기 때문이다. 어리석은 대중無明衆生은 '성직자가 잘 몰라서 한 소리'인 줄 모르고 진리인 양 맹목적으로 추종한다. 어떤 사람을 믿다가 믿음이 임계치를 넘어가면, 그다음부터는 그 사람 말이라면 무조건 다 믿는 기이한 현상을 '광신'이라고 한다. 오직 인간에게만 있는 현상이다.

날개는 처음부터 지금의 완전한 상태로 생긴 것이 아니다. 학자들은 깃털의 기능이 처음에는 체온유지작용 또는 달리기나 나무를 오르는 데 도움을 주는 보조작용이었던 것으로 추정한다. 즉 초기기능은 비행飛行이 아니었으며, 다른 목적으로 쓰이던 깃털이 변해서 날개가 되었다는 것이다. 따라서 대행이 생각하듯 날개가 필요하다고 느껴서 날개가 생긴 것이 아니다. 뿐만 아니라 새의 조상인, 2억 년 전에서 6,500만 년까지 1억 3,500만 년 동안 지구를 지배하던, 공룡들은 당시 아직 존재하지 않던 날개라는 물건을 상상할 수조차 없었다. 그런 기능을 할 발달한 뇌가 없었기 때문이다. 공룡보다 자그마치 6,500만 년이나 더 진화한 불세출의 만능천재 레오나르도 다 빈치Leonardo da Vinci, 1452~1519조차도 하늘을 나는 비행기를 상상할 수 없었다. 양력揚力이나 프로펠러나 제트엔진을 상상할 수 없었던 것이다. 기껏, 이미 존재하는 동물의 날개를 모방한 인공날개로 하늘을 날고자 했다. 아직 존재하지 않는 것을 상상해내는 것은 그만큼 어려운 일이다.

그런데 대행은, 그 멍청한 공룡들이 당시 아예 존재하지도 않았던 날개가 필요하다고 느껴서 날개가 생겼다고 주장하니, 이게 말이 되는 소리인가? 지금도 날다람쥐는 새 날개 같은 완벽한 형태의 날개가 없이 겨드랑이 막을 펴고 활강滑降, glide할 뿐이다.

점진적인 진화의 예를 하나 더 들자면 눈을 들 수 있다. 창조론자들은 '눈이 처음부터 지금의 눈처럼 생겼다'고 오해하고, "완벽한 눈의 출현은 진화를 통해서는 불가능하다"고 주장하는데, 이런 주장은 무지의 소산일 뿐이다. 눈은 처음에는 완벽한 형태가 아니었으며, 진화를 통해서 원시적인 눈이 지금의 복잡한 눈으로 발달한 것이다. 자연계에는, 원시

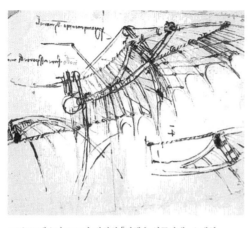

● (왼쪽) 레오나르도 다 빈치의 「비행용 인공날개」 스케치.
● (오른쪽) 레오나르도 다 빈치의 「모나리자」.

적인 눈에서부터 사람의 눈까지 여러 중간단계의 눈이 종류별로 존재한다. 눈의 시작은 빛에 민감한 피부이다. 이 피부가 변해서 눈이 된 것이다. 그 변화과정에서 홑눈·겹눈·채색감별 눈·색맹 눈 등 다양한 구조의 눈이 생겼다. 그러므로 진화에는 정해진 방향이 없다. 모든 생물이 진화를 하면 모두 인간이 되는 것도 아니며, 모두 같은 형태·구조의 눈을 갖게 되는 것도 아니다. 맹점이 없는 문어의 눈이 맹점이 있는 인간의 눈으로 진화하는 것은 불가능하며, 그 역도 불가능하다. 동물이 어느 날 식물로 진화하는 것도 아니고, 식물이 어느 날 동물로 진화하는 것도 아니다.

올챙이 꼬리가 없어지는 것은, 올챙이가 '나는 꼬리가 필요없다'고 느껴서 없어지는 것이 아니다. 올챙이에게는 그런 생각은 고사하고 '꼬리'라는 개념조차 없기 때문이다. 동양종교인들은 순진하게도 생물이라면 모두 인간 같은 생각이 있을 것이라고 착각을 한다. 아마 모두 '영혼이 있다'고 생각해서 그럴 것이다.

대행의 주인공과 영혼

동양종교인들이 생각하는 영혼은, 모든 것을 다 갖춘 완전한 존재이지, 미개한 상태에서 발달한 상태로 진화하는 존재가 아니다. 힌두교나 자이나교의 영혼atman, 我이 그 전형적인 예이다. 기독교인들은 아담과 이브가 창조될 때 지금 인간과 동일한 영혼이 그들 몸속으로 들어갔다고 생각한다. 흥미로운 점은 힌두교나 자이나교가 영혼을 불생불멸不生不滅(만들 수도 없고 없앨 수도 없는) 무시무종無始無終(시작과 끝이 없는)의 영원한 존재로 인식하는 데 비해서, 기독교인들은 인간의 영혼을 '시작도 있고 끝도 있는' 유시유종有始有終의 존재로 이해한다. 인간의 영혼은 하나님이 만들었고 또한 하나님이 없앨 수 있다고 믿는다. 기독교인들에게 이 세상에서 무시무종으로 영원한 것은 하나님의 영혼holy spirit뿐이다.

고등사고를 하는 데는 언어가 필요하며, 언어는 배워야 구사할 수 있다. 어려서부터 침팬지들과 살다 인간사회로 돌아온 소년은, 인간의 언어를 배우지 못하며, 인간과 같은 사유를 하지 못한다. (이것은 수학·물리학·화학 전문용어를 배우지 않으면 수학·물리학·화학을 할 수 없는 것과 동일한 현상이다. 이것은 언어가 없으면 고등사고를 할 수 없다는 결정적인 증거이다.) 그러므로 생각은, 설사 영혼이 있다 하더라도, 영혼이 하는 것이 아니다. 뇌는 특정부위에 손상을 입으면 그에 해당하는 특정기능을 하지 못한다. 예를 들어, 변연계가 손상되면 감정이 없어지며, 해마에 손상을 입으면 기억장애가 생긴다. 더 세부적으로는, 사람얼굴 기억만 담당하는 뇌 부위가 있어서 이 부위에 손상을 입으면 자기 가족도 알아보지 못한다. 즉 영혼은, 설사 고도의 정신적인 기능이 있다 하더라도, 뇌에 구속이 되는 것이다. 그러므로 영혼은 불필요하고 거추장스러운 이론이다. 최소한, 당신(몸)이 살아있을 때에는 전혀 쓸모가 없다.

대행의 가르침에서는 이 영혼이 '주인공'이라는 옷을 걸치고 나타난다. (불교용어인 주인공主人公은 '주인님'이라는 뜻이다. 몸의 주인인 '뭔가'가 존재하는데 그것이 주인공이라는 말이다. 이것은 부처님의 무아無我, anatman사상을 정면으로 위배하는 사상이다.) 대행에 따르면, 이 주인공은 치병治病·구난救難 등의 어마어마한 능력이 있는데, 단지 우리가 주인공을 안 믿어서 그 능력이 나타나지 않는 것이다. 그러므로 '주인공을 믿고 주인공에게 모든 것을 맡겨야 한다'고 대행은 가르친다. '하나님을 믿고 하나님에게 모든 것을 맡기라'는 말과 몹시 유사하다. 따라서 대행의 불교는 '유일신교적 불교'라 아니할 수 없다. 인간은 각자 자기 주인공이 있으나, 모든 주인공은 그 능력과 속성에 있어서 서로 차별이 없으므로 주인공을 유일신이라 칭해도 무리가 없다.

예수교에서 하나님을 '아버지father'라 부르듯이, 대행은 자기 주인공을 '아빠daddy'라고 불렀다. 내가 사망의 음침한 계곡을 헤맬지라도 나와 함께하시는, 나를 푸른 초장에 눕게 하고 잔잔한 물가로 인도하시는, 그리고 나의 원수를 박살내주시는 '아버지' 같은 하나님. 내 모든 소원과 하소연을 들어주고 보살펴주는 '아빠' 같은 주인공. 그리고, 기독교인들이 '아버지'라고 부르며 자기 하나님과 대화를 하듯이, 대행은 '아빠'라고 부르며 자기 주인공과 대화를 했다. 이 둘 사이의 유사성이 놀랍지 않은가?

영화 「엑소더스: 신들과 왕들Exodus: Gods and Kings」에서 하나님은 모세에게 동자童子의 모습으로 나타난다. 어떤 영화평론가는 『구약』「출애굽기」 3장에서처럼 '불타는 떨기나무'가 아니라, 왜 하필이면 '어린아이'냐고 볼멘소리를 했는데, 몹시 흥미롭게도, 대행에게도 '아빠'는 동자의 모습으로 나타난다!(『한마음 요전』, 41쪽) 이들은 무속巫俗, shamanism에 등장하는 동자신童子神과는 과연 어떤 관계가 있을까?

어린아이들은 상상의 존재와 대화를 한다. 상상의 친구가 있다. 어떤 이들은 상당히 늦게까지 상상의 친구를 둔다. 아직 의식이 충분히 발달하지 않았기 때문이다. 고대의 인간들은 신과 대화를 했다. 하지만 사실은 자기 자신(의 의식)과 대화를 한 것이다. 또는 자기 자신의 의식이 만들어낸 존재와 대화를 한 것이다. 아직 의식이 충분히 발달하지 않았기 때문이다. 이 면에서 어린아이들이 만들어내는 '상상의 친구의 존재'는, '의식도 개체발생은 종의 발생을 되풀이한다'는 증거이다.

(한 사람의 마음에는 동시에 여러 개의 의식이 살고 있다. 데카르트는 '인간의 마음은 나눌 수 없다'고 주장했지만, 인간의 마음은 여러 개로 나뉠 수 있다. 이 발견은 현대의학과 뇌과학의 빛나는 업적이다.)

앞서 언급했듯이 병은 주인공에게 맡기라던 대행도 치과치료는 받았는데, 병은 환영幻影이라면서 병원에 가는 것을 금한 크리스천 사이언스 1879~ 창시자 메리 베이커 에디1821~1910도 치과에 가는 것은 허용했다. 치통은 기도한다고 사라지는 것이 아니며, 그 지독한 고통은 아무리 신심이 깊은 사람도, 물질세계와 병은 환영幻影이라고 눈을 부라리며 주장하는 사람도 참기 힘들다. 당신이라면 치통 있는 천국과 치통 없는 사바세계 중에 어느 쪽을 선택하시겠는가? 그 외에도 산부인과·검안사檢眼師·접골의사·예방접종은 허용했다. 크리스천 사이언스 신도들이 병든 자식들을 병원에 데려가지 않고 기도만 하다 애먼 아이들을 많이 죽였다. 물론 예방접종도 시키지 않았다. 이로 인해 사회적인 물의를 일으켰고 법적 제재를 받았다. 교세가 확장되지 못한 주요이유일 것이다.

비슷한 사례로는 여호와의 증인들의 수혈 거부가 있다. 사이비종교들은 현대과학을 거부한다는 공통점이 있다. 제너가 천연두치료법인 종두법種痘法을 발견한 것은, 에디가 태어나기 25년 전인, 1796년이다. 당시 인구폭증을 두려워하던 『인구론』의 저자 맬서스는 "천연두는 인구를 낮은 상태로 유지하는 순기능을 한다"면서 제너의 종두법을 반대했다. 인간의 광기는 끝이 없다. 성속聖俗을 가리지 않는다.

대행의 가르침은 '병이 나면 주인공에게 다 맡기라'고 한 반면에, 앞서 강조했듯이 미국 사이비종교 크리스천 사이언스의 창시자 메리 베이커 에디는 "병은 환영illusion"이라고 주장했다. 그녀는 "병은 아예 존재하지 않는다. 실재하는 것은 영적 세계뿐이며, 물질세계는 환영이다. 영적 세계는 선하고 물질세계는 사악하다. 질병은 정신이 고장 난 것이지, 육체가 고장 난 것이 아니다. 물질은 마음에서 생겼다. 우주는 마음이고 신神도 마음이다. 병은 '바른 마음'의 부재에서 온다. 질병과 죽음은 환영이다. 기도를 하면 그 사실을 깨달아 병에서 해방된다"고 주장했다. 서양인 기독교신자인 그녀는 동양인 불교승려보다도 더 지독한 유심주의唯心主義적 입장을 취했다.

●크리스천 사이언스 창시자 메리 베이커 에디(Mary Baker Eddy, 1821~1910). 기독교 역사상 유일한 여성교주이다. 그녀의 철학의 핵심은 다음과 같다. "병은 존재하지 않는다, 환영일 뿐이다. 물질세계는 사악한 환영이다. 오직 존재하는 것은 순수하고 선한 신(God), 즉 '신성한 마음'(Holy Mind)뿐이다. 기도를 통해서 이 사실을 깨달으면 물질세계와 병에서, 즉 환영으로부터 해방된다." 우주를 브라흐만의 꿈으로 보는 힌두교사상을 차용해서 마음 내키는 대로 기독교에 섞어 잡종(hybrid)을 만들어냈다. 그러고는 그걸 감히 과학(Christian Science)이라고 불렀다.

종교인들은 치병治病의 능력이 있다고 소문이 나서 크게 교세를 확장하는 경우가 있다. 불교계의 대행 스님과 기독교계의 조용기 목사가 대표적인 예이다. 대행 스님의 한마음선원은 국내외에 수십 개의 지부를 자랑한다. 조용기 목사의 여의도 순복음교회는, 근자에 조 목사를 둘러싼 온갖 재정적인·성적인 추문이 불거지기 전에는, 한때 신도수 100만을 자랑하던 세계최대 단일교회였다. 그런데 이들이 치병의 능력이 없어도 단지 고상한 설법·설교만으로 그 정도의 교세를 이룰 수 있었을

●미국 보스턴에 있는 크리스천 사이언스(Christian Science) 본부교회의 장엄한 외부와 내부.

까? 통상 사람들은 형이상학적인 가르침이나 철학에는 관심이 없다. 평
범한 사람들에게는, 먹고살기 바쁘고 힘겨운 터에, 골치 아픈 소리일 뿐
이다. 차라리 '맹목적으로 무조건 믿고 그 대가로 복을 받는 것'이 훨씬
쉽고 매력적이다. 대중은 즉물적인 그리고 치병적인 능력에만 관심이
있을 뿐이다. 그런데 이들에게 그런 치병능력이 있는지는 아무도 모른
다. '있다' '없다' 생각하는 것조차 믿음의 영역에 속하기 때문이다. 어
찌 보면 불합리한 믿음과 치병을 맞바꾸려 하는 것인지도 모른다. "내
가 당신의 미심쩍고 말도 안 되는 소리를 믿어줄 터이니, 그 대신에 내

병이나 고쳐주세요!"

그중 가장 극적인 것이 "병은 아예 존재하지 않는다, 환상일 뿐이다. 과거에도 현재에도 미래에도 존재하지 않는다"는 에디의 선언이다. 대행의 주장은 "병은 존재하나, 자신의 주인공(마음)의 힘으로 다 고칠 수 있으니 주인공에게 맡기라"는 것이다. 만약 둘 중 하나라도 사실이라면 의료계에는 엄청난 재앙이다.

대행의 유사불교적인 지적설계론

〈옛날에 살던 몸집이 크고 흉하게 생긴 동물들이 없어진 까닭은 사는 동안에 마음의 차원이 밝아진 까닭이다⋯. 마음의 설계가 있음으로 해서 진화된 몸이 겉으로 나온 것이니 진화이면서 창조요, 창조이면서 진화인 것이다.〉

대행의 이론은 신종 지적설계론intelligent design이다. 더 정확히는 '유심론적인 창조론적 지적설계론'이다. 마음(주인공)이 창조적으로 신체기관을 설계한다는 주장이다. 유사불교적 지적설계론이다. 미국 근본주의 기독교인들의 '지적설계론'과 매우 유사한 이론이다. 기독교는 '생물은 신이 설계(창조)했다'고 주장하는데, 대행은 '생물은 마음(주인공)이 설계(창조)했다'고 주장하는 것이다. 현대 가톨릭은 어느 정도 진화를 인정하며, '태초에 하나님에 의해서 큰 틀의 창조가 이루어졌고 그 후 작은 규모의 진화가 일어났다'고 주장한다. (예를 들어, 사람은 지금 모양으로 창조되었고, 그 후 황인·흑인·백인 등으로 진화했다는 것이다). 대행의 진화론은 근본적으로 가톨릭의 '지적설계론적(창조론적) 진화론'과 일치한다. 유일한 차이는 '하나님'의 자리를 '마음(주인공)'이 대신한 것이

● (왼쪽) 육식공룡황제 티라노사우루스의 위용: 6,500만 년 전에 지구에 혜성이 충돌하지 않았다면 지구는 아직도 공룡세상이고 부처님의 출현도 불가능했을 것이다.
● (가운데) 가지가지 공룡들: 공룡애호가들에게는 미안한 일이지만, 대행 스님의 말처럼 흉측하게 생긴 건 사실이다. 하지만 우리의 편견에 지나지 않을 수 있다. 순수한 어린아이들이 공룡을 너무 좋아하기 때문이다.
● (오른쪽) 시조새: 공룡처럼 입에 이빨, 날개에 발톱, 꼬리에 뼈가 있다. 파충류 박쥐에 해당한다.

다. 대행이 "뭐든지 주인공에게 맡기면 다 해결된다"라고 주장하니, 대행의 진화론이 기독교와 별반 다를 게 없다는 것은 결코 우연의 일치가 아니다.

대행이 언급하고 있는 '옛날에 살던 몸집이 크고 흉하게 생긴 동물들'이란 공룡을 말하는 듯한데, 공룡이 사라진 이유는 공룡의 마음이 밝아져서가 아니라, 가장 유력한 이론에 따르면, 6,500만 년 전에 발생한 지름이 수십 킬로미터에 달하는 거대한 유성의 충돌이 초래한 초대형의 극심한 지구환경변화로 인한 멸종이었다. (멕시코 유카탄 반도에 그런 유성충돌 흔적이 해저에 남아있다.) 만약 그런 일이 벌어지지 않았다면, 지구는 지금도 공룡세상이고, 2,500년 전의 석가모니 부처님의 출현도 불가능했을 것이다.

대행의 독창적인(?) 진화론은 괴이한 이론에 지나지 않는다. 하지만, 진화란 마음의 설계로 이루어지는 일이 아니요, 유전자의 돌연변이와 적응에 의해서 이루어지는 것일 뿐이다. 마음도 진화의 산물일 뿐이며, 주인공이 설계를 해서 진화가 일어나는 것이 아니다. 마음이 몸을 벗고 새 육신을 받는다는 '마음국수주의mind chauvinism적인 윤회론'을 진화론과 화해시키려 하다보니, 이런 어처구니없는 해석을 하게 되는 것이다.

(대행에 의하면, "헌 옷을 벗고 새 옷으로 갈아입는 주재자, 참자기가 있다." 여기서 참자기는 육신의 주인인 참나, 즉 주인공이다.) 대행은 생전에 현대적인 정규교육을 받지 못했으므로, 진화론을 제대로 배우거나 공부한 적이 없을 것이다. 그래서 이런 황당무계absurd crazy bizarre grotesque한 진화론이 나오는 것이다.

따라서 대행이 하는 초자연적인 주장을 모두 면밀히 검토해야 한다. 그 주장들이 어떤 엄밀한 과학적인 사고·연구에서 나온 것이 아니라, 필시 대행의 명상체험에서 나온 것이기 때문이다. 대행의 '수성·금성·화성·목성에 사람이 산다는 주장'이나 '공룡이 멸종한 이유가 공룡의 마음이 밝아진 것 때문이라는 주장'이 선정禪定체험으로부터 나온 것이라면, 나머지 '사람이 개구리·뱀·새로 환생한다는 주장' 역시 신빙성이 사라질 것이기 때문이다. 선정은 진리를 찾기 위한 보조수단이지, 선정체험 그 자체가 진리일 수는 없다. 『능엄경』 등의 경전에 언급된 숱한 삿된 선정은, 수행도상修行途上에 순백純白의 표정으로 똬리를 틀고 있는 무시무시한 치명적인 크레바스들에 대한 생생한 증언이다.

더 결정적인 사실은 인류역사상 어느 종교경전에도 '진화evolution'에 대한 언급이 없다는 점이다. 엄밀히 그리고 가혹하고 냉정하게 말하자면, 모든 종교경전은 인간과 생물의 기원에 대해서 크게 헛짚은 것이다. 사실은 다 초대형 중증 망상이다. 따라서 대행의 진화에 대한 어처구니없는 언급은 대행이 현대과학으로부터 받은 영향의 결과이며, 진화에 대해서는 대행이 더 잘 알 리가 조금도 없는 것이다. 불변의 진리가 있다. 배우지 않거나 공부를 하지 않으면 잘 알 수 없다. 이 점에서 공자님은 위대하다. 학이시습지 불역열호學而時習之 不亦悅乎(배우고, 배운 것을 때때로 익히니, 그 아니 즐겁지 아니하냐). 인류 과학·문명발달은 집단의 힘이지 종교가 주창主唱하는 완벽한 주인공 같은 개인(영혼)의 힘이 아니다. 대부분의 종교적 망상은 바로 이 개별영혼(스스로 완전한 즉 타인의 도움이 필요 없이 완벽하게 자족적인 존재)에 대한 광적인 과대평가에 기인한다.

일찍이 2,000년 전에 로마의 위대한 시인이자 철학자인 루크레티우스Titus Lucretius Carus, BC 94년경~BC 55년경는 저서 『사물의 본성에 대해서*De rerum natura*』에서 말했다. "눈이나 혀와 같은 기관은 처음부터 어떤 특정한 목적을 위해서 만들어진 것이 아니다… 식물과 동물 등 살아있는 모든 생물체는 전부 길고 복잡한 시행착오의 과정을 거치며 진화해왔다."

루크레티우스의 이 말 앞에서, "'마음'의 설계가 있음으로 해서 진화된 몸이 겉으로 나온 것이다"라는 2,000년 후학後學 대행의 발언이 어찌 부끄럽지 않을 것인가? 여기서 '마음'은 대행이 즐겨 표현하는 모든 것을 해결해주는 '주인공'일진대 어찌 주인공이 시행착오(진화의 여정에서의)를 한다는 말인가?

예를 들어, 우리 눈의 망막에 있는 맹점盲點은 설계되었다면 바보 같은 설계이다. 시신경이 망막 전면에 배치되어있어, 이 시신경들이 망막 뒤의 뇌로 빠져나가는 구멍이 맹점을 만든다. 오히려 맹점이 없는 문어의 눈이 더 합리적으로 설계되어있다. 문어의 시신경은 망막 앞이 아닌 뒤에 위치한다. 대행의 주인공이 문어(의 주인공)보다도 못하다는 말인가? 이 점은, 대행의 지적설계론이건 야소耶蘇의 지적설계론이건 간에, 지적설계론의 맹점이 아닐 수 없다.

이런 괴이한 이론이 『불경』처럼 생긴 책(『한마음 요전』)으로까지 만들어지는 것은 추종자들과 신도들의 책임이 크다. 자기들 스승을 무조건적으로 추앙만 하고 잘못을 지적하지 않기 때문이다. 그래서 스승은 자기 이론이 명문대 출신의 똑똑한 신도들과 사회적 명사인 신도들의 인정을 받은 것으로 착각을 하게 된다. 그래서 점점 더 과격한 이론을 내놓다가 급기야 혹세무민惑世誣民(홀리고 속임)의 길로 빠지고 마는 것이다. 설사 그리 의도하지 않았을지라도 (집단의 광기가 가세하면) 그리된다. 전형적인 '상호 되먹임'(mutual feedback)현상이다. 인간군집의식

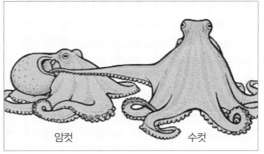

암컷　　　　　　　　수컷

● 문어의 눈은 각막·홍채·수정체·망막 등 인간의 눈이 가진 특징을 거의 다 가지고 있다. 단, 색을 보지 못한다. 문어는 거울에 비친 자기 모습을 자기로 인식할 정도로 뇌가 발달했다. 수컷 문어의 8개 촉수(다리) 중 하나는 성기이며, 생물 중 몸 크기 대비 가장 크고 긴 성기를 가지고 있다. 수컷 문어는 교미 후 짧으면 수시간, 길면 수일 만에 죽는다. 암컷은 정자를 보관했다(최장 반년) 필요할 때 꺼내 쓴다. 사람도 그렇다면 세상의 많은 문제가 사라질 것이다! 문어 수컷은 강간의 명수이며, 말을 안 듣는 암컷은 잡아먹는다. 인간과 매우 유사하다. 생물은 머리가 좋아지면 사악함과 폭력이 느는지 궁금하지 않을 수 없다. 『총·균·쇠』의 저자 재레드 다이아몬드는, 침팬지가 총이 있다면 종족을 대량살상하지 않을까 의심한다.

의 기이한 측면이다.

그 피해는 오로지 어리석은 신도들의 몫이다. 스승이 (현대과학에 위배되는) 괴이한 주장을 하면 깜짝 놀라서 "아니! 이게 뭔 소리야?" 하면서 급히 스승의 다른 주장에 대해서도 의심을 해보아야 하건만, 오히려 그 괴이한 주장에 감동을 하여 다른 괴이한 주장까지 믿는 초대형 전도몽상이 일어난다. 신비롭기 그지없는 현상이다. 실로 아무나 획득할 수 없는 대단한 신통력이 아닐 수 없다. 인간은 참으로 기이한 존재이다.

불성佛性

진리는 불교 내에만 존재하는 것이 아니다. 가없는 방대한 진리와 지식이 어찌 『불경』 안에만 있을 것인가. 마찬가지로 진리는 불교 승려들 마음이나 머릿속에만 있는 것이 아니다. 이름난 큰스님들이라고 예외가 아니다. 그들은 가없는 시공간의 우주에 끝없이 펼쳐지는 지성의 역사 속에서 아주 작은 섬(때때로 잡초로 뒤덮인 섬)들을 만들고 있을 뿐이다. 이 점은, 정도의 차이가 있을지언정, 누구나 마찬가지이다. 만약 종교가 진리를 보지 못하게 우리 눈을 가린다면, 정신을 마비시켜 혼미한 즐거움을 제공하는 술이나 마약에 지나지 않는다.

우리가 믿고 따라야 하는 것은 인간이 지닌 '가능성과 지성'이다. 이것을 일러 불성佛性이라고 한다. 이것은 석가도 달마도 혜능도 원효도 미처 온전히 보지 못한 것이다. 유한한 시공간을 점하는 인간이 어찌 다 볼 수 있겠는가? 불성은 고정된 존재가 아니라 시공간에서 생식生息하며(살아 숨쉬며) 약동躍動하는 역동적인, 그리고 부단히 진화하는 존재이다. 또한 이것은 특정인이 교조적으로 제한할 수 없는 능력이며, 인간이 지닌 유일한 희망이다.

불성무정 혹동혹서 난득예측 어시공간 생식약동 고역동체 어고정관 불가감금 천변만화 무시무종 상행진화 시위불성.

佛性無定 或東或西 難得豫測 於時空間 生息躍動 故力動體 於固定觀 不可監禁 千變萬化 無始無終 常行進化 是爲佛性.

필자가 위대한 스님들의 수행과 성취를 부인하는 것은 아니다. 다만, 『불경』이나 스님들에게만 진리가 있다는 편협한 시각을 비판하는 것이다. 또한, 『불경』이나 스님들의 발언은 죄다 완벽하다고 믿는 일각一角의 광신을 지적하는 것이다.

마음은 과연 몸의 주인인가?

순나라 왕: 내 몸이 내 것이 아니라면 도대체 누구의 것이란 말인가?
스승 승: 몸은 대자연이 우리에게 우리가 사는 동안만 맡겨놓은 것입니다.
『장자』

암세포로 환생하느니 차라리 환생 안 하는 게 낫다. 누가 당신 몸에 황산을 뿌려 살을 태워 죽이거나 날카로운 칼로 수천 번 능지처사를 거행했는데, 다음 날 거짓말처럼 새살이 돋아나 다시 전날과 같은 황산테러와 능지처사를 당하는 것이 암癌의 운명이다. 이런 일이 끝없이 되풀이된다. 매순간 고문 끝에 죽어도, 다음 순간 다시 살아나 끝없이 고문을 당한다. 화학요법과 수술이다. 암세포도 알고 보면 불쌍한 존재이다. 몸이 맘을 안 따라주기 때문이다. 죽고 싶어도 죽을 수 없다. 한없이 살아야 영원히 죽는 모순의 존재이다.

많은 경우 몸을 어떻게 할 수 없다. 몸은 자기 맘대로 운행되고 우리가 제어할 수 없다. 우리가 할 수 있는 것은 근육을 이용한 외적인 움직임 정도이다. 나머지는 몸맘이다.

때로는 몸은 세포자가증식을 해서 암을 만들어 마음에 엄청난 고통을 준다. 마음은 무기력하다. 소화불량·뇌출혈·담석·요도결석·장폐색

腸閉塞·노화·치매·죽음·간질발작·오십견·치아손실·대머리·주름살 등
은 마음이 할 수 없는 일이며, 인간에게 큰 고통을 주는 일이다.

마음은 결코 몸의 주인이 아니다. 혈액순환, 호흡운동, 체온유지, 소화
작용, 하수도(직장·콩팥·간·방광·요도·항문)활동, 백혈구·적혈구 활동·
생산, 골수생산, 면역체계, 길항작용 등 신진대사는 마음이 할 수 없는
일이다. 즉 우리 의지대로 할 수 없는 일이다. 몸은 자체의 소프트웨어
로 움직인다.

뇌도 마찬가지이다. 기억하고자 해도 기억이 안 되며, 잊고자 해도 잊
히지가 않는다. 중요한 약속이나 기념일 등은 기억이 안 나고, 교통사고
현장 등 끔찍한 장면은 잊히지가 않는다. 사랑하는 사람의 생일이나 결
혼기념일을 잊어 곤욕을 치르기도 하고, 상대방의 과거 수상한 행동들
이 제때 기억나지 않아 된통 사기를 당하기도 하고, 눈앞에서 벌어진 교
통사고로 사람의 목이 잘려 자기에게 데굴데굴 굴러오는 장면은 지워
지지 않고 제 맘대로 떠올라 마음을 괴롭힌다. 여자친구가 다른 남자와
웃고 떠들며 다정하게 밥 먹는 장면은 시도 때도 없이 떠올라 질투심에
불을 지펴 마음을 종교재판관처럼 고문한다. 오해였음이, 즉 그 남자가
사촌오빠였음이 밝혀졌음에도 불구하고, 별안간 예전과 같은 마음을 경
험하다가 깜짝 놀라서 "뭐야? 그 일은 이미 오해로 밝혀진 일이잖아!"
하며 놀란 가슴을 쓸어내린다. 기억에 대가리라도 달렸다면 쥐어박고
싶은 심정이다. 하지만 기억은 형체가 없으니, 즉 몸이 없으니 어떻게
할 도리가 없다.

어떤 일들은 배우고자 해도 배워지지가 않는다. 문법은 이해가 안 가
고 단어는 외워지지가 않는다. 아무리 용을 써도 이해할 수 없는 수학
은, 누가 발명했는지 죽이고 싶을 정도이다. 마음이 강철 같은 의지를
내도, 몸은 초고성능 스프링처럼 의지를 튕겨낸다. 변화를 거부한다.

마음은 결코 몸의 주인이 아니다

최소한 우리가 아는 마음은, 우리가 아는 식의(으로의), 주인은 아니다.

마음과 몸은 상호의존하며 존재하고 기능할 뿐이지, 한쪽이 다른 쪽의 주인인 것은 아니다. (이것을 5온연기 또는 12연기라고 한다.) 몸인 심장이 멈추면, 마음이 원치 않아도 생명체는, 즉 우리는 죽어야 한다. 마음이 주인이라면 절대 일어날 수 없는 일이다. 그래서 샘 해리스 같은 학자는 자유의지조차 부인하기도 한다. 모든 것이 과거의 사건들(業, karma)로 결정된다면 인간은 할 수 있는 일이 없을 것이다. 수행을 할 이유도 없을 것이다. 그런데 부처님은 수행을 통해서, 몸짓·말짓·맘짓을 통해서 우리를 바꿀 수 있다고, 즉 번뇌와 고통을 떠날 수 있다고 하셨다. 즉 결정론을 부정하신 것이다. 이런 일이 가능한 이유는 수행이 마음에 작용하는 것이지 몸에 작용하는 것이 아니기 때문이다. 몸은, 마음이 아무리 정신적 해탈을 해도, 자기 맘대로 육체적 고통을 생산한다. 예수의 몸에도, 아라한의 몸에도, 부처님의 몸에도!

어찌 되었건 고통을 호소하는 사람들이 존재하고, 어떻게 하면 고통을 극복할 수 있다고 처방을 내리며 조언하는 사람도 있고, 또 그 조언에 따라 효험을 보는 사람도 존재한다. 인간의 고통과 사바세계의 고통은 실존이다.

몸이 죽으면, 마음이 아무리 거부해도 생명체는 죽을 수밖에 없으니, 마음은 주인이 아니다. 마음은 몸의 주인이 아니다. 이 사실을 감추고 위로받기 위해서, 살아있는 사람들은 머리를 굴려서 온갖 '꼼수'를 고안한다.

첫째로, 신이 있다고 주장한다. 신은, 최초로 등장한 시기가 10만 년 전쯤으로, 인류역사상 최장 장수인기상품이다. 종류도 엄청나게 다양하고, 동서양을 가리지 않고 제일 잘 팔린다. 뉴욕 마천루에서 뉴기니 밀림까지 광범위한 판매망을 자랑한다. 전지전능한 신이 우리를 죽음에서 구원해 낙원에서 지락至樂을 누리며 영원히 살게 한다. 자기(우리) 마음에 안 드는 놈은 지옥으로 보내거나 아예 우주에서 없애버리는 몹시 유용한 부가기능이 있다.

둘째로, 윤회사상이 있다. 불멸의 영혼이 있어서 영원히 윤회한다는 사상이다. 잘못 환생하면, 즉 지옥·아귀·짐승·광우狂牛(한반도를 뒤흔든 그 요란한 촛불시위는 인간이 파렴치하게 강제로 먹인 동족의 고기를 먹고 광우병에 걸린 불쌍한 소들을 위한 추모행사가 아니었다)·독감 걸린 닭·바퀴벌레·구더기·무좀균·에이즈 균·암세포·가난한 집 등 엉뚱한 곳에 태어나면 죽도록 고생하지만, 일단 (몸을 바꿔가면서) 영원히 살 수 있다는 것이 어디인가? 낡은 옷을 새 옷으로 갈아입듯이, 낡은 몸을 새 몸으로 갈아입는다는 사상이다. 그런데 아이로니컬한 것은 전생을 '전혀' 기억하지 못한다는 점이다! 즉 기억 없이, 즉 자기가 영원히 사는지도 모르고, 영원히 사는 것이다!

셋째로, 무아無我사상이 있다. 모든 것이 무상無常, ever changing이요 공空이라 주체가 없으며, (생명체의) 삶과 죽음에는 상주불변常住不變하는 주체가 없다. 그러니 죽는 자는 태어난 자가 아니다. 그러므로 죽음을 경험하는 불변의 실체는 없다. (무아사상을 수학적으로 표현하자면, 정체성은 즉 '나'는 시간밀도함수이다. 일종의 벨 커브다. 왼쪽이 지나치게 큰 비대칭적인 벨 커브. 밀도가 가장 높은 지점이 현재이다.) 가장 근본적인 처방이지만, 너무 높은 지적 수준을 요구하므로, 대중에게는 처방이 불가능하다. 그래서 등장한 것이 '달콤한' '유아有我성분'을 입힌 '참나眞我, atman, 我당의정'의 등장이다. 인기가 좋아 다양한 상표들이 존재한다. 원조는 인도제 아트만이며, 동북아시아에서 주인공·진아·참자기·진여·불성·여래청정심·여래장 등의 잡다한 브랜드로 유통된다.

그런데 알고 보면 죄다 속까지 다 설탕인 가짜이다! 그래도 어느 정도 효과가 있는데, 이걸 세속 마야Maya 세계에서는 위약효과placebo effect 라고 부른다. 이 중 가장 창의적인 브랜드는 주인공主人'公'이 아니라 주인공主人'空'이다. 하지만 경찰無我을 피해 숨어있는 바다이야기 주인主人이 "나 여기 없어요空!" 하고 외치는 꼴이다.

● 생텍쥐페리의 『어린 왕자』에서. 코끼리를 잡아먹은 보아뱀: 정체성 함수 I=δ(ρ)의 그래프. 위에서 처다보면, 정체성은 시간과 공간의 함수인 I=δ(ρ, ϖ)로 표현된다. 코끼리는 '나'라는 정체성을, 보아 뱀은 시간을 상징한다. 왼쪽에 가장 높은 점이 현재. 그 점 왼쪽이 미래이고 오른쪽이 과거이다. 정체성은 시간과 공간에 잡아먹힌다.

흔히 몸의 주인이라 간주되는 마음이 사실은 무아無我라는 주장은, "몸과 마음 중 누가 주인이냐"는 질문을 원천적으로 무효화시킨다. 이걸 불교용어로 희론戲論(재미나는 그러나 쓸데없는 말장난과 말싸움)의 종식終熄이라고 한다.

그런데, 왜 사람들은 자기가 영원히 존재해야 한다고 주장할까? 태어나기 전에 대해서는 아무 기억이 없는데도 잘만 살면서, 왜 꼭 '죽은 다음에도 기억이 있어야 한다'고 즉 영원히 살아야 한다고 주장할까? '기억이 없이 영원히 살면' 도대체 뭐가 문제일까? '기' '억' '이' '없' '이', 영원히! 실제로 윤회론이란 '기억이 없이 영원히 사는 것'이다. 동물들은 아예 전생기억이 없으며, 사람도 전생을 기억하는 이는 손가락에 꼽을 정도로 거의 없으며, 있다 해도 무한 전생은커녕 겨우 몇 생에 그친다. 심지어 달라이 라마조차도 기억하지 못한다. 한 생도!

"엉~ 엉~ 엉~, 당신이 100억 년 전에 나한테 한 일이 어제 생각나더군. 몸을 바꿨다고 못 알아볼 줄 알아? 인간이 어떻게 그런 파렴치한 짓을? 나쁜 년!"

"미안해요. 정말 미안해요. 제가 그때 어떤 짓을 했는지 어제 일처럼 생생히 기억해요. 100억 년 전 바로 전날 술을 너무 많이 마셔 정신이 나갔던 모양이네요. 감히 당신 면전에서 다른 남자에게 추파를 던지고 몸을 허락하다니… 너그럽게 용서해주시면 안 되겠어요? 술값은 제가 낼게요. 마음껏 드시고 잊어버리면 안 되나요? 자그마치 100억 년 전 일이잖아요? 제발 부탁해요."

"뭐가 어쩌고 어째? 1,030억 년 전에도 그랬잖아! 그땐 털이 유난히 많이 난 다른 짚신벌레에게 눈이 팔려 날 버리고 그놈과 합체했잖아!"

서기 100000002014년 12월 31일 망년忘年회 술자리에서 벌어진 두 연인 사이의 대화다. 망忘은 잊을 망이고, 년年은 잊혀지지 않는 나쁜 년이다. 인간이 꼭 이렇게 살아야 하는가? 망각은 축복이다.

매해 1억 명 정도의 몸이 그만큼 수의 마음의 명령을 어기고, 제멋대로 시스템폐쇄를 결정한다. 그리고 기억은 사라진다. 이것이 현실이다. 엄연한 현실이다.

그러므로, 궁극적으로가 아닌 현실적으로 봐도, 마음은 결코 몸의 주인이 아니다!

허공각소현발 虛空覺所顯發

한 교리라는 환망공상을 가까스로 벗어난 사람에게
다른 교리라는 새로운 환망공상은
멋진 신세계로부터 온 계시로 보인다

『원각경』에 "무변허공각소현발無邊虛空覺所顯發"이라는 말이 있다. 가없는 허공은, 깨달음의 바탕인 마음이 나타낸 것이라는 말이다. 즉 허공은 마음이 만들어낸 것이라는 뜻이다. 결코 그 반대가, 즉 마음은 허공이 만들어낸 것이, 아니라고 한다. (그런데『반야심경』의 가르침에 따르면 식즉시공 공즉시식識即是空 空即是識, 또는 심즉시공 공즉시심心即是空 空即是心이다. 도대체 어찌 된 일일까? 독자들은 아시는가?) 각성 스님, 혜국 스님, 전 조계종정 서암 스님(유튜브 서암 대종사 02마음의 실체 3:00~10:52) 등 한국의 대강백大講伯들과 대선사大禪師들은 입을 모아 그리 주장한다. 만약 이 분들의 주장이 맞다면, 아직 시간과 공간이 존재하지 않았던, 빅뱅 이전에는 우주는 존재하지 않았을지라도 마음은 존재했어야 한다. 마음이 우주를 만드는 법이니까. 절대로 그 반대가 아니다. 우주가 먼저 생기고, 거기에 마음이 나타난 것이 아니다. 현대 진화론에 위배되는 주장이다.

  (이 진영의 선봉장인 진제 종정스님은 진화론을 정면으로 부인한다. 스님의 주장에 의하면, 끝이 없는 과거부터 인간은 인간모습으로, 개는 개모습으

로, 고래는 고래모습으로 존재했다. 그래서 스님이 우주는 항상 지금의 모습으로 존재했다고 주장하는 것은 필연적이다. 스님의 주장은, 반反진화론 중에서도 가장 극단적인 형태로서, 기독교 근본주의적인 창조론에 가깝다. 사실 스님은 결코 깨닫지 못했다. 자신이 인간과 공룡이 동시에 존재했다고 주장하고 있다는 사실을! 그것도 자그마치 1.5억 년 동안을! 미국 인기 만화영화 주인공인, 석기시대 원시인 플린트스톤도 아니고, 원!)

이들의 주장에 의하면 전지전능하고 정결한, 무한한 마음이, 허공을 만들고 우주를 만들어, 거기에 거품처럼 일어난 유한한 (마마균 같은) 단세포생물 속으로 구겨져 들어간 것이다. (별로 놀라운 일도 아니다. 순수 사념의 세계인 수학에 의하면, 무한히 긴 끈이 통째로 한 알의 겨자씨 안으로 들어갈 수 있다.) 이는 우주아宇宙我 '브라흐만'과 개별아個別我 '아트만'을 논하는 힌두교 범아일여 사상이다. 브라흐만은 우주창조 이전부터 존재하는 만유의 근원이다. 브라흐만은, 우주는 주기적으로 무수히 생성·소멸을 거듭할지라도, 결코 생겨나지도 않았고 소멸하지도 않을 불생불멸의 실체이다. 우주 어디에나, 즉 에이즈균·풀·나무·기왓장·돌멩이 등 모든 것(곳)에 어김없이 그리고 남김없이 깃들여, 모든 것(곳)에 아트만으로 현현하는 상주불변의 실체이다. 이와 같이 허공각소현발은 정확히 힌두교 유아사상이다. 아我 중의 아인 우주아宇宙我를 설하는, 유아론有我論의 정수다.

(무생물에도 불성이 있다는 동북아시아 선불교의 '초목와석실유불성草木瓦石悉有佛性 사상'은 은유와 비유가 아니다. 문자 그대로의 뜻이다. 올해 해인사 방장후보였던 대선사 한암대원 스님이 돌멩이도 식識[의식]이 있어 보고, 듣고, 고통을 느끼고, 생각하고, 의지를 행사할 수 있다고 주장하니, 힌두교 범아일여적인 유아론이 한국대승불교에 깊숙이 뿌리를 내리고 있음을 엿볼 수 있다. 스님의 저서에 그리 쓰여 있다. 큰 돌을 부수면 돌이 가해자에게 복수를 한다고 했다. 스님이 돌의 자유의지를 언급하고 있음이 분명하다. 한 사람

의 마음은 종교경전처럼 빛明[지혜]과 어둠無明[어리석음]으로 얼룩이 지지만, 그 경계선이 어딘지 아무도 모른다. 명과 무명이 마구 유기적으로 연기적으로 섞여있기 때문이다. 몸과 마음의 진화는 혁명이 아니라, 옛것을 차마 없애지 못하는, 하지만 필요 없고 뒤처진 부분에는 서서히 그러나 가차없이 복지를 끊는, 구성원인 개별세포가 아니라 군집생명인 세포집단의 보존을 최고목적으로 삼는, 보수우파이다. 그래서 인간의 몸과 마음은 용사혼잡龍蛇混雜하는 35억 년짜리 오래된 창고藏이다.)

이들은 허공각소현발이 부처님의 가르침이라 주장하지만, 치밀한 논증의 황제인 부처님이라면 그 근거를 제시하셨을 터인데, 이런 유의 주장에는 아무런 논증이 없다. 그냥 선언만 있을 뿐이다. 초자연적인 능력을 사모하는 불교인들은, 유신교인들이 창조신 하나님을 믿듯이, 허공을 창조하는 마음을 믿는다. (『원각경』이 위경이 아닐까 의심을 받는 데는 그럴 만한 이유가 있을 것이다.) 부처님은, "식識이 윤회한다"고 주장하고 다니는 사티비구를 꾸짖으셨다. 힌두교에 따르면 아트만이 우주를 유전流轉한다. 아트만은 개로, 개에서 말로, 말에서 소로, 소에서 인간으로, 인간에서 원숭이로, 원숭이에서 하늘나라사람으로, 하늘나라사람에서 개로 끝없이 유전한다. 몸은 죽어도 아트만은 죽지 않고 다른 몸으로 옮겨간다. 선사들의 표현으로는 몸뚱이를 바꾼다. 그들은 그 주체를 주인공이라 부른다. (몸은 가짜 나이고 마음이 진짜 나라는 의미에서 '참나'라고도 부른다. 물론 이때 마음은 정결한 마음이다.) 몸의 주인이라는 뜻으로 주인공이다. 몸뚱이를 바꾸는 상주불변常住不變의 주체를 인정하니 정확히 유아론이다.

기술이 발달하면 아트만(주인공)은, 산 몸을 버리고 죽은 몸으로 들어가, 죽은 몸을 살려내 자기 몸으로 이용한다. 이른바 차시환생借屍還生이다. 이런 유의 이야기들은 용과 금시조가, 기괴한 울음소리로 허공을 가득 채우고, 쫓고 쫓기며, 잔뜩 구름 낀 하늘을 초음속으로 거침없이 날

●어린 시절에 즐겨보던 만화영화 「플린트스톤스(Flintstones)」의 영향으로 많은 미국인들은 인간
이 공룡과 공존했다고 믿는다. 여기에 기독교 창조론이 가세하면 미국인들의 마음은 광신으로 불탄
다. 「플린트스톤스」는 석기시대인 플린트스톤 가족을 주인공으로 한 텔레비전 시트콤 만화영화로서
1960년에 방영을 시작해, 「심슨 가족(Simpsons)」이 나올 때까지, 장장 30년간 부동의 최고인기 만
화영화였다. 지금도 「심슨 가족」에 이어 역사상 인기 2위 자리를 차지하고 있다. 한쪽은 원시시대 가
족을 다른 한쪽은 현대가족을 주인공으로 한 점이 묘하다. 그림 속의, 공룡의 등지느러미를 계단 삼아
동굴로 올라가는, 인물이 플린트스톤이다.

아다니던 미개한 시절의 환망공상이라는 점에서 차시환생此是幻生이다.

이 아트만이, 윤회를 거듭하다가, 자유의지를 작동하여 차시환생술마
저 버리고 윤회를 멈추면 힌두교 해탈이다.

참나는 힌두교인들이 불교에 잠입하여 퍼뜨린 것이라는 설이 유력
하다. 이들은 실로 '트로이의 목마'가 아닐 수 없다. 결국 불교가, 아트
만 전사들로 뒤덮인 광활한 북인도 대륙을 연기론緣起論 적토마를 타고
달리며 무아론無我論 방천화극方天畵戟을 휘두르던 대웅살적大雄殺賊, mahavira
arahat 부처님의 사후에, 오합지졸 유아론자들의 집요한 반격을 받아 멸
망해 사라진 것을 보라. 잘못 나간 대승불교는 특히 '참나 한국불교'는
좀비이다. 근본 사상인 무아론이 사라져 속은 비었는데 껍질만 움직여
다니는 좀비이다. 그 빈속을 아트만으로 채우면 좀비가 참나로 거짓환
생한다.

자기

자기는 자기 것일까?
자기는 누구 것일까?

자기 맘대로 할 수 없는 것은 자기가 아니다.

사람들은 부자가 되고 싶어 한다. 온 세상을 다 가지고 싶어 한다.

그런데 기묘한 상상을 해보자.

이 세상에 자기 혼자만 존재한다고 해보자.

그러면 이 세상이 죄다 자기 소유이다. 그렇지 않은가?

북극도, 남극도, 금도, 은도, 물고기도, 짐승도 다 자기 것이다.

하지만 '자기 것'인 물고기를 먹으려면 그물을 치고 낚싯줄을 드리워
야 하며,

자기 것인 노루를 먹으려면 숨을 헐떡이며 쫓아가 창을 던지고,

밤새워 올무를 만들어, 산길 들길 길목에 놓고 땀 흘려 함정을 파야
한다.

기묘하게도,

방심하다가는 자기 것인 곰이나 사자·호랑이·악어·상어 밥이 될 수도 있다.

자기 것인 들에서 자기 것인 번개에 맞아 죽을 수 있으며,

자기 것인 계곡에서 자기 것인 물에 휩쓸려 죽을 수도 있다.

자기 것인 강이나 호수나 바다에 빠져 죽을 수도 있다.

'자기'가 '자기 것'에 살해당할 수 있다는 말이다! 기이하고 기이한 일이다.

실제로 사람들은 '자기 것'인, 너무나 소중한 '자기 것'인 '욕망'에

빠져 죽고, 휩쓸려 죽고, 맞아 죽고, 잡아먹힌다.

세상 재물을 산더미처럼 가지고 있어도, 돈*을 현금으로 일 톤이나 가지고 있어도 할 수 없는 일들이 있다.

젊음·건강·암·탈모·수명·사랑·애증·갈애·번뇌는 자기 맘대로 안 된다.

세상을 다 소유하더라도 자기 맘대로 되지 않는다.

재물을 한없이 소유하더라도 갈증은 사라지지 않을 수 있고,

자기가 재물을 자기 뜻대로 다루는 것이 아니라,

오히려 재물이 자기를 소유하고 난폭하게 힘을 휘두를 수가 있다.

재물이 다른 재물들과 얽혀 인연을 만들며 자기들끼리 싸움 벌이면,

나는 아예 처음부터 뒷전일 수도 있다.

그래서 부처님은 말씀하셨다. 자기 뜻대로 할 수 없는 것은 자기가 아니다.

세상을 다 소유해도 자기 뜻대로 할 수 없다면 사실은 자기 게 아니다.

---

*지병으로 입원 중이던 중국 군사 부주석의 집에서 그 많은 돈이 발견되었다.

단지 '자기 거'라는 환상과 망상에 빠져있을 뿐이다.

다른 이들을 자기 뜻대로 움직일 수 있으면 문제가 해결될까?

그렇지 않다!

왜냐하면 남도 나와 똑같은 생각을 할 것이기 때문이다.

그래서 서로 상대방을 자기 뜻대로 부리기 위해서

딱딱한 부위와 물건으로 치고, 날카롭고 뾰쪽한 금속으로 찌르며 싸움과 전쟁을 벌인다.

나와 남을 구분하는 것이 모든 문제의 근원이자 시작이다.

그럼 어떻게 해야 할까.

아예 처음부터 "나와 남이 없다"는 코페르니쿠스적인 인식의 대전환을 하는 것이다.

불교와 다른 종교의 차이는 이 한 마디로 표현된다.

무아無我와 유아有我!

다른 종교와 철학은 나와 남의 갈등을 말한다. 남이란 신, 자연, 타인 등이다.

불교는 말한다. 나와 남을 가르는 '나'와 '남'이라는 개념 자체가 문제이다.

상변常變하는 이 우주에 불변不變하는 '나'나 '남'은 존재하지 않는다.

불변의 '욕망'도, 상주常住하는 '욕망의 주체'도 존재하지 않는다.

불교는 우리로 하여금 우리 탐욕과, 그로 인해 일어나는 애증과, 그로 인해 발생하는 고통을 근본적으로 다시 보게 만든다.

모두, 내가 없으면, 의미없는 환상이자 신기루이자 꿈이다. 그리고 나는 존재하지 않는다. 단지 인연에 의해 잠시 모인 심신복합체心身複合體이며, 그 구성원인 몸과 마음은 더 작은 구성원들로 분해되며, 이들은 시공에 따라 명멸하며 흐르는 무수한 인연에 반응하며 끝없이 변한다. '연기즉시색 색즉시연기緣起即是色 色即是緣起'이다. 그러므로 그 어디에도 집착하지 말라. 궁극적으로는 성인聖人의 말에도 얽매이지 말라. 부처도 중생도 (상주불변하는 실체로서는) 존재하지 않기 때문이다.

그래서 부처님은 『금강경』에서 말씀하신다.

"여등비구 지아설법 여벌유자. 법상응사 하황비법汝等比丘 知我說法 如筏喻者 法尚應捨 何況非法."

"너희들, 비구들은 알라, 내 설법은 뗏목과 같다. 오히려 법도 버려야 하거늘, 하물며 비법이랴!"

진실로, 자기가 자기를 자기마음대로 할 수 없다면 자기가 아니다. 자기가 없으면, 쌍대성에 의해서, 남도 없다.

불법은 '나'도 '남'도, '중생'도 '부처'도 없는 대자유의 가르침이다!

4
사랑과 행복의 길

모든 생명체는 행복을 추구한다. 그러므로 남을 불행하게 만들면 안 된다. 하지만 현실에서는 여러 행복이 서로 충돌을 한다. 그러다 남을 불행하게 만든다. 세상에 불행이 넘치는 것은 행복에 대한 지혜가 없기 때문이다. 행복의 본성과 여러 행복들 간의 상호연관성을 이해하면 추구하는 행복이 건강해진다. 이해가 깊어질수록 건강도 더 좋아지고 모두가 더 행복해진다. 그리고 다른 일들이 그러하듯이 행복도 배우지 않으면 일정 수준을 넘기 힘들다. 즉, 행복해지는 법을 배워야 더 행복해진다. 좋은 가르침을 만나 열심히 노력하면 놀라운 행복을 얻을 수 있다. 행복은 한방에 찾아오지 않는다. 일상에서의 소소한 깨달음에 뿌리를 내리지 않으면 행복은 꽃을 피우지 못한다.

수도修道 경제학: 경제보살화

참된 경제인은 보살이다

우리가 이 세상에 태어난 것은 고통을 극복하기 위한 것이 아니다. 세상에, 고통을 극복하러 이 세상에 태어난다니 말이 되는 소리인가. 말이 안 되기는, '죽으려고 태어난다'는 말이나 비슷하다. 이게 본분사本分事란 말인가?

우리가 태어나 사는 과정에는 낙樂도 있고 고苦도 있는데, 이 고가 가끔 자주 난동을 벌이고 발악을 하며 우릴 못살게 굴며 괴롭히므로 손을 좀 쓰거나 봐주려고 하는 것뿐이다.

전쟁·천재지변·재난·실패·실연·소중한 이의 죽음, 부모·자식의 죽음이나 불치의 질병이 닥칠 때는 지옥 같은 고통이 몰려오겠지만, 인생이 (어느 누구에게나) 항상 그런 것만은 아니다. 만약 그렇다고 주장한다면, 말미잘·해삼·멍게·따개비가 "삶은 왜 이리 고통스럽냐?"고 외치는 일이 벌어져야 할 것이다. 왜 갑자기 말미잘·해삼·멍게·따개비를 들먹이느냐고 묻는다면, 인간 중에는 말미잘·해삼·멍게·따개비 같은 사람들이 반드시 존재하기 때문이다.

말미잘·해삼·멍게·따개비는 인간과 같은 고통이 없는 것이 분명하며, 뇌腦를 태우는 번뇌煩惱는 더욱 없을 것이다. 이들은 뇌가 없기 때문이다. 하지만 동시에 이들은 인간이 누리는 즐거움도 없다. 의식의 환희와 우주를 이해하는 쾌락이 없다. 없는 신神을 만들어내는 놀라운 신통력도 없다. 그러니 비물질적인 것을 만들어내는 창조의 기쁨도 없다. 모든 일이 '고 위험, 고 이익high risk, high return'인 법이다. 즉 (큰) 고통이 없으면 (큰) 낙도 없다. 따라서 고로부터의 해탈의 낙도 없다. 이 점에서, 즉 고락의 측면에서 모든 생명체는 평등하다.

우리가 고통(번뇌)을 극복하기 위해서 세상에 나온 것이라면, 그리고 마침내 천신만고 끝에 고통을 극복하고 마음의 평안을 이루는 순간 (혹은 그 후 얼마 안 되어) 우리가 사라진다면(무여열반에 들어 윤회를 멈춤), 마치 '삶의 목적이 사라짐'이라는 소리처럼 들린다. 즉 '존재의 목적이 소멸'이라는 말처럼 들린다. 뭔가 모순스러운 냄새가 짙게 풍긴다.

바로 이 점에서, 절대로 사라지지 말고 이 세상에 계속해서 나오자(돌아오자)는 대승불교철학은 다시 돌아오지 말자는 '불환불래不還不來철학인 옛 철학'에 비해 진일보한 것으로 볼 수 있다. 최소한 지구촌에 행복한 이들(대승보살)의 숫자가 계속 증가할 것이므로, 지구의 행복농도는 짙어갈 것이 분명하다. 그렇지 않고 이들이 영원히 사라져버린다면 지구의 행복농도는 매양 그 모양 그 꼴일 것이다. 돈을 엄청나게 많이 번 부자가 그 돈을 모두 지폐로 바꿔 다 태워버린다면, 지극히 어리석은 행동이다. (이건희 회장이 삼성전자를 몽땅 팔아 마련한 수백조 현금을 죄다 소각시켜버린다고 상상해보라. 무슨 일이 벌어지겠는가? 한국은행은 그만큼의 돈을 다시 찍어내 이 회장에게 주는 것이 최선이다. 그렇지 않으면 국부의 손실로 끝난다. 물론 화폐발행비용과 아울러 벌금도 물려야 하고, 징역형도 가해야 한다. 다시는 그런 짓을 못하게 경고하는 뜻으로.) 그 돈을 태우기보다는 사람들의 행복(요즘 말로는 복지·힐링·기부)을 위해서 써야 하듯이,

보살이 번 (엄청난 양의 질 좋은) 행복도 무여열반(심신의 완벽한 소멸)으로 무용지물화시킬 수는 없는 일이다.

고통을 여읜 이들이 세상의 이익을 위해서, 즉 그 방법을 전해주기 위해서 여러 모습으로 이 세상에 계속해서 나온다는 (대승불교) 철학은 긍정적이고 현명한 해석이다. '여러 모습' 철학이 특히 그러하다. '오른손이 하는 것을 왼손이 모르게 하는 것'이 진정한 보시이고 '응무소주이생기심應無所住而生其心'이기 때문에, 도움을 받는 이들이 새 도우미보살을 옛 도우미보살과 같은 사람이라고 알아보지 못하게 올 때마다 매번 '다른 모습'으로 옴은 필연이다. 자신의 생체유전자를 남기지 않으므로, 세상에 다시 옴이 반복됨에 따라, 세상은 생체유전적으로 자신과 점점 더 멀어진다. 그러나, 전혀 연고가 없는 사람에게 베푸는 보시인 '선한 사마리아인 보시' 또는 '무연보시無緣普施'가 최고의 보시임을 유의하시라. 이 무연보시는 생체유전자와 달리 육체가 아닌 사바세계 속에 그의 문화유전자meme를 점점 늘릴 것이다.

보살은 없애야 할 (자신에게 기원하는) 고통이나 번뇌가 없기에, 그의 출세出世(이 세상에 태어남)는 자신을 위한 것이 아니라 타인을 위한 것이다. 그렇긴 하나, 앞으로 누릴 무한한 깨달음의 즐거움과 평안은 오로지 그의 몫이자 복이다. 고통 속에 존재해온 시간은 분명히 유한한데(수학적으로 말하면 시간에 대한 고통의 적분값이 유한한데), 앞으로 안락을 누릴 시간은 한이 없다니 엄청나게(∞대로) 수지맞는 장사이다. 범인凡人에게는 고苦가 안팎에서 마구마구 일어나고 쳐들어온다는 점에서 더욱 그러하다.

그러니 우리 모두 도道를 닦지 않을 수 없다. 개인적인·국가적인·동북아시아적인·유라시아대륙적인, 그리고 전全 지구적인, 혹은 전全 우주적인 행복무역수지 개선을 위해서!

그런데 비밀은 모든 사람이 이미 보살이라는 것이다一切衆生卽菩薩. 이

고통스러운 세상에서 꿋꿋이 목숨을 유지해가면서, 다른 사람들의 필수품인 가지가지 물건과 의식주와 문화를 만드는 사람들은 진정한 보살이다(위대한 경제학자 애덤 스미스는 우리가 빵을 먹을 수 있는 것은 이익을 추구하는 빵집주인의 이기심 때문이라고 했지만, 이는 개인적인 차원의 마이크로 시각이다. 전체적인, 즉 매크로 시각에서 보면 빵집주인의 행위는 공익을 위한 헌신이다. 보이지 않는 손, 즉 천수보살의 화신이다). 우리는 알게 모르게 타인을 돕는 보살이다. 우리 개개인이 피땀 흘려 일하는 것이 결국은 인류 전체의 행복과 삶의 질을 개선하는 과정이라는 점에서 그렇다.

진실로 일체중생은 보살이다. 단지, 자신들이 보살이라는 그 사실을 모르고 있을 뿐이다. 불교라는 특정한 종교적 수행을 닦아야만 보살이 되는 것이 아니다. 불교가 생기기 전에도 보살은 존재했고, 불교가 사라진 후에도 보살은 존재할 것이다. 자기 일을 혼신을 다해 하고, 자기 일에 몰두하는 사람이 진정 보살이다. 이 점에서 기업인들(CEO 이하 전 사원들)은 농부들 못지않은 보살이다. 기업이 없으면 대중은 굶어죽는다. 무의식적으로 보살행을 하는 사람들에게, 자기들이 사실은 보살행을 하고 있다는 자각自覺을 주는 것이 불교이다.

경제민주화가 아니라 '경제보살화'가 되어야 한다. 자신의 일에 자긍심을 가지고 '어떻게 하면 자신과 사회에 이로움을 줄까' 하는 생각을 가지면 누구나 보살이 아니 될 수 없다. 개인이 할 수 있는 최선의 보살행은 자선행이 아니라, 자신의 일에 충실한 것이다. 빵집주인은 빵을 성실히 맛있게 굽는 것이 최선의 보살행이다. 이건희 회장이 할 수 있는 최선의 보살행은 삼성전자가 꾸준히 이익을 내고 성장을 하게 해서 더 많은 사람에게 좋은 직장을 제공하는 것이다. 수재의연금을 내는 것보다, 이렇게 하는 것이 백만 배는 더 큰 보살행이다. 자선행은 이런 일 다음에 오는 일이다. 자선행이란, 최선을 다했지만 때와 장소가 맞지 않아서, 주위 환경이 안 좋아서, 운이 없어서, 또는 짓궂은 운명의 장난으로 곤경에 빠진 보살들을 그들이 보살행을 완성할 수 있도록 돕는 것이다.

영국과 불란서의 대혁명 와중에, 대한민국의 동학혁명 독립운동 민주화운동 경제개발 와중에, 그리고 역사상 무수한 민중봉기 와중에 목숨을 앗기며 바치며 희생된 사람들은 넓게 보면 인류 전체를 위한 희생이다. 이들이 인류역사 진행에 빛을 비추어주기 때문이다.

개인의 욕망^{慾望}이라는 것은 신기루이고 환상일 수 있다. 개인의 욕망의 충족으로부터 오는 기쁨은, 사실은 인류 전체의 삶의 질을 개선하는 역할을 하는 '유혹 호르몬'일 수 있다. 뇌세포에서 분비되는 엔도르핀·도파민·세로토닌·옥시토신 등의 쾌락 호르몬과 같은 존재일 수 있다.

알고 보면 세상은 보기보다 훨씬 나은 곳이다. 개별자의 관점에서 보면 세상은 험악한 곳일 수 있지만, 전체의 관점에서 보면 놀라운 생명의 힘을 유지하고 수없는 생명을 생장시키는 약동하는 삶의 현장이다. 이런 관점은 무의식적으로 종교경전에 표현되어있다. 가장 대표적인 것이 힌두교 『바가바드 기타』이다. 동족이 둘로 나뉘어 전쟁을 벌인 『마하바라타』의 전장에서, 전차마부이자 비슈누 신의 아바타인 크리슈나^{Krishna}는 동족살해라는 딜레마에 고뇌하는 제자 아르주나^{Arjuna} 왕자에게 자신의 임무에 충실하라고 가르친다. 이런 경전은 개별자의 관점에서는 절대 이해할 수 없다. 생물학자들과 인류학자들의 치열한 노력으로 군집생물인 개미·벌과 사회적인 동물인 침팬지·보노보 등을 연구함으로써 비로소 인간(종교)이해에 서광^{曙光}이 비쳤다.

도를 닦는다는 것은, 개별자의 관점과 전체의 관점 사이의 충돌을 최소화하며 조화시키는 것이다. (도로공사가 닦는 도 역시 개인과 사회를 연결하여 상호 의존도를 높임으로써 평화를 늘이는 길이다.) 인간이 사회적인 동물이고 군집생물인 한, 홀로 존재하는 인간은 존재하지 않는다. 인간의 고苦의 상당부분은 사회와의 관계 속에서 생겨난다. 타인과의 관계는 개인에게, 부처님이 두 번째 화살이라고 이름 붙인, 정신적인 고를 만들기 때문이다. (하나도 아니고 둘도 아닌 이 기이한 관계는 저절로 이해되는 것이 아니다. 몸과 마음을 둘 다 연기적 조망으로 봐야 이해할 수 있다. 여기에 에드워드 윌슨의 '사회생물학적인 관점'을 추가하면 금상첨화이다.)

따라서 도를 닦는다는 것은 사회적인 (그리고 문화적인) 행위이다. 왜냐하면 유아기부터 무인도에서 홀로 자라 거기 홀로 살고 있는 인간이 도를 닦을 리 만무하기 때문이다. 그러므로 사회와 군집을 유지하고 사는 한, 우리는 도를 닦지 않을 수 없다. 나와 너의, 즉 사회의 행복을 위해서, 군집의 행복을 위해서, 인류의 행복을 위해서, 그리고 자연과 뭇중생의 행복을 위해서.

초기경전 『숫타니파타』에 등장하는 부처님은 '항상 행복한 분'이다. 우리가 스스로 행복한 사람이 되는 것이 부처님의 가르침에 가장 충실한 길이다.

잡아먹기 전에 한 번
생각을

그들도 생명이다. 부모와 자식이 있고, 슬픔과 기쁨이 있고,
울음과 웃음이 있고, 분노와 고마움이 있고, 옳고 그름이 있다.
개들 말이다

며칠 전에 텔레비전에 사라져가는 전통 장터가 나왔다. 포항 인근의
5일장 모습이었다. 한 할머니가 귀여운 강아지를 샀다. 끌려가지 않으
려고 네발로 브레이크를 거는 강아지를 목에 줄을 매고 질질 끌고 가고
있었다. 무슨 용도로 사셨느냐는 기자의 질문에, 버스를 기다리던 할머
니의 대답은 강아지를 한 마리 키우고 있는데 비실비실거려서, 자기 몸
이 안 좋은 참에 잡아먹으려고 샀다는 것이다. 잡아먹기 전에 미리 대체
강아지를 산 것이었다. 용의주도한 할머니였다. 안 끌려가려고 기를 쓰
고 버티는, 팔려가는 강아지는 동족에 대한 이 늙은 암컷 인간의 천견공
노天犬共怒할 무시무시한 흉계를 눈치채거나 느낀 것일까? 그래서 안 끌
려가려고 버틴 것일까? 치료해주거나 보약은 못해줄망정, 잡아먹을 생
각을 하다니!

정말 비극적인 일은, 속셈 할머니가 집에 돌아가면 그 비실거리는 개
가 아무것도 모르고 반갑다고 꼬리를 흔들어댈 것이 분명하다는 사실
이다.

세계적인 천문학자 닐 디그래스 타이슨Neil deGrasse Tyson이 직접 확인한 천재적인 개가 있다(유튜브로 시청 가능. 개 이름은 '체이서Chaser'이다). 이 개는 무려 1,000개 인형의 이름을 기억하고 있다. 타이슨이 "Find Monkey(몽키를 찾아와)"라고 명령을 내리면 이 개는 인형더미로 가서 정확이 해당 인형을 찾아 물고 온다(인형에 각각 이름이 적혀있다). 아마 이 개는 1,000개의 음성단어와 1,000개의 (인형)냄새를 둘씩 짝지어 기억하고 있을 것이다.

이것만도 놀라운 일인데 더 놀라운 일이 벌어진다.

타이슨이 개가 전혀 모르는 '아인슈타인'이라는 낯선 이름이 적힌 새新 인형을 개가 이미 이름을 알고 있는 다른 인형 10개와 섞어놓은 다음, 개에게 "Find Einstein(아인슈타인을 찾아와)"이라고 명령을 내린다. 개는 인형들이 놓인 소파 뒤로 가지만 시간이 한참 지나도 나오지 않는다. 몰래 카메라로 보면, 개는 여기저기 뒤적거리지만 찾지 못한다. 포기하고 나와서 타이슨을 쳐다본다. 마치 "당신, 명령을 제대로 내린 게 맞아?" 하고 묻는 눈치이다. 재차 타이슨이 같은 명령을 내리자, 타이슨이 실수로 엉뚱한 명령을 내린 것이 아니라는 것을 확인한 개는 즉시 그 아인슈타인 인형을 물고 나온다. 이름을 아는 인형을 다 골라내고 남은 낯선 (냄새의) 인형이 아인슈타인 인형이라고 결론을 내린 것이다! 정확히, 사지선다四枝選多 시험을 잘 보는 비결이 아닌가? 추론을 하는 개의 출현이다!

타이슨이 머리를 쓰다듬으면서 똑똑하다고 칭찬을 해주자, 이 개는 아인슈타인 인형을 문 채로 고개를 좌우로 빠르고 힘차게 흔들며 말할 수 없이 기뻐한다. "우하하하! 난 정말 똑똑하다니깐! 난 아인슈타인이야!" 하고 말하는 것처럼 보인다. 자신의 총명함에 엄청난 자부심을 느끼는 듯하다. 정말 신기한 개다.

개가, 어느 날 갑자기 잡아먹히더라도, 인간과 같이 사는 이유는 잡아먹히는 날까지 배를 곯지 않고 잘 얻어먹기 때문일 것이다. 이런 거지근 성을 지닌 늑대들이 음식쓰레기를 얻어먹으려고 인간 주위를 어슬렁거 리다가 개로 진화한 것이다. 이 똑똑한 개 체이서는 거지 같은 조상을 두 었다는 죄밖에 없다. 더 성능 좋은 컴퓨터(뇌)만 갖춘다면, 즉 인간으로 태어났다면 노벨상도 문제없어 보인다.

그러니 여러분은 어떤 개든지 잡아먹기 전에 한번 생각해보시기 바란 다. 죽는 순간 개들이 원망할지 모른다. "잠깐! 마지막으로 할 말이 있어 요. 맨날 '어이 똥개 워리워리'만 했지, 해준 게 뭐 있어요? 저도 제대로 교육만 시켜줘보세요. 1,000개는 몰라도 100개 인형이름 기억은 문제없 다니까요?" 하고 불평하고 있을지 누가 알겠는가? 체이서의 놀라운 능 력으로 미루어 짐작하건대 그의 동족들이 그리 생각할 가능성은 충분히 있다.

개가 음식과 돌연사突然死를 맞바꾸는 것은 인간도 다를 바가 없다. 인 간도 아름다움·젊음·사랑·학문·능력·이념·사상·인생관·양심·의리 를 권력이나 부와 바꾸는 일이 비일비재하기 때문이다. 개가 음식을 탐 내다 결국은 음식이 되는 것처럼, 인간도 그릇되고 비열하게 부와 권력 을 탐내다 마침내 그릇되고 비열한 부와 권력이 되고 만다.

몽테뉴 성의 지혜로운 영주이자 위대한 수필가인 몽테뉴는, 일찍이 400년 전에, 다른 개도 이 똑똑한 개 체이서가 보유한 추론능력을 가지 고 있다고 증언한다. 『플루타르코스 영웅전』으로 유명한 플루타르코스 와 『박물지』의 저자 플리니우스가 언급한 동물우화가 있다. (무대를 조 금 각색했다.)

주인과 같이 제주도 오름을 산책하던 개가 딴짓을 하다가 그만 주인 을 놓쳤다. 주인이 남긴 냄새를 추적해서 주인을 찾아가던 개가 세커림 질(세 갈래 길)에 당도했다. 왼쪽 길을 킁킁거리며 가더니 되돌아왔다. 이번에는 가운데 길로 킁킁거리며 가더니 다시 돌아왔다. 그러더니 이

번에는 전혀 킁킁거리지 않고 쏜살같이 오른쪽 길로 달려갔다는 이야기이다. 이 이야기의 초점은 개가 오른쪽 길에서는 전혀 냄새를 맡으려고 시도하지 않았다는 점이다.

몽테뉴는 이 우화의 개가 삼단논법적인 추론능력이 있다고 결론을 내렸다. 개의 삼단논법은 다음과 같다.

1. 주인은 세커림질 중 한 길로 갔다.
2. 주인은 왼쪽 길과 가운데 길로 가지 않았다(왜냐하면 주인의 냄새가 없으므로).
3. 따라서 주인은 오른쪽 길로 간 것이 틀림없다(그래서 냄새를 확인할 필요조차 없다).

체이서는 우화에 등장하는 개가 실제로 존재한다는 것을 증명한 위대한 개이다. 몽테뉴가 논증한 바와 같이, 체이서는 개가 추론을 할 수 있다는 것을 보여주었다. 뿐만 아니라 그 사실을 세계적인 천문학자 타이슨으로부터 직접 검증을 받았다. 이 개는 전설적인 영웅이 진짜로 존재한다는 것을 보여줌으로써 모든 개의 자존심을 살리는 일대 위업을 이룩했다.

그러므로 개를 잡아먹기 전에 한 번 더 생각해보시기 바란다. 정말 꼭 이 지성적인 동물을 잡아먹어야 하는지. 올해도 어김없이 복伏날(伏＝人＋犬＝人이 犬을 잡아먹는 날)이 가까워온다. 인간에게 무조건적인 사랑과 충성을 바치는 견공犬公들의 운명이 걱정되지 않을 수 없다. 불볕더위에 뜨거운 가마솥으로 들어가야 하는 운명이!

예전 개들의 운명은 정말로 비참했다. '복날 개 패듯' '복날 개 잡듯' '복날 개 맞듯'이라는 야만적인 표현들이 이를 증언하고 있다. 나무에 대롱대롱 매달려, 입맛을 다시며 가하는 사내들의 몽둥이찜질에 산 채로 맞아죽었다. 마지막 순간까지 비명을 지르다 혀를 길게 빼물고 죽었다. 그렇게 몽둥이찜질을 한 이유가 허망하다. 그래야 더 맛이 있다는 것이다. 필자의 어린 시절만 하더라도 이런 일이 흔히 벌어졌다. 예전보다 많이 나아지기는 했지만, 체이서로 인하여 견권犬權이 획기적으로 신장되기를 기원한다.

무엇이든 얻어먹는 자의 운명은 비참하다(인간도 전혀 예외가 아니다). 인간 주위를 얼씬거리다가 비명횡사를 하는 것이다. 그동안 얻어먹은 것을 자기 살과 뼈로 다 갚는 것이다. 중생계의 비정한 계산이다.

---

* 개에 대한 우화는 칼 세이건의 『에덴의 용』, 259쪽에서 인용.

...

행복의 법칙: 보조수단

어떤 일이든 배우지 않으면 일정 수준을 넘을 수 없다
그렇다면,
행복해지는 법을 배우지 않고도 무척 행복할 수 있을까?
불행해지는 법을 배우지 않아도 몹시 불행할 수 있을까?

행복한 경험은 인간의 행복에 결정적인 영향력을 행사한다. 그러므로 행복하려면 행복한 경험을 만들려고 노력해야 한다. 하지만 우리 인생에선 오히려 끔찍하고 말할 수 없이 고통스러운 불행한 일이 일어나는 등, 행복한 경험을 만드는 것이 생각만큼 여의치 않을 때는 강력한 보조수단이 있다. '3층 고통극복법'을 소개한다. 이것은 3가지 원리로 구성되어있다.

1. 인간은 한 순간에 한 가지 생각밖에 하지 못한다

인간은 한 번에 여러 가지 생각을 하는 것처럼 보여도, 사실은 여러 가지 생각이 교대해서 나타나는 것이다. 특정한 한 순간에는 한 생각밖에 하지 못한다. 이것은 텔레비전 화면에 하나의 영상만 뜨는 것과 동일하다. 혹은 사진 화소畵素 하나에는 하나의 영상만 대응되는 것과 같다.

다시 말해서 하나의 화면으로 「닥터 지바고」와 「바람과 함께 사라지다」를 동시에 관람할 수는 없다. 따라서 하나의 생각이 일어나는 순간 이 생각은 다른 모든 무수한 생각이 일어나는 것을 막는다.

예외처럼 보이는 사례가 있기는 하다. 한 몸에 두 개의 머리가 달린 샴쌍둥이는 한 순간에 두 개의 서로 다른 생각을 할 수 있다. 뇌가 즉 모니터가 두 개이기 때문이다. 하지만 하나의 뇌에는 하나의 스크린만 있다. 우리 뇌에는 1,000억 개의 뇌신경세포가 있다. 뇌가 활동을 할 때 이들 중 일부가 여러 집단을 이루어 전기電氣적으로 활성화fire된다. 수많은 뇌신경세포가 활성화되지만 우리의 표면의식이라는 스크린 또는 모니터에 나타나는 결과(생각 표상 영상)는 한 순간에 하나뿐이다.

뇌신경세포들의 활동은 하나뿐인 영사관 스크린에 자기 작품을 상영시키기 위한 치열한 경쟁이다. 상영되지 못하는 작품들은 폐기처분되거나, 사장死藏되어 잠재의식창고로 들어가 기나긴 동면을 하게 된다.

2. 모든 생각(경험)은 시간이 지남에 따라 강도가 약해진다

그러므로 나쁜 생각은 생각을 하더라도 나중에 할수록 유리하다. 역으로 좋은 생각은 빨리 해야 한다. 생각도 식으면 효력이 약해지는 것은, 식은 음식이 맛없는 것과 동일한 현상이다. 전형적인 무상無常의 법칙이다.

무상은 두 종류의 무상이 있다. 공간에 따라 약해지는 무상과, 시간에 따라 약해지는 무상이 그것이다. 전자前者가 중력·전자기력·약력·강력 등 물리적인 힘이라면, 후자는 행불행幸不幸을 결정하는 경험과 생각이 유발하는 감성적인 힘들이다. 또한 전자는 시간에 대해 불변이며, 후자는 공간에 대해 불변이다. 중력의 법칙, 즉 돌의 무게는 어제나 오늘이나 시간과 무관하게 동일하지만, 기분 나쁜 경험이나 생각은 집에서 하나, 음식점에서 하나, 혹은 한국에서 하나, 미국에서 하나, 장소에 관계없이 동일하게 기분 나쁘다. 물론, 기분 좋은 경험에 대해서도 같은 말을 할 수 있다.

3. 행복은 '떠오르는 행복한 생각의 총량'과
'떠오르는 불행한 생각의 총량' 간의 비율로 결정된다

이 비율이 1보다 충분히 크면 행복이다. 물론 1보다 충분히 작으면 불행이다. 1 근처는 무덤덤한 상태이다. 즉, 행복한 생각이 불행한 생각보다 더 많이 떠오르면 행복한 것이다.

물론, 생각의 총량은 개별 생각의 강도를 고려한 가중합산加重合算, weighted sum이다. 즉, 강력한 생각이 약한 생각보다 더 많이 반영이 되는 합산이다.

수학기호로 표현하면, 떠오르는 생각(τ)들의 가중총량을 T라 하면 $T = \sum_i s_i(\tau_i(t))\Delta t$이다. 여기서 $s_i(\tau_i)$는 생각 τ_i의 강도이다. 좀 더 멋있게 표현하자면 $T = \int_{t_1}^{t_2} s(\tau(t))\,dt$이다. 여기서 $s(\tau)$는 생각 τ의 강도이다. 이 적분값은 시간구간 t_1과 t_2 사이의 행복이다. 이 시간구간을 조정함에 따라 장중단기長中短期 행복도가 산출된다.

기분 좋은 생각에는 '+'값을 주고, 기분 나쁜 생각에는 '−'값을 준다. 이 합 T가 양陽이면 행복이요, 음陰이면 불행이다. 생각에 가중치를 두어야 하는 이유를 예를 들어 설명하면 이렇다. 100만 원짜리 복권에 열 번 당첨되더라도, 단 한 번의 1억 원짜리 사기를 당하는 것이 훨씬 더 기분 나쁜 것은 불문가지不問可知이기 때문이다.

설사 아무리 험악한 경험을 했더라도 그것이 생각나지 않으면, 죽을 때까지 그 경험(에 대한 기억)으로 인한 고통을 겪지 않는다. 중증 치매에 걸린 사람은 기억이 없어지므로, 항상 현재의 순간에 산다. 그래서 불행한 경험이 생각으로 일어나지 않고, 그 결과로 행복하다. 진짜 불행해지는 이들은 치매환자 가족과 주변사람들이다. (우리는 가끔 뜻하지 않는 순간에 갑자기 과거에 겪었던 불쾌한 일이 떠올라 잠시일지라도 불쾌한 느낌이 생겨난다. 다행히도, 보통 이내 사라지긴 한다. 반면에 어떤 나쁜 경험들은 자주 떠올라 끈질기게 파괴적이고 해로운 감정을 유발한다.)

하지만 좀 덜한 나쁜 경험을 했더라도 '자주' 떠오르면 상당히 고통을 받게 된다. 심지어 선악을 초월한 단순한 음악적인 멜로디가 반복해서 계속 뇌에 떠올라도(이런 멜로디를 귀벌레ear worm 또는 뇌벌레brain worm라고 한다) 고통을 받는 것에 비추어보면, 좋거나 나쁜 생각의 떠오르는 양에 의해서 행·불행이 결정된다는 이론은 합리적인 주장이다: 생각의 질 역시 중요하므로 사실은 생각의 양과 질에 의해서 결정된다.

감기약을 먹으나 안 먹으나 치료시간은 동일하게 걸린다. 감기약은 단지 증상을 완화시키는 기능을 한다. (흔히 듬뿍 처방하는 항생제는 감기의 원인인 바이러스에는 작용하지 못하는 무용지물이다. 환자를 안심시키는 위약효과를 유발하는 정도일 것이다. 물론 약사들과 의사들 주머니를 두둑하게 하는 효과도 발생시킨다.) 감기약을 먹으면 인후통·두통·근육통·콧물흐름·코막힘 등의 감기증상으로 고생하지 않고 (자연)치료가 된다.

만약 다른 일이나 다른 생각을 함으로써 불쾌한 고통스러운 경험을 한동안 떠올리지 않을 수만 있다면 또는 떠오르는 횟수가 적어지고 떠오른 다음 지속시간이 짧아진다면, 충분히 시간이 흐른 뒤에는 설사 그 생각이 떠올라도 생각의 힘이 이미 약해졌으므로 큰 고통을 주지 못할 것이다. 다른 일과 다른 생각은 정확히 감기약(의 진통효과)과 같은 구실을 하는 것이다.

미국의 투자회사 '르네상스 테크놀로지'사의 회장 제임스 사이먼스

James Simons는 10여 년 전인 60대에 사랑하는 두 아들을 사고로 잃었다. 조 단위 재산billion dollars의 부자이고 연봉 역시 조 단위인 그도 자식을 잃은 슬픔은 극복하기 힘들었다. 극심한 고통 속에서 그가 택한 고통 극복법은 '수학을 하는 것'이었다. 그는 젊어서 '천-사이먼스 정리'라는 그의 이름이 붙은 미분기하학의 중요한 정리를 증명한 촉망받는 유명한 수학자였으나, 뜻한 바 있어 40대 초반에 버클리 대학 수학교수를 그만두고 월가로 가서 투자자로 거듭났다. 그리하여 크게 성공했지만 두 아들을 잃는 비극을 당한 것이다.

그는 다시 수학을 연구함으로써 자식을 잃은 슬픔을 극복했다. 수학문제가 그의 뇌에 달라붙어 잃어버린 자식에 대한 (고통스러운) 생각이 일어나지 않게 한 것이다. 수학문제가 생각나는 순간에는 자식생각이 나지 않는다: 1번 정리의 응용이다. 이런 식으로 (수학문제가 뇌를 대부분 점령하여) 자식생각이 줄어들고, 충분히 시간이 흐르자, 2번 정리에 의해서 자식생각의 고통스런 강도가 줄어든 것이다. 그러면 고통스러운 생각의 총량이 감소하여 불행을 극복하게 된다: 3번 정리의 응용이다.

누구나 결국 죽지만 살아있는 동안에는 행복하게 살아야 하는 것처럼, 어떤 생각이건 결국은 강도가 약해지고 망각이라는 강에 휩쓸려 소멸하겠지만 그때까지는 고통스런 경험이 일으키는 생각에 되도록 고문당하거나 고통받지 않고 행복하게 살아야 한다.

물론 필자가 제안하는 '3층 고통극복법' 또는 '3층 불행극복법'이 실행하기에는 생각보다 어려울 순 있다. 하지만 조금만 노력해보면 그리 어렵지 않다는 것을 체험으로 알 수 있다.

이 방법은 사실은 역사적으로 많은 사람들이 사용하던 방법이다. 필자가 편찬한 것뿐이다. 예를 들어 사람들은 일에 몰두함으로써 실연의 아픔, 자식이나 부모님 상실의 아픔을 극복했으며, 또는 다른 지방으로 이사를 가거나 외국으로 이사나 이민을 가 새로운 환경에 적응하느라 자신을 정신없게 만들어, 과거의 고통스러운 경험에 대한 생각이 안 일어나게 함으로써 극복했다. 없으면, 잃어버리면, 또는 못 보면 당장 죽을 것 같던 사랑의 경험도 (실연을 한 것이 아니라 그 사랑을 얻어 같이 살더라도) 시간이 가면 무디어져가므로, 수단방법을 가리지 않고 시간이 흘러가게 하는 것이 요점이다.

거대하고 단단한 바위도 시간이 가면 섬섬옥수 같은 물에 깎이어 금강산 상팔담과 백담사 계곡이 만들어지듯이 그리고 미국 그랜드캐니언이 만들어지듯이, 시간은 모든 정신적 경험을 깎아먹어 힘을 빼앗는다. 시간은 뻣뻣한 배추의 힘을 죽이는 소금이다. 시간은 우리 삶에서 기억의 독기를 제거하여 살 만하게 만든다. (동시에 옛 경험으로부터 자극을 박탈하여 새로운 경험에 대한 용기와 욕망을 부여한다.)

종교적으로는 불행한 생각이 떠오를 때마다 천수다라니 능엄신주 등의 주력이나 다라니를 하는 방법, 관세음보살 아미타불 염불을 하는 방법, 부처님의 모습을 떠올리는 관상명상법(이것이 본래 염불의 의미이다), (념·송)화두를 챙기는 방법,『금강경』『반야심경』을 외우는 방법 등이 있다. 옛날 할머니들은 안 좋은 일이 일어날 때마다 '관세음보살 관세음보살' 하고 되뇌었다. 종교적인 소리와 뜻과 이미지로 마음을 채워 불행한 생각이 떠오르지 못하게 하며, 설사 떠올라도 머무르지 못하게 하는 것이다. 생각을 지켜보는 관법수행도 있으나, 강력한 집중력이 동반되지 않으면, 오히려 무주공산 빈 마음공간에 생각이 치고 들어오는 역습을 당할 위험이 있다. 108배, 500배, 1,000배, 3,000배, 10,000배 등의 절을 해서 몸을 수고롭게 함으로써 불행한 생각을 차단하는 방법도 있다.

선禪이나 사념처四念處수행 등의 보다 근본적인 수행이 있으나, 목표를 너무 높게 잡으면 탈이 나는 법이다. 일단은 과도한 고통을 처리하는 것이 급선무이다. 잡초 우거진 나대지는 먼저 정지整地작업을 하고 그 위에 집을 지어야 한다. 마음도 그와 같다. 마음은 신비한 물건이기도 하지만, 정확히 공학적인 설계나 작업이 가능한 대상이기도 하다. 그래서 더욱 신비로운 것이다.

독자의 편의를 위해서 필자의 '3층 불행극복법'을 간명하게 핵심만 기술하면 다음과 같다.

1. 인간은 한순간에 한 가지 생각밖에 하지 못한다.
2. 모든 생각(경험)은 시간이 지남에 따라 강도가 약해진다.
3. 행복은 '떠오르는 행복한 생각의 (가중)총량'과 '떠오르는 불행한 생각의 (가중)총량' 간의 비율로 결정된다: 행복한 생각이 불행한 생각보다 더 많이 떠오르면 행복한 것이다.

행복하려면 공격적(적극적)으로는 행복한 일을 만들어나가야 하며, 방어적(소극적)으로는 이미 일어난 나쁜 일의 영향력을 최소화해야 한다. 이것이 바로 필자가 제안하는 3층 불행극복법'이다.

이것은 부처님이 가르치신 '이미 일어난 악행은 그치라'는 가르침에 해당한다. 필자는 관점을 '악행'에서 '악행에 대해서 떠오르는 생각이나, 악행의 기억으로서의 심리적인 영향력'으로 옮겨 설명한 것뿐이다: 부처님은 "이미 일어난 선행은 육성하고, 아직 일어나지 않은 선행은 일어나게 하며, 이미 일어난 악행은 그치며, 아직 일어나지 않은 악행은 일어나지 않게 하라"고 가르치셨다. 여기서 선행과 악행을 '선행의 영향력'과 '악행의 영향력'으로 바꾸면 심리학적인 해석이 될 것이다. 모든 행은 어김없이 우리 마음에 영향을 미친다는 점에서, 그래서 우리의 행불행을 결정한다는 면에서, 이런 관점은 유효하다.

사족을 좀 붙이자면 이렇다. 위에 소개한 필자의 '3층 불행극복법'은 사실은 '3층 행복증진법'으로 볼 수도 있다. 이것은 불행한 생각이 덜 떠오르게 하는 대신, 행복한 생각이 더 자주 떠오르게 하는 방법이다.

이 방법은 앞서 인용한 부처님 말씀 중에 '이미 일어난 선행은 육성하고, 아직 일어나지 않은 선행은 일어나게 하라'에 해당한다.

하지만 인간의 속성이라는 것이 '같은 값이라면 얻는 기쁨보다 잃는 고통이 더 크므로'(예를 들어 집을 한 채 더 얻는 기쁨보다는, 있는 집을 한 채 잃어버리는 고통이 훨씬 더 크다) 아무래도 고통을 없애는 방법에 더 중점을 둘 수밖에 없다.

주문을 외우거나, 기도를 하거나, 절을 하거나, 경전을 읽거나, 참선을 하는 것은 고통스러운 경험과 기억이 떠오를 틈을 주지 않는 점에서 매우 효과적이다. 물론 이런 종교적인 수련은 선업을 증진하는 적극적인 덕德, virtue, 바라밀이지만, 동시에 이미 (자기 마음 또는 뇌에) 있는 악업의 발현을 막는 방어책이기도 하다.

운運과 노력:
퀀텀인욕과 퀀텀자비—중도인과

당신의 성공이 죄다 당신이 잘한 덕인가?
그렇다면 당신이 그렇게 잘난 사람이란 말인가?
당신의 실패가 죄다 당신이 잘못한 탓인가?
그렇다면 당신이 그렇게 못난 놈이란 말인가?

이 세상에 인과因果만 존재한다는 것은 사실이 아니다. 운(우연, 행운,
불운)도 존재한다.

지금부터 예를 들어 보이겠다.

두 사람이 복권을 산 것은 노력이요, 둘 중에 한 사람만 당첨된 것은
운이다.

주사위가 우주의 업력業力을 받아서 1, 2, 3, 4, 5, 6 중의 특정한 숫자
를 들어낼 리는 만무하므로 운이다: 그런 일은 뉴턴의 운동법칙에 위배
되기 때문이다. 당신이 고층빌딩 100층에서 실족했는데, 초당 1mm의
엄청나게 느린 속도로 추락하는 것이 (그래서 털끝 하나 다치지 않는 것
이) 불가능하다면, 이 일 역시 불가능하다.

힘들게 일해서 번 돈으로 복권을 죽을 때까지 매주 열 장씩 30년 동
안이나 산 것은 노력이요, 오히려 평생 한 장만 산 사람이 덜컥 일등에

당첨된 것은 운이다. 그렇게 열심히 산 당신이 당첨이 안 된 것은 정말 불운^{不運}이다. 복권당첨번호를 결정하는 추첨기계는 물리학의 역학에 의해서 작동하므로 우주의 업력이 작용하는 것은 아니다.

복권을 아예 한 장도 안 사면 절대 당첨될 일이 없으므로, 그 점에서 당첨은 '인과는 인과이다'. 그러므로 복권당첨은 인과와 운의 오묘한 결합이다.

어떤 여인이 이상형의 남자를 소개받은 자리에서 기어코 나오려는 방귀를 용을 써가며 참는 것은 노력이요, 하필이면, 남자가 잠시 자리를 비운 사이가 아니라, 식사 중에 방귀가 터진 것은 운이다. 특히 냄새가 지독하다면 더욱 운이다. 그것도 화장실에 가서 처리하려고 의자에서 엉덩이를 드는 순간에 터진다면, 정말 운이다. 절묘한 타이밍의 악운^{惡運}이다. 남자가 호감을 표하는 중에 터졌다면 그리고 끔찍한 냄새가 반경 수 미터를 포위했다면, 정말 비운^{悲運}이다. 이런 여인을 비운의 여인이라 부른다.

평소 다이어트·요가·산보·등산·골프에다가 독서로 다지고 쌓은 건강과 교양은, 종종 방귀터짐 같은 '순수한' 운^{純運} 앞에서는 한없이 무기력하다. 나(날씬하고 교양 있는 여자)는 상대방이 너무 맘에 드는데 상대방은 오히려 뚱보와 속된 여자를 좋아한다면, 그런 웃기는 상황은 분명 운^{戱運}이다.

지인이, 무인속도측정기가 없던 시절, 경부고속도로를 달리다 경찰에게 속도위반으로 잡혔다. 앞뒤로 쌩쌩 달리는 차들의 호위를 받으며 안심하고 과속하다 벌어진 일이다. 묻혀 달리면 안 잡힐까 싶어, 빠르게 달리되 다른 차들에 묻혀 달린 것은 노력이요, 하필이면 자기만 잡히는 것은 운이다. 다른 차들은 놔두고 왜 자기만 잡느냐는 항의에 교통경찰이 하는 말, "세렝게티 초원에서 사자가, 죽어라고 도망가는 물소를 몇 마리나 잡습니까? 그중 딱 한 마리만 잡지요." 살아오면서 경찰에게서 들은 가장 지혜로운 말이었다고 한다. 그러므로, 하필이면 잡힌 물소가 자기라니, 그게 바로 운苦運이다.

그런데 지인의 항변이다. "속도위반딱지를 떼이는 것을 꼭 운이라고만 할 수는 없다"는 것이다. 이분이 20여 년 전에 포항에서 울진으로 가는 국도에서 교통경찰에게 속도위반으로 걸렸다. 선처해달라고 애원하자, 멋진 흰색 할리데이비슨을 탄 검은색 선글라스의 경찰이 하는 말, "안 됩니다. 한 사람 잡기가 얼마나 힘든 줄 아십니까? 당신을 다섯 시간이나 기다렸어요. 요즘 운전자들이 여간 영악한 게 아니에요. 어떨 때는 하루 종일 기다려도 한 사람도 못 잡아요. 그러니 그냥 보내줄 수는 없습니다." 그래서 수고비(?)로 경찰조직에 5천 원을 기부했다고 한다. 대단히 설득력 있는 논리였다. 그런데 그건 교통경찰의 입장에서 볼 때나 노력이지, 지인의 입장에서는 운이 아닌가? 독자 여러분의 의견은 어떠하신가?

한 사람은 양산 만드는 기술을 그리고 다른 한 사람은 나막신 만드는 기술을 익힌 것은 노력이나, 그 후 오랫동안 비가 오지 않아 나막신바치가 망한 것은 운乾運이다. 운이 말라버린 것이다.

부지런한 종갓집 며느리가 수십 명분 대가족 김장을 때맞추어 마친 것은 노력이요, 이상 기후로 그해 겨울이 유난히 따뜻해서 김치가 죄다 일찍 쉬어버린 것은 운氣運이다. 기후예측용 인공위성이 없던 조선시대에 특히 그러하다. 운은 과학의 발달에 따라 점점 더 먼 변경으로 쫓겨난다.

열심히 운동하고 소식하며 육식을 줄인 것은 노력이나, 하필이면 캐나다 여행 중에 별미라고 해서 모처럼 먹은 쇠고기 스테이크로 광우병에 걸려 요절한 것은 운狂運이다. 그날따라 입맛이 당겨서 먹은 오리고기로 조류독감에 걸려 죽는 것도 운이되, 비운飛運이다. 다 같이 먹었는데 자기만 걸렸다면 더욱 고약한 운이다. 물론, 고기를 먹은 것은 인因이나, 먹은 후에 자기만 탈이 난 것은 운이다. 세상은 인과가 운을 이끌며 추는 탱고이다. 운은 가끔 미쳐狂 날飛뛴다. 그러니, 그런 운은 광비운狂飛運이라 아니할 수 없다.

겨냥은 인과요 바람은 운이다. 바람은 어디서 불어와서 어디로 불어갈지 아무도 모른다. 바람이 왜 하필이면 그때 그 순간 그 방향으로 부는지도 아무도 모른다. 그러므로 활을 쏘아 과녁에 맞히는 것은 인과가 우연과 추는 왈츠이다.

보시布施 등 육바라밀을 닦으며 사는 것은 노력이요, 그렇게 열심히 살던 사람이 길을 가다 보도로 돌진한 벤츠에 치여 죽은 것은 운이다. 잘 차려입은 운전사도 죽었는데 알고 보니 그가 무보험에다가 빚만 잔뜩 있는 사람이었다면, 피해자는 보상받을 길이 없으니 유족은 지독히 운이 없는 것이다. 이런 운은 벽운霹運이라 불린다.

열심히 일을 해서 돈을 많이 번 것은 노력이요, 그 돈으로 모처럼 쇼핑하러 간 백화점이 무너진 것은 운이다. 백화점주인 입장에서는 붕운崩運이요, 손님 입장에서는 압운押運이다.

두 사람이 밭에 나갔다. 밭에서 일하던 중에 한 사람은 수박만 한 운석이 자기 발밑에 떨어지고, 다른 한 사람은 자기 머리 위에 떨어졌다.

두 사람이 밭에 나가 열심히 일한 것은 노력이고, 발밑에 떨어진 운석으로 횡재橫財를 하는 것과 머리위에 떨어진 운석으로 횡사橫死를 하는 것은, 둘 다 '횡橫(뜻밖)'으로 평등한 운橫運이다.

나무가 햇빛받기 경쟁을 하며 열심히 자란 것은 노력이요, 씨앗시절에 울진 대왕소나무 옆으로 날려온 것은 운이다. 유명 소나무사진작가 장국현이 대왕소나무의 멋들어진 풍채를 가린다고 주변 나무들을 베어버렸다. 장국현의 사주使嗾를 받은 시골사람들에 의해 톱질을 당한, 그런 운 없는 소나무가 10그루가 넘었다. 그가 그런 짓을 할지 누가 알았겠는가? 사람도 모를진대 하물며 소나무랴. 그러므로 순운純運이다. 이 진짜 운 없는 나무들은 풍운風運의 소나무들이다.

이것저것 열심히 준비해서 해외유학을 간 것은 노력이나, 결국 학업을 중단시킨 IMF사태가 터진 것은 운淘運이다.

서봉수가 조훈현이 태어날 무렵에 같이 태어난 것은 상서詳徐롭지 못한 운이지만, 뽑아도 뽑아도 다시 솟아나는 잡초처럼, 좌절하지 않고 넘어질 때마다 다시 일어나, 세 판에 한 판 정도로 판맛을 본 것은 노력이다. (2010년 현재 조·서 승률은 246 : 120이다. 많이도 싸웠다!)

만약 조훈현이 없었다면 국내 타이틀은 모두 서봉수 차지였겠지만, 세계최고 국제기전 응씨배우승은 불가능했으리라. 서가 조에게 얻어맞아가며 배운 것이 크기 때문이다. 그러므로 불쌍不詳한 서봉수가 조훈현을 만난 것은 신운辛運이다.

그(녀)를 만난 것은 운이요, 서로 증오하게 된 것은 인과이다. 얼마나 서로 상대방 마음을 후벼파는 말들을 해댔겠는가? 마찬가지로 그(녀)

를 만난 것은 운이지만 서로 사랑하게 된 것은 인과이다. 서로 위해주는 마음이 서로 상승작용을 일으켰기 때문이다. 그러므로 '사랑과 전쟁'은 '인과와 운의 놀이터'이다.

얼굴도 모르는 처녀(총각)에게 장가들라는 부모의 명령에 순종한 것은 노력이나, 첫날밤 어여쁜 색시(잘생긴 신랑)의 얼굴을 확인한 것은 운이다, 절대로 복福이 아니다. 반대의 (밉고 못생긴) 경우도 평등하게 같은 횟수로 발생하기 때문이다. 게다가 (반듯한 용모와 제정신에다) 성품까지 좋다면 대운大運이며, 반대의 경우는 대단한 불운不凶이다. 이 점에서 모자란 부인을 얻은 퇴계 선생은 불운했다. 하지만 드높은 도道로 운을 극복하고 평화로운 삶을 유지했다. 그래서 도를 닦아야 한다. 불운소화제로는 도보다 나은 것이 없다. 그걸 도운道運이라고 한다.

비행기시간에 늦게 일어났지만 부랴부랴 준비해서 열심히 공항으로 나간 것은 노력이요, 그날따라 비행기가 연착을 해서 비행기를 놓치지 않은 것은 행운幸運이다. 행운幸運에서 대들보(-)를 하나 빼면 간당간당 위태로운 신운辛運이다. 탑승 전 심한 배탈로 화장실에 가서 한참 차례를 기다린 끝에 일촉즉발의 위기를 넘기고 겨우 변기에 엉덩이를 올렸으나, 시간이 너무 지체되어 그만 비행기를 놓쳤는데, 그 비행기가 이륙 후 추락했다면 신운辛運이다: 신승辛乘(변기를 어렵게 탐)이자 신운辛運이다. 배탈이 아니라, 그 전날에 돌아가신 어머님이 현몽하셔서 탑승을 막았다면 신운神運이다.

제2차 세계대전 중인 1944년 6월 5일 밤에 미군 공수부대가 노르망디로 뛰어내린 것은 노력이었으나, 하필이면 그날 밤에 불이 난 농가가 밤하늘을 환하게 밝혀서 독일군에게 조준살해당한 것은 악천운惡天運이다. 그런데 교회첨탑에 걸려 살아난 존 스틸 이등병은 천운天運이다.

K2 암벽등반 중 설사가 터지면, 줄에 대롱대롱 매달린 채로, 바지를 벗고 개미가 개미굴 침입자에게 강산성強酸性 액체를 발사하듯이 급히 발사해야 한다. 등반장비와 줄로 얽힌 등산복을 낑낑대며 벗는 것은 노력이요, 그런 사람 바로 밑에 자리잡고 줄에 매달린 채로 똥벼락을 맞는 것은 운이다. 이와 비슷한 일이 8,000미터 이상의 14좌 완등完登에 빛나는 세계적인 등반가 엄홍길에게 일어났다고 한다. 뒤집어쓴 인분이 살을 에는 추위에 얼어붙는 것은 참을 수 없는 불운이다. 바람이 돌연 진로를 변경하고, 그 바람에 낙하하던 물똥이 얼굴을 향해 돌진하면 대단한 불운이다. 그런 불운은 사바세계 최고의 불운이라 해도 조금도 지나치지 않을 것이다. 만약 일을 본 등산가가 여성이었다면 등반사고로 동료들이 다 죽지 않는 한 절대 시집을 못 가리라. 그 복수複數의 간지러운 입을 막는 것은 불가능하기 때문이다. 이 무슨 날벼락 같은 불운이랴. 이런 운은 온 세상世에 고약한 액체체를 뿌리는 세운泄運이라 불리어야 합당하다.

그럼 인과론은 엉터리인가? 그렇지 않다. 확률론적으로 보면 된다. 우리 삶에는 무수한 일들이 일어난다. 이 가운데 우연으로 일어나는 일보다 인과관계로 일어나는 일이 훨씬 더 많다. 특히 다단계의 인과적 고리로 연결된 복합사건은 우연으로 이루어질 확률이 지극히 작다. 전체사건이 일어날 확률은 개별사건이 일어날 확률들의 곱이기 때문이다. 그러므로 범사에 철저해야 한다. 곱의 확률에서는, 하나라도 확률이 작으면 나머지에. 즉 전체에 치명적인 영향을 미치기 때문이다. 예를 들어 극단적으로 하나가 0이면, 전체도 0이다. 어떤 수에도 0을 곱하면 0이 나오기 때문이다. 그러므로 인과는 '곱의 법칙'의 지배를 받는다! 그리고 이렇듯, 여러 운의 합동으로 일어나기에, 몹시 일어나기 힘든 운이 발생하는 것을 '승운乘運을 입는다' 한다. 물론, 부정적으로는 '승운을 못 입는다'고 표현한다. 참고로, 승乘은 곱할 승자이다.

기가棋家에서 말하기를, '대마가 죽는 것은 기적'이라고 한다. 살길이 무수했으나, 즉 한 번만이라도 살길을 택했으면 되는데, 수십 번의 살길을 놓치고 수십 번을 모두 죽을 길로 갔으니 그 얼마나 어려운 일이냐는 말이다. '확률의 곱의 법칙' 측면에서 보더라도 대단히 어려운 일이 아닐 수 없다. 프로 아마추어 가릴 것 없이 수없이 죽어본 사람들의 자조적인 한탄이다. 바둑이건 인생이건 수없이 생사를 거듭해보면, 즉 수없이 윤회를 해보면 지혜가 생기는 법이다.

일본의 전설적인 승려바둑기사 초대 본인방本人坊 산사算砂, 1559~1623가 죽음에 임박해 뱉은 명언이 있다.

"이게 바둑이라면 패라도 걸어볼 텐데…."

뿐만 아니라 운은 우리의 통제력 밖에 있으나 인과는 그렇지 않다. 인과는 법칙이므로 스위치를 올리고 내리는 것과 같다. 스위치를 올리고 내림에 따라 어김없이 불이 들어오고 나가는 것처럼 인과도 그러하다. 사람과 달리 인과는 배신이 없다. 그리고 스위치를 올리고 내리는 것은 우리 의지이다.

무명은 운이요, 해탈은 노력이다. 오해가 없게 자세히 표현하면 이렇다: 초기치initial value(최초의 상태)로서의 무명無明(번뇌를 일으키는 어리석음, 연기와 인과에 어두운 것)은 운이요, 최종값final output으로서의 해탈解脫(번뇌로부터 벗어남, 연기와 인과에 밝은 것)은 노력이다. 해탈한 중생이 퇴락해서 무명중생이 되었을 리는 천부당만부당하므로, 중생은 무명으로부터 출발한 것이 명명백백하다: 따라서 주어진 초기치로서의 무명은 운이다. 출생 시 머리가 안 좋게 태어난 것은 운이지만, 열심히 노력해서 번뇌를 해탈한 것은 노력이다. 그러므로 '무명'의 풀이는 다음과 같이 바꿈 직도 하다: 무명은 연기와 인과와 그리고 '운'에 어두운 것이다. 가끔, 운에 절망한 나머지 인과마저 버리는 일이 있기에, 더욱 그러하다.

부처님 제자 중에서 머리가 나쁘기로 유명한 주리반특을 보라. 주리반특은 한 문장도 외우지 못할 정도로 우둔했으나, 열심히 노력해서 아라한이 되었다. 아둔하기 이를 데 없는 우리 불자들이 귀감으로 삼아야 할 사람은 용수보살이나 성철 스님이 아니라 주리반특이다. 뱁새가 황새 따라가다가는 가랑이가 찢어지는 법이다. 불상을 만들어 세울 바에야, 절마다 주리반특 상을 세우고 롤모델로 삼아야 한다. (그 앞에서 머리를 조아릴 때마다 성문^{聲聞} 주리반특은 말씀하신다. "너희는 나보다 훨씬 총명하므로 깨달음이 보장되어있다. 그러니 열심히 정진하라." 어찌 고맙고 따사로운 우직한 격려가 아닐쏘냐!) 그런데 주리반특 상은 존재하지 않는다. 여자(남자)의 적은 여자(남자)라더니, 우둔한 중생의 적은 우둔한 중생들이다.

그러므로 부처님 제자로서 우리가 할 일은 열심히 노력하는 것이다. 세상일도 그렇고 영적 수행도 그렇고 모두 노력이다. 그러고도 안 되면 '이번에는 운이 없는가 보다' 혹은 '지독히도 운이 없구나' 하고 다시 노력하면 된다. 그런데 언제까지 해야 할까? 정답은, '운이 찾아올 때까지'이다. 그러면 안 되는 일이 없다. 윤회론이 사실이라면 우리에게는 무한한 시간이 주어져있기 때문이다. 그러니 노력하면 반드시 성취된다. 언젠가!

'운을 운으로 받아들이는 것'이 도^道이다. 도는 절대로 불평하지 않는다 道無不平 不運不闢 常維持捨 卽平常心 或陽或陰 都無相關 向上一路 是爲精進. 노력이 부족

하거나 단지 운이 없기 때문이다. 해탈은 노력으로 오지만, 노력에 결과가 안 따라주어도, '운이 없는 것이려니' 하면서, 초연하게 다음 노력을 하는 것이 도道이다. 세상사도 마찬가지이다.

카인이나 아벨이나 둘 다 열심히 농사짓고 목축을 한 것은 노력이나, 야훼 하나님이 카인의 곡물을 거절하고 아벨의 고기를 받은 것은 카인 입장에서는 운이다. 야훼가 고기(태우는 냄새燔祭)를 좋아할지 누가 알았겠는가? 『구약』에 보면 야훼에게 바치는 음식이 상세히 열거되어있는데 모두 고기이고 채소는 없다. (야훼가 잡식성이었다면 그런 비극은 일어나지 않았을 것이니, 이것도 운이라면 운이다. 이 경우 카인과 아벨은 사이좋게 합동으로 야훼에게 제사를 지낼 수 있었다. 제사상은 좌곡우육左穀右肉으로 차리면 된다. 아니면 양머리국밥으로 통일하든지. 차라리 양 날고기 비빔밥이 더 나을지도 모르겠다.) 미리 메뉴를 주문받은 것도 아니고… 그렇다고 해서, 하나뿐인 형이 바로 밑 동생을 죽이다니 도가 낮아도 한참 낮다. 도가 중간 정도만 되어도, '에이, 운이 없네' 하고 말 일이었다.

우리가 동양에 태어나 사생자부四生慈父 부처님의 가르침을 만나 타인과 동물에 대한 자비심을 가지고 사는 것은 홍복洪福이다. 하지만 이 일은 상당부분 운이다. 이게 운이 아니라면 마땅히 받아야 할 것을 받은 것에 지나지 않는다. 그래서 『불경』에서 말하기를 '불법을 만나는 것은 맹귀우목盲龜遇木처럼 어려운 일'이라고 한다. 별로 복을 지은 바 없는 우리가 이슬람·기독교·힌두교·공산주의 국가가 아닌 한반도 중에서도 남쪽 반 토막인 대한민국에 태어나 불법을 만난 것이 바로 '맹귀우목'이다, 즉 다름 아닌 우리가 맹귀盲龜이다. 그러므로 불법을 만난 이런 홍복은 맹렬盲烈한 맹운盲運이다!

'운을 운으로 받아들이는 것'이 인욕忍辱과 자비심의 처음이자 마지막이다. 전생이나 현생에 스스로 만든 업으로 인해서 생긴 '마땅히 받아야 할 욕됨'을 참는 것보다는, 오히려 '양자역학적인 불확정성quantum uncertainty으로 발생한 무작위random 욕됨'을 참는 것이 진정한 인욕이다. 이것을 무연인욕無緣 忍辱, 무연자비심無緣 慈悲心이라고 한다. 인과의 사슬을 벗어난 운運으로 일어나는 일이기에, 함부로 양자역학 용어를 빌려와 '양자인욕量子忍辱(퀀텀인욕)' 또는 '양자자비심量子慈悲心(퀀텀자비심)'이라고 해도 크게 어긋나지는 않으리라.

예수는 "가족을 사랑하는 것은 누구나 할 수 있는 일이나, 원수를 사랑하는 것은 그렇지 않다"고 했다. 운이 존재하기에 인간은 진정한 인욕을 닦을 수 있다. 그리고 진정한 자비심이 가능하다. 보복과 보답이라는 인과관계를 벗어나는 것이 진정한 인욕이자 자비심이다. 소위 무위인욕과 무위자비심이다.

운이건 불운이건 간에 우리에게 던져진 그 운·불운을 바라보고 포용하는 시각과 마음은 온전히 우리 몫이다. 그래서 구도와 해탈이 가능한 것이다.

극단적인 인과론은 '모든 것이 인과이고, 운은 전혀 존재하지 않는다'는 이론이다. 이 극단적인 인과론의 대척점對蹠點, antipode에는 극단적인 우연론이 있다. 모든 일이 우연이라는 것이다. '콩 심은 데 콩 나고, 팥 심은 데 팥 난다'는 유전학과 '우주를 인과적으로 설명하는 학문'인 현대과학의 눈부신 성공은, 극단적인 우연론을 부정한다. 이렇듯 극단적인 우연론은 명백히 거짓이므로, 그 대척점에 있는 극단적인 인과론 역시 (양자역학이 주장하고 있듯이) 거짓일 가능성이 상당히 크다. 흔히 자연은 쌍으로 존재하고, 쌍 사이에는 대칭성symmetry이 존재하기 때문이다. 예를 들어 (극단적인 형태의) '인과와 우연'은 하나의 쌍이기에 한쪽이 거짓이라면 다른 쪽도 거짓일 가능성이 크다는 말이다. 즉 인과론은 극단적인 형태로서는 거짓일 가능성이 크다. 다시 말해서, 세상은 인과와 운이 공존한다는 말이다. '인과가 주인이 되어 운을 이끈다'는 이론이 중도인과(中道因果)론이다.

극단적인 인과론에 빠지면, 자신의 불행을 모두 전생의 업보로 돌리는 결정론 내지는 패배주의로 흐를 수 있다. (증시에서 깡통계좌에 근접하면 만회하는 것이 극도로 어려워지듯이, 큰 악업을 쌓은 사람은 인과의 힘만으로는, 즉 자력만으로는 원위치로 돌아가는 것이 극도로 어려워질 것이다. 그래서 절망하고 모든 것을 포기할 수 있다. 그러므로 의인이나 귀인을, 즉 선지식이나 부처를 조우(遭遇)하는 것은 급등주처럼 대단한 행운이다.) 또는 불행하고 고독한 자들에 대한 동정심이 사라지고, 반대로 돈과 권력을 남용하는 사람들에 대한 관용과 동경이 생길 수 있다.

극단적인 인과론에 의하면, 그들은 그런 큰 복을 누릴 선업을 쌓은 것이 분명하고, 그렇지 못한 자기는 선업을 쌓지 못한 열등한 존재이기 때문이다. 그리하여 이런 철학은 정치·경제·사회제도의 개혁과 발전을 가로막는다. 중도인과론의 장점은 이런 결점을 완화시키며 동시에 숨을 턱턱 막히게 하는 인과론의 톱니바퀴에서 벗어나게 하는 해방의 멋이 있다. 그리고 운을 허용하면 우리가 흔히 불합리하다고 느끼는 현상인 '선인이 망하고 악인이 성공하는 현상'을 어느 정도 설명할 수 있다. 인과론이 이런 일을 설명하려고 고안된 이론이기는 하지만, 쌍대적으로 운도 이런 일을 설명할 수가 있는 것이다. 인과관계가 대부분을 차지하는 우주에, 운이 좀 섞이는 것이 우주를 부드럽게 돌아가게 만든다.

중도인과론(中道因果論)은 한마디로 표현하면, '우리 숨 좀 쉬고 삽시다'이다.

...

사랑,
없는 것은 줄 수 없다

없는 걸 주겠다는 놈은 사기꾼 말고는 없다

사람들은, 특히 종교인들은 쉽게도 말한다. 우리 사랑하자고. 하지만 그게 쉬운 일이 아니다. 여간 어려운 일이 아니다. 자기에게 없는 것은 절대로 남에게 줄 수 없기 때문이다. 가지지 않은 돈을 남에게 줄 수 없다. 수재의연금으로 낼 수도 없다. 추상적인 것도 마찬가지이다. 없는 수학지식이나 영어지식을 남에게 줄 수 없다. 정치, 체육, 무술, 사업, 공예, 예술, 작문作文 등에 필요한 기술 역시 그렇다. 남을 가르치려면 먼저 배워 심신을 지식과 기술로 채워야 한다.

그러므로 남에게 사랑을 주기 위해서는, 먼저 우리 마음이 사랑으로 차야 한다. 여유가 많을수록 많이 줄 수 있다. 풍족하지 않은 살림에도 어려운 사람들에게 많이 베풀 수 있는 사람은, 마음이 풍족하기 때문이다.

문제는 '어떻게 해야 사랑하는 마음이 느느냐' 하는 것이다.

먼저 남에게 사랑을 받는 것이다. '사랑을 받아본 적이 없는 사람은 남을 사랑할 줄도 모른다'는 금언이 있다. 간혹 기이하게도, 사랑을 받아놓고도 그 사실을 기억하지 못하는 경우도 있다. 일종의 인지부조화認知不調和 현상이다.

대부분의 사람들이 그렇다. 사람들은 준 것은 한 사발 물도 기억하지만, 받은 것은 억만금이라도 곧잘 잊는다. 이런 경우는 회귀명상법을 이용해서 과거의 사랑받은 경험을 회상해내는 것이다. 사람들 사이에 다툼이 일어나는 것은, 많은 경우에, '준 것보다 덜 받았다'고 생각하기 때문이다. 하지만 '받은 것은 적게, 준 것은 크게 인식하는' 인지부조화일 가능성이 크다. 회귀명상법과 있는 그대로 보는 관법觀法수행을 통해서 그 부조화를 교정할 수 있다.

아무리 받은 사랑이 없다고 해도, 다음의 사랑은 누구나 받은 사랑이다. 누구나 열 달 동안 따뜻한 양수의 바다에서 아무런 노동의 수고 없이 탯줄이라는 보급선을 따라 영양분과 산소를 공급받아가며, 가지가지 모양을 나타내면서 종의 발생을 되풀이하는 35억 년 진화의 세월을 기념하는 의식을 거행하는 특권을 누렸다. 얼마나 복된 나날인지 모른다. 인간은 망각의 동물이므로, 옛 사진첩을 들여다보듯이, 좋은 일은 잊어버리지 않도록 반복해서 자꾸자꾸 기억해내야 한다.

성체成體가 되기까지 살아남으려면 누군가의 사랑(보살핌)이 특히 어머니의 사랑이 절대적이므로, 누구나 사랑을 받은 것은 틀림없는 일이다. 간혹 혹독한 운명의 장난으로 그런 경험이 비껴간 것처럼 보이는 사람을 위해서는 따로 방법이 있다. 스스로 자신을 사랑하는 것이다. 종교인이라면 '자신의 삶을 바꾼 가르침을 피하지 않고 받아들인' 현명한 결정을 내린 자신을 사랑하는 것이다. 그리고 수고스럽게 그런 가르침을 세상에 남긴 교조教祖는 분명 후세後世 제자들을 미리 사랑한 것이다. 그러므로 입문하는 순간, 미리 주신 사랑을 받는 것이다.

너무 추상적이고 마음에 와닿지 않는다는 느낌이 들면 다른 방법이 있다. 종교적인 생활 이전과 이후를 비교해보는 것이다. 분명 놀랄 만큼 바뀐 자신의 모습을 발견할 수 있을 것이다. 편협하고 이기적인 모습에서 넓은 마음과 이타적으로 바뀐 모습을 발견할 수 있다. 그러나 절대적인 기준으로 보면 안 된다. 인간은 끝없이 진화하고 성장하고 변하는 존재이므로 윗방향으로의 변화가 중요할 뿐이다. 조금이라도 성장했다면 그것이 축복이고 복이다. 그것을 알아차리고 다시 그 방향으로 계속 나아가면 된다. 그 과정에서 얻어지는 행복감은 우리 마음을 채우고 흘러넘쳐 주변을 채우고 그리고 남들까지 채울 것은 의심의 여지가 없다.

이리저리 아무리 찾아봐도 행복한 일이 없으면, 지금부터 만들면 된다. 황금률에 따라 살면 된다. 그 가르침으로 행복해지는 것이다. 그러므로 불교인의 첫 번째 목표는 스스로 행복해지는 것이다. 행복은 삶에 대한 사랑을 키우기 때문이다.

부처님이 가르치신 세 가지 진리인 삼법인(무상·고·무아) 중 첫 번째가 무상無常(변하지 않는 것은 없다)이다. 무상은 어마어마한 진리이다. 흔히 무상이 고苦의 원인이라고 말한다. 그래서인지 우리말에 '인생은 무상하다, 혹은 덧없다'는 말은 부정적인 뉘앙스를 풍긴다. 좋아하는 상태가 그대로 유지되지 않아 (그 상태에 대한 집착으로) 고苦가 발생한다고 설명한다. 젊음·애정·건강·지위·명성·기후·지력·기억·기분·감정이 잠시도 머무르지 않고 변한다.

하지만 무상은 동시에 '고로부터의 해탈'의 근원이다. 만약 고苦가 무상하지 않다면 즉 변하지 않는다면, 고苦(를 불러오는 대상과 고苦 그 자체)는 영원히 괴로움으로 고착固着될 것이므로, 우리는 한번 고통에 빠지면 절대로 헤어날 수 없을 것이다. 하지만 '세월이 약'이라는 말이 있듯이, 고통도 시간이 지나가면 그 힘을 잃고 만다. 세상영화榮華만 시간을 못 이기는 것이 아니다. 고통이 무상이라는 것을 깨닫는 순간, 고통의 주요 원인 중의 하나인 미움도 무상하다는 것을 알 수 있다. 미움은 부처님이 설하신 4대 고苦 중의 하나이다. 미운 사람을 만나거나 같이 살아야 하는 원증회고怨憎會苦가 그것이다.

그런데 미움은 생각보다 견고하지 않다. 자비명상을 해보면 알게 된다. 원수를 자기 마음의 스크린에 그려놓고 껴안아준다. 한번 껴안기가 힘들지 일단 해보면 생각보다 힘들지 않다. 인간은 35억 년 진화의 과정에서 살아남기 위해서, 생존에 위협이 되는 것들을 피하게 하는 '회피와 경고' 기능으로서의 (그런 대상에 대한) '미움 또는 혐오'라는 감정이 발달한 것이다.

하지만 자연계에 물이 너무 많으면 홍수요 너무 적으면 가뭄인 것처럼, 인간사도 지나치기 십상十常이라 우리 감정은 사랑이 너무 적어 증오로 발전하기도 한다. 이 지나침을 치료하는 것이 자비명상이다. 미움이 강도가 약해지고 사라지면서, 사랑이 깃들이고 둥지를 튼다. (처음부터 미움이 없으면 미움의 무상함을 깨달을 수도 없기에, 그래서 '마음이 무상함心無常'을 깨달을 수 없기에, 진실로 미움은 해탈로 가는 탈것이다.)

뿐만 아니라 이제 인간의 생존을, 개별적으로만 볼 것이 아니라 유전자(생체유전자·문화유전자)의 발견을 통해서 전체적으로 볼 수 있게 되었으므로, 더 이상 개별체의 미움에 의지할 필요가 없어졌다. 그러므로 미움의 역할이 축소되어 자비명상이 더 수월해졌다. 과학(자연과학과 인문과학)문명의 발달로 인간은 문자 그대로 천수천안千手千眼을 가지게 되었다. 이 점을 자각하면 자비명상은 한층 더 수월해진다. 작은 배에 사람이 가득 타면 한 사람만 몸부림을 쳐도 배가 뒤집어질 수 있다. 우주공간을 떠도는 지구라는 소형 배도 (핵폭탄 등 가지가지 흉측한 무기를 소지한) 인간들로 가득 차면서, 전복되지 않으려면 몸부림치지 말고 평화롭게 살아야만 되는 시대가 되었다. 기업·조직·사회·국가도 마찬가지이다. 이런 사실에 대한 자각은 자비명상에 대한 토대를 굳건하게 해

사랑, 없는 것은 줄 수 없다

준다.

세상을 바라보는 눈이 너무 인색하기 때문에, 스스로 사랑받지 않았다고 생각할 수 있다. 이런 경우는, 하나의 존재가 존재하기 위해서는 얼마나 많은 인연이 즉 타인과 물질과 환경의 도움이 있어야 하는지를 배워 깨달음으로써, 타 존재들의 도움과 사랑을 느낄 수 있다.

자기 주변을 살펴보시기 바란다. 자신이 만든 물건이 얼마나 되는지. 우리가 누리는 물질문명은 거의 다 우리 손이 가지 않은 것들이다. 예를 들어 신발·양말·옷·비누·화장지·치실·칫솔·이쑤시개·가구·집 등의 생활필수품, 전기밥솥·냉장고·세탁기·식기세척기·에어컨·텔레비전·전화기·스마트 폰·컴퓨터·사진기·라디오·전축·내비게이션 등의 가전제품과 전기전자기구, 연필·볼펜·만년필·종이 등의 필기도구, 그릇·칼·숟가락·젓가락·솥·냄비 등의 주방기기, 자전거·자동차·비행기·배 등의 운송수단, 쌀·보리·밀 등의 곡물, 오렌지·사과·수박·자두·살구·배 등의 과일, 습진약·활명수·아스피린·타이레놀·무좀약 등의 의약품, 손톱깎이·족집게·화장품 등의 미용용품, 음악·연극·드라마·영화·책 등의 문화상품, 포장도로·철도·항구·공항·송신탑·전봇대·상수도·하수도 등의 사회간접자본 등등, 거의 모든 것이 남들이 만들고 생산한 것이다(이 중에 필자가 만든 것은 단 하나도 없다). 그러니 어찌 감사하지 않을 수 있을까?

마지막으로, 설사 (자기가 생각하기에) 즐겁지 않은 일만 일어나는 인생일지라도 방법이 있다. 누구나 반드시 죽는다. 그러므로 '이 괴로운 세상이 머지않아 끝난다'는 사실 그 자체에 감사할 수 있다. 그래서, 이 세상이 고^苦라면 자신의 목숨을 빼앗는 존재들에게까지도 감사할 수 있다. 소위, 인식의 전환이다.

부처님의 십대제자로서 설법제일인 부루나 존자는 고향으로 돌아가 전법傳法을 하고자 했다. 부처님이, 사랑하는 제자에게 걱정스럽게 물으신다. "네 고향사람들은 사납기로 악명이 높다는데, 그들이 너를 죽이려 하면 어떻게 하겠느냐?" 부루나가 대답했다. "심지어 어떤 사람들은 이 세상의 괴로움을 못 이기고 남들에게 자신을 죽여달라고 부탁하기도 하는데, 그들이 자진해서 저를 죽여준다면 그저 고마울 따름입니다." 부처님은 허락을 하고 부루나 존자는 전법을 떠나지만, 부처님이 염려하신 대로 부루나 존자는 순교를 한다, 그것도 단 일 년 만에. 하지만, 이 일화 어디에도 삶과 운명에 대한 저주나 불평이 없다. 따뜻한 사랑이 넘칠 뿐이다.

절대로, '가지지 않은 것'은 남에게 줄 수 없다. '가지지 않았다고 생각하는 것'도 남에게 줄 수 없다. 그러므로 우리는 가지지 않은 것은 노력해서 얻고, 이미 가진 것은 그 사실을 잊지 말아야 한다. 그럼으로써 우리는 사랑부자가 되고, 남에게 베풀어도 모자라지 않는 넉넉한 사람이 된다.

혹자는 묻는다. 『금강경』에 따르면 '일체유위법 여몽환포영 여로역여전一切有爲法 如夢幻泡影 如露亦如電(생멸을 하는 모든 물질적 정신적인 것은 꿈·허깨비·물거품·그림자 같고, 또 이슬방울이나 부싯돌불 같다)'이라는데, 사랑 그게 뭐 그리 중요합니까?" 인생이 몽夢이건 환幻이건 괴롭다는 것은 변함이 없다. 만약 아니라면, 부처님의 설산고행 6년도 필요없었을 것이며, 45년 전법도 필요없었을 것이다. 하지만, 아직 몽夢과 환幻 속의 사람에게 고苦는 고苦일 뿐이다. 그 고를 벗어날 때까지는 싯다르타처럼 정말 열심히 살아야 한다.

이미지

법정 스님에게 길상사를 보시한 자야(1916~1999)는 꽃다운 시절 시인 백석과 1년여 꿈같은 동거를 했다. 자야는 22살의 한양기생이었다. 한국전으로 백석과 남과 북으로 갈린 그녀는 평생 백석을 그리워하며 살았다. 그녀가 늙어서도 한결같이 사랑한 백석은 60년 전의 백석이었을까, 아니면 한 번도 본 적이 없는 노년의 백석이었을까? 타인은 우리에게 실재일까, 아니면 이미지일까? 우리는 자신을 기억할 수 있는 과거부터 존재한 존재와 동일한 존재라고 생각한다. 자신은 자기에게 실재일까, 아니면 이미지일까?

우리가 사랑하는 것은 이미지이다.

미인의 대장·직장(똥주머니)·방광(오줌보)·요도(오줌길)·허파꽈리를 사랑하는 것이 아니다.

그 여자가 만들어낸 이미지 혹은 그 여자로 인해 내 마음에, 즉 내 머릿속에 만들어진 이미지를 사랑하는 것이지, 저기 존재하는 '어떤 여자'ding-an-sich(물자체)를 사랑하는 것이 아니다. 허깨비를 사랑하는 것이다. 우리가 만든 이미지를 사랑하는 것이고, 그 이미지는 불완전하고, 하시라도 바뀔 수 있고, 실제로 바뀌므로 허깨비이다. 유한한 정보를 가지고 만든 이미지를 사랑하는 것이다. (그래서 종종 잔인하게 배신을 당하고 처참하게 절망한다. 진실이 드러나도 부인한다. 내가 아는 당신은 내 눈앞의 당신이 아니라고, 즉 내 마음속의 당신은 내 마음 밖의 당신이 아니라고.) 뿐만 아니라 우리 자신도 허깨비이다. 우리가 우리라는 것은 '우리가 누구이고 무엇이라는' 정체성에 기인하는데, 이조차도 유한하고 불완전한 정보에 의존하기 때문이다. 5,000년 전에 인간이 자기에 대해서 얼마나 알았을 것인가? 50만 년 전에 인간이 자신에 대해서 얼마나 잘 알았을 것인가? 뿐만 아니라, 우리와 우리의 정체성은 시공을 통해 끝없이 변한다!

한국전쟁 중 20대 젊은 나이에 헤어진 북쪽에 남겨진 배우자를 그리워하는 남쪽의 배우자는 60년 동안, 마음에 혹은 뇌에 담아둔, 옛 모습을 떠올리며 그리워한다. 지금 그 사람의 실제 모습(몸과 마음의)은 알 길이 없다. 만약 그분이 이미 사망했다면, 그분은 배우자의 마음속에 과거의 이미지로 영원히 고정된다. 우리가, 실재가 아니라 이미지를 사랑한다는 결정적인 증거이다.

(서로 한없이 그리워하다 수십 년 만에 한없이 반갑게 다시 합친 이산가족이 그동안 각자[상대방]의 마음에 내려 쌓인 세월의 무게를 서로 견디지 못하고 갈라서는 경우가 있다. 때때로 이미지는 깨지 않는 것이 더 낫다. 심지어 부모 자식 간의 재결합조차도 그렇다. 많은 경우에, 소중한 것은 소중하게 놔두는 것이 낫다.)

우리가 어떤 여자를 사랑하는 것은 '분명' 우리가 우리 마음에 만들어 낸 그 여자에 대한 이미지를 사랑하는 것이다.

그렇지 않다면 그 여자의 방광·직장·허파꽈리·코털·위장점막·뇌 역시 사랑해야 하나, 그렇지 않다.

그녀의 촉촉이 젖은 안개비 같은 눈을 사랑할지는 모르나, 사고를 당해서 밖으로 튀어나온 구체의 안구를 사랑할 리는 만무하다. 안구를 코 근처에 달고 다니는 여인을 사랑할 리는 만무하다. 설사 그 여인의 나머지 부분이 아무리 아름답다 하더라도.

절색의 여자가 있다 해보자. 그런데 피부가 투명해서 속이 다 보인다. 시뻘건 간·콩팥·방광(오줌보)·내장·심장·위장·소장·직장(똥주머니)·요도(오줌길)·핏줄이 다 보인다. 두 눈이 멀쩡한 당신은 그 여인을 사랑할 수 있는가? 밤이 아니라 낮에 사랑할 수 있는가? 밤이라 해도, 그믐

밤이 아니라 보름밤에 사랑할 수 있는가?

아마 세상에 모든 사람이 그 여자처럼 투명피부를 가지고 있다면, 아마 더 이상 신경을 쓰지 않고 사랑할 수 있을지 모른다. (실제로 그런 생물이 존재하며 멸종하지 않는 것을 보면, 자기들끼리 서로 사랑을 해서 자손을 생산하는 것이 분명하다.) 투명피부 속으로 보이는 콩팥·방광·허파꽈리의 눈부시게 선명한 핏빛 아름다움을 논할지 모른다. 아주 심각하게. 숨 막히는 아름다움에 압도당해 눈물을 흘릴지도 모른다. 하지만 이것 역시 이미지이다. (불투명피부 시절의) 옛 이미지가 (투명피부 시절의) 새 이미지로 대체된 것에 지나지 않는다. 이 이미지도 불완전하다. 이제 속은 볼 수 있으나 밖은 볼 수 없으며, 여전히 속의 속은 볼 수 없기 때문이다.

(그런데 모든 것이 완벽하게 투명한 세상에 살면 당신은 아무것도 볼 수 없다. 모두 볼 수 있는 것이 아니라 죄다 볼 수 없다. 완벽하게 투명한 유리로 건립된 세상은 당신 눈에 보이지 않는다! 뿐만 아니라, 당신 눈[망막]이 투명하다면 아예 상像이 맺히지 않는다는 점을 유의하시라. 불투명한 우리 눈에 포착되는 유위有爲의 세계는 천변만화하는 불투명의 세계이다. 그래서 조금이라도 보려면 유위세계에 살아야 하고, '이 유위세계는 불투명하기에 다 볼 수 없다'는 점을 수용해야 한다.)

몸이 아닌 마음에 대한 이미지 역시 마찬가지이다. 사람의 마음에도 불투명 피부가 있다. 다른 사람의 마음을 읽기 어려운 이유이다. 불투명한 막이 없어서 쉽게 타인에게 자기 마음을 읽혔으면, 이미 오래전에 진화의 과정에서 멸종되어 사라졌을 것이다. 그래서 우리가 가진 '타인의 마음에 대한 이미지'는 불완전한 유한개의 이미지일 뿐이다.

놀라운 사실은 우리가 우리 자신에 대해서 갖는 이미지 역시 마찬가지라는 점이다.

당신은 당신의 간·허파꽈리·방광·뇌를 본 적이 있는가? 그리고 그것들을 사랑하는가?

자기 마음을 속속들이 잘 알고 있는가? 자기 영혼의 어두운 구석진 곳들을 알고 있는가? 그리고 그것들을 사랑하는가?

뿐만 아니라, 한 사람의 마음은 때때로(사실은 항상) 스스로 모순되는 듯이 보인다. 한 사람 속의 마음은 하나가 아니라 여

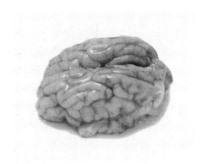

●당신은, 안개비 두 눈 뒤에 자리잡은 그녀의 이 뇌를 사랑하는가? 이 뇌가 없이도 그녀는 존재 하는가?

럿이기 때문이다. 그 여러 마음들이 각각 내밀內密한 불투명 막을 가지고 있다. 그래서 우리는 자기 마음을 잘 모르고, 영혼의 밤은 북극의 밤처럼 길고, 북창동의 밤처럼 소란스럽고, 이태원의 밤처럼 혼란스럽기만 하다. (당신 마음이 안팎으로 완벽하게 투명해지면, 아무 상도 맺히지 않는다. 그것이 무여열반無餘涅槃이다.)

이처럼 우리가 '우리에 대해 갖는 이미지', 즉 '내가 누구라는 이미지'는 유한 개의 불완전한 정보로 이루어진 이미지에 지나지 않는다. 사람에 따라 더 정확한 이미지를 가질 순 있으나, 유한정보와 불완전한 정보위에 건립된 '부정확하고 불완전한' 이미지라는 점은 변함이 없다.

그래서 우리 자신도, 즉 '나'라는 이미지도 허깨비이다.

그러므로 사랑이란 허깨비가 허깨비를 사랑한 것이다. 그런데 허깨비 사이에 무슨 사랑이 가능할 것인가?

따라서 사랑이란 허깨비 사이의 '허깨비' 사랑이다.

사랑만이 그런 것이 아니라, 우리가 우리 마음속에 건립한 일체는 다 이미지이고 허깨비이다. 다 코드code이다. DVD, CD, USB 위에 새겨진 디지털화된 코드일 뿐이다. 우리 마음 또는 뇌에 음과 양으로 새겨진 코드일 뿐이다. 우리가 사랑하는 사람을 우리 마음속에 떠올리는 것은,

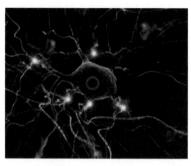
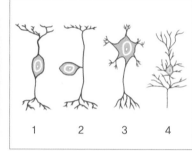

●(왼쪽) 뇌신경세포 뉴런: 이미지를 만들고 저장한다. 뇌 속에는 이런 뉴런이 1,000억 개나 있다. 은하의 별 숫자와 같다. 우리 뇌는 은하이다.

●(오른쪽) 다양한 형태의 뉴런. 당신은 당신에 대해 잘 몰라도 사는 데 큰 지장은 없다. 그냥 살면 된다. 모든 생명체는 35억 년 동안 '그냥' 살아왔다.

DVD의 코드를 디코드decode해서 스크린畵面에 올리는 것과 동일하다. 우리 마음속의 코드를 디코드해서 우리 현재의식이라는 스크린에 올리는 것이다. 다른 모든 정신적인 행위도 동일하다. 뿐만 아니라, 우리(몸과 마음)와 우리의 정체성은 시공을 통해 변한다! 세상 만물도 그러하고 우리 마음속에 코드화된 세상만물은 더욱 그러하다.

『금강경』사구게四句偈처럼

'일체유위법 여몽환포영 여로역여전一切有爲法 如夢幻泡影 如露亦如電'이다.

모든 연기현상은 꿈·허깨비·물거품, 그림자 같고, 이슬이나 번갯불 같다.

그러므로 그 어디에 참나가 있을 것인가? 소위 '참나眞我를 증득했다'고 주장하는 선사禪師들과 힌두교 수행자들의 우주와 자연과 생명과 세상에 대한 미개하고 불완전한 견해를 보면, 그들의 참나 역시 '유한 개의 불완전한 정보' 위에 건립된 '불완전한 이미지'에 불과하다는 것을 깨닫게 된다. '유한한 목숨'을 지닌, 그리고 '유한한 몸과 유한한 인식력'을 지닌 인간이 '수명과 능력이 무한하고 완전한' 신을 만들어 '무한하고 완벽한 존재'로부터 위안과 보호를 받으려는 것이나, '무한하고 완전한 참나'를 만들어 스스로 자신이 '수명과 능력이 무한하고 완벽한 존재'라고 선언하는 것이나, 근본적으로 서로 다를 것이 없는 행위이다. 하나는 무한하고 완벽한 존재를 '밖'에 건립한 것이고, 하나는 무한하고 완벽한 존재를 '안'에 건립한 차이밖에 없다.

이 점에서 인류의 역사는 '유한하고 불완전한 인간'이 '무한하고 완전한 존재'를 '불완전하고 유한하게' '묘사하고, 설계하고, 만들어온' 환망공상의 역사이다.

그럼 희망이 없는가? 그렇지 않다. 스스로 자신의 한계를 인정하고 겸허하게 살면 된다. 삶은 시간이고, 시간은 변화이고, 변화는 불완전이다. 뭘 더 바라시는가? 살고 싶으면 불완전을 수용하시라. 오늘도 어제처럼 태양이 떠오르고 올해도 지난해처럼 봄이 찾아온 것을, 즉 밤이 영원히 지속되지 않고 겨울이 영원히 지속되지 않은 것을 감사하고, 아직은 사랑하는 사람이나 친구나 동료에게 배신당하지 않은 것에 감사하고 살면 된다. 어차피 불완전한 인간이 이 정도의 판단이나마 한 것이, 즉 아직까지 배신을 당하지 않은 것이, 어찌 기적이 아니고 고마운 일이 아니겠는가? (우리가 깊은 밤 벌거벗은 채로 우리 자신을 대면할 때, 죽음을 직면할 때, 우리와 그동안 더없이 친숙하게 지내던 인생관·생명관·종교관·우주관은 다 어디로 갔는지 찾을 길 없고, 우리는 생과 사의 황량한 십자로에서 홀로 떤다. 자기를 배신하는 친구가 꼭 사람일 필요는 없다. 영혼의 어두운 밤, 우리를 홀로 남겨두고 떠나는 것은 낯선 적이 아니라 친숙한 친구이다. 남일 필요도 없어서, 자기가 자기라고 생각한 자기일 수도 있다. 자기의 가장 친한 친구인 자기!) 그래서 불란서 철학자이자 문호인 볼테르는 기도했다. "주여, 저를 친구들로부터 보호하소서. 적들은 저 혼자서도 감당할 수 있나이다."

그리 살다 마음에 여유가 생기면, 이 행복이 날아가버릴까봐 불안해지면, 지금 불행이 참을 수 없을 정도로 고통스러우면, 혹은 너무 혹독하게 배신을 당하면 생각을 바꾸면 된다. "즐거움을 누리거나 고통을 당하는 나我는 존재하지 않는다, 단지 심신복합체physio-mental composite(5온복합체 명색복

●자야 김영한, 1916~1999.

합체五蘊複合體 名色複合體)에 지나지 않는다." 그러면 자신이 누리는 즐거움과 고통에 집착하지 않게 되어 집착과 고통을 탈출할 수 있다. 마음의 평안을 얻게 된다.

이것이 부처님이 무아無我를 설한 이유이다. 마음을 지닌 모든 존재의, 마음의 평안을 위해서.

백석의 시를 소개한다.

나와 나타샤와 흰 당나귀

가난한 내가
아름다운 나타샤를 사랑해서
오늘밤은 푹푹 눈이 나린다

나타샤를 사랑은 하고
눈은 푹푹 날리고
나는 혼자 쓸쓸히 앉어 소주燒酒를 마신다
소주燒酒를 마시며 생각한다
나타샤와 나는

눈이 푹푹 쌓이는 밤 흰 당나귀 타고
산골로 가자 출출이 우는 깊은 산골로 가 마가리에 살자

눈은 푹푹 나리고
나는 나타샤를 생각하고
나타샤가 아니 올 리 없다
언제 벌써 내 속에 고조곤히 와 이야기한다
산골로 가는 것은 세상한테 지는 것이 아니다
세상 같은 건 더러워 버리는 것이다

눈은 푹푹 나리고
아름다운 나타샤는 나를 사랑하고
어데서 흰 당나귀도 오늘밤이 좋아서 응앙응앙 울을 것이다

육식

이렇게 맛있는 걸 어찌 안 먹을 수 있는가?
안 먹느니 차라리 열반에 들겠다

고발되기 전의 악(惡)은 선(善)이다

나는 난생·태생·습생·화생을 모두
무여열반으로 인도하겠다 〈『금강경』〉

인도 마갈 제국의 소태사왕은 고기를 좋아하다가
사람까지 잡아먹었다 〈『불설사자소태사왕단육경』〉

육식은 고기를 먹는 것을 말한다. 여기서 고기는 넓게는 동물성 식품을 뜻하고, 좁게는 유제품을 제외한 동물성 식품을 뜻한다. 따라서 어느 경우든지 고기는 길짐승은 물론이고 날짐승·물짐승·물고기·파충류·양서류·곤충·벌레까지 다 포함한다. 채식은 고기를 먹지 않는 것이므로, 물고기·물짐승·길짐승·날짐승·파충류·양서류·곤충·거미·벌레 등 일절 고기를 먹지 않는 것을 말한다. 즉 채식이란 사생四生(태생·난생·습생·화생)을 먹지 않는 것을 말한다.

농업과 재앙

인류는 1만 년 전에 농경을 시작하였다. 농경 전에는 작은 가족·씨족 집단으로 살며 수렵채집을 하던 것이, 농경을 시작하면서 정착하게 되었고 (섭취식물의 종류는 줄었을지 몰라도) 풍부한 먹을거리로 인구가 늘었다. (자연계에서도 사자·호랑이·표범·치타·늑대·이리·하이에나·곰 등 육식동물은 수가 적다. 초식동물들이 압도적으로 많다. 남을 죽이는 건 결코 쉬운 일이 아니라는 증거이다.) 고기와 달리 곡물은 장기간 저장이 가능하므로, 대장장이·도공·목수·갖바치·의복제작자 등 여러 전문직종이 등장하였고 계급도 등장하게 되었다. 부가 축적되면서 약탈과 전쟁이 일어났다. (동물사냥이나 곡물약탈이나, 남이 축적한 에너지를 빼앗는다는 점에서, 근본적으로 같은 일이다.) 늘어난 인구로 인하여 전쟁은 대량학살로 이어졌다.

『총·균·쇠』의 저자인 세계적인 인류학자 재레드 다이아몬드는 농업의 발명이 인류 최악의 발명이라고 한탄한다. 사실 지난 만 년간의 인류 역사를 보면 참혹한 전쟁들로 점철되어있다. 피가 강을 이루고 흘러 나무공이가 떠다녔다는 동이족 치우천황과 화족 헌원 간의 탁록대전부터 시작해서, 춘추전국시대의 대량학살, 진·한·수·당·송·원·명·청·중공의 통일전쟁과, 그 사이 분열혼란기의 전쟁들과, 일본 전국시대의 수백 명 영주들 사이의 전쟁과, 그리스와 소아시아 사이의 트로이 전쟁으로 시작된 지중해 지역의 끝없는 전쟁, 중세유럽의 나라와 나라 사이의 끊이지 않는 전쟁과, 수천만 명이 학살당한 두 차례의 세계대전, 300만 명이 살해당한 한국전쟁, 4차례의 이스라엘·아랍 전쟁, 100여만 명이 살해된 이란·이라크 전쟁, 그리고 최근 두 차례의 이라크 전쟁 등 헤아릴 수 없이 전쟁이 일어났다. 이게 다 농업으로 비롯된 일이라는 것이다.

이 밖에도 농업이 초래한 안 좋은 일들이 있다. 물이 필요한 농업은 특히 논농사는 인구를 강가 평야로 집중시켰으며 이로 인하여 삼재三災를 호되게 당했다. 물이 넘치면 홍수로, 바람이 불면 돌개바람·강풍·태풍으로, 불이 나면 화재로 떼죽음을 당했다. 화전 등 농경지확장을 위한 산림파괴는 홍수발생을 촉진했다. 중국고대의 전설적인 성왕聖王 요·순의 최대 임무와 업적은 황하유역의 치산치수治山治水였다. 요는 실패했고 순은 성공했다. 이 과정에서 순이 등용한 치수사업 책임자 우는 치수에는 성공했으나 과로로 반신불수가 되고 말았다. '굶어죽느냐 아니면 삼재로 죽느냐'는, 인류문명 여명기의 고민이 그대로 드러나 있다. 재災자는 물 '수水' 자와 불 '화火' 자의 결합이다. 알 수 없는 옛날부터 홍수와 화재는 모든 재앙 중에 으뜸이었음을 증언하고 있다. 화산이 폭발하거나 지진이 나면 그 피해는 가중되었다.

동물의 힘을 빌려 농사를 짓기 위해 소·말 등 대형동물을 길렀으며 잉여농산물로 개·돼지·닭 등의 가축사육이 늘어났다. 붙박이 삶과 밀집된 거주지는 동물질병이 사람들 사이에 급속도로 퍼지게 했으며, 병을 쉽게 전염시켜 콜레라·장티푸스 등 수인성 전염병이 기승을 부리게 했다. 어린아이들은 많은 수가 수두·홍역·마마를 이기지 못하고 죽었다. (필자의 친구 할머니는 스무 명을 낳았는데 그중 열 명이 성인이 되지 못하고 죽었다. 예전에 어린아이의 죽음은 흔한 일이었다.) 이 질병들의 기원은 가축질병이다. 가축을 기르지 않은 아메리카 대륙의 인디언들은 가축질병에 대한 면역력이 없어서 스페인 침략자들이 들여온 수두·홍역·마마에 걸려 인구의 반 이상이 죽어나갔다. 아즈텍과 잉카 등 중남미제국들의 식민지화는 무력보다도 전염병에 의한 인구급감이 사실상의 이유라는 설도 있다.

쌀·보리·밀 등 수확률이 좋은 단일작물로의 편중은 식물질병이나 기상이변으로 인한 가뭄·흉년 발생 시 대량아사를 초래했다. 비교적 최근 기록인 『조선왕조실록』과 중국사서들은 쌀이 주식인 조선과 중국의 대량아사를 생생히 증언하고 있다.

(농경이 초래한 또 하나의 비극이 있다. 비물질적인, 즉 정신적인 비극이다. 수렵채집기에 인간은 자연과 하나였다. 농경으로 자연과 유리된 인간人間은 인간人들 사이間에서 살게 되었다. 그 결과 인간의 의식에는 자연[하늘·땅·물·바람·산·바위·바다·강·동물·식물]이 들어오는 대신에 다른 사람의 마

음[의식]이 들어오기 시작했다. 한 사람의 마음에 다른 사람의 마음이 너무 많이 들어오면, 감당할 수 없는 경우, 정신분열증이 생겼다. 농경으로 사람 수만 는 것이 아니라 한 사람 속의 의식 수도 늘었다. 한 사람의 마음은 한 사람의 마음이 아니다. 사실은 수많은 다른 사람의 마음이 공존하고 있다. 마치 인도 보리수나무와 같다. 보리수군락은 겉으로는 다른 나무처럼 보이지만, 사실은 땅 밑에서 뿌리로 연결된 한 나무이다. 의식의 발달은 의식을 통한 타인[의식]과의 관계의 발달이다. 이 점은 대승불교의 말라식·알라야식·무구식 발견과 프로이트의 이드·자아·초자아 발견과 융의 집단무의식 발견에 나타나 있다.)

악마가 있다면, 악마에겐 이보다 더 좋을 수가 없었다. 예전에는 인간을 죽이려면 하나씩 찾아가야 했는데, 이제 모여 사니 한꺼번에 다 죽일 수가 있었다. 삼재로 죽이고, 질병으로 죽이고, 전쟁으로 죽일 수 있었다. 이 모든 재앙, 즉 삼재·질병·전쟁에 대해서 누군가 책임질 희생양이 있어야 하니 악마가 등장하지 않을 수 없었다.

하지만 이런 재앙은 상당부분 인간이 스스로 초래한 일ᄉᄴ로도 볼 수 있다. 이 측면에서 악마는 더욱이 인간의 창작품이다.

과학기술 발명·발전이 없었으면 인류는 아직도 질병과 삼재에 속수무책으로 당하고 있을 것이다. 삼재의 주범인 수·화·풍을 길들여 거기서 수력·화력·풍력 에너지를 뽑아 쓰고, 항생제를 발명하여 세균성 전염병을 굴복시켰다. (필자가 어렸을 때만 하더라도, 폐병에 걸려 핏기 없는 흰 얼굴로 소녀들의 마음을 사로잡는 문학청년들이 있었다. 하지만 이들 '창백안면문학청년종'은 지금은 다 멸종하고 말았다. 의학발전의 놀라운 힘이다.) 실로 인류역사는 예측하지 못한 일들의 연속이다. 앞으로도 그럴 것이다. 인류역사상 모든 예언서들의 처참한 실패에서 보듯이 인간은 미래를 예측하지 못할 것이다.

인간은 신과 악마가 벌이는 우주전쟁의 대ᄉ서사시를 통해서 인류의 과거와 미래를 설명하려 했지만, 오히려 분열과 갈등을 조장하며 처참히 실패했다. 오로지 (자연·인문·사회)과학기술의 발달만이 우주와 생명과 인간의 과거를 밝히고, 미래를 밝힐 것이다. 종교경전에는 과거가 들어있지만 (아득히 더 먼) 과거를 밝히지 못했고, (업데이트되지 않은 아주 먼) 과거만 들어있으므로 미래도 밝히지 못할 것이다. 그 어느 종교경전에도 진화론과 우주팽창에 대한 언급이 없기 때문이다. 이 간단한 사실에 주목하면 인간의 '종교에 대한 수만 년 미망迷妄'에서 깨어날 수 있다. 종교가 기여하는 점이 있다면 종교 자체가 아니라 종교에 대한 연구일 것이다.

육식과 농경

수렵채집기에는 예상외로 고기섭취를 많이 하지 못한다. 사냥성공률이 낮기 때문이다. 그래서 수렵채집 지역의 인구밀도가 낮다.

농경으로 생긴 여유작물과 볏짚·보릿짚·밀짚·콩깍지·콩잎·콩 줄기·옥수수 줄기·쌀겨·밀겨 등 농업부산물을 이용해 가축을 기르게 되었다. 중국은 일찍이 농사혁명이 일어나 일찍부터 가축을 기르게 되었다. 풍부한 음식 찌꺼기로 돼지를 길렀다. 많이 먹고 풍성히 배설한 영양가 풍부한 인분人糞을 먹여 키운 돼지를 '똥'돼지라고 한다. 이 가축을 잡아먹는 것이 육식의 시작이다. 돼지도 잡아먹고, 개도 잡아먹고, 양도 잡아먹고, 닭·오리·거위도 잡아먹는다. 농업이 발달하지 못한 지역은 인구밀도가 낮고, 그래서 잡아먹히는 동물의 절대적인 수는 물론이고 일인당 고기 섭취량도 적다. 농업이 발달하면 잉여농산물과 교환하기 위한 물고기를 잡는 어업이 발달한다. 일찍이 논농사혁명이 일어난 중국·한국·일본과 동남아시아인들의 물고기 섭취량은 대단히 크다.

논농사의 시원지인 인도는 암소를 잡아먹지 않는데, 인류학자 마빈 해리스의 이론에 의하면 살려두는 것이 경제적으로 더 이익이기 때문이라고 한다. 암소는, 농경에 노동력과 운송수단을 제공하는 수소牛 생산공장이니 공장을 잡아먹을 수는 없는 일이다. 뿐만 아니라 우유는 영양가 있는 음식이며, 말린 소똥은 훌륭한 무연無煙 연료이다. 그리고 실제로 그리 가르친 고대 힌두교 성자의 일화가 기록으로 남아있다. 대신에, 암소는 수소를 낳고, 수소는 농산물을 생산하고, 농산물은 돼지를 키우고, 돼지는 인도인들에게 잡아먹혔다. 이처럼 인도와 중국 등 농경이 활발한 지역에서는 돼지고기를 많이 먹었다.

반면에 농업이 발달하지 못한, 목축에 의존하던 회교도들과 유대인들은 돼지고기를 먹지 못했다. 척박한 토양은 농사에 적합하지 않아 돼지에게 줄 곡물도 부족했고, 나무열매와 식물뿌리를 제공하는 숲도 별로 없었기 때문이다. 이들이 사육하던 소·염소·양은 노동력과 우유를 제공하지만, 돼지는 고기 이외에 제공하는 것이 없는 비경제적인 동물이므로 돼지사육을 안 하는 것이 집단에 이익이다. 그래서 돼지고기 금기가 생겼다는 것이다. 대신 이들은 소·염소·양을 잡아먹었다.

남태평양 멜라네시아와 뉴기니의 대인문화大人文化는 마을의 부자가 오랜 기간 모으고 기른 많은 수량의 재물과 돼지를 한꺼번에 마을 사람들에게 베푸는 의식이다. 부의 재분배정책으로 볼 수 있다. 지나치게 많이 가진 자의 '대인大人, bigman이라는 칭호에 대한 허영심'을 부추겨서 집단 내의 불평등을 해소하는 집단무의식적인 제도로도 볼 수 있다. 대인이라는 칭호는, 요즘 말로는, '기부의 달인' 또는 '기부의 황제'라는 칭호이다. 대인문화는 북아메리카 해안지방에 살던 콰키우틀족 등의 인디언들에게도 포틀래치potlatch 문화로 나타났다.

인도는 부처님 당시에 대규모 동물희생제의가 실시되었다. 부처님이 암소 500마리, 수소 500마리 등을 희생해서 큰 제사를 지내려는 왕을

● 타밀 나두(Tamil Nadu) 사원의 염소제물. 소위 희생양(scapegoat)이다. 인간의 죄를 모두 뒤집어쓰고 죽는 염소.

설득해서 포기하게 하는 일화가 『불경』에 남아있다. 희생제의로 살해된 고기는 그냥 버렸을까? 분명 사람들이 먹었을 것이다. 특히 성직자들이 먹었을 것이다. (예나 지금이나 일부 성직자들은 교활하다. 누구나 타고난 저마다의 소질을 개발하여 사는 법이다. 그러므로 우리는 사자나 호랑이나 늑대를 비난할 수는 없다. 누·노루·사슴·임팔라는 소질을 살려 더 빨리 달리는 기술을 개발하고, 인간은 머리와 손을 써서 총을 발명하면 될 일이다.) 이는 분명 대인문화와 같이 부의 재분배기능을 한 것이다.

인도에서 육식금지 문화가 생긴 것은 농업과 연관이 크다. 인도에 인구증가와 인구집중이 일어나 도시가 등장하지 않았다면 육식금지가 생겼을지 의문이다. 떠돌아다니는 (종교적인) 거지집단인 사문(沙門, sramana)들을 먹일 음식은 농업발전과 인구증가·인구집중이 아니면 불가능하다. 농업으로 인하여 음식이 늘고 농사에 쓰는 가축이 증가하였다. 이들을 잡아먹지 않는 것은 두 가지 이유가 있다.

첫째, 농사용 가축을 잡아먹으면 농사에 지장이 생긴다. 둘째, 농산물 생산으로 먹을 음식이 충분하다. 사문들이 사람들에게 육식을 하지 말라고 말한 것은 (무의식적인) 생존전략이기도 하다. 사람들이 육식을 하게 되면 가축을 잡아먹어, 특히 소를 잡아먹어, 농사를 망치게 되고 그러면 제일 먼저 굶어죽는 것이 거지들인 자신들이기 때문이다.

하지만 동물은 결국 죽는다. 죽은 동물은 동물사체 처리를 담당하는 하위 카스트가 먹어치웠다. 그러므로 어찌 되었건 농업은 사회 전체적으로 육식을 증가시켰다.

필자가 초등학교에 들어가기 전에 시골 할머니 집에서 살던 어느 해 겨울, 머슴 형이 잡아온 꿩고기 맛을 잊지 못한다. 방울방울 노란 기름이 동동 뜬 꿩고기국의 그 환상적인 맛은 가히 충격적이었다. 채식을 한 지 오래인 지금도 생생히 기억이 날 정도이다. 머슴 형이 밤에 침침한 호롱불 밑에서 정성들여 작은 송곳으로 작은 콩에 작은 구멍을 내고 그 안에 싸이나(청산가리)를 조금 넣은 다음 촛농으로 구멍을 막아, 꿩이 옴 직한 곳에 두면 꿩이 먹고 중독되어 멀리 도망가지 못하고 잡혔다. 바람이 불면 문풍지가 비명을 질렀고, 촛불은 불길하게 흔들렸으며, 그 다음 날 꿩은 비명도 못 지르고 죽었다. 시린 하늘 아래 하얀 눈 위에서. 그리고 꿩을 잡아먹은 인간들은 꿩기름 바른 입술을 혀로 핥았다. (예로부터 짐승이나 인간이나 식욕을 절제하지 못하면 반드시 탈이 난다. 그래서 생긴 속담이 있다. '공짜 치즈는 쥐덫 위에만 있다.')

어느 날 할머니가 양동이에 시뻘건 액체를 담아왔다. 인근에서 도살한 소피였다. 선짓국을 끓여, 큰 숟가락을 하나씩 들고 둘러앉아, 구멍이 숭숭 뚫린 소 핏덩어리를 맛있게들 먹었다. 꿩고기든지 닭고기든지 쇠고기든지 한번 고기 맛을 본 사람은 그 맛을 잊을 수 없는 법이다. 그래서 나온 속담이 "중이 고기 맛을 보면 절간의 빈대가 남아나지 않는다!"이다. 그러므로 농사꾼들은 '저 소를 잡아먹으면 안 된다'고 결심 또 결심했을 것이다. 맛있게 먹고 조만간 굶어죽느냐 아니면 맛없는 곡식을 먹고 길게 사느냐, 갈림길에서 고민하고 또 고민했겠지만 갈 길은 외길로 뻔했다. 이 못 잡아먹은 고기에 대한 한은, 수십 년 전만 해도 한국인들이 입에 달고 살던, '이밥에 고깃국'이라는 말로 남아있다. 여기서 고기는 물론 쇠고기이다. 조선시대에는 소 도살은 국법으로 금지되어있었다. 그러니 쇠고기에 대한 갈망은, 한반도에서, 적어도 수백 년 역사를 자랑한다.

육식을 하는 이유

육식을 하는 가장 큰 이유는 맛이 있어서이다. 맛이 없다면 누가 먹겠는가? 둘째는 인간이 오랜 기간 고기를 먹어왔기 때문이다. 물고기 시절까지 치면 아마 적어도 5억 년은 먹었을 것이다. 셋째는 고단백질이기 때문이다. 고기는 풍부한 단백질원이자 필수아미노산원이자 비타민원이다. 혹자는 고기가 몸에 익어서 안 먹으면 허하다고 하지만, 시간이 지나면 몸이 알아서 적응한다. 인도인들의 40%가 채식을 함에서 알 수 있듯이, 습관이 중요하다. 또 고기를 먹어야 힘이 난다고 하는 사람들이 있지만, 정신적으로 습관을 들이기 나름이다. 『불경』은 고기를 좋아하다가 사람까지 잡아먹게 된 왕의 사례를 소개한다. 인도 마갈 제국의 소태사왕이 그 주인공이다. 그는 부처님의 설법을 듣고 식인과 육식을 끊었다(『불설사자소태사왕단육경』). 습관의 무서움을 생생하게 증언하는 일화이다.

성장기에 고기를 안 먹으면 발육이 부진하다는 주장도 있는데, 만약 그렇다면 성장한 후에는 안 먹으면 된다. 그럼 육식을 전혀 하지 말라는 말이냐고 항의하는 사람이 있는데, 모 아니면 도가 아니다. 개, 걸, 윷도 있다. 포유류를 먹지 않고 물고기를 먹는 방법도 있으며, 먹는 양을 줄이는 방법도 있다. 절대, 모두 먹거나 하나도 안 먹거나, 둘 중 하나가 아니다.

육식의 현실

우리나라는 지난 2,000년간 불교국가였다. 그래서 국민들은 불교신자가 아니더라도 스님들은 육식을 안 하는 것으로 알고 있다. 그런데

지금은 스님들의 육식이 보편화되었다. '음주식육 무방반야'飲酒食肉 無妨
般若(술 마시고 고기 먹는 것이 반야지혜를 가리지 않는다)라는 경허 스님
(1849~1912)의 무애無礙가풍이 한반도를 휩쓴 여파라고 한다. 그 가풍이 무
르익어 성춘盛春의 흐드러진 벚꽃처럼 만개滿開하고 있다. 악화가 양화를
구축한 것이다. 한국 선불교는 거의 다 경허 스님의 후손들이다.

스님들이 식당에서 고기를 먹는 것은 흔한 일이 되었다. 심지어 절에
서 고기요리를 하기도 한다. 거기에다, 산 생명에 산 채로 칼질을 해대
는 잔혹하기 이를 데 없는 능지처사형을 가한, 야만적인 회까지 먹는다.
물고기에 칼질을 하기 전에, 물고기 대가리를 큰 칼 측면으로 때려 기절
시키기도 하지만, 해체가 끝난 후 깨어나 (몸통은 사라지고 꼬리지느러미
와 뼈와 머리만 남은 채로) 접시 위에서 입을 뻥긋뻥긋하는 경우도 있다.

그러면서도 아침저녁으로는 물고기를 제도한다고 목어木魚를 치고, 포
유류를 제도한다고 북을 치고, 새를 제도한다고 운판雲版을 치고, 습생濕
生 물고기와 태생胎生 포유류와 난생卵生 조류의 자애로운 아버지인 사생
자부四生慈父 부처님을 큰 소리로 부르며 예불을 드린다. "정신적으로 제
도는 안 해주어도 좋으니, 제발 물질적으로 잡아먹지나 말아달라"는 절
규가 들리는 듯하다.

육식금지가 생긴 이유

그런데 왜, 불교에는 육식 금지 계율이 생긴 것일까?

첫째, 철학적인 이유가 있다. 불교에 의하면, 모든 중생은 평등하다.
하나같이 고귀한 불성佛性(부처가 될 가능성)을 지니고 있다. 겉은 짐승
가죽을 뒤집어쓰고, 털과 비늘로 뒤덮이고, 네발로 걸어다니고, 배로 기
어다니고, 비린내를 풍기고, 땅 위의 음식을 먹을지라도 속에는 불성이

있다. 그러므로 잡아먹을 수
없다.

둘째, 다른 종교와의 경쟁
이 있다. 신을 섬기고 아트만
을 믿는, 즉 유신론有神論과 유
아론有我論을 믿는 베다교와
힌두교가 모든 생물은 아트만
이 있다고 육식을 금지하는
데, 힌두교의 대척점에 있는
무신론과 무아론無我論을 믿
는 불교가 육식을 할 수는 없

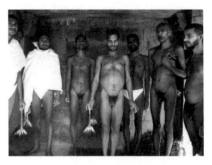

●자이나교 나형(裸形, nude) 수행자. 자이나교 창시
자 마하비라는 평생 벗고 지냈으며, 부처와 동시대
인물이었다. 벌거벗은 것은 한 벌의 옷도 소유하지
않는 철저한 무소유의 상징이다. 물론 추운 곳에서
는 절대 불가능하다. 그러므로 경우에 따라서는 벗
은 것이 부자연스럽고, 오히려 입은 것이 자연스러
운 것일 수 있다.

는 일이었다. 또 불교와 가장 가까운 불살생의 자이나교가 육식을 금하
고 있었으며, 심지어 자이나교 승려들은 미물인 곤충들조차, 모르고라
도 죽일 수는 없다며 길은 비로 쓸고 다녔고, 입에는 마스크를 했다. 그
러니 더욱 불교가 육식을 할 수는 없는 일이었다.

셋째, 문화적인 이유가 있다. 육식금지는 '농경문화와 인구증가'로 촉
발된 전쟁으로 인한 살육에 대한 총체적인 반발일 수도 있다.

넷째, 윤회론이다. 힌두교이건 자이나교이건 불교이건 인도종교는 모
두 윤회론을 가르친다. 인도 하면 윤회론이다. 그러니, 잘못하면 환생한
선망先亡 조부모·부모·형제·자식·배우자·친척·친구·조상을 잡아먹는
꼴이니 육식을 할 수 없는 일이다. 서양철학의 아버지 플라톤도 윤회를
믿었으며 채식을 했다(그가 구상한 이상국가인 공화국에서 지배계층은 채
식을 해야 한다). 고대이집트에도 윤회론이 있었으며, 이집트에서 비교秘
敎에 입문한 피타고라스가 세운 교단은 윤회를 가르쳤으며 육식을 금했
다. 피타고라스는 전생을 기억한 것으로 전해진다. 그는 자신이 트로이
전쟁에서 전사한 영웅 에우포르부스Euphorbus라고 하며 그 이름까지 밝

● (왼쪽) 아기 고릴라를 안고 있는 어미 고릴라.
● (오른쪽) 쌍둥이를 안고 있는 어미 고릴라.
　인간과 다를 바가 없다. 인간은 이런 고릴라를 잡아먹는다. 인간이 인간을 잡아먹기도 했으니 그리
　못할 이유도 없어 보인다.

했다!

　다섯째, 중생에 대한 자비, 즉 사랑 때문이다. 초기불교에 비해서 대
승불교는 『범망경』 등에서 육식을 철저하게 금한다. 중생에 대한 자비
심을 없앤다는 것이 이유이다. 대승불교는 자비를 트레이드마크로 하므
로 당연한 일이다. 내일 잡아먹을 심산이면서 오늘 사랑한다고 하면 말
이 안 되는 일이기 때문이다. 유마 거사는 "중생이 아프므로 나도 아프
다"고 사자후를 했다. 병문안을 온 아라한으로 대표되는 소승불교 승려
들에게 한 얘기였다. "얼마나 잘못 살았으면 병이 나느냐?"는 뉘앙스의
질문에 대한 답이었다. 그러니 유마 거사를 하늘같이 섬기는 대승불교
도들로서는, 중생의 고통을 같이하지는 못할망정 자기가 살겠다고 중생
을 잡아먹을 수는 없는 일이었다.

육식의 피해

꼭 종교적인·철학적인 이유가 아닐지라도 육식에는 여러 가지 해로운 점이 있다.

1. 육식은 효율이 낮다. 3인분의 곡물을 소비해 1인분의 고기를 생산한다. 세 명이 먹고 살 걸 한 명만 먹는 꼴이다. 사람들이 육식을 줄이고 (줄인 만큼 기부하면) 전 세계 식량문제는 다 해결된다.

2. 메탄가스는 대부분 동물인뇨에서 생긴다. 동물분뇨로 인한 수질오염·토양오염·지하수오염 등 환경파괴가 심각하다. 축사에서 생기는 배설물 양은 어마어마하다.

3. 육식은 각종 성인병을 유발한다. 당뇨병·비만증·고혈압·혈관비대·심장질환·전립선질환 등등 끝이 없다.

4. 육식은 환경파괴의 주범이다. 육식증가로, 지구의 허파 구실을 하는 열대우림이 매년 북한면적만큼 사라지고 있다. 목초지를 조성해서 맥도날드에 납품할 쇠고기를 만드는 것이 주요 이유이다.

5. 동물학대를 유발한다. 지구상에는 사람 수보다 소·돼지·양·닭 등 가축 수가 더 많다. 사람은 73억 명名이고 가축은 214억 두頭이다.

소는 3년을 넘기지 않고 도축된다, 초식동물인 소에게 (쇠)고기를 먹일 때 생기는 광우병에 걸리지 않게. 우리나라 소들은 평생 밖으로 산책한 번 못 나가고, 좁은 우리에 갇혀 살다 도살되어 비싼 한우고기로 팔린다.

닭은 몇 달 못 산다. 닭은 몸도 못 움직일 정도로 비좁은 일조용一鳥用 닭장에 갇혀 밤낮으로 죽도록 알만 낳다가 산 채로 목이 잘린다. 그 수가 연年 190억 마리에 달한다! 이 숫자는, 병아리 시절에 쓸모없는 존재라고 도살당한 후 닭사료가 되는 수평아리를 제외한 숫자이다. 수평아리는 태어나자마자, 나치에 의해서 유대인 판별을 받아 아우슈비츠 독가스실로 끌려가는 것처럼, 감별사의 손에 수컷으로 판별받아 질소가스실로 직행해 도살당한다. 또는 산 채로 분쇄기에 들어가 으깨어진다. 그 수가 일 년에 수백억 마리에 이른다. 일조용 닭장이 좁은 이유는 한정된 공간에 닭을 최대한 많이 수용하기 위한 것과 경비를 절약하기 위한 것이며, 한 마리씩 분리해서 사육하는 이유는 서로 쪼며 싸우지 못하게 하기 위해서이다. 닭장에는 24시간 내내 전등이 켜진다. 그래야 알을 더 많이 낳기 때문이다.

갇혀 살기는 돼지도 마찬가지이다. 가축들은 태어나기도 전에 사형언도를 받고, 태어나자마자 옥에 갇혀, 사형집행을 기다리는 동안 옥중에서 자식을 낳고 사는 사형수厭들이다. 그런데 자식은 낳아도 결혼은 없다! 주사기로 정액을 주입해 인공수정으로 임신을 시키기 때문이다. 그래서 우리가 먹는 고기는 모두 아비 없는 호래자식들이다.

북한 강제수용소와 소련 강제수용소는 잔혹함으로 악명 높지만, 가축은 더 심한 대접을 받는다. 죽도록 우유만 생산하고, 알만 낳다가 순식간에 죽임을 당한다. 해마다 자그마치 100억 마리의 가축이 도살된다. (가축들이 운동을 못하게 가두어 키우는 데는 이유가 하나 더 있다. 그래야 근육이 발달하지 않아 고기가 부드럽다는 것이다. 모든 것이 맛이다! 맛! 맛이 문제다!) 지구는 동물들의 아우슈비츠이다. 우리가 육식을 많이 할수록 아우슈비츠 수용소행 동물들이 늘어난다. 그러면서 부처님이 사생자부四生慈父(모든 동물의 자애로운 아버지)라고 아침저녁으로 독송을 하는 것은 위선이다.

6. 정신분열증을 유발한다. 건성건성 불교를 믿으면 모를까. 심각하게 믿기 시작하면, 중생을 사랑한다 하면서 잡아먹어야 하니, 정신분열증에 걸릴 가능성이 크다, 그렇지 않으면 말 다르고 행동 다른 (종교적) 위선자가 될 가능성이 크다.

부분적인 육식허용이 생긴 이유

그런데 여러 가지 안 좋은 점에도 불구하고, 불교에서 삼정육三淨肉(자기를 위해 잡는 것을 보지 않은 고기, 자기를 위해 잡는 소리를 듣지 않은 고기, 자기를 위해 잡았다는 의심이 들지 않은 고기)이라고 조건부로 육식을 허용하는 이유는 무엇일까?

첫째, 현실적인 이유가 있다. 얻어먹는 주제에 음식을 가릴 수는 없는 일이다. 감지덕지하고 먹을 일이다. 빌어먹는 출가자 주제에 음식을 보시하는 재가자들에게 "이 음식 안 된다 저 음식 안 된다, 이 음식 달라 저 음식 달라" 하며 지나치게 부담을 줄 수는 없다는 현실적인 고려로 인하여, (고기가 들어있을지라도) 주는 대로 받아먹게 한 것이다. 일부 전승에 의하면 부처님도 돼지고기를 드셨으며, 마하가섭은 사람고기도 드셨다. 그는 문둥병자의 공양을 받는 중에 발우에 떨어진 문둥병자 손가락을 먹었다.

기독교 『구약』의 야훼 하나님은 자기에게 바치는 동물은 '이래야 한다, 저래야 한다'며 족히 84,000가지는 됨 직한 규정을 『모세오경』 중 「레위기」에 적어놓았다. 예를 들어 「레위기」 22장에 의하면, 야훼는 자기에게 바치는 동물은 흠이 없어야 한다고 명시한다. 눈이 먼 것, 종기가 나거나 습진에 걸린 것, 비루먹은 것, 그리고 고환이 상했거나 치였거나 터졌거나 베임을 당한 것은 자기에게 바치지 말라고 명령한다. 그런 것은 너희들 몫이라고 한다. '야훼 하나님이 (또는 야훼를 판 제사장들이) 동물고환도 드셨다'는 결정적인 증거이다. 그에 비하면 3가지 고기만 허용한 부처님은 얼마나 실용적이고 자비로운 분인가! 그것도 고기의 종류와 품질은 따지지 않고, '먹는 사람을 위해 잡은 것인가 아닌가' 하는 도살의도만 문제 삼으셨다! 사두! 사두! 찬탄의 소리가 아니 나올 수 없다!

둘째, 산에서 수행을 하다가 혹은 여행 중에 마을은 없고 먹을 것이 없는 승려들이 산에서 길에서 죽은 짐승을 보면 먹어도 좋다는 것이다. 상식적인 답이다. 산 사람 목숨이 중하지 죽은 동물 사체가 중요할 리는 만무하다. 예수님 말씀대로, "율법이 사람을 위해 있는 것이지, 사람이 율법을 위해 있는 것이 아니다". 인간이 사회를 이루고 살게 됨에 따라 발생하는 가지가지 상황을 각기 자기 유리할 대로 해석해서 그렇지, 그 근본 뜻을 헤아리면 대부분의 문제가 해결될 것이다.

육식금지의 근본 뜻은 살생을 조장하지 않는 것이다. 지구상의 모든 사람들이 고기섭취를 반으로 줄이면, 살생이 반으로 줄어들 것은 명확하다. 종교인은 남들보다 치열하게 살아야 한다. 부처님이 삼정육을 정하기 이전의 부처님 마음을 헤아리고 느껴야 한다. 선정을 닦으면 자신의 행위 뒤에 숨어있는, 의식에 드러나지 않는 무의식적인, 미세하고 미묘한 의도를 알아차리게 된다. 각자 남의 눈치를 안 보고 옳은 일을 하는 것이 모든 선善의 출발이다. 선은 앞뒤 가리지 않고 행하는 것이다. 그것이 종교인의 마음자세이자, 인류종교역사를 관통하는 불변의 법칙이다.

종교와 관계없이 성립하는 황금률만 따라도 행복은 절로 온다. 성인들은 사람들의 몸과 마음을 수고롭게 하기 위해 출세하신 것이 아니건만, 사람들은 스스로 자기 자신을 옭아맨다. 불교인들은 계금취견戒禁取見이란 타 종교 교리를 말한다고 큰소리치며 굳게 믿지만, 불합리하고 미신적인 헛소리는 (대소의 차이가 있을지언정) 종교에 관계없이 다 계금취견이다. 인류역사에서 등잔 밑이 밝은 적은 결코 없다. 특히 종교의 역사가 유별나게 그렇다.

육식의 모순:

참나와 불성을 잡아먹는다

　모든 생물에 참나眞我와 불성佛性이 있다면서 왜 잡아먹는가? 만약 지능이 모자라서라면, 인간도 지능이 떨어지는 사람은 잡아먹어도 되는가? 정박아精薄兒와 지진아遲進兒는 잡아먹어도 되는가? 전교 꼴등은 학교에서 잡아먹고, 수능 꼴등은 전 국민이 잡아먹어도 되는가? 부처님이 동물 해골더미를 가리키며 "긴긴 윤회 중에 저들은 다 한 번쯤은 우리 부모였다, 그러므로 동물을 잡아먹지 말라"고 하셨다. 할 수 없이 먹는다 해도, "되도록 육식을 하지 말자"고 "육식을 줄이자"고 캠페인을 벌여야 하지 않겠는가?

　식인종의 나라에 가서 전법을 할 때 사람고기를 주면 먹을 것인가? 사람을 사육해서 잡아먹는 것을 알면서도 먹을 것인가? 인육을 안 먹어도 좋다는 선택권이 있어도 그리할 것인가? 밥과 김치만 먹으면 뭐가 문제인가?

　우리나라 불교인들이 하는 "동물은 모두 참나가 있다"는 주장은 말뿐이다. 오히려 "동물은 영혼이 없다"고 믿는 서양인들이 동물을 더 보호한다. 많은 경우에 고상한 철학은 정신적 사치에 지나지 않는다. 그래서 부처님은 "말이 아니라 행을 보라"고 하셨다. 동물입장에서는 "우린 참나는 없어도 좋으니, 제발 잡아먹지만 말아주세요" 할 게 분명하다. 선택권이 주어진다면, 동물은 (무한 번의) '참나＋살해' 세트와 (무한 번의) '무無참나＋선종善終' 세트, 이 둘 중 어느 걸 택할까? 당신이라면 과연 어느 쪽을 택할까?

　자비심의 대보살 산티데바의 글 「입보리행론」을 읽어보라.

지금 한국불교는 '웰빙 불교'로 전락하고 있다. 뜻(철학)도 행行도 무사안일로 흐르고 있다. 독재정권에 빌붙어 잘사나, 세속에 빌붙어 잘사나 무슨 차이가 있을까? 참다운 종교인이라면 둘 사이에 차이를 못 느낄 것이다. 그렇지 않으면 부처님이 왕위를 버리고 출가할 이유가 없지 않은가? 남들이 다들 부러워하는 최고권력을 버리고, 그리고 호화주택과, 가지가지 고기로 만든 산해진미와, 가볍고 부드러운 옷과, 포근한 잠자리와, 귀여운 아들과, 아름다운 처와 첩들을 버리고.

우리나라 불교에서는 아름다운 우리'말'인 '참나'만 남고, 나머지 '행'과 '뜻'은 다 사라졌다. 철학도 사라졌다. 속인들과 외도들의 머리를 '꽝' 쳐서 멍하게 충격을 줄 '행'도 '말'도 '뜻'도 다 사라졌다. 오히려 과거보다 못해진 지 오래이다. 조계종 국회인 종회에서는 승려 간에 막말이 난무하고, 조계사 경내에서는 승려 간에 폭력이 벌어진다. 같은 승려들끼리 남의 재물을 빼앗겠다고 도박을 벌인다. 고위승려들이 해외원정 도박도 다닌다. 이 모든 일이 육식과 관련이 없을까? 육식은 근본적으로 다른 동물을 죽이고 그 몸을 빼앗는 폭력이기 때문이다. 우리 인간처럼 새끼를 낳고 젖을 주어 기르는 생명체를, 그리고 죽기 싫어 도망가는 생명체를 강제로 죽여 잡아먹는 일이기에 폭력이 아닐 수 없기 때문이다.

불교에서 '일체중생 실유불성一切衆生 實有佛性'(모든 의식이 있는 생명체는 부처님 성품이 있다)을 말할 때, 거기 중생들 사이에 차별이 있는가? 만약 차별을 둔다면 인간은 천인天人(하늘나라 사람) 아래이다. 그럼 인간이 동물을 잡아먹듯이, 천인이 인간을 잡아먹어도 되는가? 일부 불교인들은 천인은 외계인이라고 주장한다. 동물과 인간 사이에 차별을 둔다면, 인간과 초고등 외계인들 사이에도 차별이 생긴다. 차별을 둔다면, 누구에게나 있다는 참나와 불성을 부인해야 한다. 동물도 '참나'를, '불성'을 지녔다고 주장하면서 잡아먹는다면, 인간을 잡아먹어도 무방할 것이다.

물론 동물을 직접 죽여서 잡아먹지는 않으리라. 하지만 사 먹으면, 반드시 잡아 파는 사람이 생긴다는 점이 문제이다. 그러므로 고기섭취를 줄여야 한다.

자기 개를 사랑하는 사람은 개고기를 안 먹는다. 안 그러면 자기 개 보기에 미안할 것이다. 농부들은 자기 소를, 팔면 팔았지, 잡아먹지는 못했다. 같이 농사를 지으며, 송아지 받아주며, 정이 들었는데 차마 잡아먹을 수 없었다. 이것은 지금도 인도 농부들에 의해서 지켜진다. 인도주의의 발로이다. 불교인들은 힌두교를 온갖 우스꽝스러운 신을 믿는다고 무시하지만 그 행에 있어서는, 최소한 육식문제에 있어서는, 불교가 더 문제이다. 절 앞에는 고깃집이 즐비하고, 절 계곡에서는 고기 굽는 냄새가 진동한다. 그것도 불교신자들이 벌이는 일이다!

어느 날 고등 우주외계인의 침략을 당해 인간이 식육동물로 전락하면 어쩔까? 그 초고등 생물들인 외계인들이 타방불他方佛(다른 세계의 부처)을 섬기는 불교신자들이었다면? 그리고 자기들끼리 육식을 금하느냐 마느냐로 토론을 했다면, 게다가 그 육식이 대부분 사람고기라면? 그러다 결국 '잡아먹어도 무방하다'고 결론이 나서, 사람대표가 우리도 당신들처럼 불성이 있으니 잡아먹지 말아달라고 '중국식당의 산 채로 뇌가 열린 원숭이처럼' 눈물을 흘리며 사정했어도, 잡아먹었다면? "애들이 시끄럽게 짖네" 하면서….

식인을 금하는 것은 인육에 신비한 아트만이 있어서가 아니라 '맛이 들리면 사람을 죽일까봐' '맛에 중독되면 살아있는 사람을 보고 침을 흘릴까봐' '맛에 눈이 멀어 인권에 대한 학대가 일어날까 봐' 그러는 것이다. 요즈음 가끔 식인 뉴스가 나는 걸 보면 그렇다. 사람을 죽여 냉장고에 넣어두고 가끔 꺼내 요리해 먹는 흉악범들이 있다. 불교에서 육식을 금하는 것도 마찬가지이다. 생명체는 다 평등하다는 철학에 기반한 것이다.

인류역사는 무수한 식인사례를 증언한다. 예를 하나만 들자면 중앙아메리카의 아즈텍인들은 사람을 잡아먹었다. 스페인이 아즈텍을 점령했을 때 광장에 쌓인 수십만 구의 유골을 보았다. 아즈텍 제국에는 가축이 없었다. 사람 외에 잡아먹을 고기가 없어서 잡아먹었다는 설도 있다.

생명체는 정말 평등하다. 침팬지와 인간은 유전자가 99%나 일치하며 (비슷하게 생겼으니 그럴 수밖에 없다), 심지어 전혀 비슷하게 생기지 않은, 미물인 초파리의 유전자도 60%나 인간과 일치한다. 지구상의 모든 생명체가 공통의 조상을 두었다는 강력한 증거이다. 부처님이 "모든 동물은 전생에 한 번쯤은 다 우리 부모였다"고 하신 말씀이 유전자학과 진화론 측면에서 보면 맞는 말씀이 아닐 수 없다. 인간은 과거 수십억 년 전에서 수백만 년 전까지 어류·파충류·포유류·영장류를 부모로 두었다!

그러니 지구촌 생물들은 다 가족이다. 그러니 어찌 평등하지 않을 수 있겠는가?

그럼 어떻게 할 것인가?

다 좋은데, 절 밖 식당에는 고기 없는 음식이 별로 없다고 애로점을 토로한다. 그럼 '되도록' 고기가 없는 음식을 먹으면 된다. '되도록' 고기가 적게 들어간 음식을 먹으면 된다. 오십 보와 백 보는 다르다. 국수류와 비빔밥과 된장국, 순두부 등을 먹으면 된다. 이 정도 음식이면 부처님이 드시던 음식보다 나으면 나았지, 결코 못하지는 않을 것이다. 부처님은 어느 해 흉년이 들자 '말먹이'를 드신 적이 있다. 아마 당신은 '말먹이'를 먹어본 적이 없을 것이다. 어떤 이는 국수류도 고기로 국물을 낸 것이 아니냐고 이의를 제기하는데, 다시 강조하자면 오십 보와 백

보는 다르다. "사람이라면, 특히 평범한 사람이라면 (작은) 죄를 안 짓고 살 수 없다, 그러므로 (큰) 죄를 짓자" 하면 누가 동의하겠는가? 먹어도 되도록 줄이면 된다. 만약 당신이 하루 세 끼를 먹는다면, 끼니 수는 줄이지 못한다 하더라도, 고기 섭취량을 3분의 1로 줄이면 된다. 부처님은 하루 한 끼만 드셨기 때문이다.

'먹자, 안 먹자' 둘 중 하나가 아니다. 그 사이에는 무수한 등급이 있다. "안 먹을 수 없으니 마구 먹자"가 아니라, "할 수 없이 먹으니, 되도록 적게 먹자, 또는 되도록 먹지 말자"가 정답이다.

전쟁터에서 죽지 않으려면 죽일 수밖에 없을 것이다. 그러나 그렇다고 포로로 잡을 사람들까지 마구 죽여도 되는 건 아니다. 항복한 사람들까지 마구 죽여도 되는 것은 아니다. 살인에도 등급이 있다. 우발적인 홧김살인과 계획적인 연쇄살인은 다르다. 범죄에도 등급이 있다. 바늘도둑과 소도둑은 엄연히 다르다. 그러므로 육식을 하더라도, 되도록 고등동물은 먹지 말고 물고기를 먹는 것이 좋다.

일본인들은 (제5대 쇼군 도쿠가와 쓰나요시가 1685년에 '생류연민령生類憐憫令'을 내린 이후 수백 년 동안) 주로 물고기만 먹고도 노벨상도 스물네 명이나 타고, 경제적으로 성공하고, 중국본토를 점령하고, 동해에서 아라사의 발틱함대를 격멸하고, 태평양전쟁을 일으켜 미국과 맞대결을 하고, 못 하는 게 없다.

사찰식당 음식은 절에서 마음대로 정할 수 있다. 그런데도 고기를 요리하는 것은 문제이다. 독살이 토굴살림에서 고기요리를 하는 것은 변명할 길이 없다. 맛과 습관, 이 둘 이외에 무슨 이유가 있겠는가? 고기가 요리하기 훨씬 더 편하다고? 그걸 이유라고 드시는가? 차라리, "한겨울에 아랫목에 앉아 윗목에 있는 밥을 가져다 먹기 귀찮아서 굶어죽었노라"는 게으름뱅이 귀신의 말을 믿겠다.

맛이, 맛에 대한 집착이 문제이지 이리저리 방법을 찾아보면 얼마든지 육식을 줄일 수 있다. 특히 자기가 손수 요리하는 경우, 버섯 감미료·표고버섯·두부·콩 단백질·우유·치즈·채소·국수·된장국 등으로 얼마든지 맛있고 훌륭한 음식을 만들 수 있다.

서양에는 채식주의자도 많고, 식당에는 채식메뉴도 많다. 설마 처음부터 그리 많았겠는가? 누군가 시작을 했고 다른 사람들이 꾸준히 동참한 결과다. 우리나라의 불교는 거꾸로 가고 있다. 지금이라도 불교인이 나서서 채식운동을 벌여야 한다. 그러면 덤이 있으니, 광우병과 조류독감에 안 걸린다.

티베트의 해발 수천 미터 고산지역처럼, 환경이 열악해서 어쩔 수 없이 먹는 것은 어쩔 수 없지만, 환경이 양호해서 '어쩔 수 있는' 경우는 '어쩔 수 있게' 먹지 말아야 한다.

부처님과 아라한들이 자실 게 없을 때, 개·돼지·닭·오리·토끼를 잡아드실까 아니면 아사를 택하실까?, 자문해보시라. 당신의 답이 명확하다면, 당신의 행도 달라질 수밖에 없다.

정 먹을 거면 조용히 먹어야 한다

만약 먹을 양이면, 그리고 도저히 참을 수 없어서, 아무리 해도 그 황홀한 맛을 잊을 수 없어서, 피치 못할 이유로, 또는 말 못 할 사정으로 꼭 드셔야 한다면,

첫째, 절대로 동물에게도 불성이 있다고 주장하지 마시라.
그 말이 나오려고 할 때마다 급히 손으로 입을 틀어막으시라.
둘째, 모든 동물이 평등하다고 주장하지 마시라.
그 말이 나오려고 할 때마다 먼저 지금까지 먹은 동물들의 명

복을 비시라.

셋째, 모든 동물의 스승이 되자고 주장하지 마시라.

외계인이 당신 가족을 잡아먹어놓고,

그리고 당신도 잡아먹을 예정이면서 당신의 스승을 자처하면

당신은 용납하시겠는가?

넷째, "먹히는 것은 육신이지 마음이 아니다. 참나·주인공·불성은 조금도 손상된 바가 없다. 그러므로 다른 동물의 육신을 먹는 것은 무방하다"고 주장하지 마시라.

무서운 논리이다. (그런 논리라면 사람을 잡아먹어도 무방할 것이다.) 정신·육체 이원론의 무시무시한 일면이다. 이런 식으로 위선자가 되지 마시라. 조용히 자신의 위선을, 나약함을 인정하시라. 그리고 드시라. 아무말 없이! 잡아먹히는 동물입장에서 보면 '때리는 시어미보다 말리는 시누이가 더 밉다'고, 생각해주는 척하며 왜 (잡아)먹느냐는 말이다.

채식 16단계

동물을 먹어도 차이를 둘 일이다. 무엇보다도 육식을 해도 사람을 안 먹는다. (특히 자기 자신과 가족을 안 먹는다. 옛날에 지독한 흉년이 들어 사람고기를 먹을 때에도 차마 자기 자식은 먹지 못하고 남의 자식과 바꿔 먹었다. 고강도 단식 같은 고행은 사실상 자기 자신을 먹는 행위이다.) 영장류를 안 먹는다. 특히 침팬지나 보노보를 안 잡아먹는다. 지금도 아프리카인들은 이들을 잡아먹는다. 원숭이도 잡아먹지 말자. 포항공대 수학과 원로 교수님의 증언이다. 지금은 은퇴하신 이분이 수십 년 전에 중국여행 중에 경험한 일이라고 한다. 사람들이 식당에서 작은 원숭이의 두개골

을 열고 수저로 뇌를 떠먹는데, 꽁꽁 묶인 원숭이가 눈물을 흘리더라는 것이었다. 이게 어찌 사람이 할 짓인가? 생긴 것도 비슷한 동물이 정수리가 열린 채 울고 있는데, 그 동물과 비슷하게 생긴 다른 동물들이 태연히 잡아먹다니!

코끼리·돌고래·물소를 안 먹는다. 코끼리는 가족이 죽으면 장례를 치르고 곡을 하며, 사단칠정四端七情도 있다. 돌고래는, 몸에 이상이 생겨 가라앉는 동료를 자기 등에 업고 물 위로 밀어 올려 숨을 쉬게 한다. 물소는 사자의 공격을 당한 동료를 구하기 위해 죽음을 무릅쓴다. 개를 안 잡아먹는다. 배은망덕도 유분수지, 사랑과 충성을 바친 동료이자 부하를 어떻게 잡아먹을 수 있는가? 돼지를 안 먹는다(돼지는 무척 지능이 높고 청결하다. 사람이 더럽게 키울 뿐이다. 동양문명의 초기에 돼지는 거주지에 침투하는 뱀을 잡아먹으며 인류를 보호했다. 그래서 서양과 달리, 뱀은 동양신화에서는 서양신화에서처럼 하나님과 맞장 뜨는 높은 지위가 없다. 돼지도 못 당하는 주제에 뭔 힘이 있겠는가?). 소를 안 먹는다. 송아지 등심구이용으로 송아지를 빼앗기고 먼 산을 보며 껵껵 우는, 눈물이 그렁그렁한 그 슬픈 큰 눈을 보고도 잡아먹을 강심장은 없을 것이다.

문어를 안 먹는다(거울에 비친 자기모습을 알아볼 정도로 지능이 높다. 포항 죽도시장에 가서 문어를 사면 산 채로 가마솥 펄펄 끓는 물에 넣어 삶아준다. 화탕지옥이 따로 없다. 차마 못할 짓이다). 말을, 당나귀를 안 잡아먹는다(당나귀는 『이솝우화』 등 여러 우화에 등장하는 영특한 짐승이다). 까마귀를 안 잡아먹는다(까마귀는 도구를 만들어 사용할 정도로 머리가 좋다. 나뭇가지를 꺾어 잎을 떼고 끝을 구부려 갈고리로 만든 다음 나뭇구멍에 집어넣어 벌레를 꺼내 먹는다. 밑부분에 벌레가 떠 있는 컵에 돌멩이를 넣어 수면을 높여 벌레를 잡아먹는다). 물고기를 안 잡아먹는다. 특히 치어를 입속에서 애지중지 키우는 구중부화어류口中孵化魚類, mouthbreeder를 안 잡아먹는다.

그럼 남는 것은 식물뿐이다. 피치 못해 (잡아)먹는 경우는 지금까지 나열된 역순으로 잡아먹는다.

구체적으로 그 방법을 설명하자면 다음과 같다. 일단 누구나 할 수 있는 쉬운 걸로 시작해서, 서서히 난이도를 높여가며 단계별로 실천한다.

제1단계: 사람고기를 먹지 않는다. 옛날에 죽은 가족을 먹는 풍습이 있었다. 가족을 자기 몸속에 묻는 효과가 있었다. 이제 내 몸이 되었으니 영원히 같이 산다는 뜻이었다. 임종 즈음의 부인이 금슬이 좋았던 남편과 나눈 대화이다. "부탁이니 제가 죽으면 절 드세요. 잊지 말고 꼭 드세요." 남편이 눈물을 훔치며 말했다. "알았소, 걱정 마오, 내 꼭 그리하리다."

인류역사에서 사람을 잡아먹은 일은 생각보다 흔히 일어났다. 특히 중국이 그렇다. 중국의 유구한 식인문화가 문학작품으로 표현된 것이 루쉰의 명작소설 『광인일기狂人日記』이다. 주인공은 마을사람들과 자기 가족이 자기를 잡아먹을까 두려워한다. 심지어 마을 개까지 자기를 보면 군침을 흘린다고 망상을 한다.

제2단계: 애완동물을 잡아먹지 않는다. 옛날에는 가끔 이런 일이 벌어졌다.

제3단계: 고등동물을 먹지 않는다. 개·소·물소·돼지·양·염소·말·당나귀·낙타·원숭이·침팬지·보노보·고릴라·오랑우탄·코끼리·돌고래·고래·까마귀·문어를 먹지 않는다. 참고로 불교 율장律藏은 개·말·코끼리를 먹는 것을 금하고 있다.

제4단계: 야생동물을 먹지 않는다. 토끼·노루·고라니·사슴·엘크·산

돼지·버펄로·호랑이·늑대·박쥐·곰 고기를 먹지 않는다.

특히, 곰쓸개를 먹지 않는다. 쓸개즙 생산방법은 매우 잔인하다. 곰을 우리에 가두고 쓸개에 관을 꽂아 쓸개즙을 뽑는다.

제5단계: 조류를 먹지 않는다. 꿩·닭·오리·거위·칠면조·청둥오리·기러기·비둘기를 먹지 않는다.

특히, 푸아그라foie gras를 먹지 않는다. 푸아그라 생산방법은 몹시 비인도적이다. 강제로 거위 입을 벌려 고정시키고 먹이를 마구 주입한다. 그 결과 비대해진 간을 배를 열고 꺼내 먹는다.

제6단계: 연체동물을 먹지 않는다. 오징어·꼴뚜기·문어·낙지·세발낙지·해파리를 먹지 않는다.

제7단계: 물고기를 먹지 않는다. 참치·꽁치·청어·갈치·멸치·홍어·명태·전어·준치·광어·옥돔·참돔·장어·메기·미꾸라지·모래무지·빠가사리·가물치·고등어·잉어를 먹지 않는다.

돈이 많아도 상어지느러미를 먹지 않는다. 어부들은 상어를 잡아 지느러미만 잘라내고 다시 바다로 던진다. 사지가 잘린 상어는 바닷물을 피로 붉게 물들이다 질식사해서 죽는다. 상어는 움직이지 못하면 숨을 쉴 수 없기 때문이다.

제8단계: 갑각류를 먹지 않는다. 게·가재·새우·왕새우를 먹지 않는다.

제9단계: 패貝류를 먹지 않는다. 굴·전복·꼬막·홍합·조개·피조개·가시조개·대합조개·소라·고동 등을 먹지 않는다.

제10단계: 달팽이를 먹지 않는다. 식용달팽이·민달팽이·물달팽이·산달팽이·우렁이를 먹지 않는다.

●달팽이.

제11단계: 곤충과 벌레와 지렁이와 개미를 먹지 않는다. 메뚜기와 번데기를 먹지 않는다. 메뚜기와 번데기는 필자 어린 시절의 주요한 간식이었다. 할머니가 누에고치에서 비단실을 잣느라 물레를 돌리면 실이 다 풀리는 순간 번데기가 물레 밑에 있는 뜨거운 물에 떨어져 익혀졌다. 그러면 옆에서 지켜보다 낼름 건져먹었다. 메뚜기는 귀중한 벼를 먹고 자랐으니 메뚜기볶음은 벼가공식품이다. 예수의 스승 세례요한이 광야에서 메뚜기를 먹고 살았다. 바퀴벌레를 먹지 않는다. 태국사람들은 엄지손가락만 한 대형 바퀴벌레를 볶아서 판다. 벌레 구이는 우리나라 오징어 구이에 해당한다. 사람들은 사서 맛있게 먹는다!

지렁이는 토양을 비옥하게 하는 일등공신이다. 물고기 미끼로 쓰더라도 이 사실만은 기억해야 한다.

돈이 많아도 모기 눈알 요리를 먹지 않는다. 박쥐는 하룻밤에 평균 2,000~3,000마리의 모기를 잡아먹는다. 모기 눈알은 소화가 되지 않은 채 그대로 배출된다. 동굴 속에서 박쥐의 배설물을 모아 모기 눈알을 채취한다.

모기 눈알 요리는 수프의 일종인데 음식재료가 비위생적이어도 맛만큼은 기가 막히다. 특히 씹을 때 눈알이 터지는 쾌감은 먹어보지 않은 사람은 짐작할 수 없다. 이 음식은 국빈 대접용 메뉴로 사용되는데, 영국의 엘리자베스 1세 여왕도 이 요리를 대접받았다고 한다.

제12단계: 파충류와 양서류를 먹지 않는다. 뱀과 개구리를 먹지 않는다. 도마뱀, 도롱뇽도 먹지 않는다. 술로 담가 먹지도 않는다. 황소개구리 청개구리는 말할 것도 없고, 불란서산* 식용개구리도 먹지 않는다. 독사는 물론이고 구렁이도 먹지 않는다.

제13단계: 유정란有精卵을 먹지 않는다. 새알이건, 게 알이건, 물고기 알이건 수정된 알은 먹지 않는다. 개구리 알, 도롱뇽 알도 먹지 않는다. 돈이 많으면 캐비어도, 모기알도 먹지 않는다.

제14단계: 고급과정: 유제품과 무정란을 먹지 않는다. 우유, 치즈, 버터, 수정되지 않은 새알, 물고기 알 등 일체의 동물성 식품을 먹지 않는다. 이건 매우 조심해야 한다. 신중히 생각하라. 설마 그럴 리야 있겠느냐만, 어릴 적부터 이 길로 들어서다가는 잘못하면 굶어죽는다. 모유와 우유를 안 먹고 살길이 있는가? 육식 반대는 살생 반대인 데 비해서, 유제품은 동물학대 반대이다. 불교계율에서 가죽제품을 금지한 것은 동물학대에 반대한 것이므로 유제품 섭취금지도 일리가 있다. 하지만 부처님이 우유죽을 드시고 일주일 만에 정각을 이루셨음을 기억하라! 이 길로 가기로 결정한 분도, 최소한, 깨달음을 얻기 며칠 전에는 필요하다면 먹어도 무방하리라!

제15단계: 원수를 잡아먹지 않는다. 전라도에서는 원수를 잡아먹는 일이 일어난다. '잡아먹을 놈' '삶아먹을 놈' '튀겨먹을 놈' '볶아먹을 놈'이라는 욕들이 그 증거이다. 필자가 어린 시절에 들은 욕들이다. 원수를 안 잡아먹는 것은 쉬운 일이 아니다. 원시인들은 적을 잡아먹었다. 하지만 증오 때문이 아니라, 적을 존경해서 그랬다. 힘이 강한 적을 잡아먹으면, 적의 힘이 자기에게 옮겨온다고 믿었다.

'원수를 잡아먹지 않는다'는 말을 품위있게 표현하자면, 소위 달마 스님의 '보원행報怨行'이다. 물질적으로뿐만 아니라 정신적으로도 원수를 잡아먹지 말라는 뜻이다.

제16단계: 잡아먹지 않는 모든 동물들과 원수들을 자비심을 가지고 적극적으로 사랑하는 것이다.

적고 보니 인간이 (잡아)먹는 동물이 이렇게 많을 줄 꿈에도 몰랐다. 이게 다가 아닌데도 말이다. 위 순서를 따를 필요는 없다. 각자 자기가 할 수 있는 것부터 시작해서, 자기에게 가장 효과적인 순서와 방법을 따르면 된다.

16가지, 이걸 다 할 수 있으면 해탈이다. 이토록 동물을 사랑하는데, 그리고 원수까지 사랑하는데 누군들 사랑할 수 없겠는가? 소위 자비심해탈慈悲心解脫이다. 요즘 말로는 '애해탈愛解脫'이다.

채식을 하는 사람a person이 육식을 하는 사람a person보다 더 나은 사람인 것은 아니다. 인간에 대한 평가는 다면적이라 오히려 육식을 하는 사람a person이 채식을 하는 사람a person보다 사회와 국가와 인류와 자연계에 더 유익한 사람일 수 있다. 육식은 인간의 종교·철학의 많은 부분 중하나이다. 하지만 중요한 하나이다. 필자가 이 글을 쓰는 뜻은, 이 중요한 부분에 대해, 먹기 전에, 다시 한 번 사유를 해보자는 것이다. 큰 머리를 지닌 인간은 사유를 통해 발전하기 때문이다. 이 사유가 안팎의 경험과 어우러져 통합적·직관적으로 발현되는 것이 자비심이다.

지혜와 자비의 개발과 실천은 현재진행형이다

우리에게는 본래 사랑이 있는 것이 아니라 만들고 키워가는 것이다. 야만에서 문명으로, 증오에서 사랑으로 성장하는 것이지, 처음부터 완전한 지성과 사랑, 즉 지혜와 자비를 지닌 존재가 아니다. 그런 식으로 생각을 하면 (지혜와 자비가 있는) 다른 동물을 잡아먹는 위선을 저지르게 된다. 우리가 다른 동물들의 삶의 의지와, 아픔과, 비참한 처지와, 우리와의 동질성을 깨닫고 느껴 이해와 사랑이 생기는 것이지, 처음부터 즉 아메바 시절부터 완벽한 형태의 지혜와 자비가 이미 우리 안에 존재하는 것이 아니다. 발견되기만 기다리는 것이 아니다.

느끼는 마음과 이해하는 지혜는 생기는 것이지 처음부터 있는 것이 아니다.

우리는 우리가 이런 식으로 진화하는 것에 감사할 따름이다. 정해진 방향성이 없는 진화의 세계에서 그리고 이정표 없는 진화의 노상에서, 부처님이 이미 걸어가신 진화의 길을 부처님이 남기신 이정표를 따라 우리가 따라 걸을 수 있음이, 어찌 고맙고 희유한 일이 아니랴. 뒷길을 물려받은 우리의 의무는 앞길을 개척해 후손에게 물려주는 것이다.

개

사람을 사려면 통째로 사야 하지만 종교를 그러다가는 망한다.
사람은 일단 사면 나중에 맘에 안 드는 부분이 발견되더라도
그 부분만 버릴 수가 없지만, 종교는 그게 가능하다.
이상한 부분은 그냥 무시하면 된다.
어떤 걸, 믿고 안 믿는 것은 당신의 특권이다.
하나님도 불보살도 강제할 수 없는 당신의 특권이다.
당신이 가진 유일한 특권이다.

상습사기꾼을 경찰이 덮치자 사기꾼의 개가 죽기살기로 덤볐다. 그러다 살해당했다. 개는 주인이 나쁜 놈인지 좋은 놈인지 생각할 능력이 없고 또 상관을 안 한다. 개는 목숨을 걸고 주인을 지킬 뿐이다.

자기 종교를 죽기살기로 지키는 사람도 마찬가지이다. 이들은 자기 종교를 패키지로 산다. 박스로 사과를 사는 것과 같다. 차떼기로 사는 것과 같다. 박스 안에나 트럭 안에는 불량품이 섞여있게 마련이다. 박스나 트럭이 클수록 더하다. 불량품이 없다고 주장하는 것은 광신狂信이다. (참고로 광狂 자에서 개견 변 'ㅤ犭'은 큰 '개'라는 뜻이다. 왕王은 '음'을 나타낼 뿐이다. 개는 주인의 다른 인간들에 대한 연기관계를 따지지 않는다. 즉 주인이 선인인지 악인인지, 좋은 짓을 했는지 나쁜 짓을 했는지 사유해보지 않고 무조건 미친 듯이 주인을 지지한다. 즉 광신한다. 인간이 개와 수만 년을 같이 살다보니 개의 영향을 받아 생긴 것이 '광신유전자'일 것이다.)

종교는 패키지로 사는 것이 아니다. 어느 누구도 그리하라고 강요한

적이 없다. 종교는 낱개로 사야 한다. 그 종교 가르침 중에 쓸 만한 게 있으면 취하고 이상한 것은 버리면 된다. 아무도 당신에게 상한 물건까지 차떼기로 사라고 강요할 권리가 없다.

자기 종교를 선전하는 사람이 괴이한 소리를 하면, "아! 그렇군요" 하고 말 일이다. 속으로는 "좀 조사해보고 공부해보겠습니다. 그동안은 댁이나 그리 믿으세요" 하면 된다. 설사 그럴듯한 말을 하더라도, 통상 종교경전에는 무수한 상한 가짜 가르침들이 성한 진짜 가르침들 사이에 섞여있으므로, 그 말을 듣고 '통째로' 넘어가는 것은 매우 위험한 일이다. 많은 경우에 진짜는 가짜를 위한 미끼이다! 절대로 그 반대가 아니다. 군불견君不見? 당신은 보지 못했는가? 사과 궤짝 윗부분의 성한 사과는 밑부분의 상한 사과를 팔기 위한 미끼라는 것을.

특히 근간根幹이 되는 중요한 교리는 절대로 그냥 넘어가면 안 된다. 상대방 말에 생각없이 고개를 끄덕거리다가는 종국에는 돈肉體과 시간壽命을 내놓게 된다. 얼마 안 되는 지구상에서의 삶을 그놈에게 몽땅 다 바치게 된다. 심하면 영혼까지 빼앗긴다. 그것도 자기도 모르는 사이에! 신이 있는지 없는지 모르지만(신의 정의가 자꾸 바뀌는 것을 보면 최소한 과거의 신은 없다는 것이 거의 확실하다. 그런데 시간이 흘러감에 따라 모든 신은 과거의 신이 되므로, 신이 없다는 것은 거의 확실하다. 인류역사에는 그런 식으로 사망하고 살해당한 신들이 헤아릴 수 없이 많다), 설사 신이 종교를 만들었다 하더라도 믿고 안 믿을 권리는 인간에게 있음을 명심하라. (그렇지 않으면 종교놀음이 신에게 재미가 없어지기 때문이다.) 우리가 가진 유일한 권리일지 모르니 마음껏 누리시기 바란다. 신은 무수히 많은 말을 했으므로(당신도 당신 개·고양이·앵무새·다람쥐·햄스터·이구아나·구렁이·장수하늘소 등 애완동물에게 말을 많이 하시는가?), 그 많은 말들을 선별적으로 믿을 권리 역시 우리에게 있다.

과일을 한꺼번에 많이 살 때는 용기 밑바닥까지 뒤적거리면서, "혹시 밑에 알이 잘거나 상한 걸 깔아둔 거 아니죠?" 하고 싫은 소리까지 해가며 주의 깊게 확인하면서, 왜 종교는 박스째 패키지로 살까? 그리고 사기꾼의 개처럼 입에 거품을 물고 죽기 살기로 "불량품이 하나도 없다"고 변호하는 것일까? 벌레 먹은 사과를 입에 물고 씹어 먹으면서, "살 때도 없었고, 지금도 없고, 앞으로도 없다"고 말하는 것일까?

누군가, 당신에게 혹은 다른 이들에게, 당신 종교의 뿌리를 흔드는 질문을 할 때면, 무조건 저항하는 일은 삼가라. 혹시 그 사람이 경찰이고 당신은 개일지 모르기 때문이다. 당신은 사유할 능력이 있지 않은가? 그러므로 주인을 의심하라, "혹시 범인이 아닌가?" 하고. 그 사람이 당신에게 먹이(천국, 영생, 복에 대한 교리가 제공하는 심리적인 위안과 안도)를 주는 것과 그 사람이 범인인지 아닌지는, 서로 전혀 관계가 없는 일이다.

당신은 '당신의 주인이 이빨이 썩어 빠지고, 배탈이 나서 설사를 하고, 쭈그리고 앉아 냄새나는 용변을 보는 것'은 인정하면서도, 왜 그의 주장은 하나도 예외 없이 모두 참이라고 범주적으로 주장하시는가? (그로부터 직접 들은 말이 아닌, 그의 대변인을 통해 전해진 말은 더욱 그렇다. 많은 경우에 당신이 믿는 것은 그의 말이 아니라, 그의 대변인의 말이다. 그리고 그 대변인은 하나가 아니라 여럿이다! 뿐만 아니라 이 여럿은 자기 말만 옳다고, 즉 자기만 옳게 들었노라고 서로 다툰다.) 그가 가끔 실수를 하는 것이 더 인간적이고 인류발전에 도움이 되지 않겠는가? 모든 발전은 실수와 무지 위에 세워짐을 명심하시라. 개는 의심이 지나치면 굶어죽고, 믿음이 지나치면 (주인 또는 주인의 적에게) 잡아먹히거나 살해당한다. 사람은 의심이 지나치면 배우지 못하고, 믿음이 지나치면 헛것을 배운다.

당신에게 비밀을 하나 알려드린다. 사기꾼들은 사기당하는 당신을,

당신이 그들을 경멸하는 것보다 훨씬 더 경멸한다. "나쁜 놈! 겨우 그 돈으로 그 큰 이익을 얻으려고 해? 날도둑 심보네~. 이런 친구는 한번 호되게 당해서 교훈을 얻어야 해" 하고 말이다. 그러므로 당신이 지불하는 것보다 더 큰 것을 얻으려 하는 것은 수치스러운 일이자, 사기당하는 첩경이다.

최소한 이 일에 있어서는, 속계와 종교계가 공히 평등하다. 단기간에 투자원금을 겨우(?) 두 배로 불려준다는 말에 혹해서 전 재산을 날리는 경우도 있는데, '유한한 시간과 재물'을 바치고 '영원한 수명'과 '무한한 즐거움'을 얻으려는 것은 너무(사실은 무한하게) 지나치지 않은가?

최근에 아주 흥미로운 갤럽 통계가 나왔다. 한국인들 중에 자기들 교리에 반反하게 윤회를 인정하는 기독교인들이 수십 프로나 된다는 사실이다. 남의 종교에도 구원이 있다고 믿는 기독교인들 역시 수십 프로나 된다. 예수가 "나는 길이요 진리요 생명이니, 나를 통하지 않고는 아무도 (하늘에 계신) 아버지께 갈 수 없다"고 단호하게 선언했음에도 불구하고(「요한복음」), 이런 일이 벌어지다니 도대체 어찌 된 영문일까?

왜 부처님께서는 '법등명 자등명法燈明 自燈明'을 마지막 가르침으로 남기셨을까? 당신은 그 이유를 아시는가?

화

화는 증오를 연료로 삼아 삼천대천세계를 태운다

우리가 살아가면서 화火를 안 내는 것은 불가능하다. 부처님은 진瞋을 번뇌의 근원인 삼독심三毒心의 하나로 치고 화를 금기시하셨지만, 우리는 화를 안 내고 살 수 없다. 그게 중생이기 때문이다.

화를 전혀 내지 않으려 하다가 실패를 거듭한 나머지 절망하고 포기하는 것보다는, 그래서 화를 자기 멋대로 나게 방치하는 것보다는, 화를 적당히 통제하는 것이 더 중요하다. 부처의 속성은 화를 안 내는 것이며, 중생의 속성은 화를 내는 것이다. 그러므로 중생 주제에, 화를 내는 자신을 너무 자책하는 것은 정신건강에 해롭다.

화는 의사소통 기능을 한다. '내가 기분 나쁘다는 것'을 표현하는 '경고'의 기능을 한다. 개나 늑대가 정작 물지는 않으면서도, 마치 당장 물 것처럼 이빨을 드러내며 으르렁거리는 것이 바로 화에 해당한다. 화는 상대방이 지나치게 나가는 것을 방지하는 기능을 하는 것이다. 중생의 마음에는 선심善心과 더불어 악심惡心이 있는지라, 경고를 받지 않고도 상대방을 배려하기는 힘이 든다. 중생은 타인의 마음을 읽는 신통력이 없는데다가 탐심으로 마음거울이 흐려져 더욱 타인의 마음을 읽기 힘들어서, 중생들에게는 경고를 보내줄 필요가 있다.

미리 경고함으로써 싸움을 피하는 것이다. 싸우면 서로 손해이다. 승자도 부상을 당할 수 있으며, 특히 의료시설이 없는 원시시대에는 작은 부상이 종종 치명적인 상태로 진전될 수 있다.

자연계의 동물들은 적당한 선에서 화를 낸다. 화를 내는 것도 경제행위에 해당한다. (화를 내는 부정적인) 비용이 (화가 가져오는 긍정적인 결과라는) 산출을 넘어서면 안 된다. 지나치면 손해이다. 특히 자기 종種에게 그리하면, 즉 같은 종들 사이에서 지나치게 화를 내는 일이 보편적으로 일어나면, 그 종은 융성할 수 없다. 심하면 멸종할 수도 있다.

예를 들어, 조조, 유비, 손권도 달성하지 못한 삼국통일을 이룩한 진나라는 사마중달의 후손들이 8왕의 난을 일으키며 서로 잡아먹을 듯이 화를 내다가 국력이 소진돼 결국 멸망하고 말았다. 고구려는, 수양제와 당태종에게 처참한 패배를 안겨준 동북아시아의 최강자 고구려는 연개소문 사후에 그 아들들이 서로 불같이 화를 내다가 그만, 700년 역사가 한 줌 재가 되고 말았다. 비교적 최근에는 중앙정보부장 김재규가 경호실장 차지철에 대한 분노를 조절하지 못하고 주군을 시해하고는 형장의 이슬로 사라졌다. 지금 살아남아있는 종은 구성원들 사이의 극단적인 화를 피한 종들이라고 볼 수 있다.

화가 날 때 우리는 곰곰이 생각해봐야 한다. 내가 지금 내고 있는 화가 그 정도에 있어서, 즉 크기와 강도와 범위에 있어서, 상황에 적절하고 적당한가 하고. 누가 내 걸 훔쳐갔다고 해서, 그 사람의 손을 자르거나 목을 자를 수는 없는 일이다. 적당한 한계가 필요하다.

BC 1760년 『함무라비 법전』의 '눈에는 눈 이에는 이'라는 법은 놀랍게도, 흔히 사람들이 알고 있는 것과는 달리, 가해자를 보호하기 위한 법이라고 한다. 이齒를 상하게 한 자에게 가할 수 있는 최고의 벌은 '이를 상하게 하는 것'이라는 뜻이다. 즉 이걸 넘어서, 손목을 자르거나 목숨을 빼앗으면 안 된다는 말이다.

근대법은 죄의 종류와 형벌을 법으로 정한다. 분기탱천憤氣撑天해서 지나치기 쉬운 개인을 대신해서 국가가 가해자에게 화를 내준다. 적절한 선에서 말이다. 이 죄형법정주의의 도입으로 복수가 복수를 부르는 일이 사라졌다. 그전에는 공인된 사적인 복수인 결투가 있었고, 그 결과 종종 죽거나 불구가 되었다. 불세출의 수학천재 갈루아도 결투 중 입은 부상으로 죽었다. 하지만 법의 영역 밖에서는, 화는 그 대상과 정도를 지금도 여전히 개인이 정해야 한다.

물건을 살 때 적당한 가격을 산정하는 것처럼, 누가 화를 돋울 때는 내가 지불해야 하는 화가 어느 정도가 합당한지 계산해야 한다. 물질적인 일뿐만이 아니라 정신적인 일에도, 세상 모든 일에는 합당한 가격이 있다.

우리는 화가 지나친 나머지, 이성을 잃고, 지나치게 상대방을 몰아치고 지나치게 응징한다. 그러면 보복의 악순환에 빠지게 된다. 상대방이, 자기는 그 정도 잘못한 것은 아니라며, 억울하다고 생각하기 때문이다. (이는 정신적인 경제활동에 해당한다.) 어차피 보복의 악순환에 빠지더라도, 보복의 강도를 약화시키면 서로 피해가 축소된다.

제1차 세계대전 승전국들이 패전국인 독일에 지나치게 배상금액을 물린 결과로, 20여 년 만에 독일이 제2차 세계대전을 일으키는 빌미를 제공하고 말았다. 그 결과 세계문명이 파괴되고 수천만 명이 도살당했다. 그래서 전쟁이 끝난 후 승전국들은 패전국들에게 과거와 같은 혹독한 책임과 벌을 묻고 가하지 않았다. 지금 일본과 독일이 번영을 누리고 있는 배경이며, 세계의 화약고인 유럽이 평안한 이유이다.

보복은, 아이로니컬하게도, 우리가 상대방을 필요로 하기 때문에 일어난다. 정복자가 피정복자를 한 명도 남기지 않고 모조리 다 제거하면 보복이 일어날 일이 없지만, 그리 못 하는 이유는 그들의 노동력과 생산력을 필요로 하기 때문이다. 농부가 소에 받히는 것과 유사한 현상이다. 농부는 절대로 그 소를 죽이지 못한다. 소가 없이는 농부가 생존할 수 없기 때문이다. 물론 살아남은 그들이 반란을 일으킨다.

이렇듯 반란과 보복은 정복자가 피정복자를 필요로 하기 때문에 발생한다. 물론, 필요없다고 생각하면 다 없앨 수도 있다. 칭기즈칸의 후계자 오고타이 칸이, 양쯔 강 이북에 있던 금金을 정복하고는, 거기 살던 중국인들을 몰살시키려 했다. 땅을 더럽히는 벌레 같은 농민들을 없애고, 그 땅에 풀이 자라는 목초지를 조성하고 싶어 했다. 그때 요나라 출신의 거란인 명재상 야율초재가 건의했다. "살려두고 세금을 받는 것이 목초지를 만들어 목축을 하는 것보다 훨씬 더 이익입니다." 중국인들이 멸종당하지 않은 사연이다.

비교적 근래에는 히틀러가 박멸하려 했던 유대인이 있다. 유대인은 유럽인에게는 물론이고 마르틴 루터로 대변되는 독일인에게도 바퀴벌레처럼 혐오스러운, 전혀 필요없는 종족이었다. 600만 명이나 학살당했지만, 다행히 히틀러가 패배함으로써, 멸종당하지 않고 살아남았다. 유대인과 아랍인 사이의 중동문제의 유일한 해결책은 팔레스타인과 유대인이 서로 결혼을 하는 것이 아닐까 생각해본다. 큰 경제적 혜택을 주어 장려하면 몇 세대만 지나면 민족적·인종적 문제가 대부분 사라질 것이다. 다르게 생긴 것은 많은 경우에 저주이다. 다르게 생겼기에 잡아먹고 노예로 삼는다. 다름을 해결하기 위해서 결혼을 통해서 몸과 마음을 비슷하게 만드는 것이다. 다른 몸과 마음으로부터 생겨난 화를 삭이는 방법이다.

백인노예상들과 노예주들은 흑인노예를 강간해 태어난 자기 자식들을, 자기와 다르게 생겼다고 즉 흑인모습이라고, 노예로 팔아먹었다. 노예 수를 늘리려고 일부러 그리한 천인공노할 자들도 있었다. 인간이 과연 불성佛性을 지녔는지 의심하지 않을 수 없게 만드는 사례이다. 미국은 '한 방울 규정one-drop rule'이라고 한 방울만 흑인 피가 섞여도, 즉 조금이라도 흑인 피가 섞이면 흑인으로 간주했지만, 만약 백인 모습을 하였다면 노예로 팔아먹기 힘들었을 것이다. 그래서 흑인 피가 16분의 1은 되어야 흑인으로 분류하는 법도 있었다. 아마 흑인 피 비율이 16분의 1보다 작으면 외관상 흑인모습이 눈에 띄지 않을 정도로 사라질 것이다.

상황을 넘쳐흐를 정도로 지나치게 화를 내는 것은 자기 자신에게도 몹시 해롭다. 이미 실상을 왜곡했기 때문이며, 이 왜곡은 우리 정보유기체인 뇌와 마음을 뒤틀기 때문이다. 그러면 뇌와 마음을 화로 범람을 시킨다. 화라는 선글라스를 통해서 세계를 붉은색으로 물들여 결코 마음의 평안을 얻을 수 없게 된다.

그래서 우리는 물어야 한다. 화가 날 때마다 자문自問해야 한다. 꼭 화를 내야 하는가? 내야 한다면, 그 목적은 무엇인가? 합당한 이유가 있는가? 그 방식은 옳은가? 엉뚱한 사람에게 화를 내는 것은 아닌가? 지금 이 화를 내야 하는 적절한 시점인가? 화를 냄으로써 소기의 효과를 얻을 수 있는가? 지금 내가 내는 화는 적당한 양인가? 이렇게 묻고 대답하는 과정을 통해서 화는 점차 줄어들고, 여기에 삼법인三法印에 대한 사유와 수행을 가미하면, 화를 내는 주체도 화를 받는 객체도 존재하지 않는다는 것을 깨달아, 궁극적으로 화에서 해방될 것이라고 믿는다. 소위 분해탈忿海脫이다.

사랑, 그 기나긴 여로

사랑은 수동태인가 능동태인가?
사랑은 주어지는 것인가? 아니면
가꾸고 길러야 하는 것인가?

사랑은 과거인가? 아니면 현재인가?
사랑에 빠진 사람들이 흔히 좋아하는 말이 있다.

'현재 이 순간의 사랑을 하라.'

하지만 이 말에는 큰 문제점이 있다. 우리가 처음 사랑할 때는 가능할지 모르나, 나중 사랑은 그렇지 않다. 이미 많은 과거를 만들었기 때문이다.

처음 또는 첫눈에 누구에게 사랑을 느끼는 것에는, 절대, 현재만 개입되어있지 않다. 그 사람이 살아온 과거가 들어있다. 과거에 싫어하던 사람의 성향을 가진 사람은, 처음부터 싫어할 수 있다. 예를 들어 지나치게 검소한 어머니 밑에서 자랐다면 그런 성향의 여자는 싫어할 수 있다. 또는 술주정뱅이 아버지의 폭력을 겪으며 자란 여자에게, 술 잘하는 남자는 기피대상이 될 수 있다.

거꾸로, 이루어지지 못한 첫사랑의 경우나, 또는 무척 사랑했으나 피치 못해 헤어진 경우는, 그와 비슷한 사람을 보면 처음부터 좋아할 수 있다. 이런 경우는 처음 그 순간부터 크고 강렬한 사랑을 할 수 있다.

그렇지 않은 경우는 사랑을 키워가는 것이다.

사랑을 키워가다보면 많은 역사가 쌓인다. 첫눈에 반한 경우도 마찬가지이다. 세상 어느 것도 머물러있지 않기 때문이다. 그리고 사실 사람들은 변화를 좋아한다. 변화를 당하는 것은 싫어할지 모르나, 변화를 만드는 것은 좋아한다. 그래서 당 현종玄宗은 천하절색 양귀비 이외에도 후궁이 있었다. 심지어 학문을 광적으로 사랑한 성군 세종대왕도 다섯 명의 후궁을 두었다. 이처럼 왕이 후궁을 두지 않는 경우는 거의 존재하지 않는다. 세계역사상 유일한 예외는 조선 제18대 왕 현종顯宗 정도이다.

그 순간에는 모든 과거가 들어있다. 지금 헤어지지 않는 것은 과거의 힘이다. 그리고 헤어지는 것도 과거의 힘이다. 현재 이 순간은 사실상 존재하지 않는다. 구태여 폭이 있는 현재를 말하려면, 현재는 사실상 지금부터 얼마 전까지를 말한다. 짧게는 한 시간 전부터 지금까지이고, 길게는 십 년 전부터 지금까지이다. 두뇌는 과거에 대한 지식을 단기기억 형태로 일정기간 동안 어느 정도 저장하고 있으므로, 현재를 이렇게 보는 것이 합리적이다. (그러지 않으면 생존이 불가능하다. 회의에 참석하면 회의가 끝날 때까지 참석자들이 한 중요한 발언을 기억하고 있어야 하며, 거래를 하는 경우는 거래가 끝날 때까지 상대방과 자신의 발언을 다 기억하고 있어야 한다.) 추상적인 개념은, 외부에 독립적으로 고정불변한 모습으로 존재하는 것이 아니라, 우리 뇌에서 구성된다는 점에서 더욱 그렇다. 현재는 우리 뇌의 창조물일 따름이다.

당신이 만난 지 하루밖에 안 된 사람이 중병에 걸려 입원했을 때 수

년간 그 사람의 대소변을 받아가며 간호할 수 없지만, 오래된 사랑에게 그런 일이 가능한 것은 과거 때문이다. 사랑의 역사 때문이다. 험난한 생존경쟁의 장에서, 그리고 개체보존을 최고의 목적으로 삼는 자연계에서, 둘이 합쳐 진사회적eusocial 사랑을 만들었기 때문이다.

사랑은 사람들이 흔히 생각하듯이 단순하지 않다. 그리고 현재에만 집중할 수 있는 것도 아니다. 사랑은 인류를 그리고 생명계를 멸종하지 않고 지금까지 생존하게 한 위대한 힘이다.

35억 년 진화의 역사가 바로 사랑의 역사이다. 우리가 사랑을 시작할 때, 바로 이 35억 년의 사랑이 다시 펼쳐지는 것이다. 지금 진행 중인 지구상 모든 생명체의 사랑은, 35억 년짜리 사랑이라는, 빙산의 일각이다. 그 어떤 사랑도 35억 년 사랑의 반영이고 결실이다. (사랑의 몸짓·말짓·마음짓이 모두 그렇다.) 그리고 당신은 당신에게 일어나는 그 사랑의 목격자이다. 사랑이 위대한 것은, 무기질에서 출발했지만 지금 이 위대한 생명과 문화를 이루게 한 근본적인 힘이기 때문이다.

늙은 부인 또는 늙은 남편이 힘겹게 암투병을 한다. 배우자로 하여금 잠을 설쳐가며 간병을 하게 하는 것은 둘 사이의 사랑의 역사이기도 하지만, 배우자와 마찬가지로 이제 얼마 남지 않은 자신의 삶을 지금까지 유지하게 도와준 혈맹에 대한 고마움과 사랑이다.

그 사랑과 고마움은 기억이 없으면 작동할 수 없다. 즉, 기억이 사라지면 사랑도 불가능하다. 중증치매에 걸린 배우자를 간호하는 것은 사랑이지만, 정작 환자는 간호해주는 배우자에 대한 사랑이 없다. 장기기억까지 다 사라졌기 때문이다.

그래서 사랑은 역사이고, 사랑은 기억이다. 남녀 간의 사랑뿐만이 아니라 일체 모든 사랑이 그렇다. 이걸 불교에서는 업業이라고 한다.

미국의 유머작가 프랜 레보위츠Fran Lebowitz, 1950~ 는 말했다. "단지 사랑하기 때문에 결혼하는 것은 말도 안 되는 짓이다. 제일 친한 친구와 결혼하는 게 더 말이 된다. 당신은 당신의 가장 친한 친구를, 당신이 앞으로 사랑할 어느 누구보다도 좋아한다. 당신은 어떤 이가 '귀여운 코'를 가졌다는 이유로 그 사람을 당신의 가장 친한 친구로 삼지 않는다. 하지만 당신이 결혼상대를 택할 때는 바로 그런 짓을 한다. '나는 당신의 (참을 수 없이 매력적인) 아랫입술로 인하여 당신과 남은 인생을 같이 살고자 합니다.'" 하하하. 하지만 이런 사랑의 열정은 인간으로 하여금 생의 고통과 부조리에 눈이 멀게 하여 세상을 살 만한 곳으로 만든다.

앞서 든 암 투병의 예처럼 부부는 살아가면서 친구가 된다. 시작은 레보위츠의 지적처럼 '아랫입술' 때문이었는지는 몰라도, 혹은 호르몬의 작용이었는지 몰라도, 부부는 살아가면서 결국 친구가 된다. 제일 친한 친구가 된다. 그렇지 않으면 어떻게 대소변을 받아가며 간병을 할 수 있겠는가?

세상은 정말 이상하다. 원하는 것을 얻었다 싶지만 실제로는 쓸모없는 것을 얻고, 현자들이 비판하는 이상한 짓을, 그것도 이상한 이유와 동기로 하였지만, 결국 원하는 것을 얻기도 한다. 사랑이라는 열병이 우정이라는 양약良藥으로 변한다. 사람이 이 세상에 태어나는 것은 '이상한 이유로' 태어난다 한다. 불교에 의하면 탐욕과 증오와 어리석음으로 태어난다고 한다. 그런데 태어나지 않으면 반야지혜로 빛나는 깨달음도 삼독심三毒心의 불이 꺼진 열반도 없을 것이기에, 이 세상은 정말 기이한 세상이다. 엉뚱한 구멍으로 들어가지만 결국 탈출을 하게 되는 기묘한 세상이다. 중국산 들깨를 집어넣고 한국산 참기름을 짜내는 신통방통한 세상이다.

한 번에 한 가지만 하라

미래를 상상하지 못하는 생물은 갑작스레 닥치는 위험으로 목숨을 잃는다. 미래를 상상할 수 있는 생물은 미래에 대한 가설을 세운다. 변화하는 주변환경에 맞추어, 계속해서 가설을 업데이트한다. 더 나은 가설이 나오면 옛 가설은 폐기된다. 그래서 중간가설이 틀리더라도 목숨을 잃지는 않는다. 칼 포퍼의 말을 빌리자면, "우리 대신에 우리의 가설을 희생시키면 된다." 중간에 많은 가설이 살해당하더라도 결국 올바른 가설을 세운, 즉 올바르게 예측한 생물은 살아남는다. 이런 과정을 통해서 생명체는 생존확률을 극대화시킨다.

따라서 지금 현재, 미래에 살지 못하는 개체는 사멸할 확률이 커진다. 현재에만 사는 것은 극히 위험한 일이다.

인간은 동시에 현재와 미래에 살아야 하며, 때로는 동시에 과거·현재·미래 삼세에 살아야 한다.

선불교의 가르침 삼매의 효능과 부작용

선불교禪佛敎 가르침 중에 '한 번에 한 가지만 하라'는 것이 있다. 밥을 먹을 때는 밥만 먹고, 똥을 눌 때는 똥만 누라는 말이다. 똥 누면서 신문을 보면 절대 안 된다는 말이다. 하하하. 따라서 밥을 먹을 때는 밥만 먹어야지, 다른 생각을 하면 안 된다. 회사일이나 집안일을 생각하면 안 된다. 밥을 다 먹고 나서, 회사일이나 집안일 등을 생각하라는 얘기이다. 이렇게 하면, 밥 먹고, 똥 누고, 신문 보고, 일을 하는 즐거움이 폭증한다고 한다. 소위 식삼매락, 배변삼매락, 독서삼매락, 사삼매락이다食三昧樂, 排便三昧樂, 讀書三昧樂, 事三昧樂.

그러나 이런 일은 재가자들에게는 불가능하다. 일체 생업에 종사하지 않는 출가자들에게는 가능할지 모르나, 자신과 가족의 의식주를 얻어야 하며, 이 과정에서 타인과 경쟁해야 하는 재가자의 입장에서는 처음부터 불가능한 일이다. 특히 경쟁이 치열하고 급변하는 상황일수록 더욱 그러하다. 전 세계국가들이 뒤엉켜 이전투구를 벌이는, 신자유주의의 무한경쟁의 오늘날은 더 말할 나위가 없다.

비가 의뭉스럽게 오는 날, 논을 돌보다 집에 돌아와, 점심을 먹으면서도 농부의 마음은 온통 논으로 가 있다. 경험을 불러와 일어날 수 있는 가상 상황을 마음에 그려보며, 어느 물길을 따라 적의 수군이 공격해 올 것인지, 그리고 어느 논둑이 버티지 못하고 터질까, 대책을 궁리한다. 만약 농부가 밥 먹는 일에만 집중한다면 그사이에 논이 망가질 확률은 커진다. (오해하지 마시기 바란다. '반드시'가 아니라 그리될 '확률이 크다'는 얘기이다. 하지만 수학법칙에 의하면, 확률이 작은 일도 횟수가 쌓이면 반드시 일어난다. 그러므로 범사에 조심해야 한다.)

뉴기니 밀림에 사는 석기시대 원시인들은, 아침에 숲에 들어가 용변을 볼 때, 용변을 보는 일에만 집중할 수 없다고 증언한다. 방심하다가는 숲에 매복하고 있는 적대부족민이나 사이가 나쁜 마을사람에게 화살을 맞는 수가 있기 때문이다. 일을 끝내고 엉덩이를 드는 순간, '똥꼬'에 어스름하고 부스스한 숲에서 날아온 화살이 적중하는 것은 최악의 사태이다. 특히 오줌색깔이나 오줌발 세기와 굵기에 과도한 호기심을 보이는 것은 어리석은 일이다. 그러느라 넋을 잃으면 그사이에 공격을 당할 수 있다. 그러므로 용변을 보면서도 동서남북사유상하, 시방十方向을 경계해야 한다. 공격의 이유는 여자약탈·복수·명예획득·성인식용 머리획득 등등 가지가지이다. 핑계 없는 무덤 없다고, 저절로 혼자 힘으로 날아갈 리 없는 화살이 날아가는 데 이유가 없을 수 없다.

아랍세계 최고의 여행가 이븐 바투타Ibn Battuta, 1304~1368가 한번은 아프리카 말리의 강가에 쭈그리고 앉아 변을 보고 있었는데, 한 원주민이 앞에서 자기를 뚫어져라 쳐다보고 있었다 한다. 처음에는 무척 기분이 나빴는데, 알고 보니 혹시라도 악어의 공격을 받을까봐 경계를 서준 것이

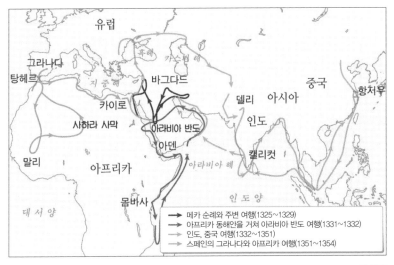

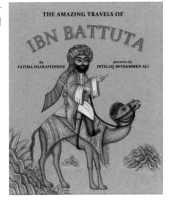

➡	메카 순례와 주변 여행(1325~1329)
➡	아프리카 동해안을 거쳐 아라비아 반도 여행(1331~1332)
➡	인도, 중국 여행(1332~1351)
➡	스페인의 그라나다와 아프리카 여행(1351~1354)

● (위쪽) 이븐 바투타의 여행경로. 아프리카·인도·중국까지 여행했다. 그는 당시 전 세계에서 가장 넓은 지역에 배변한 사람이다.
● (오른쪽) 이븐 바투타(1304~1368).

라고 한다. (여자들의 눈맞춤은 사랑의 표시이고 남자들의 눈맞춤은 적대감의 표시이다. 그러므로 남자가 다른 남자에게 쳐다봄을 당하는 것은, 어느 누구라도, 분명히 기분 나쁜 일이다. 특히 거시기가 나오는 중일 때는 더욱 그러할 것이다. 하지만 악어에게 엉덩이를 물리는 것보다는 백배 나은 일이다. 하하하.)

북아메리카의 우두머리 사슴은 발정기가 되면 무리의 암컷들과 짝짓기 하느라 그리고 다른 수컷들의 도전을 물리치느라, 수주일 동안 먹지도 않고 심신을 혹사하다가 발정기가 끝날 무렵 기진맥진해 죽는다. 먹지도 않고 짝짓기에만 몰두한 결과이다. 한 번에 한 가지만 하는 것이 반드시 좋은 것은 아니라는 것을 보여주는 좋은 예이다.

동물들은 교미를 하면서도 끝없이 경계한다. 교미를 할 때가 가장 공격에 취약하며, 따라서 교미에만 집중할 수가 없다. (기동력도 급격히 감소한다! 이 사실은 운동회에서 2인3각 달리기를 해본 사람은 누구나 안다. 사랑에 빠져 한 몸이 된 메뚜기 쌍을 잡아본 사람도 안다.) 교미의 열락에 빠져들면서도 경계심을 늦추면 안 된다. 그래서 통상 동물들의 교미시간은 무척 짧다. 심지어 사자조차도 일회 교미 시간은 수초에 지나지 않는다. 대신 자주 해서 일주일도 안 되는 짧은 발정기간에 수백 번을 한다. 그러므로 교미 중에 교미에만 집중하는 것은 자살행위이다. 교미는 생과 사의 교차점이다! 삶과 죽음의 예술이다. 정신적으로 그리고 육체적으로. 그 순간 마음이 사라지니 마음의 죽음이요, 다른 동물의 먹이가 되니 몸의 죽음이다. 이 죽음은 새 생명의 탄생과 교차한다. 이런 일을 논하는 것은, 그 자체만으로도, 순결한 수도승들에게 미안한 일이 아닐 수 없다. 용서를 빈다.

암살범의 입장에서는, 암살대상자가 마약이나 잠에 취해있을 때, 살해하기가 가장 쉬울 것이다. 자다가 동침한 여인에게 살해당한 훈족의 왕 아틸라는, 잠잘 때 너무 잠만 열심히 잤기 때문에 목숨을 빼앗긴 경우이다. 깨어서는 전 로마제국을 공포로 몰아넣었던 아틸라도 잠에 들어서는 속수무책이었다. 가끔씩 깨는 습관이 있었으면 살해당할 확률이 급격히 감소했을 것이다. (고대 동양 장수들이 '눈을 뜬 채로 잤다'는 신화는 역설적으로 영웅조차도 잠 앞에서는 범부에 지나지 않음을 증명한다. 『삼국지』의 장비는 눈을 뜨고 잤지만 자는 중에 자기 부하들에게 살해당했다.) 온혈동물인 포유동물과 조류에게 나타나는 렘수면REM 수면(수면 중 안구가 급속히 움직이는 현상. 렘수면 중에는 거의 항상 꿈을 꾼다)은, 깊은 잠에 빠지는 것을 방지하여 혹시 있을지 모르는 위험에 신속하게 대비하기 위한 것이라는 유력한 설이 있다. 그러므로 나쁜 짓을 한 사람은 항상 깨어있어야 한다. 언제 어디서 누가 공격해 올지 모르기 때문이다.

잠을 잘 때는 잠만 자야 하는가? 꿈을 꿀 때는 꿈만 꾸어야 하는가? 종종 꿈에서 문제를 해결하는 수가 있다. 유명한 과학자가 자다가 벌떡 일어나더니, 부인에게 "음, 문제를 해결했어, 아침에 알려줄게" 하고는 즉시 다시 잠에 들었다고 한다(아마 그가 잠에서 깬 것은 아니고, 일시적인 몽유병증세였을 것이다). 그는 꿈에서 문제를 해결한 것이다.

역사상 꿈에서 문제를 해결한 경우가 적지 않다. 그러므로 잠을 잘 때는 잠만 자야 하는 것은 아닐 것이다: 그런데 '꿈을 꿀 때는 꿈만 꾸어라'라고 말을 바꾸면 문제가 해결되는 것일까? 만약 상당히 등급이 높은 악몽을 꾸고 있다면 큰일이다. (특히, 꿈속에서, 사이가 나쁜 상사나 경쟁자가 자기 몸통 위에 올라앉아 길고 억센 손가락으로 목을 조르면 긴급사태이다. 특히 심장이 약한 사람은 이런 일로 죽을 수 있지만, 막상 죽으면 아무도 진짜 사망이유를 알 수 없다. 세계적인 물리학자 미치오 가쿠의 예상처럼 과학의 발전에 따라 타인의 꿈에 침투할 수 있는 날이 오면 꿈을 통한 심장마비 살인사건이 일어날 수도 있다. 그런데 인도 중국 한국의 선도仙道에서는 타인의 꿈에 들어가는 기술이 이미 수천 년부터 전해 내려온다고 주장한다. 또, 암 투병 중에 간병해주던 부인이 도망가거나 자신을 살해하려 음모를 꾸미는 꿈을 지나치게 오래 꾸면 '정신적인 암'까지 걸릴 수 있다.) 꿈을 꿀 때 꿈만 꾸어야 한다면, 악몽에서 깨어나기가 몹시 힘들 것이기 때문이다. 꿈을 꿀 때도 우리 의식의 일부분은 깨어있어, 꿈이 너무 심하다 싶으면 꿈에서 깨어나게 한다.

우리가 살면서 해결하지 못한 문제들은 기억창고에 미해결문제로 분류·저장되어, 틈만 나면 스스로 해결책을 찾는다. 우리의 '무의식'은 끝없이 해결책을 모색한다. 이 문제들은 지하의 마그마처럼 움직이다가, 기회를 보아, 현재의식의 틈을 비집고 '의식의 스크린'으로 솟아올라온다. 중대한 문제는 시도 때도 가리지 않고 찾아와야 한다. 밥 먹을 때 똥 눌 때를 가리지 않고 찾아와, 해결책을 궁리해달라고 졸라대야 한다. 때때로 불현듯 떠오르는 해결책은 시절인연時節因緣의 축복이다. 인간은 불완전하므로, 미해결문제는 시절인연에 맡기고 최선을 다하는 수밖에 없다. 그런데, 만약 한 번에 한 가지 일만 해야 한다면, 이런 일은 불가능하다. (선불교의 '의심이 커야 깨달음이 크다'는 말은 '씨를 뿌리지 않으면 수확을 할 수 없다'는 말이다. 그리고 '큰' 종자를 뿌리지 않으면 '큰' 걸 수확할 수 없다는 말이기도 하다. 씨를 뿌리고 돌봐야 농작물 수확이 가능한 것처럼, 뇌에 의심이라는 씨앗을 뿌려야 뇌는 의심을 해결하기 위해서 활동한다. 농작물이 비와 햇볕과 양분을 먹고 스스로 크는 것처럼, 무의식은 물질적 감각기관眼·耳·鼻·舌·身[눈·귀·코·혀·피부]과 비물질적 감각기관意[마음]을 통해서 정보를 먹고 스스로 문제를 해결한다. 의식적인 사유는 김을 매주고, 솎아주고, 가지를 쳐주고, 지지대를 세워주는 것에 해당한다. 이걸 불교용어로 문사수聞思修라고 한다. 여기서 문聞은 무의식 작용을, 사思는 의식작용을, 그리고 수修는 작게는 의지를 나타내며 크게는 의식·무의식 활동의 전 과정을 말한다.)

적군과 대치하며 전투 중인 장군은, 밥을 먹을 때도, 물을 마실 때도, 똥을 눌 때도, 끝없이 급변하는 전장의 상황에 맞추어 작전을 세우고 변경해야 한다. (나폴레옹이 말했듯이, 전투 전에 세운 작전계획은 일단 전투가 벌어지면 무용지물이다.) 밥 먹을 때 밥만 먹고, 물 마실 때 물만 마시며, 똥 눌 때 똥만 누다가는, 전쟁에 패할 확률이 증가한다. (나폴레옹은 워털루전투 전날 설사가 나서 고생하다 다음 날 늦게 일어나 공격타이밍을 놓쳐서 졌다는 유력한 설이 있다. 한 번에 한 가지 일만 하는 것은 이처럼 위험하다.) 오해하지 마시라. '반드시 패한다'고는 안 했다. 패할 확률이 증가할 뿐이다. 하지만 '큰 수의 법칙law of large numbers'이라는 수학법칙에 의하면, 아무리 확률이 작은 사건일지라도 되풀이되면 언젠가 반드시 그런 일이 일어난다. 목숨을 건 전쟁이라면, 단 한 번이라도 지면 죽음뿐이다.

그러므로 '한 번에 한 가지만 하라'는 가르침은 이렇게 바뀌어야 한다.

1. '쓸데없는' 생각을 동시에 하지 마라.

일할 때, 반드시 필요한 일이 아니라면 동시에 다른 일을 하지 마라.

2. '쓸모 있는' 생각은 동시에 해도 무방하다.

일할 때, 반드시 필요한 일이라면 동시에 다른 일을 해도 좋다.
사실은 반드시 동시에 해야 한다.

3. 자기 두뇌 용량을 초과하는 일을 하지 마라.

자기 능력에 따라 시간과 생각의 양과 횟수를 조절하라. 듀얼 프로세스가 불가능하다면 한 번에 한 가지 일만 할 것이며, 트리플 프로세스가 불가능하다면 한 번에 두 가지 일을 넘기지 말라. 지나치면 뇌가 멈추거나 폭발한다. 가끔 신문에 보도되는 '배터리 폭발사건'을 상기하라.

4. 상황이 허락할 때마다 놓치지 말고, 한 번에 한 가지만 함으로써, 즉 하고 있는 일에 전적으로 몰두함으로써 삼매락三昧樂(집중의 즐거움)을 누려야 한다.

삼매락은 인간에게 허용된 전혀 부작용이 없는 희귀한 양질의 기쁨 중 하나이다. 삼매락을 누리지 못하는 것은, 명승지를 찾은 관광객이 딴생각을 하다가 절경을 놓치는 것과 같다. 사랑, 대화, 독서, 자전거 타기, 등산, 탐구, 사색, 기도, 명상, 설거지, 요리, 빨래, 청소, 생업 등에 완전히 몰두함으로써 즐거움을 얻어야 한다. 정신적 고통은 대부분이 자아에 대한 집착으로부터 온다. 삼매는, 삼매에 든 이로 하여금 자아를 잊게 하여 일시적일지라도 자아에 대한 집착을 없앰으로써,

자아가 없을 때 진정한 행복이 찾아옴을 깨닫게 한다.

물론 위의 개정안은 재가자를 위한 것이다. 출가자는, 원안대로, 한 번에 한 가지 일만 할 일이다. 만약 출가자가 한 번에 두 가지 일을 해야만 한다면, 그는 도박을 하는 '중'이든지, 술을 마시는 '중'이든지, 거짓말을 하는 '중'이든지, 은처를 하는 '중'이든지, 삼보정재를 훔치는 '중'이든지, 남을 때리는 '중'이든지, 뭔가 옳지 못한 짓을 하는 '중'이 분명하다. 이런 중은 오계를 범하는 중이다. 여기서 '중'은 '시간duration'을 뜻한다.

생각이 복잡한 중은 나쁜 중이다. 한 생각도 일어나면 안 된다는데一念不生, 복수의 생각은 불길하다. 그것도 한 번에 두, 세, 네, 다섯 생각이라니! 너무 지나치지 않은가? 그러므로, 이런 중은, 변장하고 침투한 외도外道,heathen가 아닌지 의심해도 결코 지나치지 않다.

번뇌 없는 건강한 사유는 행복과 수명을 연장한다

때때로 과거와 미래를 놓아버리고 현재에 머무는 것이 가능하고, 또 그리하면 몸과 마음이 더 건강해지고 더 행복해진다. 그러나 항상 그리할 수 있는 것은 아니다. 최선을 다해 나름대로 과거를 복기하고 미래를 구상하여 계획을 세우고, 그다음 순간은 그 계획실현에 전력을 다하는 것이다. 소위 자신의 '존재농도'를 높이는 방법이다. 즉 유한한 능력을 지닌 인간이 유한한 수명에 효율적이고 충만하게 존재하는 수단이다.

한 서양인이 간질병 치료차 뇌수술을 받다가 집도의사의 실수로 그만, '해마'가 제거되는 불상사를 당했다. 이 일로 그는 단기기억을 장기기억으로 전환하지 못해 기억이 몇 분밖에 지속되지 못했다. 그는 몇 분전에 만난 사람에게, 마치 처음 만나는 것처럼, "만나 뵙게 돼서 반갑습니다" 하고 똑같은 인사를 되풀이했다. 즉, 수술받기 전의 장기기억은 그대로였지만, 수술받은 후에는 새로운 장기기억을 전혀 생성하지 못했다. 그래서 매일 아침, 매 시간, 거의 매순간, 세상은 그에게는 새로운 세상이었다. 그는 거울을 볼 때마다, 낯선 사람을 발견하고는, 소스라치게 놀랐다. 수술을 받기 전의 모습만 기억하기 때문이었다.

이런 사람은, 과거와 미래가 없는, 문자 그대로 현재에 사는 사람들이다. 과연 이런 삶이 종교인들이 꿈꾸는 '현재에 사는 삶'일까? 답은 분명히 아닐 것이다. 우리 마음은 우리가 의식하지 못하는 가운데 끝없이 활동한다. 과거의 정보를 불러 그를 기반으로 미래에 대해서 계획을 세운다. 하찮아 보이는 '걷는 동작'도 그러하다. 우리가 아무 생각없이 걸을 때에도, 마음은 눈을 통한 시각정보를 이용해 전방의 상황을 끝없이 파악해서 발길을 어떻게 놓을지 계산한다. 그래서 내림 계단이나 낮은 지대로 가면, 저절로 지형에 맞추어 자연스럽게 발을 놓는다. 무의식적으로, 없는 오름 계단을 있는 것으로, 또는 있는 웅덩이를 없는 것으로 착각하면 발을 올리거나 내리며 헛발질을 하다 깜짝 놀라며 의식이 돌아온다.

이 점에서 인간의 삶이란 무의식과 의식의 조화이다. 놀랍게도, 현대 뇌과학에 의하면, 우리의 정신적 활동의 대부분은 무의식의 영역에서 무의식적으로 일어난다. '나我'라는 생각, 즉 정체성은 의식의 영역이지만 그 내용은 무의식이다. 즉 '나我'라는 정체성의 껍질은 의식이고 앙꼬는 무의식이다. 무의식이란, 외부로부터 유입된 정보와 내부에서 개발된 알고리듬으로 이루어진 일종의 정보·알고리듬 복합체이다. 이 복합체의 활동으로부터 새로운 이차 정보가 생성된다. 이걸 지식·지혜라고 부른다. 이것은 무의식에 저장이 되어 새로운 정보와 알고리듬을 형성하고 개선한다. 그래서 인간은 아我가 상변하기에 무아無我이다. 의식은 무의식을 자기我로 간주하지만, 양자가 상변常變, ever changing함을 깨닫는 것은 지난한 일이다. 무의식이 망가지거나 무의식을 의식으로 불러오지 못하면, 정체성의 상실·파괴가 일어난다. 중증치매환자가 그 예이다. 이들은 영원한 현재에 산다.

부처님의 가르침 중에 '현재에 사는 삶'에 해당하는 것이 있다면 '번뇌가 없는 삶'이다. 번뇌는 과거와 미래를 불러오기 때문이다. 번뇌가 없을 때 우리는 마치 '현재에 사는 것'처럼 느껴진다. 그렇다고 과거와 미래가 '정말' 없는 것처럼 생각하면 크게 잘못된 것이다. 앞서 설명한 것처럼 무의식은, 우리의 의식이 알지 못하는 중에, 끝없이 과거와 미래를 분석하고 설계하기 때문이다. 단지 의식이 흐트러짐이 없이 현재에 강하게 집중하여, 마치 현재만 존재하는 것처럼 느껴질 뿐이다.

인간은 의식이 발달하지 못한 과거 수억 년 동안, '영원한 현재'에 갇혀 살았다. 다른 동물들은 지금도 여전히 그렇다. 그들의 단순한 언어에는 과거·미래 시제가 없다. 인간이 영원한 현재인 '지금 여기now here=nowhere'에서 탈출을 시도한 것은 (35억 년의 장구한 지구 생명의 역사에서 볼 때 방금 전인) 겨우 200~300만 년 전이다. 어렵게 얻은 의식과 그 기능을, 지금 여기서, 버릴 수는 없다.

세계적인 뇌과학자 디크 스왑에 의하면, "신체는 많이 쓸수록 수명이 짧아지고, 뇌는 많이 쓸수록 수명이 길어진다." 그래서 일류 운동선수들은 빨리 죽고, 저명한 과학자들은 오래 산다. 이 원칙에 따르면, 좌선을 오래하는 것은 수명을 연장시키고, 무념무상은 수명을 단축시킨다. 각각 신체와 머리를 쓰지 않기 때문이다. 따라서 아이로니컬하게도 망상을 부지런히 하는 선수행자가 같은 시간만큼 무념무상에 빠진 선수행자보다 더 오래 살 가능성이 있다.

물론, 수명에 더해서, 삶의 질을 고려하면 문제는 더 복잡해진다. 그렇다고 해서 망상이, 번뇌 없는 질서정연하고 명쾌한 사유작용보다 더 우리의 수명을 연장시키는 것은 아니다. 망상은 혼란이고, 혼란은 에너지 낭비이기 때문이다. 뇌는 쓰더라도, 즉 사유를 하다라도 질서정연하게 하는 것이 좋다. 그러면 에너지가 절약되어 뇌가 더 넓게, 더 많이 활성화되기 때문이다. 그리하려면 아름다운 과학법칙들을 공부하는 것이 필수적이다. 정신적이건 물질적이건, 아름다움은 사는 기쁨만이 아니라 그 기간도 연장시킨다. 그중에 제일이 번뇌 없는 마음이다.

그러므로 우리는 열심히 살고, 부지런히 사유하고, 끊임없이 지혜를 길러, 번뇌가 없는 청량한 삶을 누려야 한다. 이것이 한 번에 한 가지만 하는 일에 가장 가까운 삶이다.

부자

사람을 가난하게 만드는 것은, 가진 것의 크기가 아니라, 갈증의 크기이다

양손양이 금자에게 물었다.
"누군가 당신의 다리를 하나 자르고 한 나라를 주겠다 하면 그렇게 하시겠습니까?"
금자가 아무 말도 하지 못했다. 〈『열자』, 「양주」〉

사람들은 부자가 되고 싶어 한다. 스스로 가난하다고 생각하기 때문이다. 하지만 알고 보면 엄청난 부자이다. 한 사람도 빠짐없이 누구나 그렇다.

영화관은 나를 위해 일년, 열두 달, 365일 문을 열고 기다린다. 관리비를 안 주어도 알아서 운영한다. 가끔 가서 수고했다고 팁으로 만 원짜리 한 장 던져주면 고맙다고 연신 절을 한다. 내 소유나 다름없다. 재산세에, 소득세에, 직원관리에, 골치를 썩지 않아도 되니 행복한 소유자이다. '영화를 보는 곳'이라는 영화관의 본래 목적에 비추어보면, 내가 진정한 소유자이다.

미국 영화관도 내 소유이다. 자주 갈 일이 없어서 가뭄에 콩 나듯 들러도, 정말 관리를 잘하고 있다. 한 편 보러 들어가며 건네는, 10불짜리 팁 한 장에 '생큐 생큐Thank you, thank you' 하며 몸 둘 바를 몰라 하는 충실한 외국인 청지기들에게 감사한다.

음식점도 내 것이다. 밥맛이 없을 때 들르면 밤늦게는 물론이고 꼭두

새벽에도 문을 열어놓고 기다린다. 청소, 설거지, 문단속, 위생관리, 일체 걱정할 필요가 없다. 자기들 책임하에 정말 열심히 음식점을 돌본다. 어쩌다 한 번씩 들르는 나 같은 주인을 위해 저리 봉사하는 것을 보면, 몇천 원 금일봉을 쥐어주는 내 손이 부끄러워진다.

자동차회사도 내 것이다. 전 세계 어느 자동차보다도 품질 좋은 차를 만들어주려고 밤을 새워 연구한다. 그 큰 공장을 짓고 유지하려면 얼마나 힘이 들까? 싼 값에 차를 제공하려고, 붉은 띠 질끈 동여맨 이마를 들이밀며 '재벌타도' 기치旗幟를 내세우고 공격해 들어오는, 노조를 상대로 임금협상을 하려면 얼마나 골치가 아플까? 자동차 한 대를 얻으려면 자동차회사를 통째로 소유해야 한다고 상상해보라. "차라리 걸어가고 말지" 하는 말이 절로 나올 것이다. 공장을 다 사지도 않았는데도, 그리고 어쩌다 한 대 가져갈 뿐인데도, 직원들은 내 눈치를 보며, 하시라도 가져가게, 진열장에 좋은 차를 대기시켜놓는다. 나는 정말 현명한 소유자이다. 본질적인 의미에서 그렇다. 마름회장은 나를 위해 봉사하느라 머리가 하얗게 세어버렸다. 미안하지 않을 수 없다. 이런 마음은 진정한 소유주로서의 최소한의 도덕심이다.

자동차수리소도 긴급출동소도 다 내 소유이다. 밤이나 낮이나 문을 열고, 혹시 있을지 모르는 내 자동차 사고에 대비한다. 출동소는 전국에 널려있다. 소유만 하고 책임은 전혀 없다. 나는 축복받은 소유자이다.

백화점과 식품점에 가보면, 뻔히 다 필요한 것이 아님을 알면서도, 혹시라도 내가 찾을까 싶어 온갖 상품과 식품을 전시해놓고 있다. 가서 가져오고, 수고한다고 몇 푼 쥐어주면 다이다. 물건이 팔리지 않을까 불량품이 있을까, 음식이 상할까 썩을까, 전혀 걱정할 필요가 없다. 다 자기들이 알아서 대신 걱정해준다. 보살도 저런 보살들이 없다.

숙박업소도 다 내 부동산이다. 주인님이 불편할세라, 여름으로 겨울로 에어컨과 히터로 방을 식혀두고 덥혀두고, 24시간 현관에 불을 밝히고 혹시 내가 들를까 기다린다. 전 세계 수백만 개의 호텔과 여관이 다 그러하다. 지구상에 아무것도 없을 때 여행하던 사람들은 밤을 새우기 정말 불편했을 것이다. 그래서 누군가 나서서 숙소를 지으려고 했지만, 비용이 너무 들어 엄두를 내지 못했다고 한다. 그런데 어찌 된 영문인지 지금은 세상에 숙박업소가 넘치니 벼락부자가 된 느낌이다. 아무 때나 들러서 마음껏 잠을 잔 다음 가뿐하게 기지개를 펴면 된다. "참 잘~ 잤 다, 난 정말 부~자야" 하고 말이다. 계절에 맞추어 온수·냉수로 샤워를 하면 여독旅毒, 餘毒이 날아간다. 물론, 머슴들에게 잊지 않고 용채를 건네 는 것은 경우를 아는 주인의 기본이다.

전 세계 농토가 다 내 것이다. 소작농들은 뙤약볕·찬바람·눈비 다 맞 아가며 농사를 지어 쌀·콩·밀·보리를 생산해 바친다. 열대지방에선 모 기에 물려 말라리아에 걸려가며 내가 좋아하는 바나나를 기른다. 쥐꼬 리만 한 수고비를 쥐어주고 나면 얼마나 미안한지 모른다. 그런데 해마 다 수고비는 내려간다. 그래도 고맙다고 한다. 더 내려가지나 않으면 다 행이라니, 이렇게 좋은 사람들이 또 있을까. 이런 사람들이라면 온 우주 를 맡겨도 좋을 것 같다.

전 세계 바다도 다 내 것이다. 가까운 밤바다에 대낮같이 불을 밝히고 조업 중인 오징어 몸부림에 출렁이는 목선들은 말할 것도 없고, 원양어 선들은 인정사정없는 새까만 해적들이 출몰하는 아프리카 소말리아 해 변까지 가서 물고기를 잡아온다. 어떻게 우리 어머님이 물고기를 좋아 하는 줄 알았는지 모르겠지만 기특하기도 하다. 장자의 거대한 물고기 곤鯤이 붕鵬으로 승천하며 일으키는 곤륜崑崙산맥만 한 폭풍우를 뚫고, 집채만 한, 63빌딩만 한, 설악산 공룡능선 같은 파도가 이는 먼바다로 나가 목숨을 무릅쓰고 물고기를 잡아 대령한다. 참다랑어가 칼치처럼 물을 가르면 하인들 얼굴에 날카롭게 주름이 베이고, 돌돔이 바위틈 깊 숙이 숨으면 주름은 더욱 깊어진다. 매일 먹는 것도 아니고 몇 마리 먹는 것도 아닌데, 주인의 입맛을 섬기려 하인들이 몸을 사리지 않으니 정말 복받은 부자가 아닐 수 없다.

그런데 알고 보면, 온 우주가 내 것이다. 밤이면 밤마다 폭죽을 수백 개씩이나, 우주를 가로질러, 수경慶 킬로미터를 운반해 우리 집 하늘 위에서 불꽃놀이를 벌인다. 그걸 일부러 개최하려면 돈이 얼마나 드는지 아시는가? 그 코딱지만 한 바이킹 우주선 한 대 띄우는 데 수천억 원이나 들었다고 한다. 추운 겨울 귀뚜라미 보일러로 30평 오막살이 난방을 하는 데도 제법 돈이 드는데, 하늘 한가운데에 난로를 설치하려면 돈이 얼마나 많이 들까? 태양 말이다. 자연이라는 정원을 덥히는 초대형 천연 난방기구이다. 태양은 매일매일 원자력발전소 무량대수 개분의 에너지를 생산하고, 우리는 그 에너지를 마음대로 갖다 쓸 수 있으니 얼마나 부자인가?

해가 넘어간 밤하늘에 달도 별도 없다면 얼마나 삭막할까? 그럼 아무도 밤길을 거닐며 벚나무 밑을 찾아, 꽃이 만발한 나뭇가지 사이로 고개를 내미는, 달님과 별님을 노래하지 않을 것이다. 문학은 사망하고 우리들 가슴에는 어둡고 황량한 모래바람만 불 것이다. 시인들과 정인情人들이 밤잠을 미루고 늦도록 자연과 사랑을 찬미하도록 하늘에 달과 별을 뿌리려면 얼마나 돈이 들까? 밤하늘을 밝히려면 자그마치 100해 개의 수소가스등燈, 즉 별이 필요하다. 100해는 1,000억 곱하기 1,000억이다. 1 뒤에 0이 22개나 달려있는 수이다. 어마어마한 숫자이다. 별 하나의 수소가스 양만 해도 천문학적인 액수이니, 전체 별들의 가치는 상상을 초월하는 금액이다. 하지만 이미 하늘에 달과 별들이 설치되어있으니, 우리는 말할 수 없는 부자이다. 입에 은수저를 물고 태어난 셈이다.

생각해보면 우리는 정말 부자이다. 이 광대한 우주가 우리의 손길만 기다리며 존재를 지속한다. 우리가 살아있는 동안은 절대 안 사라질 거라 한다. 가끔 지구를 향해 큰 돌을 던져대며 심술을 부리기도 하지만,

우리가 만든 관리인인 신神은 정말 우주를 잘 운영한다. 자연이라는 정원에 철따라 갖가지 꽃들을 피우고, 새들과 짐승들을 놓아기르며, 멋들어지게 정원을 가꾼다. 잊지 않고 "참 잘한다"고 칭찬해주면 너무너무 좋아한다. 그렇게 안 하면 야료惹鬧를 부린다고 하니, 그것만 조심하면 된다. 호사가들은 150억 년 전에 엄청난 폭발사고가 있었고 그게 그 신이 벌인 일이라고 쑥덕대지만, 무료함보다는 가끔 그런 사고도 나야 세상은 재미있는 법이다.

먹고살 만한 중산층의 배부른 소리가 아니냐구요? 글쎄요.

외팔이 억만장자가 나머지 팔 하나를 얻을 수 있다면 1조 원이라도 지불할 것이다. 그러므로 사지 멀쩡한 우리는 모두 1조 부자이다. 팔이 하나만 있으면? 팔이 둘 다 없는 억만장자는 팔 하나만이라도 얻을 수 있다면 1조 원이라도 지불할 것이다. 그러므로 팔이 하나만 있는 사람도 엄청난 부자이다. 숨이 넘어가고 있는 억만장자는 목숨을 연장할 수만 있다면 전 재산이 아깝지 않을 것이다. 그러므로 목숨이 붙어있는 우리 모두는 부자이다.

생각하면 생각할수록 우리는 부자이다. 불교 가르침에 의하면 일체유심조라 마음먹기 나름이라 하지만, 이 사실은, 마음의 장난이 아니라, 해가 동쪽에서 뜨는 것처럼 문자 그대로 진실이다. 우리가 부자라는 사실 말이다. 온 우주를 소유한 것을 모르고, 작은 땅덩어리나 물질덩어리에 집착해 평생 거기 묶여 벗어나지 못하는 사람들은 진정 빈자들이다. 그런 사람들 덕에 우리야 편히 살지만, 그들이 어리석은 중생인 것은 분명하다.

욕망은 정말 이상한 물건이다. 타인의 소유욕으로 인해서 우리는 편히 산다. 병원·이마트·음식점·옷가게·영화관·백화점·청과물점·신발가게·컴퓨터회사·자동차회사·이동통신사·가전제품회사 등에 대한 소유욕이 없으면 사바세계의 편의便宜는 무너지고 만다. 이 소유욕이라는 질긴 끈으로 다른 사람들을 그곳에, 우리 하인으로, 꽁꽁 묶어둔다. 정말 욕망은 생각하면 생각할수록 이상한 물건이다. 필시 그래서 이 세상을 욕계欲界라 부르나보다.

다른 사람들의 욕망으로 인하여 우리가 부자가 된다니, 이 세상은 정말 이상한 세상이다. 우리는 '이상한 나라의 앨리스'이다. 이상한 부자이다. 한 사람도 빠짐없이 누구나 '이상한 부자'이다.

죽어가는 자는 살아있는 자를 부러워하지만, 살아있는 자는 죽어 다른 세상에 태어나는 것을 꿈꾼다. 이 세상은 정말 이상한 세상이다. 우리는 '이상한 나라의 앨리스'이다. 자기가 부자인 것을 모르는 이상한 부자이다. 한 사람도 빠짐없이 누구나 '이상한 부자'이다.

5
윤회론은 참인가

윤회론은 고대 그리스 플라톤과 피타고라스에게까지 연결되는 오래된 역사를 가지고 있다. 힌두교와 불교도 윤회론을 가르친다. 윤회론은 진화론과 밀접한 관계를 가지고 있다. 동물들은, 특히 척추동물들은, 그중에서도 특히 포유류는 인간과 신체구조가 거의 동일하다. 인간이 35억 년 진화의 과정에서 어류·파충류·포유류·영장류를 거치면서 몸과 마음에 쌓인 동물들과의 친연성이 윤회로 표현된 것일 수 있다. 이 윤회론은 자체모순이 있는지 여부가 한번도 심각하게 사유된 적이 없다. 이 장에서는 인간의 영혼이 지옥·아귀·동물·인간·아수라·천인 사이를 왔다갔다 환생한다는 이론의 허구성을 밝힌다.

중음신 4계 7도윤회

지옥·아귀·축생·인간·아수라·천인, 그리고 중음신 〈7도윤회〉
욕계·색계·무색계, 그리고 원력계 〈4계 윤회〉

아무리 그래도 그렇지 그게 말이나 됩니까?
아무도 이의를 제기하지 않을 터이니 걱정 마라
굿이나 보고 떡이나 먹으렴

아무리 정교한 용어와 추상적인 개념과
복잡한 이론으로 무장한 철학일지라도
거칠고 무식하고 단순한 사실 하나에 무너질 수 있다

모든 철학과 종교와 교리는 한순간에 구라로 변할 위험이 있다
수천 년 묵은 철학과 종교와 교리일수록 훨씬 더 위험이 크다
과학이론도 그러할진대 하물며 다른 이론들이야!

인류 과학·문명 역사는 옛 구라들이 무너지는
장쾌한 불꽃놀이의 역사이다

모든 교주들과 철학자들과 사상가들과 과학자들은 불꽃이고,
민중은 관객이다

망원경으로 보니 천체가 지구를 중심으로 돌고 있지 않는데
무슨 말이 더 필요한가?

하늘에서 내려다보니 지구가 공처럼 둥그런데
무슨 말이 더 필요한가?

불교인들은 과연 삼계 육도三界六道윤회를 믿고 있을까?

삼계는 욕계·색계·무색계를 말한다.
욕계는 지옥·아귀·축생·인간·아수라와 6개 하늘나라인 사천왕천·
도리천·야마천·도솔천·화락천·타화자재천 등 욕계 6천天을 말하고,
색계는 하늘나라인 범중천·범보천·대범천부터 색구경천까지 색계
18천天을 말하고,
무색계는 하늘나라인 색무변처천·공무변처천·무소유처천·비상비비
상처천 등 무색계 4천天을 말한다.

육도는 삼계의 이명으로서 지옥·아귀·축생·인간·아수라·천인(하늘
나라 사람)을 말한다.

세계적인 천문학자 닐 디그래스 타이슨Neil deGrasse Tyson이 소개한 이
빨요정tooth fairy에 대한 흥미로운 일화가 있다. (타이슨은 칼 세이건 이후
처음으로, 난해한 천문학을 쉽고 재미나는 입담으로 대중에게 소개함으로써,
폭발적인 대중적 인기를 얻고 있는 천문학자이다.)

그는 어린 딸이 이빨요정이 있느냐고 물어오자, 거짓말을 하기는 싫지만 딸의 어린 시절의 즐거움을 빼앗기 싫어서 다음과 같이 대답했다. "빠진 이빨을 베개 밑에 두고 자면 밤사이에 이빨요정이 와서 이빨을 가져가고 대신 돈을 남겨둔다는 말을 들은 적이 있단다." 딸이 그리하자 정말 이빨이 없어지고 그 자리에 돈이 있었다.

몇 번 이런 일이 있은 후 어느 날 딸은 의심이 생겼다. 딸은 이빨이 빠지자 아빠에게 알리지 않고 빠진 이빨을 베개 밑에 두고 잤다. 그다음 날 이빨은 그대로 있고 돈은 없는 걸 발견하고는, 이빨요정이 존재하진 않는다는 걸 알게 됐다. 하지만 딸은 이 사실을 아빠에게는 비밀로 하고, 이빨이 빠질 때마다 옛 의식을 되풀이하며 계속해서 아빠에게 돈을 받았다.

후에, 즉 유치를 다 간 후에, 더 이상 돈을 받아낼 이빨이 남아있지 않은 딸이 "그때 아빠가 이빨요정이 있다고 거짓말을 했다"고 항의했다. 그러자 그는 거짓말을 한 적이 없다, 단지 "그렇게 들었다"고 했을 뿐이라고 대답했다.

정말 그랬다. 그는 "그렇게 들었다"고 말했을 뿐인데, 듣는 딸은 '아빠가 정말로 그렇게 믿는 줄' 알았다. (약간 각색을 했다.)

중음신계는 육도에 없는 세계:
7도윤회 – 지옥·아귀·축생·인간·아수라·천인·중음신

불교 교리에 의하면 이 세상은, 6도六道라고 불리는, 6종류의 세계로 이루어진다. 천인天人(하늘나라 사람 또는 신), 아수라·인간·축생·아귀·지옥이 그것이다. 이 이외의 세계는 존재하지 않는다.

초기불교에 의하면, 한 생명체가 이 6도 중 한 세계에서 사망하면, 그

즉시 전혀 시차가 없이 이 6도 중 다른 세계에 태어난다. 그런데 후대로 가면서 새로운 이론이 나타났다. 6도 중의 한 생과 다음 생 사이에 중음신中陰身이라는 것이 생긴 것이다. 즉 6도에 살던 생명체의 몸이 죽은 후 6도 중의 다음 몸을 받기까지 사이의 몸身이 생긴 것이다. (달라이 라마는 35년 전에 하버드 대학교에서 행한 연속강연에서 '중음신은 미세한 물질氣로 이루어지지만 물리학의 법칙에 구애되지 않는다'고 주장했다. 즉 빛보다 빠르게 움직인다고 주장했다. 그렇지 않으면 수백만 광년 떨어진 다른 은하계로 환생하는 것이 불가능하기 때문이라는 것이다! 티베트 밀교는 힌두교 밀교의 영향을 많이 받았으며, 힌두교는 생명체의 몸은 가장 거친 육체로부터 가장 미세한 미묘체까지 7가지 몸으로 이루어져있다고 주장한다. 중음신이 일종의 물질적인 존재라는 것은 8종의 조사 용수보살의 견해이기도 하다. 그는 『대지도론』에서 중음신의 모습은 환생할 몸의 모습과 비슷하다고, 즉 예를 들어 사람이 죽은 다음 개로 태어날 경우 중음신은 개의 모양을 하고 있다고 주장한다.)

이 이론에는 치명적인 문제점이 있다. 이 중음신이 6도 중 어느 세계에 속하느냐 하는 문제이다. 아마 어느 세계에도 속하지 않을 것이다. 그렇지 않으면, 즉 6도 중 어느 한 세계에 속한다면 이미 그 세계로 환생한 것이기 때문이다. 그렇다면 중음신 이론을 만들어낸 사람들은 6도에 새로운 세계를 하나 추가하여 7도七道를 만든 것이다. 즉 6도윤회가 아니라 7도윤회라고 주장하는 셈이 된다. 신세계인 이 중음신계를 7계라 부르자.

사람이 죽어 중음신이 된다면 다른 중생들도 죽으면 당연히 중음신이 되어야 한다. 안 그럴 이유가 없지 않은가? 그래서 사람뿐만이 아니라 천인도 죽으면 일단 중음신으로 변해야 하고, 지옥인地獄人도 죽으면 일단 중음신으로 변신해야 하고, 모기도 죽으면 일단 중음신으로 바뀌어야 한다. 모기 중음신이라니 정말 이상하지 않은가? 바퀴벌레 중음신은 어떠하고, 지렁이 중음신이나 박테리아 중음신은 또 어떠한가. 상처에 옥도정기를 바르면 이 7계(중음신계)는 옥도정기로 대량 살생당한 세균들의 중음신들로 바글바글할 것이다. 이게 말이 된다고 생각하는가? 다른 말로 하면, 가을이 끝나고 추운 겨울이 오면 엄청나게 많은 수의 모기귀신들이 중음신계를 '윙윙'거리고 날아다닌다는 말이다. 또 세균귀신은 어떻게 생겼을까 정말 궁금하지 않을 수 없다.

중음신을 첨가한 7계 이론은, 전통적인 6계(지옥·아귀·축생·인간·아수라·천인)에 익숙한 사람들은 받아들이기 힘들 것이다. 그래서 다음과 같은 반발이 나올 수 있다. 하지만, 으레, 이론은 더 복잡해지는 법이다.

'중음신의 수명은 길어야 49일인데 어떻게 하나의 계를 이룰 수 있느냐'는 의문이 생긴다면, 하루살이를 보라. 하루살이는 겨우 하루를 살지만 축생계의 당당한 일원이다.

뿐만 아니라 오래 묵은 귀신의 존재가 보여주듯이(경봉 스님을 자주 찾아오던 칠성이라는 귀신이 있었다. 뭔가에 쫓겨 도망쳐온 이 불쌍한 귀신을 자애로운 스님은 당신 방석 밑에 숨겨주곤 하셨다. 쉽게 말하자면 큰스님 엉덩이 밑에 숨겨주었다는 말이다. 스님이 방귀라도 뀌시면 큰일이다), 적절한 다음 생을 찾기 힘든 경우에는 수년에서 수십 년까지 걸릴 수 있다고 하므로 수명이 꼭 그리 짧은 것만은 아니다.

'중음신은 자손을 못 낳는데 어떻게 하나의 계를 이룰 수 있느냐'고 의아해할 수 있지만, 모든 중생이 자손을 생산할 수 있는 것은 아니다.

예를 들어 지옥중생이나 아귀를 보라. 이들은 자손을 못 낳음에도 불구하고 각각 독립된 계를 이루고 있다. 이들에게는 생로병生老病이 없다. 끔찍한 고문으로, 생로병보다 무한히 더 괴롭고 인위적인, 고苦를 제공하기 때문일 것이며, 자칫 잘못하면 (즉 지옥중생이 아이를 낳으면) 갓난아이에게 끓는 물에 집어넣고 칼로 난도질을 하며 불에 태우는 고문을 가하는 비인도적인 아동학대 이론이라고 비난받을 수 있기 때문이다.

(사실은 지옥이나 아귀라는 개념 자체가 비인도적인 개념이다.)

'다른 중생들은 업의 생산과 해소라는 적극적인 행위를 하지만 중음신은 다음 생을 기다리는 수동적인 역할만 하는데 어떻게 하나의 계를 이룰 수 있느냐'고 반박할 수 있지만, 49재를 하는 이유를 보면 답은 명확하다. 49재 의식이나 49재 법문이 자동적으로 중음신을 좋은 곳으로 갈 수 있게 하는 것은 아니다. 중음신이 보고 듣고 느껴서 마음에 변화가 일어나야 한다. 이것은 다름 아닌 수행이 아닌가? 이는 중음신도 수행을 통해서 업의 해소를 할 수 있다는 증거이다. 그러므로 중음신이 꼭 다음 생을 기다리는 수동적인 역할만을 하는 것이 아니다. 그렇지 않다면 49재를 지낼 필요가 없을 것이다.

이상과 같은 이유로, (중음신이 존재한다면) 중음신은 하나의 독립된 계인 7계를 이룰 자격이 충분하다.

12도윤회와 4계: 욕계·색계·무색계·원력계

잘 생각해보면 사실은 7도윤회가 아니라 12도윤회가 되어야 함을 알 수 있다. 설마하니 천인天人이 죽어 생긴 중음신과 지옥중생이 죽어 생긴 중음신이 같은 계에 속할 리가 만무하기 때문이다. 또 천국으로 갈 중음신과 지옥으로 갈 중음신이 같은 계에 속할 리도 만무하기 때문이다. 속세에서도 범죄자들은 비非범죄자들로부터 격리시키는데, 그리고 감옥도 잡범과 범털이 수감되는 감옥이 서로 다른데, 어떻게 지선至善한 중음신과 지악至惡한 중음신이 같은 계에 속할 수 있겠는가? 아니라면 상을 받기 위해 기다리는 대기실과 벌을 받기 전에 구금되는 구치소가 같다는 주장밖에 더 되겠는가? 따라서 6계의 각각의 계에는 독립적인 중음신계가 각각 하나씩 배정되어야 함을 알 수 있다. 6도에 이 6중음신도를 합하면 '12도十二道윤회론'이 탄생한다.

아수라계가 없는 초기불교 5도윤회에 후에 아수라가 추가되면서 6도윤회로 바뀌었다면, 중음신이 도입된 후로는 6도윤회를 12도윤회로 바꿔 부르는 게 맞다. 12라는 숫자가 너무 커서 싫다면, 적어도 7도윤회는 되어야 한다.

그런데 사실은 12도윤회가 아니라 13도윤회이다. 초기불교에는 등장하지 않는 극락 때문이다. 극락이 3계三界(욕계·색계·무색계)에 속한다면 분명히 6도 중 천국에 속할 것이므로 불교 28개 천국이 29개 천국으로 바뀌면 되지만, 극락이 3계에 속하지 않는다면 새로운 세계를 첨가한 것이므로 3계는 4계(욕계·색계·무색계·극락계)로 재편되어야 한다. 극락은, 유리광불 세계나 아촉불 세계처럼, 특정한 부처의 원력으로 세운 세계이므로, 원력계願力界라 부르는 것이 나을지 모른다. (요즘 말로 하자면 생성단계에 있는 은하계의 초기행성을 자기 뜻대로 설계하여 신행성을 만드는 것이다.) 그러면 4계는 욕계·색계·무색계·원력계가 된다.

하지만 이렇게 되면 아쉽게도 석가모니 부처님은 삼계도사이지만 사계도사는 되지 못한다. 원력계에는 각각의 세계를 주관하는 다른 부처들이 있기 때문이다. 예를 들어 동서남북으로, 동방 묘희세계妙喜世界의 아촉불·서방 안락세계의 아미타불·남방 환희세계歡喜世界의 보생불·북방 연화장엄세계蓮華莊嚴世界의 미묘성불微妙聲佛도 있고, 약사여래·유리광여래 등의 부처도 있다.

극고極苦: 극락의 쌍대세계

극락 도입에는 더 큰 문제가 도사리고 있다. 만약 초기불교도들이 알지 못한 새로운 세계, 즉 극락을 후대 불교도들이 발견한 것이라면, 같은 이유로 앞으로 언제 또 새로운 세계가 발견될지 누가 아는가? 그것도 꼭 선행을 한 사람들이 가는 천국뿐만이 아니라, 세상이 변함에 따라 인심이 극도로 흉악해지면서 예전에는 상상도 할 수 없는 끔찍한 범죄를 저지르는 사람들이 가는, 그런 사람들을 처벌할 '극고極苦'가 생길지도 모른다.

우리가 몰라서 그렇지 이미 생긴 것인지도 모른다. 누구의 원력으로 생긴 혹은 생길 세계인지는 몰라도, 극락이 존재한다면, 극락極樂에 대응되는 극고極苦가 분명 있어야 할 것이다.

화탕지옥·도산지옥·발설지옥에다 무간無間지옥·나락奈落, naraka까지 있는데 왜 극고가 필요하냐고 묻는 사람이 있을지 모르지만, 온갖 즐거움을 제공하는 28개 천국이 있음에도 불구하고 극락이 생겼음을 보라. 욕계 사천왕천부터 무색계 비상비비상천까지 28개나 되는 천국으로 보상을 하기에 부족할 정도로 선한 사람들이 있다면, 무간지옥으로도 처벌이 부족한 악인들이 있을 것이다.

극락에 가면 명明 또는 깨달음覺이 보장된다고 하는데, 쌍대성원리雙對性原理, duality principle에 의해서, 극고에 가면 무명無明 또는 불각不覺이 보장될 것이다. 극락에서는 무한한 낙樂을 누린 후 부처가 되고, 극고에서는 무한한 고통苦을 당한 후 일천제一闡堤(영원히 깨달음을 얻지 못하는, 즉 성불하지 못하는 존재)가 된다. 우주에는 쌍대성雙對性, duality이 있기 때문이다. 천국과 지옥의 존재 자체가 이미 쌍대성의 증거이다.

무한도 윤회

이론전개가 점점 복잡해지고 있다. 독자들에게는 미안하지만 어쩔 수가 없다. 용서하시기 바란다. 12도에 극락을 집어넣으면 13도요, 동방

아촉불 세계와 남방 보생불 세계에다 북방 미묘성불 세계까지 첨가하면 14도, 15도, 16도로 마구 늘어난다. 아마 무한도無限道, infinitiverse일지도 모른다. 대승불교에 의하면 보살정토菩薩淨土는 무수히 많다고 하기 때문이다. 우주의 나이가 무한이라면 그리고 생명체의 수가 무한이라면, 그동안 부처가 된 이도 무한이고, 그에 따라 보살정토도 무한할 것이기 때문이다. 수명이 무한한 황제가 수명이 무한한 아들들을 분봉分封해서 각각 새 나라들을 세우게 하고, 다시 그 아들들이 자기 아들들에게 분봉을 하는 과정이 과거 무한한 세월 동안 무한히 되풀이되었다면, 현재 존재하는 왕국의 수는 무한 개가 된다. 왕들의 수명이 무한하므로, 새로 세워지는 모든 왕국들이 그대로 유지되기 때문이다. 이것이 보살정토의 개수가 무한이라는 논리적 근거이다.

우리 모두 열심히 공부해야 한다. 이 모든 세계에 대해서 알려면 여간 열심히 공부하지 않고는 불가능할 것이다. 그래야만 언젠가 우리가 부처가 되어 멋진 신新도시 신新행성을 만들 때 크게 도움이 될 것이다. 새로 부처가 된 이들을 모아 교육시키는 우주적인 부처연수원이 없다면 말이다. 햄릿이 친구 호레이쇼에게 한 말이 맞다! "이 우주에는 우리가 상상할 수 있는 것보다 훨씬 더 많은 일들이 벌어지고 있다."

중음신계는 귀신계

초기불교에서는 『밀린다 왕문경』에 나타나듯이 윤회는 그 즉시 일어난다. 전혀 시간이 걸리지 않는다. 다음 몸을 받는 데 시간이 걸릴 이유가 없다. 왜 다음 생을 찾는 데 시간이 걸려야 한다는 말인가? 우주 법칙이, 즉 업에 의한 환생법칙이 있다면 왜 즉시 작용하지 않는가? 우주법계宇宙法界는, 즉 인과장因果場은 생명체가 죽자마자 그 즉시 업을 계산

해서 그 업에 '딱' 맞는 다음 생을 부여할 능력이 없다는 말인가? 설마 '심장'心場, mind field인 인과장因果場이 중력장重力場·전자기장電磁氣場 등의 '물리적인 장physical field'과 마찬가지로 양자역학의 지배하에 있어서, 정보전달에 있어서 시간이 걸린다고 주장하는 것일까? 즉 양자역학의 영향으로 다음 생을 받는 데 시간이 걸린다고 주장하는 것일까? 설마 그럴 리가!

하지만 성철 스님이 살아계신다면 그리 주장하실지도 모른다. 『반야심경』의 '색즉시공 공즉시색'이 현대물리학 일반상대성이론의 등가법칙 E=mc²의 근거라고 주장하셨으니, 그렇지 않다는 법이 없지 않은가?

중음신 이론은 귀신현상을 설명하기 위해서 발생한 이론일 수 있다. (지금도 귀신을 보았다고 증언하는 사람들이 나타난다.) 다음 몸을 받지 못한 귀신이 존재한다면, (이 귀신은 아직 6도 중의 다음 몸을 받지 못했으므로) 환생에는 시간이 걸린다고 인정할 수밖에 없기 때문이다.

이 점에서 볼 때, 적나라하게 말하자면 중음신계는 귀신계이다. 기독교세계에는 사람이 죽으면 그 즉시 연옥으로 가거나(가톨릭), 천국이나 지옥으로 가므로(개신교) 귀신이 존재하지 않는다. 종파에 따라서는 지구 최후의 날Doom's Day에 지금까지 죽은 이들이 부활한다고 주장하기도 하지만, 부활은 몸과 영혼의 부활이어서 여전히 귀신이 설 자리가 없다. 몸을 잃은 귀신들이 기다리고 있다가, 부활한 몸속으로 들어가는 것이 아니다. 이들은, 불교도들과 힌두교도들은 납득하기 힘들겠지만, 몸이 죽을 때 영혼도 같이 죽는다고 믿기 때문이다. 따라서 귀신은 문화현상임을 알 수 있다.

중음신 이론은 질이 나쁜 승려들이 신도들에게 겁을 줘서 돈을 옭아낼 시간이 필요해서 만들어낸, 혹은 만들어내지 않았어도 이미 존재하던 이론이 그런 용도로 유용하게 쓰인 교리일 수 있다. 이런 경우를 사바세계에서는 불감청고소원不敢請固所願이라고 한다. 통상 다음 몸을 받기

●아프리카 최고봉 킬리만자로 정상. 고도 5,895m이다. 사진 우측 아래에 기린이 보인다. 커다란 분화구가 있어 위험해 보이기도 하지만 제법 넓은 평탄한 지형이라 모임을 갖기에는 문제가 없어 보인다.

까지 걸린다는 49일이면 충분한 시간이다. 이 승려들은 아소카 대왕시절에, 대왕의 전폭적인 불교후원에 힘입어, 시주가 풍성히 들어오는 불교계로 시주를 노리고 머리를 깎고 위장전입·잠입한 외도들일 수 있다. (이들은 유구한 법맥을 자랑하는 비밀환생조직을 유지·운영하고 있을지도 모른다. 이 법맥을 끊이지 않고 이어가기 위해서, 정기적으로 신족통으로 '무지개 몸'[夢身, rainbow body]을 이동시켜 지구상의 모처에서 회합을 가질지 모른다. 히말라야·무스탕·킬리만자로가 될 수도 있지만 라스베이거스나 마카오가 더 유력하다. 구태여 신통력을 발휘하지 않고도 갈 수 있는 곳들이기 때문이다. 그곳에서 그들은 결의한다. "강 모某 교수가 우리의 정체를 폭로하려고 용을 쓰지만, 이 수익성 좋은 사업을 잃을 수는 없다. 이 사업을, 무슨 수를 쓰더라도, 유지시켜 이 사업장으로 계속 환생해서 세세생생 이 낙樂을 누려야 한다.")

모리셔스 섬의 도도새나 마다가스카르 섬의 코끼리새나 뉴질랜드의 올빼미앵무새 카카포처럼 먹이가 많고 천적이 없는 고립된 섬에서 살다, 날개가 퇴화되어 비행능력을 상실한 새들은 새로운 천적이 유입되면 멸종뿐이다. 인간, 돼지, 개, 쥐 등이 들어오면서 이들은 모조리 잡아먹혀 사라져버렸다. (카카포는 100여 마리만 남았다.) 승려들도 시주가 풍성히 들어오는 종교적 갑이 되자, 수행을 안 해서 하늘을 나는 능력인

●대항해시대가 끝나가는 17세기 후반에 멸종된 인도양 모리셔스 섬의 도도새. 대형 새로서 신장은 1m가량이며 체중은 20kg 정도까지 나갔다.

신족통 등 여섯 가지 신통력을 잃어버린 것인지도 모른다. 예로부터 시주를 많이 받은 승려들은 신통력이 뛰어난 승려들이다. 시주를 받으려면 (인품이나 지혜나 언변이 뛰어나거나, 도가 낮다면 구라가 세거나) 몸으로 보여주는 게 있어야 한다. 식탐이 많은 잔인한 외래종이 유입될 때, 하늘을 나는 신족통이 없는 비만한 몸을 기다리는 것은 무자비한 멸종뿐이다. 불교는, 인도 아대륙 외부로부터 이슬람이라는 포식자 천적이 도래하자, 인도 아대륙에서 사라져버렸다. 아마 한국에서의 불교의 운명도 십중팔구 이러할 것이다. (종교적인 심성을 심어놓으면 다른 종교를 믿기 쉽다. 즉 다른 종교가 잡아먹기 쉽다.) 승려들의 비만도는 멸종위험도와 정비례할 것이다.

　중음신 이론을 포기하지 못하는 큰 이유는 사찰입장료, 즉 문화재관람료를 포기하지 못하는 것과 같은 이유이다. 돈 되는 장사를 포기할 사람은 없기 때문이다. 세금까지 면제인 49재 현금수입을 어떻게 포기할 수 있겠는가? 피해자인 선량한 스님들에게는 미안한 일이지만, 중음신은 부처님이 설하지 않은 이론이므로, 부처님 사후 후대 제자들이 고안해낸 이론이므로, 다른 후대 제자들이 극심히 비난한 이론이므로(그 흔적이『금강경』사상 중 인상[人相, pudgala]으로 남아있다), 그리고 부처님 가르침에 정면으로 위배되므로 아무리 의심해도 지나치지 않는다.

중음신은 유아론

중음신 이론은 유아론有我論이다. 중음신이 보지保持하는 것은, 전생의 몸은 이미 죽었으므로 그리고 때로는 화장당했으므로, 몸이 아니라 마음이다. 중음신 이론은 몸은 죽어도 마음은 살아남는다는 이론이므로, 그리고 지금 이 마음이 다음 생의 몸으로 들어간다는 이론이므로 유아론이다. 부처님은 "마음이 윤회한다"고 떠들고 다니는 사티 비구에게 분명히 말씀하셨다, 마음이 윤회하는 것이 아니라고.

이상의 중음신 이론이 유아론이라는 것을 좀 더 자세히 설명하자면 이렇다. 먼저 중음신은 새로 만들어지는 것이 아니다. 만약 중음신이 새로 만들어지는 것이라면, 그 생성은 즉각적이어야 한다. 즉, 중음신은 생명체가 죽으면 그 즉시 생겨야 한다. 그렇지 않다면 죽은 몸과 중음신 사이의 몸인 중중음신中中陰身이, 즉 2차 중음신이 생겨야 하고, 이 중중음신 역시 즉각적으로 생기는 것이 아닐 것이므로 중음신과 이 중중음신 사이에 중중중음신中中中陰身이, 즉 3차 중음신이 생기면서, 이 과정이 무한히 되풀이되는 '무한소급의 모순'이 발생하기 때문이다. (1차 중음신, 2차 중음신…, n차 중음신…으로 무한히 되풀이된다.) 그러므로 중음신은 생명체가 죽은 후 즉각적으로 생겨야 한다.

그렇다면 생명체가 죽은 후, 중음신이라는 중간적인 존재를 거치지 않고, 다음 몸이 즉각적으로 생기지 않을 이유가 없다. 따라서 중음신은 생기는 것이 아니라는, 즉, 새로 만들어지는 것이 아니라는 결론에 도달할 수밖에 없다. 즉, 중음신은 처음부터 생명체에 존재하고 있던 것이 생명체의 몸이 죽으면서 사체로부터 분리된 것이다, 소위 영혼이다. 그래서 중음신론은 사실상 영혼론과 동일한 것이다. 중음신은 몸은 죽어도 죽지 않고 살아남아 끝없이 윤회하는 윤회의 주체인 것이다. 이것은 바로 부처님이 꾸짖은 '마음이 윤회한다'는 그릇된 이론인 것이다.

심즉연기체心即緣起體: 마음은 연기현상

부처님의 뜻은 이렇다. 갓난아이로부터 어른까지 유지·전달되는 불변의 마음은 없다. 갓난아이들이 끝없이 잠을 자는 이유는, 엄마 몸 밖으로 나온 뒤에, 갑자기 뇌로 홍수처럼 들이닥치는 시각·청각·후각·촉각·미각 등의 감각정보를 처리하기 위한 것이다. 예전에는 잠이 쓸데없는 기능이라고 여겨졌지만, 지금은 각성 시 수집한 정보를 처리하는 중요한 기능을 하고 있음이 밝혀졌다. 잠을 충분히 자지 않으면 학습능력이 현저하게 떨어지며 단기기억을 장기기억으로 전환하지 못함이 동물실험을 통하여 입증되었다.

그러므로 갓난아이들에게 잠은 필수적이다. 인간은 태어난 후에 뇌가 엄청나게 자라는 동물이다. 특히 전두엽이 크게 성장한다. 갓난아이 시절에는 뇌세포 수도 늘지만 뇌신경세포들 사이의 길인 배선이 조성된다. 국가는 마을과 도시의 증가·성장과 함께 발달한다. 마을들과 도시들 못지않게 중요한 것이 그들 사이의 도로이다. 도로 없이는 마을들과 도시들은 제 기능을 못 한다. 우리나라의 마을洞들 사이와 도시들 사이의 거미줄 같은 도로들을 연상하면 된다.

갓난아이들은 어른들처럼 생각할 능력이 없다. 선사禪師들의 주장처럼 참나眞我나 주인공이 생각한다면, 갓난아이들도 어른들과 똑같이 생각해야 하지만 전혀 그렇지 않다. 만약 갓난아이가 늑대아이werewolf처럼 인간사회에서 유리되어 무인도에서 홀로 자란다면, 성인이 되어서도 지금 우리와 같이 고도의 종교적인 생각과 철학적인 생각을 할 수 없는 것은 자명하다. 과학적인 생각은 더 말할 나위도 없다. 그런 생각을 할 언어와 전문용어와 추상개념을 배운 적이 없기 때문이다.

그러므로 참나나 주인공이 생각한다는 생각은 몹시 순진한 생각일 뿐이다. 다른 식으로 설명을 하자면, 딥블루Deep Blue 같은 컴퓨터는 용량과 소프트웨어 능력에 따라 체스실력에 차이가 날 뿐이지, 컴퓨터 뒤에서 매 경기를 주재하는 '주인공 같은' 불변의 주체가 있는 것이 아니다. 즉 다음 수를 생각하는, 컴퓨터 이외의, 주체가 있는 것이 아니다. 컴퓨터를 상대로 체스게임을 해본 사람은 누구나 아는 일이다.

다른 증거로는 어린아이들의 감각이 완전하지 않다는 점이다. 갓난아이들이 까꿍놀이를 할 때 '깜짝' 놀라는 이유는 시각이 아직 발달하지 않아서 30cm 정도의 가까운 물체만 볼 수 있는데, 잘 안 보이던 엄마얼굴이 '까꿍' 소리와 함께 갑자기 눈앞에 나타나니 놀라는 것이다. 그러므로 주인공이 본다는 선사들의 주장도 엉터리 주장이다. 보는 것은 주인공이 보는 것이 아니라, 안경(대상)·안근(시각기관인 눈)·안식(시신경과 시각중추) 3자의 연기작용緣起作用일 뿐이다.

이로부터 우리는 갓난아이로부터 어른으로 전해지는 불변의 마음은 존재하지 않음을 알 수 있다. 환생을 하더라도 새로운 뇌와 뇌신경망을 건설해야 하는 것이지, 이미 완성된, 즉 완벽하게 기능을 하는 불변의 마음을 지니고 태어나는 것은 아니다. 즉 보고, 듣고, 맛보고, 냄새를 맡고, 촉감을 느끼는 감각기능이나 생각을 하는 사고기능은 처음부터 완전한 형태로 가지고 태어나는 것이 아니라, 만들고 배워 향상시키는 것이다. 그렇지 않다면 환생을 할 때마다 동일한 감각기관과 사고기술의 생성·적응·학습 과정을 되풀이할 이유가 없지 않은가?

부처님의 뜻을 정리하자면 이렇다. 우리는 갓난아이로 태어나서 노인이 되지만, 그 사이에 유지·전달되는 불변의 마음이 존재하는 것은 아니다. 우리 마음은 연기현상緣起現像일 뿐이다. 현대적인 말로 하자면 몸과 뇌와 환경(자연과 타인)의 작용일 뿐이다. 그러므로 다음 생으로 옮겨갈 마음은 없다. 즉 갓난아이에서 노인으로 옮겨온 불변의 마음이 존재하지 않듯이, 지금 생에서 다음 생으로 옮겨갈 불변의 마음은 존재하지 않는다. 단지, 지금 우리 몸과 마음을 인因으로 하여, 다음 몸과 마음이 과果

로 생성될 뿐이다. 이 일은 과거에도 그러했고, 지금도 그러하고, 앞으로도 그러할 것이다. 사는 동안에도 그러하고 죽은 후에도 그러할 것이다.

그러므로 중음신 이론은 그릇된 이론이다.

고대 그리스에도 지동설이 있었으나 잊혀지고, 중세유럽은 천동설을 고수하였다. 이것이 1609년에 갈릴레오 갈릴레이가 망원경을 개량하여 목성의 위성을 관찰하면서 깨졌다. 그는 목성의 위성들이 목성을 돌고 있음을 발견했다. 즉 목성의 위성들은 지구를 돌고 있지 않았다. 1,600년이나 된 정교하고 복잡한 기독교신학에 기초한 우주론을 어설픈(지금 기준으로 볼 때) 망원경 한 대가 무너뜨린 것이다. '무식한 사실'은 '유식한 이론'을 한순간에 거꾸러뜨릴 수 있다.

우주의 비밀에 대해서 신으로부터 계시를 받기 위해서는 수십 년간의 고행·금욕·명상·기도가 필요할지 모르나(그런다고 계시를 받는다는 보장도 없다), 망원경은 누구나 볼 수 있다. 망원경은 선인·악인, 정통·이단, 성직자·속인, 남녀노소, 빈부귀천, 유식한 사람·무식한 사람을 일절 가리지 않는다. 누구에게나 평등한 진리를 선사한다. '목성의 위성은 목성을 돈다'는 사유가 필요없는 단순무식한 사실을 제공한다!

천체가 지구를 중심으로 돈다는 것이 천동설이라면, 우주가 자기를 중심으로 돈다는 것이 유아론有我論이다. 이 유아론을 부정하는 것이 무아론無我論이다. 인류 최초로 지동설을 주장한 그리스인 아리스타르코스Aristarchos, BC 310~BC 230와 비슷한 시기에 탄생한, 부처님의 무아론이 중세 힌두교의 영향으로 유아론으로 바뀌었다. 그 잔재가 중음신이다. 400년 전에 폐기된 천동설에 비하면 늦은 감이 있지만 이제라도 바로잡아야 한다.

어떻게 살 것인가?

중음신은 우리 삶에서 발생한다. 그것도 한 번이 아니라 무수히 발생한다. 우리는 살아가면서 몹시 중요한 새로운 순간들을 만난다. 그 순간을 전후로 우리 삶이 완전히 바뀌기에, 이런 순간은 '죽음과 재생再生'이라 불러도 지나치지 않는다. 우리가 결정하기에 따라 좋은 방향으로 또는 나쁜 방향으로 가게 된다. 과거와 결별할 것인가, 아니면 그대로 갈 것인가를 결정해야 한다. 악한 일을 하던 이들은 그 관성으로 더 악한 길로 가기도 하고, 선한 일을 하던 이들도 한순간 유혹을 못 이기고 내린 잘못된 결정과 어리석은 선택으로 처참하게 추락하기도 한다.

이런 결정적인 순간에 부처님의 가르침은 우리 앞길에 빛을 던져 밝힌다. 평소 열심히 공부하고 사유하고 수행하면 어디로 가야 할지 몰라 혼미하고 괴로운 중요한 결정의 순간에, 그리고 되돌아올 수 없는 갈림길에서 더없이 귀중한 지혜를 선사받는다. 갑자기 평소 듣고 공부한 말씀이 한 구절 떠오르면, 그 즉시 우리의 결정은 옳은 길로 직진한다. 이처럼 이런 지혜의 빛을 따라가면, 우리는 우리 인생의 여로에서 맑고 화창한 천국과 같은 날들을 맞게 된다. 인간은 누구나 양심이 있기에 악한 일을 하는 이들도 무의식적으로 두려움과 부정적인 감정을 느낀다. 이 감정들을 방치하고, 관성적으로, 몸과 마음에 익어 익숙한 옛길을 따라가면 지옥과 같은 사악한 곳으로 추락한다. 하지만 고개를 상上 방향으로 틀어 다른 세상을 조금이라도 볼 수 있다면 얘기는 달라진다.

우리 인생에는 꼭 큰 갈림길이 아니더라도 작은 갈림길도 무수히 많다. 그때마다 우리는 작으나마 죽고, 작으나마 새로 태어나는 것이다. 선업을 쌓은 자는 마음에 빛이 많고 창이 맑아 다가오는 밝은 빛을 많이 받아들일 것이고, 악업을 쌓은 이는 마음에 빛이 적고 창이 흐려 다가오는 밝은 빛을 받아들이지 못해 어두울 것이다.

그때마다 좋은 지기, 친구, 친지, 가족, 선배, 후배, 상사, 부하, 동료, 스승은 그대를 좋은 길로 인도하기 위해서 그대를 둘러싸고 귀중한 조언을 할 것이다. 좋지 않은 사람들은 당신을 자기들 이익을 위해 이용하려고 사악한 말로 홀릴 것이다. 그때 어느 길을 택하느냐 하는 것은 오로지 당사자 몫이다. 하지만 큰일이 터진 그때 가서야 제정신을 차린다는 것은 거의 불가능하다. 그래서 평소에 공부, 사유, 수행이 필요한 것이다. 오로지 지혜만이, 온갖 장애물이 넘치는 이 고해苦海의 바다에서, 우리를 번뇌가 없는 평안의 길로 인도할 것이다. 그리고 그 지혜를 얻는 길은 평소에 부처님의 가르침을 공부하고, 사유하며, 신구의身口意 3행三行으로 실천하는 것이다.

그러면 우리 자신이 다른 중음신들을 제도하는 지혜의 빛이 될 수 있다!

업과 섭리

하늘은 사람들이 싫어한다고 해서
겨울을 멈추는 법이 없으며
땅은 사람들이 먼 길을 싫어한다는 이유로
넓음을 멈추는 법이 없다 〈순자〉

모든 것이 업業, karma이라 하는 말이나, 모든 것이 섭리攝理, providence(신의 뜻)라 하는 말이나, 비슷한 말이다.

업이 훨씬 과학적인 개념이긴 하지만, 만약 모든 것을 업으로 설명하고자 한다면 이는 신의 섭리로 모든 것을 설명하려는 것이나 크게 다를 것이 없게 된다. 특히 현재 벌어지는 일들은 모두 과거 생에, 즉 전생에 저지른 일에 대한 상벌賞罰이라는 관점이 더욱 그렇다.

유일신교 신자들은, 특히 기독교 신자들은 설명이 안 되는 일이 벌어지면, 인간적인 일이든 자연적인 일이든, 형이하학적인 일이든 형이상학적인 일이든, 물질적인 일이든 비물질적인 일이든 모두 신의 뜻이라고 한다. (물론, 불교신자들은 '업'이라고 한다.)

하지만 설명할 수 있는 일은 열심히 설명한다. (그리고 설명을 잘하는 사람들이 지도자가 된다. 그럴듯할수록 좋다. 이런 사람들이 만든 것이 종교경전이다.) 예를 들어 무지개가 있다. 기독교인들은 무지개는 하나님이 악한 인간들을 홍수로 다 죽인 후에, 유일하게 살아남은 선한 인간들인 노아 가족에게 다시는 인간을 홍수로 죽이지 않겠노라는 약속으로 하늘에 걸어놓은 표시라고 설명했다. 「창세기」에 그리 쓰여 있다. 만약 그렇다면 대홍수 이전에는 비가 오지 않았다는 말이다. (따라서 강[江]도 없었다는 말이다. 그게 아니라면 당시의 강은 모두 청계천이 되고 만다. 설마 하나님이 이명박 시장처럼 양수기를 동원했을까?) 아담과 이브가 에덴동산에서 금지된 과일을 따먹은 죄로, 하나님으로부터, 농사를 짓고 살아야 하는 벌을 받았으며, 카인이 제물로 곡물을 하나님께 바친 것을 보면, 노아 이전에도 농사를 지은 것이 분명한데, 비가 오지 않는 땅에서 어떻게 농사를 지었는지 참으로 불가사의한 일이다.

지난 200년 동안에, 수십만 년 인류역사에 비추어볼 때 극히 미미한 이 기간 동안에, 과학자들이 열심히 연구를 해서 왜 무지개가 생기는지 알아냈다. 무지개는 빛이 공기 중의 작은 물방울을 프리즘으로 삼아, 각기 다른 색깔을 가진, 여러 파장으로 분해되면서 생기는 현상일 뿐이다. 무지개에 대한 6,000년짜리 종교적인 구라를 파헤친 것이다.

신은 끝없이 변경으로 밀려난다. 신의 뜻, 즉 신의 섭리와 더불어 밀려난다. '신의 뜻'이라는 말은 '(나로서는 아직) 무슨 영문인지 모른다'는 말과 정확히 같은 말이다. 하지만 이미 설명된 일들을 보면 전혀 신의 뜻과는 무관해 보인다. 최소한, 신의 뜻이 이러이러해서 그러그러한 일이 생겼다는 과거의 설명은 다 구라로 밝혀졌다. 과거 기독교인들은 번개에 맞아 죽거나 질병에 걸려 죽는 것을 하나님에게 벌을 받는 것이라고 생각했다. 그래서 과거 목사들은 피뢰침과 백신의 발명에 크게 반발했다. 감히 하나님의 벌을 피하려 한다고. 그렇지만 하나님이 작정하고 내리는 벌을, 어떻게 인간이 물질을 조작해 피할 수 있을까? 만약 하나님이 전지전능하다면, 그런 일이 벌어지는 것은 불가능할 것이다. 그러므로 그런 목사들의 생각은 망상에 지나지 않았다.

이제는 어느 누구도 번개사와 질병사를 신의 벌이나 신의 뜻으로 간주하지 않는다. 전염병의 경우에는 환경을 깨끗이 하면 예방할 수 있으며, 항생제를 쓰면 대부분 치료가 가능하다. 이런 과학·의학발전으로 벙어리가 된 종교인들은 새로운 질병이라도 나타나면 갑자기 목소리를 높여 그 옛날 헛소리를 리바이벌한다. 신의 뜻이라고! 에이즈는 동성애에 대한 벌이라고. 그런데 동성애가 만연했던 소크라테스 시대의 고대 그리스에는 왜 에이즈가 발생하지 않았을까? 수천 년 전에, 하나님이 보낸 남자천사를 강간하려 했던 소돔과 고모라에는, 왜 에이즈가 발생하지 않았을까? (미국인들 중에 보수적인 사람들은, 동성 간의 결혼을 승인함에 있어서 선봉장인 캘리포니아 주를 '소돔과 고모라'라고 부른다. 로스앤젤레스는 소돔, 샌프란시스코는 고모라라는 거다.) 불로 태워 처벌하는 것보다는 에이즈가 나을 텐데. 나쁜 놈만 선별적으로 처벌할 수 있기 때문이다. 소돔과 고모라에는 수간獸姦, bestiality sodomy sodomia zoophilia이 만연했으며, 에이즈는 원숭이와 벌인 수간이 원인이라는 통설이 있는데, 소돔과 고모라에는 원숭이가 없었던 것일까?

광신적인 기독교 목사들은 하나님이 내리는 벌로서, 더 이상, 번개는 들먹이지 못하면서도 쓰나미는 들먹인다. 수년 전에 동남아시아에 발생한 쓰나미가 하나님의 벌이라고 주장한다. 동남아시아인들이 하나님을 안 믿고 우상을 섬기다가 벌을 받아 쓰나미를 당해 수만 명이 살해를, 즉 사형을 당했다는 주장이다. (인류역사상 가장 참극인, 수천만 명이 학살당한 제2차 세계대전을 벌인 유럽인들은 기독교인들이 아니라는 말인지 궁금하기 이를 데 없다.)

하지만 죄없는 어린아이나, 갓난아이나, 아직 하나님의 위대한 창조물인 자연을 보고 듣고 느끼지 못한 태아의 죽음은 어떻게 설명할 수 있을까? 소돔과 고모라에 대해서도 같은 항의를 할 수 있다.

게다가 2005년에 인구의 대부분이 기독교신자인 미국 뉴올리언스에 들이닥친 허리케인 카트리나는 어떻게 설명하나? (2005년 갤럽 조사에

●NASA가 1996년에 인공위성으로 찍은 노스 캐롤라이나 인근 바다의 허리케인의 위용. 허리케인 왼쪽의 한반도 정도 크기의 플로리다 주와 비교해보면, 허리케인의 어마어마한 크기를 가늠할 수 있다. 옛날 사람들이 이런 거대한 자연현상을 신의 섭리라 간주한 것은, 그 당시 미개한 과학수준을 고려하면 전혀 무리가 아니다. 하지만 심각한 문제는 일부 종교인들이 지금도 그리 생각하고 있으며, 이들이 선량한, 그러나 무지한, 사람들을 오도한다는 점이다.

의하면 미국인구의 79%가 기독교인이다.) 비명횡사한 기독교인 1,400여 명의 목숨은 어떻게 설명하나? 참으로 인간의 망상은 끝이 없다.

업이 있고 인과가 있지만, 모든 것을 업으로 설명할 수 있는 것은 아니다. 기독교인들이 설명할 수 없는 일을 신의 섭리로 설명하듯이, 불교인들은 업으로 설명한다. 과거에는 폐결핵에 걸려 '죽는 것'을 업으로 여겼지만, 항생제의 발명으로 치료가 가능해지면서 폐결핵사死는 더 이상 업으로 간주되지 않는다. 업은 에이즈 등으로 옮겨갔지만, 이제 에이즈는 칵테일 요법으로 관리가능하게 되었으니, 에이즈로 인한 사망 역시 업의 목록에서 사라졌다.

이처럼 과학은, 인因이 만들어내는 과果를 길들여, 자칫 험악해질 수 있는 결과를 부드럽게 만든다. 앞서 설명한 바와 같이, 불결한 생활이라는 인因, cause으로 병이라는 과果, effect에 걸리더라도, 의학이 발달하지 못한 예전에는 죽도록 고생하다가 결국 죽는 일이 벌어지곤 했다. 하지만 의학이 발달한 지금은 고생은 좀 할지 몰라도 죽는 일은 좀처럼 일어나지 않는다.

업은 존재하나 우연도 존재하며, 자유의지도 존재한다. 자유의지와 지능을 이용해 인간은 과거에는 업이라고 여겨지던 것을 극복한다. 이 점에서 업이란 반드시 특정한 방식과 특정한 강도로 그 대가를 치러야 하는 고정불변한 것이 아니다. 원인에 따른 결과가 나오겠지만, 그 결과가 고정불변한 모습으로 나타나는 것은 아니다. 실로 무상無常, ever changing이다!

예를 들어 작두를 부주의하게 사용하면, 그 부주의함을 인因으로 하여 손가락이 잘려나가는 과果가 생길 수 있지만, 반드시, 영원히 손가락을 잃는 과가 생기는 것은 아니다. 오래전 부처님 당시에는, 원효 스님 당시에는, 그리고 사명대사 당시에는 그랬지만, 지금은 예전과 다르게 현미경미세접합수술로 손가락을 다시 붙일 수 있기 때문이다. 사고로 빠진 이빨도 다시 심을 수 있다. 과거에는, 이빨을 상실하는 것은 대단한 재앙이었다. 단것을 많이 먹고 양치질을 안 해서 이빨을 다 잃으면, 전에는 그 결과로 영양섭취에 지장이 올 수 있지만, 이제 임플란트가 발명되어 영양섭취에는 문제가 없다. 치아를 부실하게 관리한 것은 인因이겠지만, 영양섭취 지장은 더 이상 과果가 아니다. 다시 강조하지만, 인因은 반드시 작동하지만, 과果는 반드시 고정된 모습과 강도로 나타나는 것이 아니다. 과학문명이 발달함에 따라, 어떤 인因들은 아예 작동을 하지 못할 정도로 무기력해진다. 이로부터 우리는 알 수 있다. 업은, 인因이 자유의지와 지능과 환경과 어울린 연기관계라는 것을 말이다.

업은 개별적이고 국소적인 관점에서가 아니라 집단적이고 전체적인 관점에서 보아야 한다. 업은, 개별적으로는 빗나가는 경우가 있을지라도, 큰 집단을 살펴보면 대체로 맞다. 개인적으로는 이빨을 닦지 않고도 충치에 안 걸릴 수 있지만, 이빨을 닦지 않는 나라가 닦는 나라보다 충치에 걸린 사람이 더 많을 것은 확실하다. 양 집단이 더 클수록 더 확실하다. 작게 볼수록 업은 맞지가 않고, 크게 볼수록 업은 들어맞는다. 통계역학에 대응하는 일종의 통계업이론statistical karma theory이다.

과학이 발전함에 따라 전통적인 의미의, 초월적이건 비초월적이건, 오로지 인격識만이 개입하는 업과 섭리는, 무한히 먼 변경으로 밀려난다.

윤회와 기억

아무리 전생에 신이었다 해도
그 기억이 없으면 아무 소용이 없다

당신에게 누가 제안을 한다.

제안 1

"제 부탁을 하나만 들어주시면, 즉시 당신을 대통령으로 만들어드리겠습니다.

저는 기억 수집상입니다.

당신의 기억을 제게 주시기 바랍니다.

다시 말해서, 당신은 대통령이 되기 전의 기억을 모두 상실할 것입니다.

제가 그 기억을 어디다 쓸 것인지는 묻지 말아주시기 바랍니다.

제 제안을 수락하시겠습니까?"

여기서 '대통령직'은 그냥 하나의 예일 뿐이며, 당신이 간절히 원하는 것으로 바꿔도 좋다.

위 제안에 대한 당신의 답은 '예스'인가 아니면 '노'인가?
결정하기 어렵다면 질문을 바꿔드리겠다.

제안 2

"제 부탁을 하나만 들어주시면, 즉시 당신을 그림같이 아름다운 남태
평양 섬의 리조트로 초대하여, 일 년 동안 산해진미 속에서 72명의 아
름다운 처녀들로부터 당신이 원하는 대로 접대를 받는 호사를 누리게
해드리겠습니다.
저는 기억 수집상입니다.
당신의 기억을 제게 주시기 바랍니다.
다시 말해서, 당신은 그 리조트에 들어가는 순간 그 이전의 기억을 다
상실할 것이며, 리조트에 묵는 기간은 그 기간에 대한 기억작용은 작동
하나, 리조트에서 나오는 순간 그 리조트에서의 기억을 모두 상실할 것
입니다.
제 제안을 수락하시겠습니까?"

당신이 리조트에서 나올 때 그 시점 이전의 모든 과거의 기억이 사라
질 것임을 유의하시라.
여전히 결정하기 어렵다면, 질문을 다시 바꿔드리겠다. 선물을 하나
추가하였으니 살펴보시기 바란다.

제안 3

"제 부탁을 하나만 들어주시면, 즉시 당신을 그림같이 아름다운 남태평양 섬의 리조트로 초대하여, 일 년 동안 산해진미 속에서 72명의 아름다운 처녀들로부터 당신이 원하는 대로 접대를 받는 호사를 누리게 해드리겠습니다.

저는 기억 수집상입니다.

당신의 기억을 제게 주시기 바랍니다.

다시 말해서, 당신은 그 리조트에 들어가는 순간 그 이전의 기억을 다 상실할 것이며, 리조트에서 나오는 순간 그 리조트에서의 기억을 모두 상실할 것입니다. 대신 리조트에 들어오기 전의 기억이 되살아날 것입니다.

제 제안을 수락하시겠습니까?"

당신의 기억에는 (리조트에서 지낸) 일 년 동안의 공백이 생기게 된다는 점을 유의하시라.

여전히 결정하기 어렵다면, 질문을 한 번 더 바꿔드리겠다.

윤회와
기억

제안 4

"제 부탁을 하나만 들어주시면, 즉시 당신을 그림같이 아름다운 남태평양 섬의 리조트로 초대하여, 일 년 동안 산해진미 속에서 72명의 아름다운 처녀들로부터 당신이 원하는 대로 접대를 받는 호사를 누리게 해드리겠습니다.

저는 기억 수집상입니다.

당신의 기억을 제게 주시기 바랍니다.

다시 말해서, 리조트에서는 당신의 이전 기억이 살아있겠지만, 그 리조트를 나오는 순간 그 리조트에서의 기억을 모두 상실할 것입니다.

제 제안을 수락하시겠습니까?"

당신의 답은 수락인가? 거절인가?

수락을 하면, 리조트에서 지낼 동안은 현명한 결정을 내린 것을 즐거워하며 또 그런 호사를 누리지 못한 과거와 비교하면서 열락悅樂에 빠져 즐거워하겠지만, 특히 첫째 날이 제일 즐겁겠지만, 리조트 문을 나오는 순간 리조트에서의 그 기억들이, 영원히 간직하고 싶은 그 기억들이 모두, 신기루처럼 사라져버린다.

여전히 결정하기가 어려우신가? 다음의 제안은 어떠한가?

제안 5

"당신의 기억을 제게 파십시오. 대신 100억 원을 드리겠습니다. 지금 당장 기억을 가져가지 않고 10년 후 오늘 가져가겠습니다. 물론 그 순간 당신의, 그 순간 이전의, 과거에 대한 기억은 문자 그대로 영零이 됩니다. 파우스트는 악마에게 영혼을 팔았지만 당신은 제게 기억을 팔 뿐입니다. 물론 저는 악마가 아닙니다. 그러니 전혀 걱정할 게 없습니다."

수락할지 안 할지 결정하는 데 충분히 도움이 안 된다구요? 그럼 좀 더 강렬한 형태의 제안을 드리겠다.

제안 6

자, 우리 다른 상상을 해보자. 연대장인 당신이 전투 중에 적대국의 포로가 되었는데, 입을 열지 않는 당신에게 상대국 정보장교가 최후통첩을 한다. "우리가 당신에게 약물을 투여하면, 당신은 오늘 자정을 기점으로 그 이전의 기억을 한 바이트도 남김없이 모두 잃어버린다. 그리고 무시무시한 고문을 당할 예정이다. 그러니 지금 자백하라."

당신은 어찌할 것인가? 기억을 잃어버리는 순간 당신은 죽는 것과 마찬가지인가? 반대로 만약 기억이 없어지지 않는다면, 즉 자신의 과거의 기억을 유지한다면, 어느 누구라도 고문의 공포에 자백을 할지, 말지, 갈등을 일으킬 것이다.

고문을 당한 후 정신적 충격으로 인한 후유증PTSD이나 플래시백flash back으로 고생하기 싫으시다고? 그럼 고문을 당한 후 그 이전의 기억을 모두 잃어버린다고 가정하자. 당신은 어떻게 할 것인가?

사람은 과거의 기억을 모두 상실하는 순간 여전히 같은 사람인가? 아니면 다른 사람인가? 정확히 당신이 오늘 자정에 자정 이전의 모든 기억을 상실한다 할 때, 자정 이후에 받는 고문으로 인한 고통은, 당신의 것이 아닌, 제삼자의 것이 되는 것인가?

당신만이 아니라 주변 사람들까지 이 순간 이전의 기억을 모두 상실한다 해보자. 그러면 사람들은 서로 알아보지 못해서 예전의 인간관계가 무너질 것이다. 자식은 부모를 부모는 자식을 알아보지 못하고, 친구와 적도 서로 알아보지 못하고, 사람들은 흉악범들과 선량한 시민들을 구분하지 못할 것이다. 그래서 대혼란이 일어날 것이다. 기억의 부재와 상실은 세상을 더 좋은 곳으로 만드는 것이 아니라 더 나쁜 곳으로 만든다. 더 질서 있는 곳으로 만드는 것이 아니라 더 혼란스러운 곳으로 만든다.

윤회론은 정확히 이런 일이다.

당신은 전생을 기억하지 못한다. 전생에 악행을 한 결과로 천상에서 추락해서 인간으로 태어났는지, 아니면 선행을 한 결과로 축생에서 승격해서 인간으로 태어났는지 전혀 알지 못한다. 이런 일은 내생에도 되풀이된다. 내생의 당신은 지금 생을 기억하지 못할 것이다. 실제로도 지금 현재 전 세계 인구 73억 명 중에 전생을 기억하는 사람은 거의 전무全無이다. 심지어 달라이 라마조차도 기억하지 못한다.

범죄자들이 특히 흉악범들이 출소하자마자 처벌받은 사실을 까마득히 잊어버린다면 처벌효과는 급격히 감소할 것이다. 공을 세운 사람들이 상을 받은 사실을 그 사회 구성원들이 시상식이 끝나자마자 까마득히 잊어버린다면, 그 사회에서는 공을 세우는 일을 장려하기가 힘들 것이다. 한국사회가 바로 이런 사회로 변하고 있다. 국민들이 사회지도층 인사들의 범죄는 금방 잊고 공을 세운 사람들의 공은 잊어버려, 그런 일들이 있었는지조차 기억하지 못한다. 그래서 우리나라 정치인들은 수십 프로가, 뇌물수수죄·알선수뢰죄·권력남용죄·조세포탈죄·국민세금탕진죄 등, 파렴치한 전과자들이어도 아무 문제가 없다. 이런 자들이 시비정사是非正邪를 논하고, 선량한 국민을 꾸짖으며, 국정을 농단한다.

한 나라의 일도 이러할진대, 우주 전체에 과거의 상과 벌을 기억하는 시스템이 제대로 갖추어지지 않았다면 어떻게 우주의 정의가 바로 설 것인가? 몇 명을 제외하고는 과거를 기억하지 못한다면, 뭔가 문제가 있음이 분명하다. 하긴, 삶이 고苦라는 것만 봐도 우주가 결코 생명체들의 낙樂을 위해 존재하는 것이 아님이 분명하다. 그 고苦를 탈출하는 자들은 극소수란 점만 봐도 분명히 알 수 있는 일이다. 삶이 고苦라면 고통스런 과거(의 苦)를 (영원히) 잊어버리는 것이 축복일까, 아니면 기억하는 것이 축복일까?

처음 질문으로 돌아가자. 만약 제안 1, 2, 3, 4, 5에 대한 당신의 대답이 '예스'라면 당신은 윤회론을 믿을 자격이 있다. 당신은 불교천국에 갈 자격이 있다. 불교천국은 무기천국無期天國인 기독교천국과 달리 유기천국有期天國이다.

만약 제안 6에 대한 답이 수락이라면 당신은, 이상하게 들릴지 모르겠지만, 불교지옥에 갈 자격이 있다. 불교지옥은 무기지옥無期地獄인 기독교지옥과 달리 유기지옥有期地獄이다.

하지만, 만약 위 여섯 가지 제안들에 대한 당신의 답이 단 하나라도 '거절'이라면, 당신은 윤회론을 믿을 이유가 없다. 그렇지 않은가? 분명히, 내세의 길흉화복이 당신의 현세 삶에 영향을 그다지 혹은 전혀 미치지 않을 것이다.

당신은 그 기억 수집상이 당신의 기억을 구입해 어디다 쓸지 궁금하지 않으신가? 그는 그 기억들을, 전생을 기억하고 싶어 안달하는, 하지만 그럴 자격이 없는 사람들에게 전생의 기억으로 제공한다. 즉 진정한 의미에서 부처님의 가르침을 이해하려 하지 않고, 전생의 존재에 집착하는 사람들에게 제공한다. 물론 이 일은 당신이 죽은 후 수십 년이 지난 다음에 벌어질 일이니 당신은 염려하지 않아도 된다.

오래전에 정권의 실세가 있었다. 점심은 그 비싸고 귀한 상어지느러미요리를 특급호텔에서 즐겼고, 밤에는 자신이 스폰서를 하는 젊고 예쁜 연예인으로부터 극진히 대접을 받았다. 민주화 투사라 기자들은 그의 탈선을 들추어내지 않았다. 그런 그에게 기자가 물었다. "나중에 탈이 나면 어떻게 하시려고…?" 그의 대답이 놀라웠다. "지금 이렇게 호사를 누리고 사는 게 너무 좋다. 정권이 바뀌어 감옥에 간다 해도 여한이 없다." 하지만 정권이 끝나고 호사도 끝날 무렵에 '그 이전의 기억이 모두 사라지는 벌'과 '감옥에 가는 벌' 중 하나를 택하라 하면 과연 그는 어느 쪽을 택할까? 그는 감옥에 가는 대신에 '호사를 누린 기억'을 포함한 일체 과거의 기억을 포기할까?

윤회와 보이지 않는 손:
애덤 스미스와 케인스와 버냉키

타인의 의지는 보이지 않는 손이다

"장기적으로 볼 때 우린 모두 죽는다In the long run we are all dead." 영국 경제학자 존 메이너드 케인스가 한 말이다.

하이에크를 태산북두泰山北斗로 하는 (경제)자유주의자들은 "국가가 경제적 위기에 처하더라도 정부가 개입하지 말고 시장이 스스로 균형점을 찾아가도록 그냥 놔두어야 한다"고 주장한다. 문제는, 설사 그들의 주장이 옳다 하더라도, 이런 균형점에 도달하기까지 걸리는 시간이다. 길면 수백 년이 걸릴 수 있다. 그럼 무슨 소용이 있느냐는 게 "장기적으로 볼 때 우린 모두 죽는다"는 케인스의 비판이다. 지금 우리가 경제공황의 와중渦中에 있는데, 시장을 시장의 자율적인 회복능력에만 맡겨두다가는, 그사이에 우리 모두 지옥 같은 경제혼란 속에 살다 죽고 말 것이라는 말이다. 케인스는 지금 당면한 문제를 해결하기 위해서는 정부가 지금 당장 (공공사업 발주 등을 통해서) 시장에 개입해야 한다고 주장했다.

남태평양의 이스터 섬은 무게가 수십 톤이나 나가는 20미터 높이의

●칠레해안에서 3,700킬로미터나 떨어진 남태평양에 있는 서울 4분의 1 크기의 외로운 섬 이스터의 거대석상 모아이(Moai). 키는 20미터까지 무게는 75톤까지 나간다. 수백 개가 남아있다. 사람은 배가 고파도 이상한 짓을 하지만 배가 불러도 이상한 짓을 한다. 진실로 사람은 빵만 먹고는 살 수 없는 존재이다. 사람의 마음을 채우는 먹이는 환망공상이다. 그렇지 않으면 어떻게 이런 이상한 물건을 섬의 자원을 다 소모해가며 만들었겠는가? 틀림없이 현대인들도 이와 유사한 짓을 하고 있을 것이다. 모아이는 이스터인들의 조상신이라는 설이 있다. 후손은 사라졌는데 조상은 홀로 남아 섬을 지킨다. 깨인 사람이나 훌륭한 지도자가 있었으면 이런 일이 벌어지지 않았을 것이다. 땅 위의 살아있는 사람의 일을 하늘이나 죽은 사람에게 맡겨둘 수는 없는 일이다.

거대한 석상 모아이로 유명하다. 그런데 이 섬에는 사람이 별로 없다. 오래전에 소이小耳와 대이大耳 두 부족 간의 지나친 석상제조 경쟁으로 인하여 섬의 목재자원을 (수많은 석상 운반수단으로 쓰느라) 고갈시켜, 훌륭한 음식인 야자를 얻을 수도 고기잡이배도 만들 수도 없게 되어 인구가 급감한 지 수백 년이다. 무한 자유경쟁을 하다가 망한 경우이다. 강력한 국가권력이 개입하여 제동을 걸었다면 일어나지 않았을 일이다.

윤회에 의한 인과응보因果應報는 일종의 시장자유주의이다. 과장을 좀 하자면, 지금 누가 잘못하는 경우 그냥 내버려두어도 다음 생에 벌을 받아 정리가 될 것이므로 지금 구태여 세속법이 개입할 필요가 없다는 것이다. (벌을 주는 법을 일부러 만들 필요가 없다는 생각이다. 그게 정말 필요한 법이라면, 자기가 안 나서더라도 우주법계가 알아서, 예를 들어 다른 사람들을 움직여서, 만들어줄 거라는 사상이다.) 애덤 스미스가 말한 '보이지 않는 손invisible hand'의 역할을 '윤회'가 하는 것이다. 더 넓게는, 보이지 않는 손의 역할을 하는 것은, '인과응보因果應報'이지만 다음 생의 일은 당사자가 살아있는 동안은 알 수 없는 일이다.

불교도들은 윤회를 믿기에, 즉 영적인 시장의 자정기능을 믿기에, 자기가 살아있는 동안 당장의 현실참여에 소극적이다. 시장이, 즉 윤회(인과응보)가 자체적으로 해결할 터인데 수고롭게 나설 이유가 없다는 생각에서이다.

아마 그래서 조계종에, 총무원 고위승려들에 의한 폭력 금권선거·흑색선전·혼인신고·모텔운영·문화재절도 등, 온갖 해괴한 일이 발생해도 '먼 산 불 보듯' 하는 것이리라. 불교인들은 신장神將(불교호법신)이 그들을 벌줄 것이라고 생각할지 모르지만, 진실은 그들을 벌줄 신장은 따로 없을 것이다. 우리가 바로 신장이기 때문이다. 더러운 똥은 피하는 것이 아니라 치우는 것이다. 똥을 피하기만 하는 것은 우리의 집인 세상umwelt을 똥투성이로 만드는 첩경捷徑, shortcut, 지름길이다.

2008년 세계경제위기를 초래한 미국경제위기가 터졌을 때 미정부는 미美연준 의장 버냉키를 앞세워 4.5조 달러(약 5,000조 원)라는 천문학적인 돈을 뿌려 경제위기를 극복했다. 이 과정에서 주택담보대출업체인 패니메이Fannie Mae와 프레디맥Freddie Mac, 세계최대 보험업체 아메리칸인터내셔널그룹AIG, 세계최대 은행 시티그룹City Group, 세계최대 자동차업체 제너럴모터스GM 등에 엄청난 규모의 정부자금이 들어가면서 상당수의 거대기업들이 국유화되었다. 돈의 힘으로 똥을 치운 것이다. (그냥 천문학적인 양의 종이[돈]로 거대한 크기의 똥을 덮어놓은 것에 지나지 않는다는 주장도 있다.)

IMFInternational Monetary Fund: 국제통화기금는 1998년 한국경제위기 때 한국에 돈을 빌려주는 조건으로, 한국정부가 시장에 개입하지 말고, 즉 구제금융 등으로 기업을 살려주지 말고 기업의 운명을 시장에 맡겨두라고 요구했다. (똥을 치우지 말고 저절로 똥이 없어지게 하라는 주장이었다.) 이에 따라 생때같은 수십 개 대기업이 무너지고 근로자들은 실직을 하였으며, 살아남은 기업은 평생고용과 정규직을 줄이고 명퇴와 비정규직을 늘였다.

1998년 IMF의 처방은 2008년 미연준의 처방과 180도로 달랐다. 벤 버냉키는 미연준 의장이 되기 오래전부터 1929년의 미국대공황이 빨리 극복되지 못한 이유는 당시에 돈을 충분히 안 뿌렸기 때문이라고 믿었고, 그 믿음을 논문을 통해 학술적으로 표현했다. 그래서 2008년 경제위기가 오자 마치 기다렸다는 듯이, 헬리콥터에서 아래로 돈을 뿌리듯 무한정 돈을 뿌려대 '헬리콥터 벤'이라는 별명까지 얻었다. 버냉키와 케인스는 경제위기를 해결하기 위한 방법으로 전자는 통화량 확대를, 후자는 정부재정 확대를 주장한다는 차이가 있지만, 둘 다 한목소리로 정부의 개입을 주장하며, 불교적으로 보면 "다시 윤회할 때까지 기다릴 수 없다"는 철학이다. 그 결과 미국이 1929년의 대공황을 극복하는 데는 25년이 걸렸지만, 2008년 금융위기는 6년 정도밖에 걸리지 않았다. 1929년 대공황으로 다우지수는 거의 10분의 1 토막이 났다가 제2차 세계대전 전쟁특수에 힘입어 1954년에야 이전 지수를 회복했지만, 2008년 세계 경제위기는 돈을 끝없이 뿌려댄 덕에 겨우 6년 만인 2014년에 이전 지수를 회복했다.

인간의 삶도 이럴지 모른다. 즉, 세상이 잘못 돌아갈 때는 마구마구 개입을 해서 바로잡아줄 필요가 있을지 모른다. 윤회와 인과응보에만 맡겨두다가는 당면한 현재 문제를 풀 수 없기 때문이다. 그리고 무엇보다도 중요한 것은, 인간의 고통은 현재의 고통이다.

케인스 말마따나, "우린 장기적으로 다 죽은 목숨이다."

케인스의 뜻은 앞서 설명한 것처럼 흔한 오해와 달리 "장기적인 정책이 필요 없다"는 말과는 전혀 무관하지만, 아무튼 장기적인 처방 못지않게 단기적인 처방도 중요하다. 또 내생 못지않게 현생도 중요하다. 불교도들이 좀 더 적극적으로 현실참여를 해야 하는 이유이다. 현생을 잘 살면 내생도 잘 살겠지만, 지금 세상의 부조리와 그로 인해 발생하는 고통은 각각 현재의 부조리이며 현재의 고통이기 때문이다.

인도의 유일무이한 전륜성왕으로 추앙받는 아소카^{재위 BC 265~BC 238}는 새로운 법^{dhamma}이 발효되면 이를 집행하는 관료인 담마관료를 도시는 물론이고 시골마을에도 두었다. 또 감독관을 보내 담마관료가 충실히 법을 집행하는지 감독하게 했다. 그 결과로 그가 내린 결론은 "담마가 제도화되면서 전 세계 사람들 사이에서 악한 기운이 줄었고, 악으로 인해 고통받던 사람들이 사라지면서 전 세계에 기쁨과 평화가 찾아왔다"는 것이다.

그는 법으로 동물학대를 금지함으로써, 내생만 기다리지 않고 현생에 적극적으로 개입한 위대한 법률가였다.

그는 자신의 철학인 "모든 사람은 내 자식이다. 내가 아이들에게 이 세상과 저세상의 모든 행복과 건강을 가져다주려고 하는 것과 마찬가지로, 나는 모든 사람에게도 똑같이 해주고 싶다"를 적극적으로 현실에 실현하려고 병원을 세우고 의약품을 공급하여 사람과 동물을 치료하고, 우물을 파고 가로수를 심어 사람과 동물의 마른 목을 적셔주고 달궈진 피부를 식혀준 위대한 실천가였다.

1998년에 태국 바트화^貨 폭락으로 시작된 동남아시아의 금융위기는 우리나라까지 덮쳤다. 하지만 우리나라가 IMF를 당한 것은, 금융위기를 당하기 반년 전부터 이미 조짐이 있었고 대한민국경제의 문제는 펀더멘털이 아니라 유동성위기였다는 점에서, 어리석은 지도자를 둔 탓이지 신비로운 윤회와 인과응보 때문이 아니다. 우리가 아소카 같은 위대한 지도자를 두지 못한 바로 그것이 우리의 업^業이라고 할지 모르지만, (열악한 환경 아래서도) 현재를 일구어 미래를 수확하는 것은 업이 아니라 우리의 의지이다. 그런 점에서 우리 어리석은 지도자의 의지가 문제인 것이다. 그가 젊은 시절에 건들거리느라 공부를 하지 않은 것은 그의 의지의 소산이기 때문이다.

불교는 운명론이나 숙명론이 아니다. 그리고 현실참여는 우리 의지의 발로發露이다. 현실참여를 위한 공부나 자기수양 역시 우리 의지의 발로이다. 한 사람에게 감추어진 수많은 다른 사람들의 의지는 보이지 않는 손이다. 그리고 보이지 않는 손은 의지를 통해 활동한다.

윤회, 보상과 처벌

> 나는 한 번도 쥐로 태어난 것이 쥐의 잘못이 아니라고 생각해본 적이
> 없다
> 또 쥐가 죽어 마땅하다 할지라도 고통을 받으며 죽어야 한다는 것을
> 의미한다는 것이 아님을 생각해본 적이 없다
> 쥐 한 마리의 죽음도 참을 수 없는 마음(不忍之心)이 보살의 마음이다
>
> 〈이중톈(易中天)〉

윤회론에 의하면, 그중에서도 초기불교 윤회론에 의하면, 중생(생명체)은 지옥·아귀·축생·인간·천인 5도道를 윤회한다. 한 세계에서 다른 세계로 가는 것은 사는 동안 쌓은 선업과 악업에 의해서 결정된다고 한다.

선행을 하면 더 높은 즉 더 좋은 곳으로 환생을 하고, 악행을 하면 더 낮은 즉 더 나쁜 곳으로 환생을 한다고 한다.

(수학적으로 표현하자면, 선행에 양[+]의 값을 악행에 음[-]의 값을 준 다음 가중치까지 고려하여, 죽을 때까지 한 모든 선악행의 가중합을 구해서, 그 값이 양이냐 음이냐에 따라 내생이 결정된다. 양이면 상계로 올라가고, 음이며 하계로 내려간다.) 여기서 더 높은 곳이나 더 낮은 곳은 문자 그대로 지리적인 의미이다. 지옥은 땅 밑에 천국은 하늘에 있기 때문이다. 하지만 지구가 둥근 공 모양이기 때문에 절대적인 위아래上下가 있을 수 없다. 종교의 싹이 돋아나던 청동기시대의 고대인들은 지구가 둥글다는 것을 몰랐기 때문에 절대적인 '지리적 위아래'라는 망상을 야무지게 했다.

그런데 곰곰이 살펴보면 윤회론에는 다른 석연찮은 점들도 보인다.

예를 들어 동물이나 지옥중생이 자력으로 축생계나 지옥을 벗어날 수 있느냐는 문제제기가 가능하다.

동물은 선행을 할 수 없다. 특히 육식동물은 악행만 짓는다

동물이 인간으로 태어나는 것은 동물이 선행을 해서가 아니다. 전생에 인간이 악행을 해서 동물(계)로 태어났다가 형기를 다 채우고 인간계로 출소한 것이다. 동물은 선행을 할 수 없기 때문이다. 자연에 사는 동물이 어떻게 선행을 하겠는가? 누, 사슴이 무슨 선행을 하겠는가? 만약 당신이 악행을 해서 다음 생에 사자로 태어나면, 당신의 다다음 생은 필시 아귀나 지옥이다.

(가뭄이 들어 초식동물의 수가 급격히 줄어들어 굶어죽으면 아귀로 태어나고, 평생 동안 대체로 비가 풍성히 와 번성한 초식동물을 마음껏 잡아먹으면 지옥행이다. 살생을 한 자들을 위해 특별히 제작된 지옥이 기다리고 있다. 등활等活지옥이다.)

사자가 무슨 선행을 할 수 있겠는가? 매주, 매달, 매년 살생중죄만 짓지 않겠는가? 특히 악어나 뱀으로 태어나면 지옥행을 예약한 거나 다름없다. 사자는 사냥감의 숨통을 물어 질식사시키지만, 악어는 먹잇감의 온몸을 잔인하게 찢어 죽이기 때문이고 뱀은 먹잇감을 산 채로 위장이라는 강强염산구덩이에 밀어 넣기 때문이다.

이건 뭔가 문제가 있다. 그렇지 않은가? 일단 하계로 떨어지면 능동적으로 전생의 악업을 만회할 기회가 있어야 할 터인데, 사자나 악어나 뱀으로 태어나면 만회할 기회가 원천적으로 차단되기 때문이다. 오히려 살생이라는 악업만 더 쌓게 된다. 그 결과로 더 험한 지옥으로 떨어진다. 그럴 바에야 처음부터 (덜 험한) 지옥으로 보내는 게 옳을 것이다.

축생계는 죗값을 치르는 감옥이다. 형기가 다하면 출소하는 감옥이다

하지만 축생계를 죗값을 치르는 감옥으로 보면 이런 문제가 풀린다. 같은 감옥이라도 지내기 좋은 곳과 나쁜 곳이 있듯이, 축생계로 떨어지더라도 잡아먹히는 것보다는 잡아먹는 쪽이 나을 것이다. 당신에게 선택권이 주어진다면, 환생신還生身으로 누나 노루보다는 사자나 호랑이를 택할 건 분명한 일이다. (백수百獸의 왕 아닌가? 또 호골주를 먹느니 차라리 호랑이 뼈가 되는 것이 더 나을 것이다.)

특히 육식을 그중에서도 육회를 몹시 좋아한다면 말이다. 생선회를 좋아하면 알래스카 그리즐리 곰이 제격이다. 목을 잘 잡으면, 산란기에 알을 낳으려 바다에서 강을 거슬러 떼를 지어 올라오는 살 오른 싱싱한 연어를 배터지게 날로 먹을 수 있다.

(하도 맛이 좋아서, 역설적으로 당사자는 이런 환생을 벌이 아니라 상으로 여길지도 모른다. 그런데 항상 몹시 심각한 문제는 사람은 물론이거니와 축생도 전생을 기억하지 못해, 자신의 처지를 벌로 인식할 수 없다는 점이다. 아주 심각한 약점이다. 필자 기억으로는, 어느 누구도 이에 대해서 설득력 있는 설명을 한 적이 없다.)

즉, 노루나 사슴이라는 감옥보다는 사자나 호랑이나 곰이라는 감옥이 더 나은 감옥이라는 말이다. 축생계는 감옥이다. 그러므로 축생계에서 형기를 다 치르면 인간계로 복귀한다. 다른 세계로 가지 않는다. (가끔 예외가 있을지 모르나 대부분이 그렇다.)

(주인을 대신해 죽은 개들은 아마 천국으로 직행할 가능성이 크다고 생각할지 모르지만 그렇지 않다. 천국에는 동물이 없기 때문이다.)

천계도 마찬가지이다. 천계는 보상을 받는 곳이다. 공을 세우고 특별 휴가를 받은 병사들일지라도 휴가기간이 다하면 귀대歸隊해야 하는 것처럼, 천인도 복이 다하면 인간으로 태어난다. 동물로는 환생하지 않는다. 천인은 사악한 죄를 지을 일이, 즉 그럴 기회가 없기 때문이다. 그래서 지옥으로 떨어지는 일은 더욱 불가능하다.

지옥도 죗값을 치르는 감옥이다. 선행을 하는 것이 불가능한 곳이다
선업을 쌓아서 자력으로 벗어나는 곳이 아니다

지옥도 선행을 할 수 없기는 축생계나 마찬가지이다. 지옥중생은 아무 힘도 없고 낮이나 밤이나 쉴 틈 없이 끓는 물과 불구덩이와 칼뫼_{刀山}, 도산에 던져지며 고문만 당하는데 무슨 선행을 할 수 있겠는가?

물론 악행 역시 할 수 없다. 설마 지옥중생이 고문받을 때 '남보다 더 큰 소리로 비명을 지르는 게' 악행이라 간주될까? 그래서 지옥형기가 연장될까? "너는 너무 크게 비명을 질러 그렇지 않아도 공포에 절은 다른 지옥중생의 마음에 부당하게 여분의 공포를 주었으므로 1겁(56억 7천만 년) 동안 (지옥)형기를 연장한다. '탕탕탕!'" 설마 이런 일이 일어날라고. 당신은 비명을 지르는 게 죄가 된다고 인정할 수 있는가? (고통을 참지 못하고 비명을 질러대는 지옥이 정말로 존재한다고 한다. 규환_{叫喚}지옥이다. 소위 처참한 환경을 묘사할 때 쓰는 용어 '아비규환'은 '아비'지옥과 '규환'지옥을 말한다.)

혹시 고통을 견디다 못해 옥졸에게 저주를 하는 일이 벌어질까? "악! 악~! 으악! 야, 이 ***아. ****야. 네가 전생에 나에게 무슨 원한을 품었길래 이렇게 지독하게 고문을 해대니?"

(속세의 고문은 양반이다. 속세의 고문을 벗어나려면 비밀을 불면 되지만, 지옥에서는 비밀을 불라고 요구하지 않는다. 그냥 고문을 해댄다. 전향서나 반성문을 쓰라고 요구하지도 않는다. 고문을 위한 고문을 해댄다. 지옥은 인간이 상상할 수 있는 가장 반인륜적인 발명품이다. 그런데도 사람들은, 심지

어 고문을 증오하는 인권운동가들마저도, 그걸 믿는다! 세상은 정말 기이한 망상투성이이다.)

그런데 그 방대한 양을 자랑하는 어떤 종교경전도 "지옥에 가면 큰 소리로 비명을 지르거나 지옥옥졸에게 욕을 하지 말라"고 주의를 주지 않는다. 지옥에 떨어지지 말라고 말할 뿐, 막상 지옥에 떨어지는 경우에 지옥에서 어떻게 처신하라고 가르치는 일은 전무하다. 정말 이상하지 않은가?

"지옥에 가더라도 거기서 선행을 해서 모범수가 되어 형기를 단축하거나 최악의 아비지옥에서 규환지옥으로 승격해야지, 악행을 해서 규환지옥에서 아비지옥으로 강등당하거나 형기가 연장되는 일이 벌어지지 않게 하라"는 가르침이 전혀 없다. 정말 이상한 일이다. (인간으로 태어나는 게 맹귀우목盲龜遇木처럼 힘든 일이라면 분명 대부분의 중생들이 축생·아귀·지옥에 태어날 것이므로, 상기 주의사항과 가르침은 반드시 필요하다.)

이런 문제점을 처음으로 인식한 대승불교인들이 이런 문제점을 보완하려고 발명한 것이 '지장보살'일 수 있다.

지옥처신경

세속지옥에 해당하는 세속의 감옥도 모범적으로 수형생활을 하면 보석·사면·형집행정지·강제노역면제 등으로 벌을 줄이고 단축시켜주는데, 지옥에는 그런 일이 없단 말인가? 정말 이상하지 않은가? 지옥에 갈 짓을 하지 말라고 할 뿐이지, 지옥에 가는 경우 어떻게 처신하라는 말은 전혀 없다.

기독교야 무기지옥이므로 빠져나올 길이 없으므로 그렇다 쳐도, 불교는 왜 그럴까? 왜 '지옥처신경地獄處身經, Manuel for the Hell Residents' 같은 경전이 없을까? 지옥에 가는 경우 형기를 단축하기 위해 잊지 말고 실천해야 하는 점들을 빠짐없이 세세하게 기록한 실용적인 경전도 없고, 지옥에서조차 복을 쌓을 수 있다고 주장하며 그 방법을 구체적으로 기록한 귀한 경전도 없다.

예를 들어 가장 경미한 등활지옥에 빠진 사람이, 가장 지독한 무간지옥에 빠진 사람을 가엾이 여겨 대신 무간지옥으로 가는 선행을 하여 크게 지옥형기를 단축했다든지 하는 내용을 담은 경전이 없다. 이는 앞서 말했듯이, 지옥이 철저히 벌을 받는 곳이라는 개념 때문이다.

악인이 죽을 때 '아미타불을 염하라'는 말 대신 '지옥에 가면 잘 처신하라고' 지옥처신경을 독송해주어야 하는 것 아닌가? "너 평소에 욕을 입에 달고 살던데 지옥에 가서도 그러다가는 큰일 난다. 부디 조심하그레이." 아무래도 악인이 극락에 가는 것보다는 지옥에 갈 가능성이, 훨씬 더 크기 때문이다. 아무리 못해도 아미타경설법과 지옥처신경설법 비율은 1 대 9는 되어야 적당할 것이다.

천국처신경
천국은 적립한 복을 돈처럼 사용하는 영적 리조트

천국 역시 마찬가지이다. 천국에 가서도 계속 선행을 하고 복을 지어서 천국거주기간을 늘리라는 가르침은 전무하다. (불교)경전은 "천계에서 천인의 수명이 다하여 하계下界로 떨어질 즈음에 나타나는 현상은, 화관花冠이 시든다, 옷에 때가 탄다, 웃음이 사라진다" 등으로, 자세히 묘사하면서도 그런 일을 막거나 연기하는 방법은 가르쳐주지 않는다. 천국은 복을 쓰는 곳이지 복을 쌓는 곳이 아니라는 결정적인 증거이다.

즉, 천국은 복을 지불 카드로 사용하는 영적 리조트이다. (지불카드에 적립한 복을 다 쓰면 영적 리조트에서 쫓겨난다.)

아귀지옥은 인간의 감옥이므로 형기가 다하면 인간으로 출소한다
천국은 영적 리조트이므로 사용료인 복이 다하면 들어간 곳인 인간으로 나온다

그러므로 악인이 지옥살이를 벗어나는 것은, 지옥에서 선행을 쌓았기 때문이 아니라, 형기를 다 채웠기 때문이다. 그러므로 지옥중생은 다음 생에 인간으로 태어난다. 인간이 큰 죄를 짓고 땅 밑 감옥으로 갔다가 인간계로 출소하는 것이다. 지옥중생이 죽어 축생으로 태어나는 법은 없다. 지옥이나 아귀계와 마찬가지로 축생계 역시 감옥이기 때문이다. 형기가 다하면 일단 감옥을 나오지, 그러지 않고 다른 감옥으로 가서 추가로 옥살이를 하지 않기 때문이다.

아귀도 마찬가지이다. 인간이 죄를 지으면 아귀로 태어났다가 형기가 다하면 인간계로 출소한다.

따라서 지옥·아귀·축생·천인은 인간계하고만 왕래를 하지, 즉 환생을 하지, 자기들끼리 환생을 하지 않는다. 예를 들어, 지옥에서 천국으로 화생化生하거나 천국에서 지옥으로 화생하는 경우는 없다. 그런 일화도 존재하지 않는다.

(예를 들면, 타 종교인 기독교에서조차, 타락한 천사장인 사탄은 지옥에 가지 않고 버젓이 우주를 싸돌아다니며 하나님과 맞짱을 뜬다. 지옥은 오로지 인간 몫이다.)

또 형기와 복이 다하면 그만이지, 지옥중생이 죽어 다시 지옥으로 환생하거나, 아귀가 죽어 다시 아귀로 환생하거나, 천인이 죽어 다시 천인으로 환생하는 일은 없다.

윤회, 보상과 처벌

축생은 지옥에 가지 않는다

축생이라는 형기가 다하면 인간으로 출소한다

이런 곳들은, 즉 지옥·아귀·축생·천인은, 인간이 인간의 행위에 대한 상벌의 개념으로 만든 곳이기 때문이다. 그래서 위에서도 설명했듯이, 축생이 지옥으로 환생하는 법은 없다. 세계 여러 곳에서, 지옥과 천국이 발명된 이래로 수천 년 동안, 제작되어 남아있는 「지옥도地獄圖」에는 축생이 나타나지 않는다. 지옥에서 고문받는 개·소·닭·오리·돼지는 존재하지 않는다. 거기서 받는 대표적인 벌인 화탕火湯지옥과 도산刀山지옥 벌은 축생시절에, 매운 고춧가루를 마구 듬뿍 뿌린 닭도리탕 꼬치구이, 얇게 저민 불고기·삼겹살·샤브샤브 고문 등으로 이미 다 받았다. 천국에도 축생은 존재하지 않는다. 천인이건 지옥인이건 모두 인간 모습이다.

2억 년 전의 천국에는 인간모양의 천인이 살았을까

아니면 공룡모양의 천인이 살았을까

그런데 아직 지구상에 인간이 존재하지 않던 그리고 공룡이 득실대던 2억 년 전의 천국에는 사람모양의 천인들이 살았을까? 그럼 지금 인간모양으로의 진화는 미리 예정되었다는 말이 아닌가? 그런데 그와 반대로, 진화론evolution theory은 '생물체가 미리 정해진 특정한 모습으로 진화한다'는 방향성과 결정론을 부인하므로, 조계종정 진제 스님과 조계종 영적 지주 송담 스님이 진화론을 반대하실 만도 하다.

특수 영적 리조트인 극락에도 곤충은 물론이거니와 야생동물과 가축은 전혀 존재하지 않는다. 모기나 파리가 '윙윙' 하고 날아다니는 극락을 상상할 수 있는가? 또 모기나 파리가 무슨 복과 선행을 쌓았다고 극락에 갈 수 있겠는가?

지상낙원에서의 동물과 인간의 평화로운 공존

흥미로운 사실은 낙원은 하늘이 아니라 바로 이 지상에 건설된다고 믿는 종교인들의 낙원에는 사자·호랑이·악어·사슴·양·뱀·토끼 등 동물과 인간이 평화롭게 공존한다. 절대 서로 잡아먹지 않는다. 모두 채소와 과일만 먹고 산다.

예를 들어 여호와의 증인들이 그리 믿는다. 낙원을 뜻하는 파라다이스의 어원이, '동물원이 있는 왕실정원'을 뜻하는 페르시아 말이었기 때문이다. 유대교와 기독교의 잃어버린 낙원인 에덴동산 역시 동물과 사람이 평화롭게 공존하는 일종의 개방형동물원식 정원이다. 이 역시 페르시아 낙원 파라다이스에 기원을 둔다. 기독교에 의하면, 사람들이 동물을 잡아먹기 시작한 것은 40일간의 노아의 대홍수로 인하여 지구상에서 식용식물이 일시적으로 사라졌기 때문이다. 그럼 생존한 노아 가족들은 노아의 방주에 실은 동물들을 잡아먹었을까? 종류별로 한 쌍씩만 실었는데도? 40일간의 대홍수기간에 방주에서 낳은 새끼들을 잡아먹었나? 종교경전은 정말 스스로 모순되는 어처구니없는 주장으로 가득하다.

아! 그런데 이들이 놓친 게 있다. 고래·꽁치·상어 등 물고기들이다. 이 사람들의 낙원에는 이 물고기들에 대한 언급이 없다. 아마 페르시아 왕의 정원에 고래·꽁치·상어가 없었기 때문이리라. 지구를 떠나 하늘에 있는 천국으로 가는 것은 지상낙원과는 차원이 다른 문제이다. 처음부터 거기 산 것이 아니므로, 또 그곳에 전혀 가본 적이 없으므로, 그곳으로 가는 것은 성취해야만 하는 일이다. 결코 쉽지 않은 고난의 길이다. 그런데 그곳에 아무 공도 없는 동물들이 어떻게 갈 수 있겠는가?

낙원의 원형인 고대 페르시아 왕의 정원에 동물원을 만든 것처럼, 지상의 정원에야 그냥 동물들을 데려다 놓으면 되지만, 하늘의 천국은 그럴 수 없지 않은가. 정원이 얼마 안 되는 우주선을 타고 낙원행성으로 가는 경우, 과연 동물에게 돌아갈 자리가 있을까? 천국이라는 낙원이 외계행성에 있다고 믿는 사람들이 있다. 한마음선원 창설자 대행 스님이 대표적인 예이다. 그는 하늘나라에서 지구로 비행접시를 띄운다고 주장했다.

아, 이 지상낙원주의자들이 빠뜨리고 언급을 안 한 게 있다. 상어·악어·사자·호랑이·범고래·피라니·하이에나·아나콘다 같은 동물과 인간이 평화롭게 공존하는 지상낙원에서는, 이 벼룩 빈대·모기·거머리·바퀴벌레 등 해충과, 전갈·독거미·거머리 등 독충과, 회충·요충·편충·촌충·십이지장충 등 기생충과, 마마·결핵·에이즈·에볼라·말라리아·헬리코박터 균이 채식을 하며 인간과 평화롭게 공존을 하는가?

우주가 지옥이라는 감옥과 천국이라는 영적 리조트를 운영하는가

당신 생각에는 어떤가? 우주가 인간을 벌주고 가두는, 지옥·아귀·축생이라는, 감옥을 운영한다고 생각하시는가? 또 우주가 인간에게 상을 주는, 72명의 처녀가 기다리는, 이슬람천국 같은 영적 리조트를 운영한다고 생각하시는가? 이런 것들은 너무 인간적인 체취가 물씬 풍기는 개념이 아닌가? 너무 상상력이 빈약한 건 아닌가? 잘 생각해보시기 바란다.

왜 지옥중생들과 천인들은 인간처럼 생겼을까

동물보다 더 악업을 지은 지옥중생은 왜 인간의 모습을 하고 있을까

질문을 하나 더 던진다. 왜, 지옥·아귀·축생·인간·천인 5도道 중, 축생과 인간만 같은 곳에 살까? (아수라와 천인天人도 같은 곳에 사는 것으로 보이지만, 초기불교에는 아수라가 없다.)

지옥은 벌을 받는 곳이므로 인간계보다 훨씬 못한 곳인데, 왜 또는 감히 지옥 중생은 사람모양을 하고 있을까? (지옥에 다녀왔다고 주장하는 종교인들이 종교에 관계없이 하나같이 그리 묘사한다.)

동물은 벌을 받아 가죽을 뒤집어쓰고 네발로 다니는데, 동물보다 못한 지옥중생은 왜 사람 모양을 하고 있어야 하는가?

또, 천국은 상을 받는 곳이므로 인간계보다 훨씬 나은 곳인데 왜 천인들은 누추하게 인간모습을 하고 있을까? (천국을 다녀왔다는 종교인들이 종교와 관계없이 하나같이 그리 묘사한다. 천인들이 인간처럼 생겼다는 데에 한 점 의심도 없다.『불경』에는 부처님이, 속세에 두고 온 아름다운 부인 생각에 괴로워하는, 제자 난다에게 말할 수 없이 아름다운 천녀를 보여주어 인간 여인에 대한 집착을 끊게 하는 일화가 등장한다. 난다가 천녀의 미모에 감탄한 것을 보면, 천녀는 눈이 3개 달리거나 팔이 4개 달린 이상한 모양이 아니라 사람모양을 한 것이 분명하다. 또 척추도 'X' 자형이거나 'Y' 자형이 아니라 사람처럼 'I' 자형이 확실하다.)

천국에도 공기가 있나? 왜 천인은 콧구멍과 귓구멍이 있을까? 축생과 사람이 다르게 생겼듯이, 지옥중생과 사람이 다르게 생겨야 하고, 천인天人과 사람이 다르게 생겨야 하지 않겠는가? 천인이 외계인이라면 최소한 ET처럼은 생겨야 하지 않겠는가? 하지만 현실은 그렇지 않아서 똑같이 생긴 것은, 천국과 지옥이 인간의 창작물이자 발명품이라는 걸 그리고 수천 년 전 고대인들의 상상력이 빈약하다는 걸 웅변적으로 고백

한다. 지금이라면 컴퓨터 그래픽의 도움을 받아 3D 영상으로 정말 실감 나고 기발하게 지옥중생과 천인들의 모습을 창조하지 않겠는가? 그렇지 않은가?

왜 병원균과 기생충과 암세포는 지옥에 가지 않는 것일까
왜 페니실린 곰팡이는 천국에 가지 않는 것일까

무수한 축생과 인간을 도살하는 살인병기 생명체들인 마마·수두·홍역·독감·결핵·흑사병·에이즈·에볼라·산욕열·메르스·파상풍·콜레라·장질부사·말라리아·간디스토마·소아마비·디프테리아 균들은 왜 지옥으로 가지 않는 것일까? 무슨 이유로 이·벼룩·빈대·회충·촌충·요충·촌충·편충·거머리 등 기생충은 왜 지옥으로 가지 않는 것일까? 아니면 이것들이 지옥에 가는데도 단지 『경전』에만 언급되지 않은 것일까? 그 많은 암세포들은 다 어디로 갈까? 지옥에 가서 고문을 당하는 것일까?

무수한 사람들을 살린 페니실린 등의 곰팡이들은 왜 천국으로 가지 않을까? 천국은 한쪽 구석일지라도 푸르스름하게 곰팡이가 피면 안 되는 것일까? 설마 결벽증으로 우주정의를 희생시키는 건 아니겠지. 혹시 일부 의사들의 전생은 페니실린일까?

혹자는 의식하지 못하고 저지르는 일은 업業, karma이 되지 않는다고 주장한다. 만약 이 말이 옳다면 물론 당연히, 의식이 없는 병원균이나 암세포나 곰팡이들은 지옥이나 천국에 가지 않을 것이다.

하지만 같은 이유로, 동물도 자기가 전생에 지은 업을 만회하는 것이 거의 불가능할 것이다. 인간이 동물로 환생하는 경우에, 의식 있는 인간이 전생에 지은 악업을, 인간보다 의식이 없는 동물이 무슨 수로 의식적으로 선업을 지어서 만회할 수 있겠는가.

육체의 부활을 믿는 종교는 사람을 잡아먹은 동물도 할 수 없이 부활시켜야 했다
삼킨 사람고기를 토해내게 하기 위해서

종교는 정말 불가사의하게 사람의 마음을 웃게 만든다. 테르툴리아
누스 같은 초기 기독교 교부들은 천국에서 망자亡者의 몸이 문자 그대로
부활할 걸로 믿었다. 그래서 사람을 잡아먹은 짐승이나 물고기도 부활
해야만 했다. 부활할 사람의 살을 돌려주기 위해서! 이탈리아 베네치아
인근의 토르첼로 성당에는 짐승과 물고기가 '최후의 심판'일에 살아나
자기들이 먹은 사람 살을 뱉어내는 11세기 모자이크 그림이 남아있다.
중세 신학자들은 짐승의 천국행이 가능한지 생각해보았지만 페니실린
곰팡이 등은 고려하지 못했다. 그런 생명체가 존재하는지 몰랐기 때문
이다.

미개한 고대의 신들은 다 쫓겨났는데,
왜 그때 만들어진 천국과 지옥은 그대로 있나

과학이 비상하게 발달하여 올림포스 산정에 살던 그리스 로마 신들
은 다 쫓겨나고 살해당했다. (대신 사람들이 산정을 박차고 구르며 스키를
타고 행글라이딩과 패러글라이딩을 한다.)

유대교 신은 유대인들에게 버림받고 기독교에 의탁하고 살고 있지만,
분노·시기·질투·폭력·살의·학살 등의 화끈한 성격을 다 박탈당하고
남좋은 일만 해주는 거의 무골호인無骨好人(뼈 없는 비비큐 닭처럼 먹기 좋

은 사람)이나 다름없는 사랑의 하나님으로 바뀌었다가, 지금은 무색무취한 이신理神으로 다시 변신하고 있다. 이런 우주의 법칙으로서의 이신을 믿는 깨인 사람들은 지옥과 천국의 존재를 믿지 않고 인정하지 않는다. 불교의 지옥과 천국도 그리스 로마의 신이나 고대 기독교 신 신세가 된 것은 아닌지 심각하게 고민해보아야 할 것이다.

지옥과 천국이, 설사 존재하더라도, 외계에 존재하는 게 아니라 우리 마음에 존재한다는 유심지옥唯心地獄 유심천국唯心天國 이론이 더 설득력이 있을 것이다. 눈부시게 발달한 과학은 땅 밑에 지옥이 없고 하늘 위에 천국이 없음을 밝혔기 때문이다. (옛날 사람들은 지옥과 천국이 지리적으로 물질적으로 우주 어디엔가 존재한다고 믿었다. 지옥은 땅 밑에 그리고 천국은 하늘 높이 어딘가에.)

시간이 많이도 흘렀다

인류최초의 우주인 유리 가가린Yuri Gagarin은 1961년 4월 12일 지구 밖의 우주 공간에서 외쳤다. "여기 신이 없네There's no God up here!"

그리고 그 후로 벌써 55년이나 흘렀다. 그사이에 허블 망원경이 우주를 이 잡듯 샅샅이 뒤졌고, 보이저호가 시위를 떠난 화살처럼 초속 10km의 엄청난 속도로 태양계를 가로질러 탈출했다. 인간도 태양계의 무지를 탈출해야 할 시점이다. 이미 오래전에 탈출했어야 한다.

···

윤회론과 단멸론

나는 죽음을 두려워하지 않는다
나는 태어나기 전에 수십억 년 동안이나 죽은 상태였는데,
그 당시 눈곱만큼도 불편함을 느끼지 못했다 〈마크 트웨인〉

나는 윤회를 두려워하지 않는다
나는 태어나기 전에 무한한 세월 동안 윤회했지만,
지금 그때 일로 괴로운 건 하나도 없다
전생을 전혀 기억하지 못하기 때문이다
내생에 언젠가 모든 과거 생을 기억하게 되더라도 전혀 문제가 없다
그 정도 경지라면 이미, 고통이 없는 열반에 가까이 갔을 것이기 때문이다
그래서 과거생에 대한 기억으로 별로 고통받지 않을 것이다
〈어느 윤회론자〉

통속적인 윤회론이 진짜 단멸론이다

단멸론斷滅論은 가장 넓은 의미로는 연기緣起를 인정하지 않는 것이고, 중간으로는 인과因果를 인정하지 않는 것이고, 좁게는 개인의 정체성의 (통속적인) 연속을 인정하지 않는 것이다.

과거에서 현재로 그리고 현재에서 미래로 흐르는 선형線形 시간적인, 여러 몸을 통한, 개인의 정체성의 연속을 통속적인 윤회라 부른다. 그래서 통속적인 윤회론자들은 비통속적인 윤회론자들을 단멸론자라 부른다. (이하, 윤회는 통속적인 윤회를 뜻한다. 대표적인 통속적인 윤회론으로는 지옥·아귀·축생·인간·아수라·천인 들로 윤회한다는 6도윤회론이 있다.)

(그런데 진짜 단멸론은 "윤회가 없으면 인과법이 무너진다"는 생각이다. 윤회 이외의 인과론을 인정하지 않기 때문이다. 이들은 윤회가 있어야 한다는 이유로 윤리·도덕의 유지를 든다. 하지만 이는 작게는 지구를, 크게는 우

주를, 자기 맘대로 죄와 벌, 옳고 그름으로 재단하는 행위이다. '단멸론이 부정하는 것'을 글머리에 언급한 첫 번째와 두 번째의 의미인 '연기와 인과'로 크게 보지 못하고, 세 번째의 좁은 의미인 '윤회'로 해석한 결과이다. 단멸론은 개체적인 수준과 관점보다는, 전체적인 관점으로 보아야 한다. 현생의 인과는 상당부분 개체적인 관점이 옳을 수 있으나, '다생多生에 걸치는 통시적通時的인 인과'는 전체적인 관점이 옳다. 뒤에 더 자세히 설명할 것이다.)

옛날에는 인과론 대신 귀신이나 신이 모든 일, 즉 생사·질병·승패·성패·구애·자연재해 등의 원인이라는 엉터리 인과론을 발명했다. 즉 망상을 했다. 홍수·가뭄 등은 자연법칙의 인과에 따라 발생하지 신이나 귀신의 개입은 없다. 유신론이, 회개하고, 이런 관점으로 거듭나면 이신론理神論, deism이라 불린다. (자연계의 법칙일 뿐이지, "감 놔라. 대추 놔라" 하며 인간사에 시시콜콜 개입하지 않는 신을 이신理神이라 한다. 달리 얘기하자면 이신은 헌법 또는 입헌군주이다. 군림은 하나 통치는 하지 않는 군주 말이다.)

자연적인 현상은 윤회와 아무 관계가 없다. 동남아시아에 들이닥쳐 수많은 사람들을 죽인 쓰나미가 '목사들이 주장하듯이 그 사람들이 기독교 하나님을 안 믿어서 받은 벌'이 아니라면, 지진·해일·화산폭발·대형유성충돌 등은 누구의 업도 아니다. 전생의 악업을 지니고 환생한 사람들에게 닥치는 벌果報이 아니다. 자연재해로 인한 피해는 피해자의 업과는 무관하다. 그냥 자연현상일 뿐이다. 자연현상은, 그 자체로서는, 좋을 것도 없고 나쁠 것도 없다. 비가 오면 아이스크림 장사에게는 나쁠지 모르나, 개구리에게는 좋은 일이다. 호오好惡는 우리 의식이 만들어낸 인위적인 개념이다.

우리 의식은 자기 기준으로 옳고그름是非正邪을 만들어, 이 옳고그름이 유지되려면, 개체가 정체성을 유지하며 윤회해야 한다고 망상을 피운다.

자연과 식물은 윤회가 없이도 잘 유지된다

 자연이 윤회를 안 해도 자체 법칙으로 잘 운행되듯이, 생명계, 그리고 사회도 잘 유지된다. 식물계는 (불교에 따르면) 의식도 없고 따라서 윤회도 안 하지만, 시집장가가고, 짝짓기하고, 새끼를 낳아 번성하며 잘만 산다. (포유류 동물이 특히 인간이 없다면 이 지구는 식물들의 천국일 것이다.) (지구상의 동물계에서, 무게로 따지자면, 곤충의 무게총량이 가장 크다. 곤충은 150만 종이 있으며, 곤충 수는 인간 수의 수십만 배에 달할 것이다.) (곤충은 동물의 70%를 차지할 정도로 종류와 수가 가장 많은 동물이고, 몸은 머리·가슴·배 등 세 부분으로 나뉘어있고, 세 쌍의 다리와 두 쌍의 날개, 두 개의 겹눈과 세 개의 홑눈, 한 쌍의 더듬이를 지녔으며, 대표적인 곤충으로는 장수풍뎅이·사슴벌레·쇠똥구리·하루살이·깔따구·메뚜기·벼룩·빈대·개미·모기·나방·나비·여치·매미·벌·이 등이 있다.)

 지구상에 처음으로 원시림이 형성된 3.5억 년 전 석탄기에 탄생한 곤충은, 벼룩이 속한 '톡토기'류로서, 겨우 수백만 년의 역사를 지닌 인간에 비해 유구한 역사를 지니고 있다. 뒤늦게 나타나 아메리카 원주민들을 학살하고 그들의 땅을 차지한 백인들처럼 지구상의 후발주자인 인간은, 곤충들 입장에서는, DDT 같은 살충제로 지구의 원주민인 곤충들을 학살하고 농약과 경작과 산림파괴 등 환경파괴와 환경오염으로 서식지를 파괴하는 악마일 뿐이다. 이런 악마들이 윤리와 도덕을 논하니, 또 윤리와 도덕을 유지하려면 윤회가 필요하다고 강변强辯을 하다니, 지나가던 지네가 100발을 구르며 가가대소呵呵大笑할 일이다. 개도 소도 닭도 양도 염소도 돼지도 오리도 기러기도 칠면조도 웃을 일이다.

 필자의 고등학교 시절에 급우들이 엉뚱한 답을 하고 선생님에게 야무지게 생긴 반들반들 검은색으로 빛나는 박달나무 봉으로 대갈통을 '빵' 하고 얻어맞을 때마다, 교정의 칠면조가 따라서 큰소리로 요란하게 비웃었다. "코커두둘두~! 코코두들두~~!" 하고 말이다. 그러면, 자기도 저 꼴 날까 공포에 떨며 선생님 눈에 띌세라 자세를 낮추고 숨을 죽이던, 교실은 여기저기서 "킥킥킥, 큭큭큭, 흐흐흐, 하하하" 웃음바다로 변했다. 그 순간 "코카두들두~~~" 칠면조가 다시 울고, 그럼 박달나무 선생님도 웃고 말았다. "야, 이놈아! 니 엉터리 대답에 칠면조까지 웃는구나!" 하면서.

사실 엉뚱한 엉터리 대답이 맞는 대답보다 훨씬 재미있다. 모든 답이 정해져있는 모범생 입장에서는, 박달나무 친구들이 어떻게 그런 상상도 할 수 없는 기발한 대답을 할 수 있는지, 그 창의성에 감탄하지 않을 수 없다. 아마 지금은 다들 나이가 들고 흰머리가 났겠지만, 지금도 그 창의성을 어디선가 엉뚱하게 발휘하고 있을 것이다. 저승길에서 염라대왕에게 엉뚱한 답을 하고 그 벌로 모교 교정의 칠면조로 환생했을 수도 있다. 하하하. 이보다 더 엉뚱한 짓은 자기를 닮은 아이를 낳고 손자까지 보는 일이다. 왜냐하면 자기가 자기 자식의 자식으로 환생할 수 있기 때문이다. 자기가 자기의 손자가 되는 것이다. "어떻게 그리 공부를 못하냐, 차라리 나가 죽어라"고 꾸짖던 아들에게 똑같이 꾸지람을 당하는 것이다. 하하하. 골수 통속적 윤회론자들에 따르면 이런 일이 생각보다 흔히 일어난다 한다.

윤회론은 생물계 카스트 제도이다

윤회를 믿는 인간이 동물보다 더 비윤리적이고 비도덕적이다.

윤회론은 생물계 카스트 제도이자 동물계 카스트 제도이다. (자이나교에 의하면 동물은 식물로도 윤회한다.) 이 제도에 의하면, 축생은 저주받은 존재, 즉 카스트이다. 이 카스트를 벗어나려면 환생을 통하지 않고는 불가능하다. 어떤 스님들은, 특히 티베트 스님들은, 뱀을 볼 때마다 어쩌다 그런 추한 모습을 한 미물로 태어났는지(환생했는지) 불쌍한 생각이 든다고 한다. (하지만 그건 스님이라는 인간이 뱀이라는 동물에게 가하는 일방적인 미학적 폭력이다. 장자 말마따나, 뱀의 눈에는 인간이 추하고 괴상한 동물일 것이다.) 그래서 내생에 좋은 곳에 태어나라고 기원을 해준다고 한다. 또, 다른 동물들 잡아먹는 걸 삼가함으로써 복을 쌓아 인간으로 환생하라고 타이른다고 한다. 그런데 이 스님은 동물을 잡아먹는다. 직접 안 잡아도 다른 사람을 시켜 잡게 한다. 가끔 먹어주어야지, 안 그러면 허하다고 한다. 물론 몸과 마음이 다 허할 것이다.

인간은 매년 3,200억 마리 이상의 동물을 잡아먹는다. 매년 200억 마리의 축생과 3억 톤의 물고기를 잡아먹는데, 이는 어마어마한 남획으로서, 이에 비하면 뱀이 잡아먹는 동물의 양은 조족지혈鳥足之血이다. (물고기 3억 톤은 1g짜리 멸치로는 300조 마리에 달하고, 1kg짜리 고등어로도 3천억 마리나 된다. 지구최대생물인 30톤짜리 향유고래로 쳐도 자그마치 1천만 마리이다!) 게다가 인간은 자기들끼리 한꺼번에 수십만 명을 도살하며 싸움을 벌인다. 그것도 모자라 재미로 다른 동물들을 살해한다. 그걸 고상하게 스포츠라 부른다. '사냥!' 그러면서도 윤리와 도덕을 논한다.

인간의 윤리·도덕이라는 것은, 자기들이 하도 악을 행하니 그걸 좀 막아보자고, 자기들끼리 만든 것이다. 즉, 조폭·강도 들의 자기들끼리 통하는 윤리·도덕에 지나지 않는다. 동물들 입장에서는 인간은 조폭·강도에 지나지 않는다. 그렇지 않은가? (직접 죽인 적이 없다구요? 남이 죽인 걸 사다 먹었을 뿐이라구요? 엄마나 부인이 해준 걸 먹었을 뿐이라구요? 어떤 조폭이 말하기를 "앞으로는 직접 빼앗지 말고, 다른 조폭이 대신 빼앗아 나눠주는 걸로만 살아라" 하면 이자는 조폭이 아니고 또 윤리·도덕적으로 옳은가? 선량한 시민이라면 어느 누구도 이 조폭의 주장에 동의하지 않을 것이다. 이런 이론을 '선한간접조폭 도덕론' 또는 '선한장물아비 도덕론'이라고 부른다.) 서양인들이 아메리카 인디언들을 학살하고도 또 아프리카 인들을 노예로 팔아먹고도 '그들에 대한 윤리·도덕상의 우위'를 주장했듯이 그리고 '그들을 창조한 것은 신의 실수'라고 주장했듯이, 윤회론은 자연계와 동물계에 온갖 악행을 자행하는, 특히 잔인한 동물실험을 자행하는, 가해자 인간들이 오히려 거꾸로 피해자 동물들에 대한 윤리·도덕적인 절대우위를 주장하는 파렴치한 이론이다. 나쁜 짓을 하면 동물로 환생한다니, 감히 지구동물계 전체를 저주받은 세계로 만드는 행위이다. 이른바 개념 없는 행위이다.

인간의 사악함은 동물들에 대한 차별대우에도 나타난다. 사람들은 동물들 중에서도 남을 잡아먹고 사는 호랑이나 사자를 '백수의 왕'이라고 떠받들지, 착한 타고난 평화주의자인 사슴·노루·토끼·야크·소·말·양 등은 무시하고 부려먹고 잡아먹는다.

불법의 정수

불법의 정수는 이렇다: 다른 동물(축생과 인간)을 자기 뜻대로 부리려는 '탐욕'과, 그게 뜻대로 되지 않을 때 일어나는 '증오'를 (일체의 선입관이 없이) 관觀하라. 그 결과로, 탐욕과 증오의 주체라 생각한 내가 비어 있고 없음을 즉 '무아'와 '공'이라는 것을 볼 수 있으면, 바로 지금 이 자리에서 고통을 벗어날 수 있다. 깨달음을 얻기 위해 또는 마음을 정화하기 위한 선업을 쌓기 위해 수없이 윤회를 할 필요가 없다. 이런 관점과 인식의 전환이 바로 불교의 진수이다. 단 한 번뿐인 희귀한 사건이다.

윤회론은 성악설이다

윤회론은 기본적으로 성악설이다. "윤리와 도덕을 유지하기 위해서는 윤회가 필요하다"고 주장하는 윤회론은 사실상 성악설이다. 윤회가 없으면 사람들이 단 한 번뿐인 생이라고 제멋대로 살아도, 내생에 벌을 받지 않으니, 통제할 방법이 없다는 논리이다. 이런 종류의 윤회론은, 인간의 악한 성품을 형벌과 법으로 통제해야 한다는, 법가적法家的인 성악설이다. 형벌과 법의 역할을, 지옥·아귀·축생·고자·고아·빈자·대머리·장애인·추남추녀·무능력자 등으로의, 환생과 윤회가 하는 것이다.

이 점에서, 즉 윤회론이 실제적인 성악설이라는 점에서, 윤회론은 '모든 중생이 불성이 있다'는 심지어 '모든 중생이 이미 부처'라는 일체중생실유불성一切衆生實有佛性 또는 일체중생이미부처 사상과 충돌한다. 중생이 이미 부처라면, 설사 윤회를 하지 않더라도 이미 부처일 것이다. 만약 이미 부처이지만 단지 그 사실을 모를 뿐이라면, 부처와 중생 사이에는, 그리고 모든 동물과 일부 인간(깨달은 인간) 사이에는, 알고 모름의 차이가 있을 뿐, 윤리·도덕상의 근본적인 차이는 없을 것이다. 많은 사람들이 부처란 윤리·도덕적인 존재가 아니라 그걸 초월한 존재라고 믿기 때문이다.

식물계는 윤회 없이 잘 돌아가고, 동물계는 윤회란 개념이 없이도 잘 돌아간다

식물계가 윤회 없이 잘 돌아간다면, 동물계도 그러지 말라는 법이 없다.

동물들이 윤회를 안 해도 생물계는 잘 돌아간다. 동물들은 언어도 없고, 종교도 없고, 윤회사상도 없고 따라서 (만약 윤회가 사실인 경우에) 윤회를 한다는 걸 몰라도 잘만 유지된다. 자기들 나름대로 윤리와 도덕을 만들어 산다. 하지만, "앗! 저놈이 오래 전에 내 어미를 잡아먹은 놈의 환생이로구나, 물어 죽이자" 또는 "지금 저 사슴 새끼를 잡아먹으면 내 생에 사슴 새끼로 태어나 잡아먹힌다, 자제하자" 하는 일은 절대로 일어나지 않는다. (침팬지에게도 코끼리에게도 그리고 늑대에게도, 윤리와 도덕이 있고 또 동시에 윤리와 도덕을 범함이 있고 그에 대한 처벌이 있다.) 설사 윤회가 있다 하더라도, 동물들이 윤회를 염두에 두고 (내생에 지옥에 갈까봐 혹은 아귀가 될까봐) 악행을 삼가고 선행을 해서 생물계가 유지되는 게 아니다. (오히려 윤리와 도덕이 있다는 인간이 핵폭탄을 만들고, 환경을 파괴하고, 동물들을 학살하고, 자기들끼리 서로를 도살하며, 생태계와 지구존재 자체를 위협한다.) 과거 35억 년간 5차례의 지구상 생물 대멸종은 그냥 자연환경변화로 인한 참사일 뿐이다. 예를 들어, 지금이라도 대형 혜성이 지구에 충돌하거나, 빙하기가 오거나, 백두산이 폭발하거나, 후지산이 폭발하는 것은, 그래서 많은 사람이 학살당하는 것은, 인류나 한국사람이나 일본사람들이 저지른 악행과는 전혀 관계없다.

윤회를 믿는 인간들이 자연을 파괴하고 생물멸종을 초래한다

하지만 지금 지구는 인간들에 의한 환경파괴·오염과 산림파괴와 동물남획으로 인하여 6번째 대멸종 위험에 처했다는 최근 연구결과가 있다. 특히 바다는 거의 재앙수준이다. (스탠퍼드·프린스턴·버클리 3개 대학 합동연구로서 2015년 6월 19일자로 『사이언스 어드밴스Science Advance』에 실린 논문이다.)

동물계, 식물계, 자연계에 큰 피해를 주는 건 신과 윤회를 믿는 인간들이다. 인간이 없으면 지구는 훨씬 더 평화로운 세상이 될 것이다. 자연을 사랑하는 사람들은 인간이 아직 번성하지 않은 수천 년 전, 수만 년 전, 수십만 년 전, 태고의 자연을 꿈꾸고 상상하며 즐거워한다. 그런 자연이 기적적으로 지금 되돌아온다면 가슴이, 벅차, 터져 죽을 것이다. 지금도 오지의, 인간의 때가 묻지 않은, 순결한 자연은 숨막히는 아름다움을 선사한다. (몹시 궁금한 것은 그 당시 원시인들도 자연에 대한 그런 아름다움을 느꼈는지 여부이다. 인간은, 후행적後行的으로, 잃어버린 것에 대한 아름다움과 가치를 발견하는지도 모른다. 그렇지 않으면 처음부터 잃어버리지도 않을 것이다. 그래서 의식과 지성의 발달은 인간으로 하여금 뭘 잃어버렸는지 깨닫게 하고, 깨달음은 아픔을 주고, 그러면 인간은, 그 날카로운 통증을 견디지 못하고 도를 닦게 된다.)

참나주의자들은 현실부정주의자들이다. 참나주의는 영적 영구기관 이론이다

인간이 없는 태고의 자연이 그토록 아름다운 것이라면, 이는 인간이 자연을 망가뜨렸다는 말이다. 즉 자연이 그 순수한 아름다움을 유지하려면 차라리 인간이 없는 게 낫다는 말이다.

인간이 만든 무형적인 문명과 문화가 아름다울 수는 있지만, 참나주의자들에게는 아무 소용없는 일이다. 이들은 연기세계인 자연계와 속세를 '초월한' 참나로 돌아가자고 주장하는데, 참나가 과학과 예술을 할지 의문이기 때문이다. 아무런 상대세계가 없이, 즉 의식의 대상이 전혀 없이, 자체적으로 상락아정常樂我淨(영원히 사라지지 않고 항상 번뇌없이 즐겁게 사는 상태)에 빠져 사는 상태를 어떤 이들은 '참나'라 부르고 어떤 이들은 '열반'이라고 부른다. (이건 일종의 영구기관이론이다. 들어가는 에너지가 없이 영원히 즐거움樂과 의식을 생산하는 영적 영구기관이론이다.) 이들의 입장에서는, 태고의 자연계에는 인간이 없는 게 나을 것이다. 쓸데

없이 망상이나 피우는 거짓나幻我(허깨비 같은 나)가 무슨 소용이 있겠는가? 그래서 참나주의자들은 현실의 삶을 개선시키려는 데 주저하고 부정적이 된다. 문명발전에 극히 소극적이 되고 문명이 조금이라도 잘못된 길로 가면 냉소적으로 비판을 한다. 그냥 한마디로 "다 쓸데없는 짓"이라는 것이다. 그냥 참나로 돌아가면 되므로!

그래서 만사 제쳐두고 참나를 찾아, 심산유곡으로, 대찰大刹로 숨은 도인들과 유명한 큰스님들을 찾아다닌다. 그런데 아이로니컬하게도 그 과정에서 자동차·비행기·기차·스마트폰·컴퓨터·내비게이션 등 문명의 이기利器란 이기는 다 사용한다. (참고로 내비게이션에는 고등수학인 비유클리드 기하학이 들어간다. 아인슈타인의 일반상대성이론에 의하면 중력장은 비유클리드 공간이며, 이 공간에 절대시간absolute time은 없다. 오직 상대시간relative time만 있다. 하지만 이걸 심리적인 시간으로 착각하면 안 된다. 일체유심조적一切唯心造的인 시간이 아니라 물리적인 시간을 말하는 것이다. 즉 공간의 물체는 모두 서로 다른 시간을 갖는다. 지구와 GPS 인공위성 사이의 시간차이는 0.00001초 정도로 미세한 차이에 지나지 않지만, 그리고 인간의 감각기관으로는 감지할 수 없는 차이이지만, 내비게이션을 무력화시키기에 충분한 차이이다. 이 차이를 비유클리드 기하학을 이용해 보정해야 내비게이션이 제대로 작동한다.)

자연과 생물계가 특히 식물계가 윤회 없이도 잘 유지되는데, 초파리나 토마토와 유전자가 60%나 일치하는, 사람이 그렇지 못할 이유는 나변에도 없다. 그렇지 않다고 주장하는 것은, 기독교인의 "인간만이 영혼이 있다"는 주장처럼 인간중심적이고 독선적인 주장일 뿐이다. 또는 "흑인은 영혼이 없고 백인만 영혼이 있다"는 과거 서양인의 주장처럼 종種, species주의적이고 독선적인 주장일 뿐이다.

인간은 사회를 통해서 윤회한다

정체성은 사회와 역사를 통해서 탄생하고 유지된다

사회는 정치·경제·법률·교육·복지제도 등 자체원리로 굴러가며(심지어 미물인 개미조차 어느 정도 이런 사회적인 시스템을 가지고 있다), 개인은 사라질지라도, 윤회를 하지 않아서 영원히 사라질지라도, 사회는 역사 속에 정체성을 유지하여 윤회한다.

예를 들어 우리나라는 일본을 미워한다. 임진왜란을 일으킨 자들은 죽은 지 벌써 400년이 지났지만, 한국사람들은 지금도 그 일로 일본인들을 미워한다. 당시 일본인구는 1,000만이, 그리고 한국인구는 600만이 안 되었을 것이므로, 지금 억울하다고 항의하는 7,300만 남북한사람들이나 가해자인 1억 3,000만 일본인들이나 거의 대부분이 (전생에 그 당시 한국과 일본에 살던) 당사자들이 아니다. 억울하다고 화를 내는 사람이나 오리발을 내미는 가해자나, 양쪽 다 옛날 피해자들과 가해자들이 아니다. 심지어 당시 가해자인 일본인들은 지금 한국인들로, 그리고 당시 피해자 한국인들은 지금 일본인들로, 환생했을지도 모른다. (감히 아니라고 할 자신이 있는가? 확신이 있는가? 이름만 대면 누구나 기억할, 지금은 돌아가신 지 여러 해인,『무소유』로 유명한 큰스님 한 분은 "가해자 일본인들은 가난한 한국에 환생해 6·25를 당하며 고생하고, 피해자 한국인들은 부유한 일본에 환생해 잘산다"고 말한 적이 있다. 그래서 윤회는 공평하다는 것이다.)

어느 경우든지, 그리고 설사 윤회가 없다 하더라도, 한국인들은 하나같이 일본놈들은 나쁜 놈들이라 비난하고, 일본인들은 한결같이 한국인들을 경멸할 것이다. 이 사실은 (설사 윤회가 없다 하더라도) 변함이 없을 것이다. 자기들이 임진왜란 당시의 당사자도 아니면서 말이다.

이것은 정체성 유지에서, 역사를 통해서 사회와 국가가 정체성을 유지하는 것이지, 개인이 (윤회를 통해서) 정체성을 유지하는 것이 아님을 보여준다. 또한 개인의 감정조차, 윤회를 통해서 유지되는 것이 아니라, 역사와 사회를 통해서 유지됨을 보여준다. 이걸 리처드 도킨스는 문화 유전자, 밈meme이라고 부른다. (일본사람이 한국 갓난아이를 입양해 키우면 그 아이는 100퍼센트 일본사람의 정체성을 가질 것이다. 그리고 필경 한국인을 경멸할 것이다. 그 아이에게 자신이 한국인이라는 것을 알려주지 않는 한 말이다. 거꾸로 한국인이 일본 갓난아이를 입양한 경우도 마찬가지이다. 이는 환생사상이 가진 이론적인 한계를 잘 드러낸다.)

이 점에서 개인의 환생은 매우 협소한 의미의 인과율이다.

작은 자기에 집착하지 않으면 윤회는 필요없다
윤회를 하는 것은 개체가 아니라 집단이다

자기라는 걸 자기 육신에 한정시킬 때 개인의 환생이라는 개념이 필요하지, 자기를 가문·문중·국가·인류·동물계·생물계·우주생물계·우주의식계로 크게 확장하면 환생이 필요 없다. (유학자들은 윤회를 믿지 않았으나, 자신을 가문과 동일시함으로써 존재를 이어갔다. 그래서 [좁은 의미로서의 자기의] 소멸에 대한 두려움이 없었다. 말하자면, 후손이 살아남으면 자기가 살아남는다고 생각한 것이다.)

윤회환생이란 개념은, 감기의 일종에 불과한 메르스 균에게도 속절없이 당하고 공황에 빠지는 인간이라는 하찮은 생명체가, 자신을 좁은 몸(육체)속으로 반복해서 밀어 넣음으로써, 그 좁은 정체성을 영원히 유지하겠다는 욕망과 집착이 만들어낸 사상이다. (윤회는, 욕계신이건 색계신이건 무색계신이건 몸을 가지고 환생을 하는 것이라는 점에서, 몸에 대한 집착이다.)

곰곰이 생각해보자. 우리가 윤회를 통해서 유지하고자 하는 정체성은 대체 무엇일까? 욕망·증오·무지, 이런 것일까? 아니면 기억일까? 불완전한 수천 가지 육체적·정신적 특성을, 윤회를 통해서, 유지하고 싶은 것일까? 과거에 경험한 모든 일을 잊지 않고 다 기억하고 싶은 것일까?

이런 특성은, 개인이 유지해주지 않더라도, 사회를 통해서 유지된다. 역사를 통해 잊히지 않고 보존된다.

정자·백혈구·뇌세포 등이 생명체이긴 하나, 우리는 이들이 식識(의식)을 가졌다고 인정하지 않으며, 윤회를 한다고 인정하지도 않는다. 우리 몸의 100조 개 세포들에 대해서도 마찬가지로 인정하지 않는다. 하지만 이들의 모임인 우리 인간은 윤회를 한다고 주장한다. 이런 세포와 몸과의 관계를 '개인과 사회'로 확장시키면, 동일한 논리로, '개인은 의식도 없고 윤회도 안 하지만, 사회는 의식도 있고 윤회도 할 수 있다'고 할 수 있다.

앞서 든, 임진왜란 당시의 한국과 일본이 좋은 예이다. 역사적으로 '한국'이라는 생명체는 여러 차례 환생을 했다. 그 과정에서 갈라지고 합치고 작아지고 커졌다. 단군조선이 죽고 위만조선으로 환생하고, 위만조선은 고구려·백제·신라로 분열·환생하고, 다 죽은 다음 통일신라로 환생했고, 그 후에 신라는 죽고 고려로, 고려는 조선으로, 조선은 남북한으로 분할·환생했다. 일본도 마찬가지이다. 400년 전에 수백 개 영주들로 나뉘어 싸우다가 막부 한 몸으로 통일·환생했으며, 150년 전에는 메이지유신으로 막부가 죽고 근대국가로 환생했다가, 다시 태평양대전의 패배로 사망했다가, 마침내 민주주의 국가로 환생했다. 더 좋은 예로는 무수한 왕조가 생로병사를 거듭한 중국을 들 수 있다. 유럽·아프리카·중동도 마찬가지이다.

과대망상과 존재에 대한 집착이 윤회를 통한 환생을 꿈꾼다
윤회론은 생명과 우주의 실상으로부터 우리를 단절시킨다

　불교에서는 윤회를 '촛불의 이어 붙음'으로, 열반을 '촛불의 꺼짐'으로 아름답게 묘사한다. 이 촛불에서 저 양초로 불이 이어 붙었지만, 두 촛불이 같은 촛불이 아니며 그렇다고 해서 다른 촛불도 아니라는 것이다. 그러다가 더 이상 불이 이어 붙을 양초가 없어서 촛불이 다하는 걸 열반涅槃, nirvana이라고 한다. 여기서 촛불은 당연히 의식識을 말한다. 의식이 이어 불붙다가 마침내 의식이 다하는 걸 열반이라 한다는 것이다.

　여기서 의식을, 무의식이나 잠재의식이나 집단의식이 아닌, 초롱초롱한 현재의식으로 해석하는 것이 가장 좁은 의미의 해석일 것이다. 그런데 이 좁은 의미의 초롱초롱한 의식을 꺼뜨리지 말고 영원히 이어가자고 주장하는 사람들이 있다.

　이런 이들은 힌두교·자이나교·한국불교에 있다. 아주 많이 있다. 잠을 잔다고 죽는 것도 아닌데, 절대로 잠을 자지 않겠다고 자꾸 감기는 무거운 눈꺼풀을 버티며, 한사코 잠을 자지 않으려는 어린아이와 같은 이들이다. 존재有와 의식識에 대한 욕망과 집착은 이처럼 집요하다. 그리고 무서운 광기를 생산한다.

　인간이 자기가 '우주의 주인인 참나'이거나 또는 '우주와 하나'라는 과대망상을 하는 한, 그래서 '영원히 살고 싶다'는 욕망과 집착이 사라지지 않는 한, 즉 '자신의 의식을 영원히 꺼뜨리고 싶지 않다'는 욕망이 있는 한, 통속적인 윤회론은 영원히 인기를 잃지 않을 것이다.

　이런, 존재有와 의식識에 대한, 탐욕은 생명의 실상으로부터 우리를 단절시키므로, '초롱초롱한 의식을 지닌 채로 영원히 살겠다'는, 집착에 기반한 윤회론은 진정한 의미의 단멸론이다. 이런 윤회론은, 진제 종정 스님의 예에서 볼 수 있듯이, 진화론과 우주론 부정 등 과학과의 단절을 가져온다는 점에서 단멸론이기도 하다.

윤회론에 대한 새로운 해석이 필요하다

  그러므로 우리는 6도윤회론이나 권선징악적勸善懲惡的인 윤회론 등의
통속적인 윤회론을 극복하고, 새롭게 윤회를 해석해야 한다.

6
무아無我

부처의 무아론(無我論)은 다윈의 진화론과 더불어 인류역사상 가장 위대한 발견이다. 무아론은 마음의 무아를, 진화론은 몸의 무아를 밝힌 이론이다. 이 장에서는 무아론이 왜 참인지와 무아론이 의미하는 바를 논한다.

무아는 '영원한 실체로서의 자아는 없다'는 말이다. 부처님 당시의 베다교는, 사람에게는 '태어난 적도 없고 죽지도 않는, 영원히 존재하는 순결무구한' 아트만이 있다고 생각했다. 이른바 유아론(有我論)이다. 베다교의 후계자인 현대힌두교는 지금도 이렇게 믿는다. 부처님은 이런 아트만은 존재하지 않는다고 하셨다. 이게 무아론이다. 그런데 지금 한국불교계는 아트만을 가르치고 있다. 이른바 참나이다. 이게 아트만인 이유는 이들이 우리가 찾아야 한다고 가르치는 참나는, 태어난 적도 없고 죽지도 않아 영원히 살며 항상 즐거움을 누리는 청정무구한 존재이기 때문이다. 또 참나는 '보고 듣는' 구체적인 존재이기도 하다.

참나적 유아론은 근·현대한국불교계의 영웅인 청담·성철·경봉 등의 스님과 전(前) 종정 서암, 현(現) 종정 진제 스님 등이 가르치고 있다. 이들은 참나를 찾는 것이 불교의 핵심이며 깨달음이라고 주장한다.

지금부터, 이들의 참나론은 무아론이 아니고 전형적인 유아론이며, 사실은 힌두교 범아일여(梵我一如)적인 유아론이라는 것과, 또 진화론과 현대뇌과학에 위배된다는 것을 밝힌다.

• • •

연기아緣起我와 파동아波動我: 미륵반가사유상의 사유思惟

연기(緣起)법은 사유(思惟)를 통해 드러난다
사유를 통해 확인되지 않는 진리는 위태롭다

요즈음 우리 불교계에는 '참나'니 '진아眞我'니 하는 괴이한 용어가 돌아다닌다. 우리 불교계가 『불경』에 전혀 존재하지 않는 기상천외한 말을 만들어낸 것이다.

이 사람 저 사람, 승속僧俗을 가리지 않고 마구 사용한다. 이 말을 입에 올릴 때면, 초월적이고 신비로운 그 어떤 물건을 아는 듯, 얻은 듯, 묘하고 엄숙한 표정을 짓는다(그 표정은 과연 진아가 짓는지 궁금하지 않을 수 없다). 심지어 종정 스님조차도 이 말을 애용한다. 급기야 삼천대천세계三千大天世界, 우주가 '진아'로 꽉 차버렸다. 어리석은 자손들의 행동에 분노한 조상님이 관뚜껑을 열어젖히고 벌떡 일어난다더니, 부처님이 무여열반을 무르고 나타나셔서 크게 꾸짖을 일이 벌어진 것이다. 이 말의 정체를 밝히기 위해 무차대회無遮大會(성속, 남녀노소, 빈부귀천, 지위고하를 가리지 않고 다 같이 모여 마음껏 견해를 밝혀 토론하고 논쟁하는 법회)라도 열어야 할 판이다.

참나라는 말은 용수보살의 중관中觀에 위배된다. 진眞이 성립하려면

가假가 먼저 서야 하는데, 진과 가는 서로 의지해 존재하는 유위법의 세계일 뿐이다. 이처럼 서로 의지해서 발생하고 존재하는 세계를 연기緣起의 세계라고 하며, 이 연기의 세계는, 모든 물질세계의 근저根柢에 있는 소립자의 세계처럼, 잠시도 같은 상태를 유지하지 못하고 끝없이 생멸·변화한다. (타들어갈 정도로 뜨거운 방바닥 위에서 폴짝폴짝 발을 뛰고 있는 사람들을 멀리서 창을 통해 보면, 마치 춤을 추고 있는 것처럼 보일 것이다. 소립자가 발이요 춤이 물질이다.) 그리고 어느덧 힘이 다해서, 모여 서로 의지하던 것들이 흩어지면 사물과 현상은 사라진다.

사물의 견고성은 사물을 경험하는 '우리 의식의 거칢'에서 발생하는 환상이다. 변화량이 100년에 1cm나 1g을 넘지 못하는 미세한 변화를, 센티미터 단위나 그램 단위밖에 측정하지 못하는 거친 측정기구로 측정을 하면, 마치 아무 변화가 없는 것으로 보일 것이다. 우리 의식은 이처럼 거친 측정·관측 도구이다. 물리학적인 측정도구는 상상을 초월하는 정밀성을 지닌다. 1cm의 백만분의 1의 길이까지, 1g의 백만분의 1의 무게까지, 그리고 백만분의 1초의 시간까지 측정할 수 있다. 그러면 비로소, 끝없이 생멸변화하는 사물의 가변성을 목격할 수 있다. 우주는, 우리의 자연적인 감각기관으로는 절대로 감지할 수 없는, 백만분의 1초도 머무르지 않는 무서운 변화의 대양大洋 위에 떠 있는 세계이다. 그러므로 '이 세상이 견고한 세상이다'라는 생각은 환상이다. 하지만 환상이되, 몹시 '자연스러운' 환상이다.

우리 몸은 얼핏 보면 단기적으로는 변하지 않는 것 같지만, 몸(뇌도 포함됨)을 이루고 있는 원자들과 분자들은 끝없이 교체되고 있다(놀랍게도 반년이면 모두 교체된다. 자동차의 부품을 끝없이 교체해도, 심지어 엔진이나 변속기 같은 핵심부품까지 갈아치워도, 우리는 '그 차가 같은 차'라는 '정체성에 대한 착각'을 고집스럽게 유지한다).

마찬가지로 우리 몸과 마음은 끝없이 교체된다. 섭취하는 음식은 몸에 들어가 살과 뼈 속의 낡은 원자와 분자를 몰아내며, 섭취하는 지식과 감정은 마음을 끝없이 업데이트하고 있다. 음식과 정보 이외에 직접 우리 몸에 영향을 미치는 것들도 있다. 예를 들어, 피부 원자들과 분자들은 우주공간을 통해 전해지는 빛과 끊임없이, 그리고 끝없이 상호작용하며 변하고 있다(그러다 잘못되면 피부암이 발생한다).

이러한 몸과 마음의 무아성無我性(실체가 없음)에 대해서는 『초기불경』에 단호하고 분명하게 기술되어있다. 지겨울 정도로 반복해서 적혀있다(그만큼 인간이 곰처럼 멍청하고 미련하며, 늙은 염소처럼 완고하고 고집스럽다는 뜻이다. 45년 동안이나, 입에 혓바늘이 돋을 정도로, 같은 말씀을 되풀이하신 부처님의 인내심에 경의를 표한다). 아我는 5온五蘊이라고 불리는 색수상행식이라는 다섯 개 요소들의 무더기일 뿐이라고.

여기서 색은 하드웨어인 육체를, 그리고 수상행식은 정신인 소프트웨어를 나타낸다. 감각기관인 눈·코·귀·혀·피부·신경회로는 하드웨어요, 감각작용과 지식의 생성·저장·분석·처리는 소프트웨어이다. 이 수상행식은 6식六識인 안·이·비·설·신·의眼耳鼻舌身意 중 의意에 해당한다(초기불교에서는 7식이나 8식이 나타나지 않는다). 의意에는 크게 다섯 가지 가지 뜻이 있다.

첫째는 감각기관(안·이·비·설·신 이외의 정보획득기관)으로서의
　　　의意요,
둘째는 저장기관으로서의 의意요,
셋째는 정보처리기능(언어·논리적 사고·분석)으로서의 의意이며,
넷째는 정보생성기능(통합·추론 등)으로서의 의意이고,
다섯째는 의사결정기능으로서의 의意이다.

감각기관으로서의 의意는 비물질적인 정보인 타인(사람과 동물)의 마

음과 주변상황에 대한 인식, 계절에 따른 기후와 먹이의 변화, 적대적이거나 해로운 생물(뱀·맹수·적) 접근의 위험지각 등 비물질적인 정보를 취합하고 받아들이는 기능을 말한다.

저장기관으로서의 의意는 취득한 정보를 저장하는 하드웨어로서의 기능이다.

정보처리기능으로서의 의意는 정보를 죽은 상태로 놓아두는 것이 아니라 정보를 처리해서 생존과 욕망충족을 도와 삶의 질을 개선하려는 활동이다.

정보생성기능으로서의 의意는 주어진 정보로부터 새로운 정보를 만들어내는 것을 말한다. 특정한 사람의 과거 행동에 대한 정보를 종합하여, '저놈이 지금까지 한 행동으로 보아서 분명히 나나 우리 집단에 해를 끼칠 나쁜 놈이다'라는 새로운 정보를 만들어낸다. 추상적으로는, 이성과 추론의 힘을 이용하여 수학·물리학·화학·천문학·지질학·생물학·의학 등의 자연과학을 통해 얻어지는, 새로운 지식의 생성을 말한다. 피타고라스 정리나 만유인력 법칙의 발견 등이 그 예이다.

마지막으로, 의사결정기능인 의意는, 예를 들어 '그러므로 위험한 저놈을 피하거나 여의치 않으면 제거하자'고 결정을 내리는 기능이다.

의意는, 앞서 설명했듯이 5온五蘊으로서는 색수상행식의 수상행식에 해당하는 기능이다. 여기서 '수受'는 감각된 대상에 대한 호好(좋다)·불호不好(싫다)·무기無記(좋지도 싫지도 않은 중립상태)를 결정하는 기능이며, '상想'은 표상하고 생각하는 기능이며, '행行'은 의지작용이며, '식識'은 정보 취득·처리·생성·저장기능이다.

색色은 물질세계에, 수受는 어류의 뇌에, 상想은 파충류의 뇌에, 행行은 포유류의 뇌에, 그리고 식識은 영장류의 뇌에 해당한다. 이것은 정확히 진화의 순서와 일치한다. 그리고 인간의 육체적 구조와도 일치한다. 척추 위에 소뇌·간뇌(파충류의 뇌)가, 그것을 감싸고 변연계(포유류의 뇌)

가, 다시 그것을 감싸고 대뇌(영장류의 뇌)가 존재한다. 영장류의 뇌에서 대뇌전전두엽이 발달하면 이마 앞부분의 뇌가 커지면서 앞으로 튀어나옴으로써, 이마가 지면과 수직으로 변한다. 바로 인간 뇌의 출현이다.

참나니 진아니 하는 주장은 현대뇌과학에도 위배된다. 뇌과학에 따르면 우리의 의식은 '데카르트의 극장'도 아니고, 우리의 의식 배후에는 그 극장에서 영화를 감상하듯 제諸 현상을 경험하는 '기계 속의 유령(이것이 바로 사람들이 흔히 생각하는 영혼이다)'도 없으며, 뇌는 신비로운 단일체가 아니라 수많은 모듈의 모임인 복합체composite이다.

부처님의 위대성은 이미 2,500년 전에 명상(우뇌)과 사유(좌뇌)를 통해서, 현대과학이 이제야 밝히고 있는, 무아無我를 깨달으셨다는 점이다. 부처님의 빛나는 통찰은, 제대로 먹지도 않고 숨도 쉬지 않던 6년 고행을 집어치우시고, 니련선하尼連禪河, Nairanjara 강변에서 드신 영양가 있는 우유죽 힘으로 보리수 밑에 앉아, 이레 동안 명상과 사유를 하던 마지막 날 새벽, 계명성啓明星의 별빛처럼 찾아왔다.

보름날 청명하고 시린 암청색 새벽하늘에, 한줄기 유성처럼 내리꽂히는 통찰을 보라!

아뿔싸, 나란 본시 존재하는 것이 아니구나! 질문을 던진 자와 답을 얻은 자는 같은 자가 아니구나. 이런 생각조차 끝없이 변하는 연기의 산물일 뿐이로구나! 나는 '질문을 던지고 구도하는 나'라는 것이 대상에 대한 주관으로서의 '불변하는 존재'인 줄 알았는데, 그게 아니구나. 나는 연기의 산물이므로 그래서 천지와 더불어 공히 변하므로, 내가 집착해야 할 고정불변하는 나我나 고뇌苦惱는 존재하지 않는 것이구나.

뿐만 아니라 나라는 것은 몸과 의식이라는, 즉 신체와 뇌라는, 다시 말해서 '신체기관과 정신기관(하드웨어)'과 '신체작용과 정신작용(소프트웨어)'이라는, 색수상행식 다섯 가지 요소의 연기적이고 일시적인 현상일 뿐이구나. (모든 연기적인 현상은 일시적이다.) 35년 동안 내내 질문을 던진 자와 지금 보리수 아래서 깨달음을 얻은 자는 같은 자가 아니구나. 끝없는 의식의 흐름이 있을 뿐이로구나.

부처님은 자신이 깨달음을 얻은 것은 인내력忍耐力과 사유력思惟力의 덕이라고 고백하셨다. 이 두 힘이 없었으면 설산 6년 고행과 보리수 밑의 7일간 정진이 불가능했을 것이라고 하신다. 부처님은 제자들에게 이 두 힘을 기를 것을 권유하신다. 그리하면 무여열반을 성취할 수 있다고 격려하신다(『증일아함경』「화멸품火滅品」).

그러므로 우리 불자들은 주인공이나 진아나 참나와 신비적으로 합일하는 힌두교적인 괴이한 체험을 꿈꿀 것이 아니라, 불법佛法에 대해서 사유하여야 한다. 삼법인, 사성제, 그리고 연기법에 대해서, 비록 힘이 들지라도 인내력으로 밀고 나가, 날마다 사유를 해서 부처님의 뜻을 온전히 이해할 때까지 멈추지 말아야 한다.

이러한 수행은 국보 제78호 금동미륵반가사유상金銅彌勒半跏思惟像에 진실하고 아름답게 나타나 있다. 미륵보살이 의자에 앉아 반가부좌를 하고 한쪽 손가락에 턱을 고이고, 깊은 사유思惟를 하고 있다. (흥미롭게도 고인 손은 오른손이다. 오른손은 사유를 담당하는 좌뇌左腦 소관이다.) 진실로 국보를 옳게 대접하는 길은, 그 국보가 행하고 있는 사유를 우리도 같이 하는 것이다. (이것이 바로, 상을 만든 이유이기도 하다. 보고 따라 배우라고.) 이것이 바로 육바라밀(보시·지계·인욕·정진·선정·지혜)의 최종목표인 지혜로 가는 길이다. 지혜 바라밀 바로 전의 선정禪定 바라밀의 본래 이름이 '사유수思惟修'임을 유의하시라. 사유수란 '마음을 한곳에 모아, 잡념에 의한 어지러움이 없이, 자세히 사유하는 수행'을 뜻한다. 이것은 또한 색계4선정 중에 나타나는 심사尋伺(심은 거칠고 얕은 사유, 사는 세밀하고 깊은 사유를 뜻한다)에 해당한다.

이런 사유를 통해서 우리의 아我가 변하고 진화한다. 아我는 연기아緣起我이다. 불변하는 마음이 있어서 그 마음이 깨닫는 것이 아니라, 안팎으로 수없이 상호작용하며 바꿔어가는 것이 아我이다. 그리고 그 과정 자체가 바로 우리 마음이고 아我이다. 즉, 깨달음이 아我가 아니라 깨달아가는 과정이 아我이다.

●국보 제78호 금동미륵반가사유상.

37세에 노벨상을 받은 그리고 불란서 최고 훈장인 레지옹도뇌르 훈장으로 빛나는 천재물리학자 드 브로이De Broglie에 의하면 물질도 '파동物質波, matter wave'이므로 세상은 온통 '흐름'일 뿐이다. 그러므로, 아我(몸과 마음)란 파동아波動我이다, 삼천대천세계 우주공간을 채우는 파동이다. 파동으로서의 마음과 몸이, 그리고 몸과 몸이 상호작용하고 회통會通하고 융합하는 것이 이사무애理事無礙이고 사사무애事事無礙이다.

그래서 삶은 흐르는 강물이다. 발원지는 깨알만 한 샘물이며, 중간에 수많은 지류가 합류하고 탈퇴하고, 강둑을 침식당하고 흙과 자갈이 밀려들어오고, 햇님에게 잡아먹히고 빗물이 살려주고, 입으로 들어가고 오줌으로 나오고, 그 과정에서 가늘어지고 굵어지며 끝없이 변하며 굽이굽이 흘러내리는 강물이다.

정리하자면 이렇다. 아我란 무상아無常我 또는 연기아緣起我이다. 즉 단일체가 아니라 여러 요소로 이루어진 복합체로서의 '나'이다. 그리고 고정불변하는 '나'가 아니라, 안팎의 무수한 조건이 영향을 미쳐, 끝없이 변하고 진화하는 '나'이다. ('나'란 발[足]도 없이 신비로운 영혼의 힘으로 미끄러지듯이 물 위를 떠다니는 백조가 아니라, 수면 아래서 부지런히 괴상하게 생긴 물갈퀴를 끊임없이 움직이는 미운 오리새끼이다.) 그리고 물질파의 관점에서 보면 아心身(몸과 마음)란 삼천대천세계를 채우고 흐르는 파동이다, 즉 파동아이다. 다른 말로 하면, 아我는 존재적인 측면에서는 연기아요, 작용 측면에서는 파동아이다.

이상은『잡아함경』에 다음과 같은 말로 멋들어지게 그리고 간결하게 표현되어있으며, '참나'를 주장하는 이들이 잊지 말아야 할 명구이다.

'업을 짓는 자도 그리고 업을 받는 자도 없지만, 업은 존재한다.'

뇌의 분리, 의식의 분리

> 참나론자들에 따르면 모든 생물은 참나를 가지고 있다고 한다
> 그래서 누구나 자기 안에 이미 가지고 있는 참나를
> 찾기만 하면 된다고 한다
> 그럼 단세포 동물도 분명히 참나가 있을 것이다
> 그런데 단세포 동물이 두 개의 세포로 분열할 때 참나 역시
> 두 개의 참나로 분열하는가?

한 사람을 둘로 나누면 어떤 일이 벌어질까? 즉 한 사람의 뇌와 몸을 각각 둘로 나누면 어떤 일이 벌어질까? 여전히 한 사람일까? 아니면 두 사람일까?

사람의 뇌를 사과를 두 쪽 내듯 뇌량腦粱, corpus callosum을 따라 좌뇌와 우뇌로 분리한 다음, 신체와 척추신경도 좌우로 분리하고 왼쪽 척추신경은 왼쪽 뇌에 오른쪽 척추신경은 오른쪽 뇌에 연결하면, 이 사람은 두 사람이 되는가? 즉, 두 개의 독립된 의식을 갖는가? 한쪽을 (예를 들어 왼쪽 팔을) 칼로 찌르면 한쪽(몸과 뇌)만 고통을 느끼고 다른 쪽은 고통을 느끼지 못하는가? (분명히 그럴 것이다.) 각각의 반쪽짜리 신체를 동시에 각각 칼로 찌르면 각각 고통을 느끼는가? (분명히 각자 고통을 느낄 것이다.)

사람이 좌뇌나 우뇌가 파괴되거나 고장나도 의식과 정체성을 가지고 살 수 있다면, 좌뇌와 우뇌를 둘 사이에 전혀 소통이 없게, 문자 그대로 완전히 분리할 때 두 개의 독립적인 의식이 나타나야 한다. 즉 두 사

람이 생겨야 한다. 서로 분리된 두 뇌반구腦半球들은 처음에는 같은 기억과 정체성으로 출발하겠지만, 시간이 지나면서 서로 다른 환경 속에서 서로 다른 경험과 서로 다른 기억을 쌓아감에 따라 서로 다른 정체성이 만들어질 것이다.

실제로, 임상수술결과에 의하면, 좌측이나 우측 뇌반구를 완전히 제거해도 치명적인 불편이 없이 산다. 부작용이 있기는 하다. 예를 들어, 좌뇌를 제거하면 우측 손의 기능과 우측 시력을 잃는다. 또 대부분이 말을 잘 못하게 된다. 언어중추인 브로카 영역과 베로니카 영역이 좌뇌에 있기 때문이다. 환자의 나이가 많을수록 언어장애가 크고, 어릴수록 크지 않다. 그래서 이 뇌반구제거수술은 대부분, 어린아이들에게 시술된다. 어릴수록 뇌의 가소성可塑性, plasticity이 뛰어나기 때문이다. 즉 남은 뇌반구가 없어진 뇌반구의 기능을 떠맡는다. 이것은 남은 반구의 뇌세포 수를 늘이는 것이 아니라 기존의 뇌세포들 사이의 신경회로 수를 늘림으로써 일어난다. (이상은 세계적으로 명성이 높은 존스 홉킨스 의과대학의 임상결과이다.)

(1987년에 총기사고로 우뇌를 모두 잃은 14살 미국 청소년 아하드 이즈라필Ahad Israfil은 치료 후 언어기능을 잃지 않았다. 언어중추가, 온전히 남아있는 좌뇌에 있기 때문이다[유튜브 참조]. 언어기능 외에도, 뇌의 가소성의 힘이 미치지 못하는 경우가 있다. 사람이나 동물의 안면을 인식하지 못하는 안면실인증顔面失認症, prosopagnosia과 지형을 인식하지 못하는 지형실인증地形失認症, topographical agnosia으로, 일단 안면과 지형을 인식하는 기능을 상실하면 다시 회복할 수 없다. 즉 이 질환에는 뇌의 가소성이 힘을 발휘하지 못한다.)

그러므로 한 사람의 뇌를 좌뇌와 우뇌 둘로 나누고 동시에 신체도 좌와 우로 분리하면 두 개의 의식과 두 개의 정체성이 만들어지는 것이, 즉 두 사람이 만들어지는 것이 분명하다. 이것은 인간에게 참나가 없다는 결정적인 증거이다. 좌우뇌 분리수술 전에 있던 (보고 듣고 생각하고,

헌 몸뚱이를 버리고 새 몸뚱이로 들어가는) 참나가 수술로 인하여 둘로 나뉘었을 리는 만무하기 때문이다.

(『그리스 로마 신화』에 의하면 남녀의 등장은 태초의 인간을 둘로 나눔으로써 발생했다. 인간이 좌뇌와 우뇌로 이루어진 것처럼 태초에는 인간 안에 남녀 성이 같이 존재했다는 것이다. 남성에게도 여성호르몬이 여성에게도 남성호르몬이 있다는 사실은 이 신화를 다시 보게 만든다. [참고로 상당히 많은 동물 종種은, 수정 시에 미리 암수가 결정되지 않고, 나중에 태아발생단계에서 남성호르몬과 여성호르몬 중 어느 쪽이 더 많으냐에 따라 암수가 결정된다. 즉 남녀 성호르몬의 상대적인 양적 우위에 따라 암수 성이 결정된다.])

인간은 나눌 수 있는 존재이다. 몸뿐만 아니라 마음도 나눌 수 있다. 나누면 옛사람이 한 명 사라지고, 새로운 사람이 두 명 생겨난다. 위에서 논증한 바와 같이, 좌뇌와 우뇌를 분리하면 새사람이 둘 생긴다. 즉 두 마음이 생긴다. 사실은 우리 마음에 이런 일이 일상적으로 일어나지만 우리는 모른다. 무아無我이기 때문이다. 하나의 생명체 안에서 35억 년 동안 무수한 마음이 생멸하여왔고 지금도 생멸하고 있기 때문이다. 이 모든 일을 목격하고 기록하고 관장하는, 그래서 모든 것을 알고 있는, 그리고 이 모든 일이 생기기 전부터 존재했고 이 모든 일이 사라진 후까지 존재할, 불생불멸不生不滅하고 상주불변常住不變하는 실체, 즉 참나가 없기 때문이다.

...

테라 인코그니타:
미지의 땅 — 환망공상의 땅

여기 끝없이 펼쳐진 이 광야는
너무나 광대하여
비상하는 환상조차도 비척댄다 〈셸리〉

미치는 것도 우주와 자연, 인생을 체험할 수 있는
한 방법이다 〈왕옌린〉

왕옌린王炎林은 중국의 광인狂人 화가였지만 이 말을 할 때만큼은 제정신이었다. "미치는 것도 우주와 자연, 인생을 체험할 수 있는 한 방법이다"라고.

마음의 진화

우리는 모두 각자 서로 다른 길로 진화 중이다. 정신적인 진화의 길로. 그러므로 우리는 서로 다른 인간종種이다.

지금은 서로 같아 보일지 모르나 훗날 서로 다른 '마음의 모습'을 확인할 수 있다. (불변하고 상주常住하는 실체로서의) 진아眞我·참나·불성에 현혹되면 처음부터 가진 게 있다고 착각하게 되어 게을러진다. 그래서 진화하지 못하고 뒤처지게 된다.

(지금부터 수백만 년 후에 이들의 후손은 '무아無我인간'들로부터 '참나 침

팬지'라고 불릴 가능성이 있다. 이 우주에 신이 있다면 '변화', 즉 '무상無常'이다. 불교 신화에서 '상常, 不變'이라는 아수라는 '무상無常, 변화'이라는 천인天人, 神에게 걸핏하면 반란을 일으키지만 항상 패배한다. 이것이, 역설적으로, 아수라의 유일한 승리이다.)

게다가, 설사 가졌다고 해도 사실은 그 '단어들'이나 가진 것이다. 메마른 마음 밭에 함부로 거세게 부는 무명無明풍에 떠밀려 쭉정이 '단어들'이 배회하는 꼴이다. 그런 단어들이 주는 한계로 인해서 새로운 길로 진화하지 못한다. 화석화된 언어가 인간의 삶을 가로막는 것이다.

10만 년 전에 생긴 언어로 인해서 인간은 새로운 삶의 터를 닦을 수 있었다. 물질세계인 대지와 사물과 허공은 유한하고 유한함에도 불구하고 뛰어넘을 수 없는 장벽이지만, 언어는 추상적인 사고를 가능하게 하고 이 추상적인 사고는 한계가 없고 장벽도 없으며 무한히 넓은 광활한 비물질적인 삶의 터전을 제공한다. 이 새 땅은 경천동지할 발견이었다. 종교 중에서 이 '미지의 땅terra incognita'을 본 것은 오직 불교뿐이었다. 불교 유식학唯識學에 의하면 일체는 사람 마음의 현현顯現이다. 외계 사물까지도.

언어의 여명기에는 사물을 사실적으로 묘사했다. 양, 뿔, 토끼, 달리다 등이다. 이들을 조합하면 '뿔 달린 양'이라는 사실적인 복합단어가 등장한다. 단어의 조합이 우연히 뇌에서 일어난 것이다. 그러다 갑자기 이상한 단어가 튀어나왔다. '뿔 달린 토끼'. 그리고 북drum, 구름, 사람이라는 사실적인 단어들로부터 '구름 위에서 북을 치는 사람', 즉 도깨비가 탄생했다. 본시 인간이 창조한 단어에 대응되는 것이 실재로 존재할 필요가 없으나, 인간은 그것이 존재한다고 생각했다. 데카르트가 유명한 예이다. 데카르트는, 모든 개념은 그에 해당하는 것이 우주 어딘가에 물질적으로 존재한다고 주장했다. 어느 부인이 반박하며 들고 나온 것이 '뿔 달린 토끼'였다. 도대체 그 동물이 어디에 존재하느냐고.

(그런데 발상을 전환하면, 그냥 상상 속에 존재한다고 하면 그만이다. 왜 꼭 물질적인 존재로 존재해야 하는가. SF 영화나 소설에서처럼 비물질적인 비존재가 뇌에 동일한 만족을 줄 수 있다. 선택이 주어진다면 당신은 물질적인 고통의 세계에 살겠는가, 아니면 비물질적인 낙의 세계에 살겠는가? 도대체 사실적인 것과 물질적인 것이, 비사실적인 것과 비물질적인 것에 우위를 가질 이유와 근거는 무엇인가? 그것도 절대적인 우위를!)

(필자가 데카르트를 거론한다고 해서 오해하지 마시기 바란다. 필자는 과거의 철학자들과 과학자들을 존경하고 사랑한다. 그들의 어처구니없는 발상·착상·상상을 사랑한다. 환망공상을 사랑한다. 정신적 놀이의 즐거움은 환망공상의 수립으로부터 오며, 진보의 즐거움은 환망공상의 타파로부터 온다. 아니, 우리 마음은 과거의 환망공상을 거름 삼고 자라 꽃을 피우고 열매를 맺는다. 이런 환망공상이 없다면, 대뇌신피질이 지나치게 발달한, 인간의 삶은 한없이 지루할 것이다. 환망공상에 크게 웃을 수 있다니, 이 아니 즐겁지 아니한가以幻妄空想可大笑 不亦關乎? 환망공상을 쌓고 허무는 것, 바로 이것이 인간의 삶이자 즐거움이다. 환망공상은, 한 치의 틈도 없이 자연법칙의 지배를 받는 물질계의 질곡을 초월한 '자유의 땅'이다.)

추상명사의 발명은 '죽음' '부정' '존재' 등으로 발달하여 '죽지 않는 존재', 즉 신神을 만들어냈다. 또한 추상명사의 발달과 더불어 의식이 발달하여 '나我'라는 추상명사가 탄생하였으며, 이 '나我'가 또 다른 추상명사 '참眞'과 결합하여 '참나眞我'가 만들어졌다. 부처님은 참나atman는 존재하지 않는다고 선언하시며, 지나치게 언어와 의식을 희롱하는 인류에게 제동을 거셨다. 그리고 불멸의 신 역시 존재하지 않으며, 모든 것은 끝없이 변한다고 말씀하셨다(제행무상諸行無常).

이와 같이 부처님은 그 당시까지 인류가 크고 높게 쌓아온 지구라트ziggurat 환망공상을 허무셨다. 즉, 안과 밖의 중앙에 자리잡은, 의식과 세계의 근원으로서 '참나'와 '신'을 허물어버리신 것이다. 그리하여 항상 그 자리에 있어온, 불법佛法의 정수精髓인, 연기법緣起法을 드러내셨다.

지금은 유전공학의 발달로, 상상으로만 존재하던 '뿔 달린 토끼'를 만들 수 있다. 뇌과학의 발달은 신神이 발생하는 부위(신점神點)를 발견하였다. 대뇌의 성소聖所, God spot에서 수억 개의 뉴런이, 3차원 입체적으로, 현란하게 발화하며 신神을 만들어내는 장엄한 광경을 상상해보라! 그러므로 신神은 이처럼 장엄하고 신비로운, 진화생물학적이고 진화언어학적인 존재가 아닐 수 없다. 수만 년 전, 아직 언어가 충분히 발달하지 않았을 때에 뇌의 동일한 부위神點를 자극받았을 때 인간은 어떤 느낌을 받았을까?

'신'이라는 개념이 없을 때 인간은 그 경험을 어떻게 표현했을까. 일차적인 경험은 이차적인 언어와 개념에 의해서 오염되는 것일까, 아니면 이차 경험으로 창조되는 것일까.

인간은, 언어의 도움을 받아, 아직 일어나지 않은 미래의 일을 이미 일어난 것처럼 마음에 그릴 수 있으며, 이미 일어난 일을 자기 마음에 반복해서 재상영할 수 있다. 충족되지 못한 일도 상상으로 만족할 수 있으며, 이미 충족된 일도 되풀이해 떠올림으로써 충족감을 만들어낼 수 있다. 또 미래의 행복(불행)으로 지금 행복(불행)해 한다. 다른 사람이 할 행동을 미리 예측하고 분노하거나 기뻐하기도 한다. 아직 일어나지 않은 일을 마음속 가상의 세계에 구축하고 거기에 감정을 투사하는 것이다. 이 가상의 마음의 세계는 놀라운 세계이다. 이 세계에는 외적이고 물질적인 위험은 존재하지 않는다.

인간은, 마치 오디세우스가 미지의 땅으로 모험을 떠나는 것처럼, 전혀 알려지지 않은 비물질적인 땅으로 모험을 떠난다. 고대인들은 세계의 끝에 온갖 종류의 괴물들이 살고 있고(예를 들어 메소포타미아 『길가메시 신화』의 괴물 훔바바Humbaba), 세상의 끝은 천길 만길 절벽이라 가까이 가면 잡아먹히거나 떨어져 죽을 것이라고 생각했다. 그만큼 미지의

●세계의 끝에 있는 무시무시한 괴물들. 미지와 미지의 세계에 대한 공포의 상징이다.

세계는 두려움의 대상이었다.

그러나 용감한 사람들은 언제 어디에나 있게 마련이고, 그들은 과감
히 목숨을 걸고 낯선 곳으로 길을 떠났으며, 실제로 아문센을 비롯한 많
은 이들이 극지방·히말라야 고산지대·아프리카 열대밀림·작열하는 사
막·광란狂亂의 대양 등의 험한 오지에서 목숨을 잃었다. 그런 사람들 덕
분에, 이제 인간에게 지구표면상의 미지의 땅은 남아있지 않으며, 인간
이 아니 사는 곳이 없다. 그래서 대지大地는 비좁은 세상이 되고 말았다.
이제는 본격적으로 비물질적인 땅으로 진출해야 한다.

정신의 땅, 즉 비물질적인 땅도 공포의 대상이었다. 예나 지금이나,
맹독성의 무시무시한 환상·망상의 위험이 곳곳에 도사리고 있다. 종교
가 대표적인 예이다. 조금만 낯선 곳으로 탐험을 시도해도 이단이나 악
마의 사도라고 비난과 탄압을 받았다. 멀리 나가면 악마에 먹히고, 악령

에 씌우고, 지옥에 떨어진다고 겁을 주었다. 종교는 인류가 찾아낸 극히 일부분의 비물질적인 땅에 지나지 않는다. 낯선 땅은 이상하게 보이는 것이 당연하다. 사이비종교 등은 세이렌 같은 마력을 지닌 황량하고 기괴한 지형에 해당한다. 새로운 땅은 흥분(희망과 기대)의 땅이기도 하지만, 동시에 위험하기 이를 데 없는 땅이기도 하다.

학문의 세계도 예외는 아니라, '패러독스'라는 괴물이 숨어있는 집합론의 세계를 인류 최초로 탐험한 불세출의 수학자 칸토르는, 당시 세계적인 수학자인 푸앵카레와 크로네커로부터 자신의 아이디어가 치명적인 질병에 의한 것이고 자신이 사기꾼이라는 비난을 혹독하게 받은 결과, 우울증으로 수차례 정신병원에 입원했으며, 논리학의 세계가 완벽한 세계가 아니라 태생적인 한계를 지닌 불완전한 세계라는 것을 발견한 괴델은 피 #독살편집증으로 굶어죽었으며, 언어와 개념이 미친 듯이 춤을 추는 철학의 세계를 탐험한 자들도 니체처럼 정신병원을 들락거리다 그곳에서 생을 마감하곤 하였다.

종교 역시 그러해서, 전도몽상으로 오염된 유위세계를 초월하고자 불볕더위와 엄동설한을 가리지 않고 불철주야로 참선에 몰두하던 수좌들이 심하게 돌기도 하고, 주님만을 섬기겠다고 몸과 마음과 물질을 죄다 바친 이들이 모두 한입으로 동시에 자기만이 주님의 '외아들'이라고 정신나간 주장을 하기도 하며, 어떤 이들은 초특대 과대망상증에 빠져서 하루 한 번씩 거르지 않고 변을 보는 주제에 무엄하게도 스스로 자신이 주님이라고 선언하기까지 한다. 35억 년의 장구한 진화의 역사에서 겨우 만 년 정도밖에 안 된 신세계인 정신세계의 무시무시한 일면을 보여주는 섬뜩한 예들이다.

간질환자들은 환청을 겪는데 많은 경우 자기 자신의 웅얼거림(독백)을 듣는 것이다. 이 경우 환자의 입을 벌려 고정시키면, 즉 소리를 못 내게 하면 환청현상이 사라진다. 무속인의 신들림 현상도 일종의 자기 독

●몽크(Edvard Munch)의 「절규(Scream)」: 낯선 세계에 대한 호기심과 공포는 절규를 낳는다.

백으로 볼 수 있다. 자기 한 마음(우뇌)이 자기 다른 마음(좌뇌)에게 거는 말이다: 같은 사람의 마음속에서 벌어졌으니 타자가 보기에는 독백이다.

비물질계는 이처럼 무시무시한 세계이다. 곳곳에 투명한 암초와 크레바스가 매복하고 있고, 심반心盤은 흔들려 뒤틀림과 균열이 일어나며, 알 수 없는 곳으로부터 태풍과 돌풍은 돌연히 사정없이 불어댄다. 아메바로 계속해서 머물면 되었을 것을 물고기로 진화하더니, 어느 날 우연히, 화살처럼 쏟아지는 금빛 찬란한 천상의 빛에 끌려, 포근한 무지無知의 바다 위로 머리를 내밀었다가 고통의 세계를 만나고 말았다. 3억 6,000만 년 전의 일이다. 비물질세계로 이어지는 첫 관문을 통과한 것이다. 마음은 앎의 기쁨과 환희로 온몸을 들뜨게 하는 매혹적인 대상이지만, 동시에 일체개고一切皆苦의 땅이다. 바람 사나운 날, 흔들리는 배 위에서, 예리한 칼끝에 묻은 꿀을 핥아먹어야 하는 인간은 참으로 가엾은 존재이다.

괴델에 의하면, 우리는 스스로 자신이 완전하다는 것을 증명할 수 없다. 인간은 언제 어디서나 "어처구니없는 잘못된 생각을 절대적인 확신을 가지고 할 수 있다"는 말이다. 그리고 아무도 그렇다는 것을 증명할 수 없다! 그 시대와 환경이 제공하는 유한한 지식으로는(공리체계

● 중국 현대화가 팡리준(方力钧)의 작품: 물을 떠나는 인간의 모습. 신세계에 대한 두려움에 눈이 감겼다.

내에서는), 그 시대와 환경의 사상·철학·종교가 건강하다는 것이 절대 증명불가능하다는 말이다. 외부로부터의 충격이 없이는, 즉 돌연변이(새로운 패러다임이나 발견)가 발생하지 않고는, 자체모순의 해결이, 즉 윗방향으로의 진화가 불가능하다. 상당수의 철학자들이 미친 것은, 이 사실을 모른 것이 원인일 가능성이 크다. 다른 이유로는 비물질계 탐구 수단이자 장비인 언어의 불완전성·미비성에 내재하는 근본적인 모순성을 들 수 있다.

인간의 비물질적인 진화는, 물질적인 진화처럼, 정해진 방향이 없다. 진화론에 대한 대중의 흔한 오해는 "원숭이나 침팬지는 언제 인간이 되느냐"는 질문으로 나타난다. 진화의 나무에는 무수한 다른 가지들이 존재한다. 이 다른 가지들은 절대 다시 만나지 않는다. 일단 한번 다른 방향으로 가지를 치면 영원히 다시 만나지 않는다.

예를 들어, 새와 인간은 물고기라는 동일한 조상으로부터 갈라져 나왔지만, "새는 절대로 인간으로 진화하지 않는다". 즉 진화에는 정해진 방향이 없다. 인간이라는 생물이 모든 생물들이 도달해야 하는 공통의 목적지가 아니라는 말이다.

(그러므로 지구상의 특정한 생명체가 아메바와 같은 미물微物과 인간 사이를 위로 아래로 왔다 갔다 하며, 유한 개의 고정된 동물의 몸과 마음의 형태로, 무한한 시간동안 무한히 되풀이해서 윤회한다는 이론은 엉터리 이론이다. 뿐만 아니라 600만 년 전에는 지금의 침팬지보다도 더 야만스럽게 생긴 영장류만 존재했지 인간은 존재하지 않았으며, 2억 년 전에서 6,500만 년 전까지 지구의 지배자는 공룡이었으며, 30억 년 전에는 단세포 생물들만 존재했다. 한마디로 35억 년 지구생물역사에서 거의 대부분의 기간인 34억 9,400만 년 동안 인간은 존재하지 않았다! 고대인은 거대하고 장구한 지질학적인 변화와 진화론에 대해서 무지하였으므로, 엄청난 크기의 환망공상을 하였다.)

비물질계인 마음(정신)의 세계도 마찬가지이다. 정해진 방향이 없기에 무수한 다른 길이 생기고 그 다른 길끼리 충돌이 일어난다. 그 괴리와 충돌은, 다른 사람의 마음과도 일어나지만, 자기 마음 안에서도 일어난다. 자기 마음 안의 무수한 마음(의식, 모듈[module], 불교는 이 마음들을 대별해서 8가지로 분류했다, 소위 8식八識이다)들이 각기 서로 다른 방향으로 진화하기 때문이다. 그 괴리가 크면 정신이상·착란에 빠지게 된다. 스스로 감당할 수 없기 때문이다. 이런 사람은 짝을 구하지 못해서 자손을 남기지 못하거나, 이미 있는 자손은 제대로 돌보지 못해 멸종하기 십상이다. 물질적이건 비물질적이건, 진화의 과정에 있어서 멸종은 여러 가지 이유로 발생한다. 물질적인 진화의 역사에 멸종한 종들이 무수히 존재하듯이, 비물질적인 종교·철학·사상사에 있어서도 마찬가지이다. 멸종된 종교와 사상이 즐비하다. 물론 형태(이름)와 내용(교리)을 변형시킨 진화한 종교·철학·사상도 존재한다. 성공하면 정통이요 실패하면 이단이다. 정통과 이단을 가르는, 역사를 관통하는 불변의 척도는 '생존과 번성'이다.

플라톤은 이 비물질계를 고정된 완벽한 형태의 이데아의 세계의 어설픈 주물鑄物이라고 보았으며, 불교는 사량분별思量分別이 없는 순수의식이 자타自他로 분열되어 오염된 세계라고 보았다. 하지만, 어느 쪽도 이 비물질세계를 고정되어있지 않은, 전혀 예측할 수 없이 무한히 진화하는 역동적인 세계로 보지 못했다.

신세계, 비물질적인 세계

평행우주론은 여러 개의 (사실은 무한히 많은) 물질적인 세계가 같은 곳에 동시에 존재한다는 일종의 다중우주多重宇宙이론이다. 비물질적인 세계에 대해서 말하자면, 이미 '비물질적 평행우주론'이 증명되어있다. 우리 인간은 모두 각자 자신이 구축한 비물질적인 세계에 산다. (이 세계를 불교에서는 마음의 세계라고 부른다.) 모든 인간의 비물질적인 세계, 즉 비물질계는 모두 서로 다르다. 이 세계는 물질계에 영향을 끼치며 상호작용한다. 아직은 물질계가 비물질계에 끼치는 영향력이 더 크다. 인간의 욕망이 대체로 물질적인 것으로 국한되어있기 때문이다. 생물체의 욕망은 진화단계가 낮을수록 물질적이다. 인간이 진화를 거듭함에 따라 완전히 비물질적인 욕망을 향해 가게 된다. 바둑이나 체스가 좋은 예다. 이들은 순수한 사념의 세계이다. 두뇌가 순수한 '논리적인 자극과 구조와 질서'를 사랑한다는 증거이다. 바둑을 두는 즐거움은 순수한 비물질적인 욕망의 예이다. 이 게임들은 어떤 물질적인 것과도 연관이 없다. 혹자는 바둑판과 바둑돌은 물질이 아니냐고 반문할지 모르나, 숙련된 프로기사들은 눈을 감고도 200수 가깝게 바둑을 둘 수 있다.

불교에서는 이 세계를 색계色界, 무색계無色界라고 표현한다. 하지만 불교가 인간의 비물질적인 진화를 내다보긴 하였지만, 좀 미흡하다. 지금처럼 기이한 인터넷적인 가상세계로 진화할 줄은 전혀 예측하지 못했다. 앞서 언급하였듯이 (물질적이건 비물질적이건) 진화의 세계에는 고정된, 필연적인 방향성이 없기 때문이다. 필자는 이 비물질적인 마음의 세계를 '환망공상의 세계'라고 부른다. 한 비물질적인 종種이 보기에, 다른 종의 정신세계는 환망공상이다. 이 세계의 특징은 (궁극적으로) 선악이 없다는 점이다. 선악은 물질계처럼 그 크기에 한계가 있을 때 생기는데, 무한히 큰 비물질계에는 선악이 없다. 누구에게나 무한히 넓은 땅, 무한히 많은 여자(남자), 무한히 많은 음식, 무한히 많은 즐거움, 무한히 긴 수명이 주어진다면 도둑질·간음·살인·거짓말 등이 사라질 것은 분명하다.

설사 그런 일들이 벌어져도 개의치 않을 것이다. 아무리 빼앗기고 잃어도 여전히 무한히 남아있을 것이기 때문이다. 그리고 무한한 즐거움과 소유가 보장되어있는데 그리할 리 만무하다. 35억 년 동안, 조그만 행성인 지구라는, 유한한 세계에 갇혀 살아온 인간으로서는 상상하기 버거운 상상이 아닐 수 없다.

설마 '가산적으로 무한히 많은'(countably infinite, $\aleph_0$) 즐거움을 가진 자가, '비가산적으로 무한히 많은'(uncountably infinite, $\aleph_1$) 즐거움을 가진 자를 시기·질투·해코지하는 일이 일어날 수 있을까? 무한한 즐거움 사이에도 차별이 존재할 수 있을까? $\aleph_1$만큼의 즐거움은 $\aleph_0$만큼의 즐거움의 선망의 대상일까? ($\aleph_1$은 실수의 개수이고, $\aleph_0$은 자연수의 개수이다. 둘 다 무한이지만 크기에 차이가 있다.) 다른 말로 하면, 1kg짜리 금괴를 $\aleph_1$개만큼 가진 자가 $\aleph_0$개만큼 가진 자보다 더 부자일까? 수학자인 필자의 머리로도 감당하기 힘든 주제이다.

(수학 집합론에 의하면, 돈을 $\aleph_1$원만큼 가진 자가 $\aleph_0$원을 가진 자의 돈을 모두 빼앗어도 그의 돈은 조금도 늘지 않는다. 여전히 $\aleph_1$원이다. 또, $\aleph_1$원 부자가 두 아들에게 각각 $\aleph_0$원씩 증여를 하고도 여전히 $\aleph_1$원 재산을 유지할 수 있다. 무한의 세계에는 이처럼 기이한 현상이 발생한다. 더 기이한 일은, 이번에는 $\aleph_1$원 부자가 두 아들에게 각각 $\aleph_1$원씩 증여를 하고도 여전히 $\aleph_1$원 재산을

유지할 수 있다. 여러분은 이해가 되시는가?)

비옥함, 아름다움, 맛까지 무한히 많다면 더욱 그러하다. 악은 부족함에서 온다. 비물질계의 인간이 선인^{善人}인 것은, 한계가 있는 유한 세계를 벗어나, 아무나 마음대로 차지할 수 있는 광활한 새 땅을 발견했기 때문이다. 이 비물질적인 땅은 한 사람이 아무리 많이 차지해도 결코 줄어들지 않는 기이한 땅이다. 내가 자비심이라는 땅을 차지한다고 해서, 다른 사람이 자비심의 땅을 차지할 수 없는 것은 아니다. 누구나 원하는 만큼 마음대로 차지할 수 있다.

한 조각 맛있는 돼지고기는 한 사람의 몸(혀)만 즐겁게 하지만, 한 편의 맛있는 이야기(소설·영화·연극·드라마·뮤지컬·오페라·만화)는 무수한 사람들의 마음을 즐겁게 한다. 종교는 극단적인 경우에 해당한다. 기독교는 '하나'만 지키면 만 가지 즐거움이 따라온다고 주장하고, 불교는, 무한 걸음 더 나아가, 아예 '아무것도' 즐기지 않으면 최고의 즐거움이 찾아온다고 주장한다. 그래서 어떤 이는 '기독교는 하나(1)의 종교'이고 '불교는 영(0)의 종교'라고 표현한다.

물질세계와 달리 비물질적인 세계에서는 '하나'를 '무한히' 많은 사람들이 공유를 할 수 있다. 한 모금의 물은 한 사람의 갈증만 해소할 수 있지만, 지식은 아무리 하찮은 것일지라도(예를 들어 구굿셈) 무한히 많은 사람의 지적 갈증을 해소한다. 한 조각 지혜나, 한 점 관점이나, 한 마디 가르침은 헤아릴 수 없이 많은 사람들의 마음을 밝혀 무지와 어리석음과 고정관념과 고뇌를 몰아낸다. 이들은 실로 화수분^{河水盆}이다. 즉 비물질계에서는 열역학 제2법칙이 성립하지 않는다. 수확체감의 법칙도 성립하지 않는다. 오히려 수확체증의 법칙이 성립한다: 지식을 생산하면 할수록 더 많은 지식을 생산할 수 있다. 물질은 남에게 주면 자기에겐 더 이상 없지만, 지식은 조금도 잃는 것이 없이 남에게 다 줄 수 있다. 뿐만 아니라, 유용한 지식을 퍼뜨리는 행위는 더 많은 유용한 지식을 낳

●세계의 끝에는 무아라는 괴물이 도사리고 있다. 무상의 폭풍이 휘몰아치는 연기의 대해를 건너 끝에
 도달한 자들은 이 괴물에게 잡아먹힌다. 그 순간 세계는 찬란한 대자유의 세계로 돌변한다.

게 한다. 그 결과 발명을 촉진하고 인류의 삶이 개선된다. 개인적으로는
단기적으로 손해일지 몰라도 전체적으로는 장기적으로 이익이다.

　따라서 인간이 비물질계로 진화하는 것은 물질계에 비해서 훨씬(사실
은 무한히) 더 경제적이다. '인터넷'이라는 발명이 좋은 예이다. 이 발명
으로 전 인류의, 거의 시차가 없는, 지식의 공유가 가능해졌다: 옛날에
는 '헛소리에 불과한 종교적인 지식'조차도 비밀이었지만(한 종교는 다
른 종교들을 헛소리들로 간주하므로 이 말은 진실이다), 지금은 대부분의
유용한 진리가 만천하에 공개되어있다. 내가 어떤 사물, 사람, 생명체,
현상, 상황에 대해서 상상한다고 해서 다른 사람의 동일한 대상에 대한
상상에 제한이 오는 것이 아니다. 완전히 무제약이다. 특정한 물리법칙
들과 시공간視空間의 제약을 받는 물질계는, 아무 제약이 없는 이 비물질
계의 극히 일부분이다. 이 환망공상의 세계는 자유의 땅이다. 비물질적
인 신자유주의의 땅이다.

물질적인 먹이사슬의 최정상을 차지한 인간은 물질적인 진화를 멈췄다. 이제 인간은 비물질적인 세계로 진화하고 있다. 각자가 각자의 길을 무한히 가지를 치며 진화하고 있다. 우리는 같은 물질세계에 살아도, 같은 비물질세계에 사는 것이 아니다. 어떤 비물질세계를 구축하느냐 하는 것은 전적으로 우리에게 달려있다. 일체유심조一切唯心造이다.

　　세계의 끝에는 무아無我라는 괴물이 도사리고 있다. 무상無常의 폭풍이 휘몰아치는 연기緣起의 대해大海를 건너 간난신고艱難辛苦 끝에, 이 끝에 도달한 자들은 이 괴물에게 잡아먹힌다. 그 순간 세계는 찬란한 대자유의 세계로 돌변한다.

무여열반과 단멸론

개별의식에 대한 집착이 단멸론이다

"무여열반(번뇌가 다해 몸과 마음이 둘 다 삼계에서 사라지는 것)에 들어 이 세상에서 사라지자"라는 교리는 결과적(혹은 궁극적) 단멸론斷滅論이다. 결국 세상에서 사라지는 것이기 때문이다. (그럴 가능성은 희박하지만, 이 우주의 중생이 모두 일시에 부처가 되어 무여열반에 들면 생명계는 그 즉시 사라질 것이다. 그리고 다시는 생명계가 나타나지 않을 것이다. 생명계라는 유위의 세계는 업業의 세계인데, 업이 다 사라져버렸기 때문이다. 이런 우주를 불모지不毛地 우주라 한다.) 이 점에서는 일반적인 단멸론과 다를 바가 없다. 열심히 수행해서 사라지나, 한 생만 살고 사라지나, '사라지는 것은 마찬가지'이기 때문이다. 단지 "언제 사라지냐"는 시간차이가 있을 뿐이다.

군집의 관점에서 중요한 것은, 그 철학·사상·교리가 군집의 행복·평안에 기여하는가, 아니하는가 여부이다.

그런데 무여열반을 목표로 하는 '궁극적 단멸론'과, 원하건 원치 않건 '이번 생이 즉 한 생이 모든 생'이라는 '현실적 단멸론'은, 사실 여부는 차치하고, 어느 것이 더 인류라는 군집에 혜택을 줄까?

궁극적 단멸론에 의하면, 중생은 무여열반에 이르기 전까지는, 이 고해苦海로 개처럼 자꾸 끌려나와 윤회를 해야 한다. 그리고 그리 끌려나와 윤회를 하는 것은 다 '자기가 못난 탓'이다. 하지만 정말 그러한지는, '업 이론' 내에서도, 그리 간단한 문제가 아니다. 예를 들어 공업共業(집단의 업)이 별업別業(개인의 업)에 크게 영향을 미치기 때문이다. 공업의 존재를 인정하는 한, 업의 작동은 공업과 별업의 연기작용緣起作用이다. 더 넓게는 유정세간업有情世間業(생명계의 업)과 기세간업機世間業(물질계의 업)의 연기작용이다. 빅뱅은 최초의 업이다; 많은 이들이 그리 믿는다.

발이 실수를 해서 넘어질 때, 손으로 땅을 짚다 손이 삐었다면, 손은, 아무 잘못이 없지만, '발과 같은 몸에 속해 있다'는 것으로 화를 입는 것이다.

사회를 하나의 군집생물체로 보게 되면, 지나치게 개인의 업, 즉 별업에 집착하는 것을 막을 수 있다. 개인이 이해할 수 없는 일을 당하는 것은, 개인이 과거에 저지른 일業 때문만은 아니라는 말이다. 좋은 일이건 나쁜 일이건 마찬가지이다. 개인이 과분하게 또는 과소하게 과보果報를 받는 일은 생각보다 흔히 벌어진다.

위에 든 손과 발의 일화가 이를 잘 설명해준다. 손이 자신을 희생해가며 땅을 짚어 발이 함정에 빠지지 않았다면, 발은 과도한 상을, 손은 과도한 벌을 받은 것이다. 그러나 몸이라는 집단의 관점에서는 손이 문제가 아니라, 일단 몸이 살고 봐야 한다.

이런 집단의 관점에서 보면, 개인의 업이나 해탈은 그리 중요한 문제가 아니다. 개인이 무여열반에 들어 사라져도, 나머지 사람들은 즉 중생계는 여전히 존재할 것이다. 때때로 개별 부처가 출몰을 해도, 중생'계'는 영원할 것이다衆生界常住. 이 면에서 주인은 중생'계'이지 부처가 아니다, 부처는 손님이다: 중생계는 유有, 假요 부처는 무無, 空이다. 그렇게 유와 무가 어우러져 돌아가는 것이 법계法界.中이다.

이 점을 진화생물학적 관점에서 보게 되면, 군집의 존속이 있을 뿐이지, 개별자라는 개념은 환상·망상에 지나지 않을 수 있다.

즉 주인은 유전자이다. 군집은 같은 유전자로 연결되어있다. 그리고 종은 조금 덜 같은 유전자로, 속은 종보다 조금 덜 같은 유전자로, 과는 속보다 조금 덜 같은 유전자로 연결되어있는 군집생물체이다. 이렇게 거슬러 올라가면, 동물계는 하나의 군집생물체이며, 식물계 역시 하나의 군집생물체이다.

마지막으로, 지구 생물계는 '동일한 조상'과 '동일한 원리로 작동하는 이중나선 구조의 DNA와 유전자'를 지닌 하나의 군집생물체이다. 동물과 식물은 16억 년 전에 같은 조상으로부터 분리된 형제이다. 뿐만 아니라 생물계나 무생물계나 동일한 물질 즉 원자들로 구성되어있으므로, 둘은 하나의 확장된 군집세계이다! 이것을 일합상자一合相者라 한다.

그런데 이 '일합상자'는 시공간을 통해서 끝없이 변하고 진화하므로 '무아無我'이다. 이것은 『금강경』에 '일합상 즉비일합상 시명일합상一合相 卽非一合相 是名一合相(일합상은 일합상이 아니다, 다만 그 이름이 일합상일 뿐이다)'이라고 표현되어있다. 각각 다른 학문분야가 모여 하나의 군집을 이룬 것을 '일세계(university, uni는 일, versity는 세계이다)'라 하며, 각각 다른 별과 다른 은하들이 모여 하나의 군집을 이룬 것을 '일세계(universe, uni는 일, verse는 세계이다)'라 한다. 각기 다른 것들이 모여 합쳐合 하나의一 세계相를 만든 것을 '일합상一合相'이라 한다. 결국 이 가르침은 (상주불변하는 실체로서의) 개별자라는 아我도 없지만, (상주불변하는 실체로서의) '전체아全體我' 또는 '집단아集團我'도 없다는 말이다. 이 집단아 개념 중 가장 큰 것이 일합상자이다. 또는 브라흐만이다.

불교는 우주가 일심一心이라 하지만, 진화생물학에 의하면 도도한 유전자의 흐름만 있을 뿐이다. 이기적인 유전자들의 흐름! 그리고, 이 이

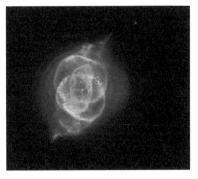

● 전파망원경으로 찍은 아주 먼 은하계 사진. 세계의 뒤에는 상상을 초월하는 기이한 세계가 숨어있다. 거대한 우주는 소립자라는 미진(微塵)이 무수히 모여 이루어진 일합상(一合相)이다. 미진이건 일합상이건 모두 '상주불변하는 실체가 없는' 무아(無我)이다.

기심(탐욕貪慾·갈애渴愛)이 이 세상을 고해苦海(고통의 바다)로 만든다. 그런데 유전자는 진화하므로 이에 따라 이기심도 진화를 하고, 이 세상에는 새로운 종류의 고苦가 끝없이 탄생한다.

　죽은 자는 말이 없다. 시작을 알 수 없는 과거에서, 끝을 알 수 없는 미래로, 인식과 생명은 끝없이 흐른다. 누구나 예외 없이 유한한 능력을 지닌 물거품 같은 인간은, '무한한 능력'과 '무한한 쾌락'과 '무한한 수명'과 '무한한 세상'을 꿈꾼다. 매번 무참히 실패하면서도. 그래서 항상 삼천대천세계는 살아남은 자들의 환망공상으로 몹시 소란스럽다. 그런데, 죽은 자는 죽은 것이 아니다. 우리 안에 살아있다, 아니 우리가 바로 죽은 자들이다. 우리는 생체유전자이자 문화유전자이기 때문이다.

　그래서, '궁극적 단멸론'이건 '현실적 단멸론'이건, 이 세상에 '단멸론'은 존재하지 않는다!

7

도道

우리나라는 동북아시아의 오랜 전통으로 인하여, 도를 비와 바람을 부리고 하늘을 날고 천 리 밖을 보고 들을 수 있는 그리고 영원히 살 수 있는 능력으로 착각하고 오해하는 경향이 많다. 도에 대한 올바른 이해를 제시하고자 한다.

오병이어五餠二魚

기적은 손이 아니라 눈이 만든다

기독교『신약』에 오병이어五餠二魚라는 기적이 등장한다. 예수가 갈릴리에서 야단법석野檀法席을 벌이고 있었는데 식사때가 되었다. 나누어 먹으려고 음식을 모아보니, 겨우 떡 다섯 개 물고기 두 마리뿐이었지만, 5천 명 대중이 먹고도 남았다는 일화이다.

이 일화는 많은 문제점을 시사한다. 그리고 경전을 기록한 자들과 후대에 해석하는 자들의 의식수준을 의심하게 만든다. 이 일화를 문자 그대로 해석하는 것은 예수의 사상과도 어긋나기 때문이다.

예수는 부는 지상에 쌓을 것이 아니라 하늘나라에 쌓으라고 했다. 그리고, 철저한『구약』의 율법고수를 주장하는 바리새인들에게, 예수는 "율법이 사람을 위해 있는 것이지, 사람이 율법을 위해 있는 것이 아니다"라고 사자후를 토했다. 천 번 만 번 맞는 말씀이시다.

(『구약』「레위기」를 펼치고 한번 읽어보시기 바란다. 그들의 율법이 얼마나 엽기적으로 기괴한지 단박에 깨달을 것이다. 그래서 현재 기독교인들은 목사·신부·신도 할 것 없이 절대로「레위기」를 언급하지 않는다.) 당시 유대인

453
오
병
이
어

들이, 그 당시로부터 이미 500년 전에 부처님이 유언으로 남기신 '소소한 계율은 폐지해도 좋다'고 하신 말씀을 들어 알고 있었다면, 자신들의 계율인 율법을 반성적으로 검토할 수 있었을지 모른다.

예수는 "외적인(몸적) 율법 준수가 아니라 내적인 율법 준수가 되어야 한다. 즉 마음으로 죄를 짓지 말아야 한다"고 했다. 이렇게 몸의 행위 이전의 마음의 행위를 강조한 예수가, 그리고 '마음이 가난한 자가 복이 있나니 천국이 저희 것이요'라고 설교한 예수가, 야외에 모인 5천 대중의 한 끼를 해결하기 위해서 오병이어의 기적을 베풀었다고 주장하는 것은 핀트가 빗나가도 한참 빗나갔다.

종교경전은 맹독성 복어이다. 잘못 요리(해석)하면 그 독으로 죽는다. 그리고 종교는 가시(온갖 헛소리·망상·환상) 많은 생선이기도 하다. 가시를 조심해서 잘 발라내지 않으면, 가시가 목에 걸려 죽거나 죽도록 고생한다. 크고 작은 가시를 판별해내는 천하의 만고불변萬古不變의 시금석試金石(층샛돌)이 있다. 종교가 사람을 위해 존재하지, 사람이 종교를 위해 존재하는 것이 아니다.

물질적인 양식은, 한 그릇 밥이라면 한 명 또는 몇 사람밖에 배를 채우지 못한다. 반면에 비물질적인 양식은, 한 그릇으로도 수없는 사람들의 배를 채운다. 뛰어난 사상, 철학, 가르침은 한 사람의 입에서 나와 수많은 사람들을 먹여 살린다. 인식의 전환은 빵으로 해결하지 못하는 정신적인 굶주림과 고통을 해결해준다. 예수는 야외에 모인 군중에게 단 몇 마디 말로(당시는 확성기가 없었으므로 대용량의 정보를 전달하는 것은 불가능했을 것이다), 즉 '설교'라는 '비물질적인 5병2어'로 대중(의 마음과 영혼)을 배부르게 하였다. 대중은 설법에 감동한 나머지 마음이 배불러서 밥을 안 먹고도 배가 부를 지경이었다, 5병2어밖에 못 먹었어도 배가 고프지 않았다, 또는 밥 먹을 생각이 안 날 지경이었다. 이렇게 해석을 해야 예수의 면목을 살리는 길이다.

더욱이, 빵과 밥이 넘쳐나는 이 시대에 아직도 '물질적인 오병이어'라니 무슨 얼토당토않은 소리인가? 수시로 끼니를 거르는 지독히 가난한 동네와 끔찍하게 못사는 후진국에서나 통할 법한 얘기이다. 빵과 물고기로 대표되는 먹을거리는, 정치와 경제의 영역이지 종교의 영역이 아니다. 거꾸로 종교가 득세하면 민중은 오히려 배를 곯았다. 일부 종교인들이 지옥을 동원한 '비물질적인 공갈협박'으로 수탈해갔기 때문이다. 생각해보라, 생산활동은 전혀 하지 않는 종교인들이 인구의 수십 프로를 차지하면 어떤 일이 벌어질지.

옛날 조선시대에 마을에 판소리꾼이나 남사당패거리가 오면 그 마을의 사람들이나 즐길 수 있었다. 그런데 지금은 텔레비전 컴퓨터 스마트폰으로 동시에 수많은 사람들이, 수십만에서 수억 명이 즐긴다. 당신이 사람들 마음을 울리는 노래 한 곡만 유튜브에 올리면 한꺼번에 전 세계 사람들을 울릴 수 있다. 싸이의 '강남스타일' 유튜브 조회수가 자그마치 20억 회를 넘어섰다. 오병이어가 아니라 '1병0어' 또는 '0병1어'로도 충분하다.

뿐만 아니라, 조선시대에는 판소리꾼과 남사당패거리가 마을을 떠나면 그 좋던 소리와 멋진 공연모습도 같이 떠나버리지만, 지금은 컴퓨터, CD, DVD에 저장해놓고 유튜브에 올려놓고 영원히 즐길 수 있다. 언제든지 원할 때마다! 스위치만 켜면 갑자기 그 남사당 패거리가 부활해서 눈앞에서 오두방정을 떨며 공연을 하고, 소리꾼은 고래고래 소리를 질러댄다. 진실로, 시공을 초월한, 오병이어 기적의 시대이다.

종교가 세력을 잃어가는 큰 이유 중 하나는 종교의 기적이 너무 시시해졌기 때문이다. 현대농업은 종자개량과 유전자공학과 농업기계화와 화학비료개발 등으로 상상을 초월하는 생산력을 자랑한다. 그러니 오병이어의 기적이 초라해졌다. 설사 그 기적이 사실일지라도, 그것이 천계天界에 보좌寶座를 설치하고 펴는 신神삼두정치三頭政治, triumvirate의 일위一位

인 예수가 궁벽진 갈릴리 타브하에서 자신에게 호의를 가진 자들에게 베푼 일회적인 기적인 데 비해서, 현대과학이 베푸는 은혜는 선인과 악인, 신자와 불신자를 가리지 않고 '평등한 시혜'를 되풀이해서 베푼다. 장소를 구별하지 않고 베푼다. 그것도 지금부터 영원히 베푼다. 즉 시공을 초월한 베풂이다.

조선시대에 겨울 딸기는 옥황상제가, 병든 어미의 입맛을 걱정하는 천하의 효자에게 내리는 상이었다. 하지만 지금은 불효자를 포함해 누구나 겨울에 딸기를 맛볼 수 있다. 비닐(하우스)이라는 간단하다면 간단한 발명품을 통해서 가능해진 것이다.

종교의 베풂은 우뇌에서 나와 우뇌에 작용하고, 과학의 베풂은 좌뇌에서 나와 좌뇌에 작용한다. 한쪽은 비합리적인 방법으로 비합리적인 마음(감정)에 작용하고, 다른 쪽은 합리적인 방법으로 합리적인 마음(이성)에 작용한다. 종교가 참이라는 주장은 맹목적인 믿음에 의지할 뿐이어서 근거도 없고 비합리적이기 일쑤이지만, 과학이 참이라는 주장은 반박할 수 없는 합리적인 증거를 내민다. 그래서 종교인들은 심신으로 정신분열증에 시달린다. 마음은 종교로 향하지만 몸은 과학으로 향한다. 마음으로는 여호수아(가 태양을 멈춘 이야기)를 믿으면서, 몸으로는 비행기를 탄다. 심신분리현상心身分離現象이다.

종교의 경전은 수천 년 전에 쓰였고 개정이 불가능하지만, 과학의 경전은 끝없이 개정된다. 종교의 경전은 그 내용의 진위에 대한 의심을 천하의 악행으로 간주하여 금하지만, 과학의 경전은 의심을 장려하고 의심을 통해서 발전한다.

『신약』에 병자를 고치는 얘기가 나오지만, 지금은 부분적으로나 가능한 피부나 뼈 등의 인공배양이 심장·간·폐·위장·콩팥 등의 주요장기의 인공배양으로 발달하게 되면, 종교경전의 치유의 기적은 모두 시시한 이야기로 전락할 것이다. 치유의 은사를 약속하고 자랑하는 기독교

『신약』에도, 콜레라·장티푸스·흑사병 등 집단적인 질병을 떼로 치료한 경우는 등장하지 않는다. (전지全知한 하나님과 그 아드님조차도 박테리아나 바이러스의 존재를 몰랐던 것이 분명하다.) 지금 현대의학은 과거에 치료하지 못했던 질병들을 거의 다 치료한다. 그것도 특정 개인을 안 믿어도(거꾸로, 믿으려면 독하게 믿어야 한다), 그리고 아예 처음부터 존재하지 않을지 모르는 하늘나라 독재자celestial dictator를 안 믿어도, 다 치료해준다. 묻지도 않고 따지지도 않고 치료해준다. 의사는 자기를 (모든 병을 치료하여 완쾌시키는 전능한 존재로, 혹은 바가지를 씌우지 않는 착한 사람으로) 믿어야만 치료해준다고 믿음을 강요하지 않는다. 돈만 내면 된다. 그러니 비非형이상학적인, 단순한, 계산이 빠른, 그리고 즉물적인 사람들이 돈을 숭배하지 않을 수 없다. 정말로 평등한 시혜이다. 믿음을 강요하지 않는 합리적이고 민주적인 은총이다.

이제 세상은 '돈 앞에 만인이 평등'한 세상이 되었다. 그래서 종교인들도 돈을 숭배한다. 믿음은 돈을 버는 수단으로 전락했다. 믿으면 돈을 벌 수 있다고 선전을 한다. 신학적인 근거는 소위 번영신학prosperity theology이다. 십자가 앞에서 기도를 하거나, 성상聖像 앞에서 기도를 하거나, 오래된 뼈를 모신 곳에서 기도를 하면, 크게 은혜롭고 대길大吉하다고 부추긴다. 영적인 구원은 골고다 언덕 밑으로 굴려 떨어뜨리고, 저 멀리 산 아래로 던져버렸다.

그렇게 번 돈을 가지고 속세로 달려가 마음껏 즐긴다. 혹자는 도박을 하고, 혹자는 주식투자를 하고, 혹자는 양주를 마시며, 혹자는 고급옷·고급음식점·고급호텔·해외여행·영화관람 등 즐길 것은 다 즐기며 산다. 그러면 그 돈은 다시 십자가와 불상으로 간다. 타락한 세상에서 더러워진 불인不仁한 돈이 회개와 참회를 하러 신성한 곳을 찾아간다. 속세를 거칠고 힘있게 흐르던 돈이 힘이 넘친 나머지 용솟음치더니 성스러운 하늘나라까지 물길을 내고 말았다. 성속聖俗을 순환하며 천지를 흐르는 돈의 흐름이다. 희대의 전교錢敎 교주 장 여사 말마따나 돈은 흘러야 한다. 중생계는 돈의 흐름이다!

그러므로 이 물질적인 풍요의 시대에 『신약』의 '물질적인 오병이어의 기적'은 수명이 다했다.

들으면 우리 눈을 번쩍 뜨이게 하고, 편협한 시각으로 한 치 앞밖에 못 보던 우리로 하여금 멀리 보게 하고, 낡고 좁은 통에 갇혀있던 의식을 광활廣闊한 창공蒼空으로 끌어내고 밀어내는 가르침과 말씀이야말로 진실로 오병이어의 기적이다. 한 말씀이 수없이 많은 사람들의 영적인 배고픔을 채워주니 어찌 기적이 아니랴. 성인聖人은 '한 번' 입을 열어 미래세의 '무한한' 중생의 마음을 배부르게 하였다. 진실로 '일구일설一口一舌, 一口一說의 기적'이다.

일찍이 2,500년 전에 소크라테스는 물었다. "아테네 시민이여, 오로지 돈을 벌고 명성과 위신을 높이는 일에 매달리면서, 진리와 지혜와 영혼의 향상에는 생각이나 주의를 조금도 기울이지 않는 것이 부끄럽지 않은가?"(김한영 번역)

이 질문은 지금 우리 시대에도 여전히 유효하다.

디지털화된 지식이 인터넷을 통해 즉각적인 접근성을 제공하면서, 오히려 지식획득은 미래시점으로 밀려나고, 인터넷으로 제공되는 선정적인 황색기사와 비디오 게임이 지식습득으로부터 오는 (뇌신경세포가 필요로 하는 전기화학적인) 흥분과 자극을 대체하는 이 시대에 소크라테스의 질문은 더욱 유효하다.

숨은 도, 드러난 도

도는 항상 숨어있는 것일까?
도는 항상 우리 곁에 있으나 우리가 못 볼 뿐이다

부처님은 임종에 즈음하여 말씀하셨다. "나는 무엇을 주먹에 쥐고 감추어 보여주지 않는 사람이 아니다. 나는 모든 것을 숨기지 않고 가르쳤다. 그러므로 내 가르침에 의지해 수행하라."

그런데 사람들은 뭔가 은밀하고 비밀스러운 가르침을 찾아 헤매는 성향이 있다. 삼법인 사성제 팔정도가 있는데, 도대체 뭐가 부족해서 그리할까? 게다가 84,000경 장광설長廣舌까지 있는데, 뭘 찾아다니는 것일까? 아마, 도망가는 짐승과 식용식물을 찾아다니던 수렵채집기 습성의 흔적일지 모른다. 주거지 근처의 것은 다 잡아먹고 따먹고 캐먹었으므로, 멀리 이동해야 먹이를 찾을 수 있는 것이다. 지금은 가축을 기르고 농사를 지으므로 옛 습성은 이미 오래전에 쓸모가 없어졌건만, 사람은 잠에서 덜 깬 듯 꿈속에 사는 듯 옛 습성의 숙취에 빠져있다. 그래서 태백산에 수십 년 은거한 도사를, 소백산 깊은 토굴에서 수십 년 참선한 스님을, 그리고 지리산 깊은 골에 세상을 등지고 숨어사는 수십 년 묵은 도라지 같은, 때 묻지 않고 얼굴 맑은 수행자를 찾아다니는 것이다.

숨어있는 것이 최고가 아니다. 드러나 있는 것은 이미 검증을 거쳤으므로 위험하지 않다. 모르는 것을 잘못 먹으면 독에 중독될 수 있다. 낯선 버섯을 먹다 독버섯을 먹고 죽는 사람들이 매년 발생한다.

산에 은거하여 수십 년 도를 닦았다는 사람들을 조심해야 한다. 세상은 무섭게 변하는데, 산속에만 살았다면 시대에 뒤떨어진 사람이 되었을 가능성이 크기 때문이다. 이들이 하는 기이한 주장은, 예를 들어 천둥·번개를 관장하는 용에 대한 믿음은, 그냥 현대과학에 무지해서 뱉어내는 말이다.

또한 이런 사람들은 독이 없을지라도, 쉬운 말을 어렵게 표현하는 비상한 재주를 지니고 있다. 긴 시간을 들여 애써 파악하고 보면, 그 가르침의 그 평이함에 눈물이 나올 지경이다. '뭔가 신비함을 찾아다니는 추종자의 마음'과 '시대에 뒤처진 도사의 표현방식'이 연합해서 오해를 빚은 것이다. 주어·동사·형용사·부사·전치사·조사·목적어가 문법의 우리를 박차고 뛰쳐나가 어지러이 제멋대로 날아다니면, 신비감은 가속화된다. 말로 표현할 수 없는 최고의 진리가 숨어있는 것이 분명하다고! '언어도단 심행멸처言語道斷 心行滅處(말길이 끊어지고 마음이 소멸한 곳)'라고 몇 마디 얻어들은 문자가 있으면, 무른 된장에 떨어진 야무진 돌처럼 확신은 깊어진다. 『대장경』84,000권에 차마 기록하지 못한 진리를 저분이 독점적으로 그리고 배타적으로 소유하고 있는 것이 틀림없다고.

이런 사람들은 최악의 경우에는 진짜 독버섯일 수도 있다. 그것도 수십 년 묵은, 독이 오를 대로 오른, 독버섯! 온통 황당무계하고 괴력난신怪力亂神적인데다가 혹세무민까지 하는 환망공상으로 이루어진 허깨비일 수 있다. 이런 생각에 물들면, 몸은 현대과학(자연과학과 인문과학) 문명의 빛으로 휘황찬란한 백주대낮에 살아도, 마음은 햇빛 한 점 안 드는 만 길 깊이 동굴 속에 사는 것과 다름없다. 기이한 것을 좋아하는 사람들이 아주 조심할 일이다.

중국에서 벌어진 기이한 일이 있다. 도로 건설 중 땅속에서 커다란 알이 발견되었다(이런 유의 사건이 사실인지 아닌지는 아무도 모른다). 알을 자르자 알 속에 좌정한 머리가 긴 사람이 나타났다. 알껍질은 그 사람의 손톱과 발톱이 자라서 만들어진 것이었다! 사람들이 누구냐고 묻자, 그는 "나는 석가모니 부처님 바로 전 부처인 가섭불 때 수행자인데 석가모니불을 기다리려 선정에 들었다"고 하며, "석가모니 부처님은 어디 계시느냐?"고 물었다. 사람들이 "석가는 이미 2,500년 전에 입적했다"고 대답하자, 그는 '펑' 하고 사라져버렸다. 그이는 자그마치 수백만 년을 선정에 들어있었던 것이다. 하지만 아쉽고 멍청하게도 석가모니 부처님이 득도하셨을 때 선정에서 깨어나지 못하고 지나쳐버렸다.

그가 설사 사라지지 않고 이 시대를 살아간다 해도, 바뀐 세상에 적응하려면 엄청나게 힘들 것이다. 수백만 년 전 사람이라면 인간은 생긴 것도 동물원의 침팬지보다 더 동물적이고, 지능도 더 저열하고, 문화도 침팬지보다 더 미개한 시절인데, 무슨 수로 이 어지러운 현대에 적응할 수 있겠는가? 더욱이 현대교육을 받지 않았으므로 현대문명을 이해하고 거기 적응하는 것은 거의 불가능한 일일 것이다.

애완동물들을 보면 잘 알 수 있다. 이들은 인간과 같이 살지만 인간이 이룩하고 향유享有하는 과학기술문명을 전혀 이해하지 못한다. 그러므로 과거의 것이 무조건 좋은 것이 아니며, 알려지지 않은 기이한 것이 더 우수한 것이 아니다.

부처님은 '내 말이라고 무조건 따르지 말고, 행해보고 맞으면 따르라'고 하셨다. 이것은 진정 과학적이고 실증적인 자세이다. 부처님은, 하늘나라에 태어나려고 제사를 지내는 사람에게 '과연 그 사람의 조상들이 제사를 지냄으로써 하늘나라에 태어났는지'를, 그 사람의 아버지와 할아버지부터 시작해서 수대에 걸쳐서 물었다. 그렇지 않다는 대답이 나오자, 부처님은 '그렇다면 제사를 지내는 것은 헛수고'라고 지적한다.

『불경』도처에서 이런 과학적이고 실증적인 면을 발견할 수 있다.

불교수행의 최고경지인 해탈조차도, 수행자가 자신이 해탈했음을 남이 말해주어서 아는 것이 아니라 스스로 아는 것이다. 이것은 오분향 중의 해탈지견解脫知見향에 해당한다: 자신의 번뇌가 소멸하였는지, 즉 누진통漏盡通을 이루었는지는 스스로 아는 것이다. (초기불전『장로게長老偈』와 『장로니게長老尼偈』에는 이런 증언이 무수히 나온다.) 최고경지인 해탈이 그러할진대, 지금 바로 여기서 확인할 수 없는 것은 불교가 아니다.

따라서 신비주의적인 면은 선도仙道나 힌두교나 배화교拜火敎 등의 외도의 영향으로 이루어진 후대의 가필加筆이라는 점을 알 수 있다. 한 아이가 '우리 아빠는 하늘을 날아다니고 총에 맞아도 죽지 않는다'고 큰소리치면, 다른 아이는 더 큰 목소리로 '울 아빠는 우주를 날아다니고 핵폭탄에 맞아도 죽지 않는다'고 응수한다. 뻔히 사실이 아님을 알면서도 그리 대꾸한다. 모든 종교적인 초자연적인 현상의 기원이다.

그러므로, 누군가 기이한 주장을 하면 철저히 검증을 해볼 일이다. 그러고도 믿을 만하다면 당신은 대박을 친 것이다! 엄밀한 검증을 거치지 않으면 이미 시중에 유포되어있는 가르침보다도 못한 저질 싸구려 주장과 견해를 턱없이 비싼 값을 주고 살 위험이, 즉 된통 바가지 쓸 위험이 있다. 이런 일이 벌어지는 것은 십중팔구 당신이 게을러서 공부를 안한 결과이다. 그래서 훨씬 더 품질 좋은 가르침이 이미 시중에 도처에 깔려있는 것을 모르기 때문이다. 혹은, 한탕을 노리는 당신의 사행심이 원인일 수도 있다. 심하게는, 생에 대한 참을 수 없는 권태에 뿌리를 둔 선정주의煽情主義, sensationalism일 수도 있다.

이런 분들에게는 베이어드 스폴딩Baird T. Spalding의 『극동의 스승들의 삶과 가르침Life and Teaching of the Masters of the Far East』이라는 다섯 권짜리 책을 권한다. 인도 카슈미르 지방에 석가와 예수가 손을 잡고 나타나는 등 경천동지할 내용들이 펼쳐진다. 하지만 당신의 삶이 변용될지는 의문이다. 영화 「인디애나 존스」를 보는 것과 별 차이가 없을 것이다. 볼 때야 기가 막히게 재미있지만, 다음 영화가 개봉될 즈음이면 그냥 흘러간 영화일 뿐이다. 아! 덧없는 이 세상에 대한, 부처님의 선언인 '무상無常'은 진리 중의 진리이다無常是眞中眞.

이 세상(기세간과 우리 몸과 마음)은 연기緣起적인 것이므로, 개인과 도道는 사회와의 관계 속에서만 존재한다. 그러므로 사회와, 즉 타인과의 교류가 없는 도는 죽은 도이다. 그런 도가 의미가 있다면, 차라리 돌이 되는 것이 나을 것이다. 돌 역시 번뇌도 없고 말도 못한다. 방편方便이 사회와의 관계 속에서 나온다면, 도道도 이미 그 안에 사회성을 내포하고 있는 것이다. 침팬지가 깨달음을 얻어도 인간에게는 아무 쓸모가 없을 것은 분명하다. 침팬지의 깨달음은 침팬지들에게나 유용할 것이기 때문이다. 같은 의식과 언어를 공유해야만 깨달음의 내용과 수준이 일치하고, 소통이 가능하고, 이해가 가능한 것이다.

사반세기 전에 기이한 소설을 읽은 적이 있다. 19세기 초반 혼란스러운 동북아시아 국제정세 속의 티베트를 무대로 한, 실화를 바탕으로 쓰였다고 주장하는, 소설이었다. 열심히 도를 닦은 한 티베트 스님이 예티설인雪人, 눈사람들을 교화한다는 내용이다. 눈 덮인 깊은 설산을 찾아가, 자신을 보고 도망가는 적대적인 예티들을 우여곡절 끝에 동굴에 모아놓고 설법을 한다. 이 스님의 전생이 예티였던 것이다! 그리고 그 동굴이 바로, 그 스님이 직전直前 전생에 살던 곳이었다. 그래서 그는 그들을 알아봤고 그들의 언어를 기억해냈다.

그러므로 우리들 사이에서, 즉 사회 안에서 숨쉬고 살아 움직이며 소통하는 드러난 도道가 진짜 도이다.

부처님의 45년 전법인생傳法人生은 중생과 같이한 소통의 삶이었다. 부처님은 임종 당일 병으로 인한 극심한 육체적 고통 속에서도, 부처님을 찾아와 기어코 제자가 되겠다고 떼를 쓰는 120살이나 먹은 외도外道 수행자 수발타라를 마지막 제자로 받아들이고 그와 문답을 나누었다.

　도道가 물이라면, 깊은 산속의 옹달샘이 아니라 마을 한가운데의 우물이다.

···

성육화

성육화는 성소(聖所)가 아니라 우리 일상 삶에서 일어난다

이 고해(苦海)의 세상에서 몸과 마음을 잡아먹히며 사는 중생들에게 필요한 것은, 과거의 예수나 미래의 예수가 아니라 지금 여기에 있는 예수이다. 저 멀리 높이 십자가에 매달린 예수나 까마득한 구름 위에 선 예수가 아니라, 쫓기는 중생들을 위해 길을 트려고, 우리 중생들 발밑에서 진땅에 몸을 누이고 등을 내주며 밟히는 예수이다.

그래서 따뜻한, 검소한, 넓은, 열린 마음과 사랑이 넘치는 교황이 나올 때 가톨릭 신도들은 감동한다. 무한히 높은 신 앞에서 낮은 자가 아니라 지극히 낮은 사람 앞에서 낮은 자가, 진정 낮은 곳으로 가는 자이다.

이 점에서 그런 교황은 교황이 아니라 예수이다. 크고 작은 훌륭한 성직자들과 신자들을 통해 예수는 끝없이 부활한다. 가톨릭 미사 때 받아먹는 빵과 포도주가 예수의 피와 살로 변하는 것이 성육화가 아니라, 예수의 말씀(피)과 행(살)을 자신의 삶에 구현하는 것이 성육화이다. 그때 그들의 몸은 예수의 살이고 그들의 마음은 예수의 피이다. 예수는 신실한 신도들의 몸과 마음으로 끝없이 부활한다. 성육화는 (꽃과 향으로 장

식한) 성소聖所에서 벌어지는 것이 아니라 (볼썽사납고 냄새나는) 저잣거리에서 꽃과 향을 피운다. 그리고 일상의 우리 삶 속에 뿌리를 내리고 만개하고 충만한다. 매일매일, 옛 예수가 아닌, 새 예수가 태어나는 것이 성육화이다. 일일시호일日日是好日이다.

진흙탕에 뒹구는 어리석음, 미움, 욕심투성이의 하찮은 인간이 한순간이나마 자신의 몸과 마음을 드높은 예수의 말씀과 행에 일치시킬 수 있다니 어찌 기적이 아니랴. 위로는 어리석은 인습을 깨뜨리는 지혜가 대장간 불처럼 뿜어져 나오고, 아래로는 누구든 독생자처럼 품어주는 무조건적인 사랑이 가문 들판에 봇물처럼 터져 나온다.

석가모니 부처의 몸이 영원히 죽지 않는다든가 마음이 비로자나 법신이 되어 영원하다는 생각은, 물질적인 빵과 포도주가 진짜 예수의 물질적인 피와 살로 변한다는 유물론적인 성육화와 다를 바가 없는 생각이다.

우리가 부처님의 가르침을 우리 신구의身口意 삼행三行에 구현할 때 우리 몸이 석가의 몸이고 우리 마음이 비로자나불이다. 즉 석가모니불과 비로자나불은 우리 몸과 마음에 색신과 법신으로 영원히 반복해서 부활한다.

이미 오래전에 무여열반에 든 석가모니 부처가 다시 색신을 나투어 중생을 교화하는 것이 아니라, 스스로 부처님의 가르침을 자기 삶으로 나타낼 때 그 순간 우리는 부처이다.

우리가 자기라는 개별 생명의 존속存續에 개의치 않고, 생명계 전체의 평안과 행복의 존속을 기원할 때 우리 생명은 생명계와 더불어 영원할 것이다. 그런 마음의 이어짐이 바로 우리의 불성佛性이기 때문이다.

Son of a Bitch:
욕쟁이 인간 Homo Obscenum

감히 개를 모욕하다니!

음모술수를 부리는 동물도 있고, 추론을 하는 동물도 있고,
도구를 사용하는 동물도 있고, 꿈을 꾸는 동물도 있고,
말을 하는 동물도 있고, 심지어 거짓말을 하는 동물도 있지만,
욕을 하는 동물은 인간뿐이다.

개는 부당하게 멸시받는 존재이다.

동서양이 공히 예외가 없다. (수년 전에 미국에서 어떤 남성 정치인이 힐러리 클린턴을 암캐bitch라 불러서, 크게 물의를 빚은 적이 있다. 정치인들은 거짓말을 입에 달고 살므로, 그냥 "본의가 아니다"라고 하면 그만이다. 그리고 실제로 그리 말하고, 사과하고 끝났다. 도둑질도 해본 놈이 한다고, 거짓말이건 욕이건 평소 하는 놈들이 해야 한다. 착한 사람이 하다가는 "난, 당신 착한 사람인 줄만 알았지, 설마 그런 사람인 줄 몰랐다"고 하며 배신감에 분노하는 대중의 마음을 수습하지 못하고 대참사로 끝나기 십상이다.)

심지어 불교도 그렇다. 조주 스님은 "개는 불성이 없다狗子無佛性"고 주장했다. 그나마 다행인 것은 선승禪僧들이, '생불로 추앙을 받던 조주 고불古佛(옛부처)이 그리 말했을 리 없다'는 큰믿음大信心하에, 그 진의를 파악해서 대중의 오해를 풀어주려고, '무無라 무無' 하며 평생을 참구한다 (그런데 선불교 교리에 의하면 '답'은 남에게 알려주지 못한다. 스스로 발견

해야 한다. 이래저래, 개 인생은 '개 같은' 인생이다. 어렵게 밝혀진 실체적인 진실이 널리 알려지지 않으니, 개에게 씌워진 누명이 풀릴 길이 없다. [누명 풀이 제품]유통에 심각한 구조적인 문제가 있는 것이다. 그래서, 그사이에 무명無明중생들은 '불성이 없는' 개를 안심하고 마구 잡아먹었고, 지금도 잡아먹고 있다. "큰스님, 감사합니다. 잘 먹겠습니다" 하면서). 모든 중생이 불성이 있다는데, 유독 개만 없다고 하니 절대로 본뜻이 그럴 리는 없다는 말이다. 혹시 조주 스님이 어릴 적에 사나운 개에 호되게 물린 경험으로 인한 외상후증상post traumatic syndrome은 아닐까, 얄궂은 상상을 해본다. 하하하. 그러거나 말거나, 자그마치 120살까지 산 조주 스님은 평생, "개는 불성이 없다"고 외치셨다. 하하하.

조주 스님은 명성을 얻으신 후에 오랜만에 고향에 갔다가, 고향마을 노인들이 "아, 쟤, (그때 개에 물린) 방앗간집 꼬마 아니야" 하며 도인道人대접을 안 해주자, 다시는 고향에 가지 않았다. 멘털트라우마mental trauma(정신적인 충격으로 인한 내상內傷)는 고향도 앗아간다. (위 괄호 안 '개에 물린'은 편집실수로 잘못 들어간 말이다.)

아무튼 폐일언하고, 이 글 제목으로 돌아가보자.

미국말에 '선오브어비취son of a bitch'(개새끼, 개자식)라는 육두문자가 있다. 이 단어의 복수형複數形에 대해 논란이 있다. 네 가지 이론이 있다.

    1. son of a bitches
    2. son of bitches
    3. sons of a bitch
    4. sons of bitches

1은 son of a bitch를 관용적인 하나의 단어로 보아, 즉 son-of-abitch로 보아 그 끝에 복수어미 es를 붙인 것이며,

2는 아무리 그렇다 하더라도 어떻게, 'a bitches'라는 형태가 나타날 수 있느냐, 즉 한 단어 안에 단수와 복수가 동시에 나타날 수 있느냐는 반론이다. 우리말로 예를 들자면, '하나의 사과들'이라는 말처럼 엉터리 말이라는 것이다. 하나의 사과면 하나의 사과이고, 여러 개 사과들이면 여러 개 사과들이지, 어떻게 '하나의 사과들'이라는 말이 성립하냐는 지적이다.

3은, 중요한 것은 son(새끼)이므로 이 말만 복수로 만들어 sons(새끼들)라 하면 된다는 이론이다. 그리고 암캐(a bitch)는 단수로 썼지만, 악마(Satan)가 모든 악의 대명사로 쓰이는 것처럼, 암캐(a bitch)는 모든 암캐를 대표하는 대명사이므로 구태여 암캐(a bitch)까지 복수로 할 필요는 없다는 것이다. 즉 모든 개새끼들은 예외없이 모두 암캐에서 태어난다는, 극히 당연한 사실을 강조하는 이론이다.

4는 옛날에는 세상이 단순해서, 그 개나, 이 개나, 저 개나 모두 비슷비슷 대차大差가 없어서 일부러 구별할 필요가 없었으므로, 개새끼들의 어미인 암캐를 그냥 단수형태인 a bitch라고 써도 무방했지만(또 다른 형태의 '악의 평범성banality of evil'의 예이다), 요즈음은 73억 인구 중에 온갖 희한하고 끔찍한 상상을 초월하는 악인들이 많아서 그리할 수는 없다는 말이다. 즉 악마가 여러 종류이듯이 개도 여러 종류이므로, 그 breed(혈통)를 밝혀 개새끼의 어미를 복수로, 즉 bitches로 써야 한다는 이론이다.

하긴 예전에는 개는 모두 한 종류였다. 길 잃은 늑대. 그런데 이, 인간 마을에 흘러들어온, 늑대의 후손인 개들이 지금은 수천 종류로 진화했다. 그래서 어미를 모두 밝혀야 하는 형편이다.

개새끼의 종류가 너무 많아진 것이다. 생물학적인 개새끼가 많아진 것이 '진짜 개새끼'가 많아진 것의 원인일까. 아니면 그 역이 참일까. 아

니면 둘 사이에는 아무 상관관계가 없을까. "같이 살면 닮아간다"고 하지만, 그렇다고 애완견이 넘쳐나는 이 시대에, 인간이 개를 닮아갈 수는 없는 일이다. 하지만 개가 인간을 닮아가도 문제다. 그럼 '개새끼'라는 멋진 욕을 쓸 수 없게 되기 때문이다.

그런데 왜 영어에서는 '암캐bitch'라고 특정했을까? 그냥 '개'라고 하면 안 될까.

우리 속담에 (할머니가 두 손자를 데리고 길을 갈 때) "친손자는 걷게 하고 외손자는 업고 간다"는 말이 있다. 외손자는 자기 손자(피)라는 것이 100% 확실하지만(이 불신의 유위세계에서 정말 몇 안 되는 100%짜리이다), 친 손자는 확신할 수 없다. 며느리가 바람피워 낳은 게 아닌지 어떻게 아느냐는 것이다. 그래서 그런 속담이 나온 것이라는 대단히 설득력 있는 (진화생물학적인) 설명이 있다.

같은 맥락에서 "암캐의 아들"이라 해야 '개'라는 것이 확실하다는 것이다.

수캐가 너무 급한 나머지 고양이나 토끼와 사랑을 하게 되면, 그 후 ('그 후'이지 '그래서'가 아님을 유의하시기 바란다) 나온 새끼는 고양이나 토끼이지 개가 아니라는 말이다. 그러므로 그냥 'son of a dog'라고 하면 안 되고, 반드시 'son of a bitch'라고 해야 된다는 말이다. 불여튼튼이다. 하하하.

서양인들의 분석적인 면을 보여주는 좋은 사례이다.

욕이 난무하는 세태이다. 냉수에 버들잎을 띄워 급한 마음(갈증)을 다스리는 것처럼, 욕의 구조를 면밀히 살펴보는 것도 분기탱천한 마음을 식혀주는 역할을 하지는 않을까 희망편향적 사고wishful thinking를 해본다. 그런데 대한민국 현대사에서 욕에 가까운 막말을 마음껏 해서, 욕이라는 판도라의 상자를 열어 대혼란pandemonium을 자초한 분은, 노무현 전

대통령이다. 욕을 입에 달고 사는 신세대는 그 무렵에 초등학교에 들어간 이들이다. 우연의 일치라 하기에는 좀 거시기하다.

한편으로는, 교육자라는 신분이 주는 구속으로 또는 정언正言을 실천하고 분노를 다스리라는 부처님의 눈길과 꾸지람이 무서워서, 평소에 감히 입에 올리지 못하던 육두문자를 이런 글을 통해서나마 합법적으로 마음껏 손가락 끝에 올리니, 이런저런 세태에 몹시 화가 나고 답답하던 필자의 마음이 좀 풀린다.

(누가 욕송辱頌을 작사·작곡하면 대히트를 칠 것이다. 세계적으로. 싸이의 '강남스타일'보다 더. 인류가 지금까지 발명한, 온갖 흉악하고 흉측한 욕을 다 모아서 노래로 만드는 것이다. 노래방에 가서 '고래고래' 이 노래를 부르고 나면 스트레스가 '확' 풀릴 것이다. 세계평화에 크게 기여할 것이다. 통상 사냥꾼들은 평소에는 다른 사람들보다 더 평화롭다고 한다. 폭력을 동물에게 다 쏟아내서 그렇다고 한다[폭력은 비오는 날 웅덩이에 빗물이 고이듯이, 우리 마음에 자꾸 고인다. 그래서 잊지 말고 때맞추어 비워줘야 한다. 태만하면, 넘치는 물로 마음 한 귀퉁이가 허물어진다]. 욕송도 그런 기능을 할 가능성이 있다. 예전에는, 지금은 희귀동물 내지는 멸종동물인 욕쟁이할머니들이 존재했다. 비싼 돈 내고 밥 먹으러 가서, 음식점 주인할머니들에게 욕을 덤으로 실컷 얻어먹는 것이다. 그동안 살면서, 자의 반 타의 반으로, 저지른 죄에 대해서, 욕을 얻어먹음으로써 카타르시스를 느끼는 것이다. 그러니 돈을 낼 만도 했다. 게다가 죄명과 죄인의 이름이 밝혀지지 않으니 안전하게 회개할 수 있다. 부산 남포동에 가면 혀가 아리도록 매운 비빔국수에 딸려 나오는 냉수와 욕을 마음껏 무료로 들어먹을 수 있는 '욕쟁이할매국수집'이 있었다. 지금은 욕은 홀에서는 사라지고 상호로만 남았다.)

부처님은 인간과 개를 가리지 않고, 이놈도, 저놈도, 모두 내 자식이라 하실지 모르지만(그래서 불가佛家에서는 부처님을 사생자부四生慈父라 부른다), 무명無明중생 입장에서는 다른 무명중생은 모두 'son of a bitch'

에 지나지 않는다. 자기 형제라니, 어림도 없는 소리이다.

"You, son of a bitch. Shut up"하는 소리가 어디선가 들려오는 듯하다.

복수형으로 "야, 이 개새끼들아! 입 닥쳐라"하지만 않는다면, 세상은 아직 충분히 살 만한 곳이다.

마지막으로 부처님 가르침을 한 구절 듣지 않을 수 없다.

"욕을 하는 사람도, 욕을 먹는 사람도 없지만, 욕이 초래하는 업은 존재한다."

욕의 능소能所(주체와 객체)의 무아성無我性을 드러내며, 지나치게 쉽게 분기탱천하는 '욕쟁이 인간들Homo Obscenum'을 깨달음으로 인도하는 소중한 말씀이다.

동시에, 실천적으로는, 자신도 육두문자를 얻어먹을 짓을 하지는 않았는지 뒤돌아봐야 하며, 설사 그 육두문자가 자기를 겨냥하지 않았을지라도 혹시 직·간접적으로 그런 욕이 배설되는 데 기여하지는 않았는지 반성해야 한다.

말세에 가까워 갈수록 독기毒氣 서린 욕은 난무를 하고, 정통으로 욕에 맞은 중생들에게 해독제로서의 성인의 말씀은 낙양의 지가처럼 구구절절 값어치가 높아진다.

덧붙임

송나라의 청렴한 관리로서 철면어사鐵面御使라 불리던 조변의 시를 소개한다. 그가 은퇴 후 귀향하여 지은 시이다.

허리에 찼던 황금은 이미 깊숙이 넣어두었고
그사이 소식도 그다지 특별할 게 없건만
세상 사람들은 고재에 사는 노인네 알기 원하네
그저 시골마을 살았던 조씨네 넷째일 뿐이거늘
〈남회근, 『노자타설 하』, 364쪽〉

　조변은 관직에 있을 때 관청집무실을 선당禪堂으로 개조해 사용했다. 어느 날 선당에서 좌선 중 비가 쏟아지면서 울리는 뇌성벽력 소리에 깨달음을 얻고 오도송을 지었다.

선당에 고요히 앉아 탁자에 기대어있노라면　　靜坐公堂虛隱几
마음의 근원이 깊은 물처럼 요동하지 않건만　　心源不動深如水
한바탕 뇌성벽력에 정수리가 열리더니　　一聲霹靂頂門開
아득한 옛날 내 밑바닥을 일깨우는구나　　喚起從前自家底

예수는 남자인가

종교는 인류 전체적인 현상이다
남의 종교를 통해서 자기 종교를 더 잘 이해할 수 있다

지신유성부至神有性不: 최고 신도 성이 있나

예수는 남자인가?

관세음보살은 남자인가? 중성中性, 無性이다. 그렇지 않으면 남자, 여자로 변할 수 없다. 그의 마음은 비어있다. 그렇지 않으면 비구·비구니, 우바새·우바이, 동남·동녀, 왕·왕후 등 32가지 서로 다른 모습으로 변할수 없다.

셰익스피어 시대에 남자배우들은 모두 수염을 밀었다. 당시에는 여자들이 무대에 오르는 것이 금지되어, 남자들이 여장을 하고 여자 역을 했다. 그래서 수염을 민 것이다. 마찬가지로 관세음보살도 수염이 없는 중성이어야 한다.

예수는 남자인가? 여자 중에 자기가 재림예수라고 주장하는 사람이 없는 것을 보면 예수는 분명히 남자이다! 인류역사상 자신이 예수라고 주장한 사람은 수백만에 이르지만 그중에 여자는 한 사람도 없다.

●(왼쪽) 구스타프 클림트의 「처녀잉태」. 그림의 왼쪽 위에서 왼쪽 아래까지의 하늘에서 아래로 쏟아져 내리는 작은 물방울 모양들은 정자의 상징이고, 오른쪽 아래 어두운 천 위의 둥근 모양들은 난자의 상징이다. 클림트는 당시에 발명된 현미경으로 난자와 정자를 보고 크게 감명을 받아, 자기 그림에 난자와 정자를 그려 넣었다.

●(오른쪽) 클림트의 「성(聖)모자」. 세상에는 모자성화만 있지 부자성화는 없다. 아버지는 대체 어디 있을까?

하나님은 남자인가? 왜 기독교 신들은 남자가 둘이나 되고 여자는 없는가? 성부聖父·성자聖子·성신聖神, Holy Ghost 삼위三位 중, 어머니는 어디 있는가? 혹시 성신이 여자인가? 차라리 성부, 성자, 성모가 완벽한 세 쌍으로 보이지 않는가?

(육두문자에도 '아비 없는' 호래자식이란 말은 있어도, '어미 없는' 호래자식이란 말은 없다! 누구나, 양모이건 친모이건, 어미가 있기 때문이다. 안 그러면 굶어죽는다. 그래서 인류역사상 아비 없이 태어났다고 주장하는 영웅들은 있어도, 어미 없이 태어난 영웅들은 없다. 같은 이유로, 어미 없는 갓난아이를 데리고 나타나는 아비는 없어도, 아비 없는 갓난아이를 데리고 나타나는 어미는 있다. 전능全能, omnipotent한 신이라서 인간아비 없이 사람을 만들 수 있다면 인간어미 없이도 사람을 만들 수 있어야 하건만, 고대에 이런 일이 안 일어난 이유는 바로 유일한 유아용 식량인 모유 때문이다. 혹시 요즘이라면

분유가 있기에 가능할지 모르나, DNA테스트라는 무서운 조사방법이 있어서 허투루 주장을 하다가는 금방 탄로가 난다. 가끔 후백제 견훤처럼 자기 아버지가 달빛이라고 주장하는 사람들이 있어서 아비 없이 태어나는 게 가능하다고 믿는 사람들을 생산한다. 은빛 달빛을 타고 긴 꼬리를 흔들흔들거리며 헤엄쳐 내려오는 금빛 달님정자[lunar sperm]들을 상상해보라! 선불교 기록에 의하면 사조四祖 도신道信 스님도 아비 없이 처녀잉태로 태어났다.)

이 점에서 전前 가톨릭 교황 요한 바오로 2세의 '마리아 신앙'이 의미가 있다. 그가 신봉한 마리아학Mariatology에 의하면, 그녀는 예수와 동격인 대속자代贖者이자 중계자mediator이다. 신과 인간 사이의 소통이 가능하게 하는 역할을 한다. 신新 삼위일체이다. 성부, 성자, 성모! 성신聖神, Holy Ghost은 아무래도 이상하다. 세상에 영혼이 없는 신이 있는가. 인간도 영혼이 있다는데. 그러므로 성신은 성부, 성자, 성모가 모두 갖춘 기본일 뿐이다.

그런데 그렇다 하더라도, 성녀聖女, 즉 성부와 성모 사이에 딸은 없는가? 예수에게 남성이라는 성이 있다면, 어떻게 여자들의 은밀한 몸과 내밀한 마음을 이해할 수 있겠는가. 달이 차고 일그러짐에 따라 여자들 몸 안에 밀려오고 밀려가는 대자연의 본능의 격류와, 약육강식 생멸의 춤판에서 '어느 수컷이 이길지' 숨죽이고 승부를 점쳐야 하는 관객 여자의 운명을 이해할 수 있을까. 이상한 연극에서는, 주역이 아닌 조역은 무대에서 할 대사가 없다. 모두 내적 독백일 뿐이다. 그래서 회중에서 여자는 입을 닥치고 조용히 있어야 한다(「고린도 전서」). 여자는 (남자에게) 일체 순종함으로(써) 조용히 배워야 한다(「디모데 전서」). 이런 일을 남자가 이해할 수 있을까?

여자가 말이 많다는 것은 남자들의 편견이다. 공적인 자리에서 말을 할 수 없는 여자들은 자기들끼리 말을 많이 할 수밖에 없다. 소위 풍선효과이다. 세상의 어지럽고 시끄러운 정치판political arena에서 술자리에서, 되는 소리, 안 되는 소리, 무수히 말을 뱉어내는 것은 남자들이다. 언론이란 이름으로 신문·텔레비전·인터넷에 등장해 사설·칼럼·평론·논단·대담·토론·논쟁을 통해 말을 뱉어내는 것도 역시 남자들이다. 그 현란한 용어와 풍부한 전거典據와 치밀한 논리는, 서로 논쟁하는 어느 쪽 의견을 들어도 설득력이 넘친다. 세상의 도서관과 서점을 범람氾濫하는 책들은 모두 남자들의 말을 기록한 것이다. 남자들은 말을 하는 것도 모자라 기록으로 남긴다. 여자들이 남자들보다 말을 더 많이 하고 더 잘한다는 것은 거짓말이다. 천하의 웅변가들은 모두 남자들이다. 여자들에게 침묵을 강요한 결과이다. 예수는 재치가 번득이는 기가 막힌 웅변가였다.

분명 그의 피에는 남성 호르몬이 흐르고, 나야 할 곳에는 반드시 검은 풀이 자랐을 것이다. 젊은 얼굴에 돋아난 멋진 수염이 그 증거이다. 뿐만 아니라 외경外經 「빌립 복음서」에 의하면 예수는 막달라 마리아의 입술에 키스하곤 하였다. (고대 중동의 남자들에게 여자의 입이란 키스용이지 말을 하는 기관이 아니었음이 분명하다. 지금도 그렇지 않을까 무척 의심이 든다. 그렇지 않으면 어떻게 60 넘은 노인네가 10살도 안 된 소녀를 부인으로 맞을 수 있는가?) 이 일로 제자들이 예수가 그녀를 편애한다고 항의했다. 그러므로 예수는 남자임이 분명하다.

아무리 보아도 최고신이 남자라는 것은 어거지이다. 남자들은 씨만 뿌리고 도망가는 자이다. 호르몬이 용솟음치면, 마르지 않은 깊은 우물을 찾아 쏟아놓고 가버린다. 나오자 한 것은 남자가 아니라 호르몬을 타고 탈출하는 정자들이다. 즉 유전자이다. 그러니 남자는 책임이 없다. 남자들은 이렇게 말하고 싶으리라. "우린들 그리하고 싶어서 그리하는 줄 아세요?" 자식(피창조물)을 낳은(창조한) 것은 남자(신)이고 일이 잘못되면 자식(피창조물) 책임이다. 뿐만 아니라 정자는 꼭 남자인 것도 아니다. 남자(Y 염색체 담지자)도 있고 여자(X 염색체 담지자)도 있다.

기르는 것은 여자이다. 새 생명이 몸속에 있을 때도 자기 피와 살을 주어 키웠고, 몸 밖으로 내보내고도 자기 피와 살로 키운다.

이런 여자를 어떻게 남자 예수가 이해할 수 있다는 말인가?

장엄하고 화려한 솔로몬 성전에서, 홀로 비둘기상과 환전상을 향해 채찍을 휘두르고 판매대를 뒤엎던 폭력은 고환에서 생산되는 남성 호르몬 테스토스테론의 힘이 분명하다. 아니면 35억 년 진화의 과정에서 학습되고 축적된 남성적인 문화유전자(masculine meme)의 힘이다. 성모 마리아가 이런 일을 하는 것은 상상이 불가능하기 때문이다.

예수의 사랑은 말이지, 말을 떠난 가슴의 사랑이 아니다. 음산한 구름 위에 서서 천군天軍을 거느리고 악마를 향해 진군하는 무왕武王 예수의 입에서 나오는 거칠고 사나운 호령소리가, 어떻게 '우리를 푸른 초장草場에 눕게 하고 잔잔한 물가로 인도하는' 포근한 어머니의 목소리와 겹칠 수 있겠는가? 시장한 예수가 퍼부은, 아직 철이 일러 열매를 맺지 못한 불쌍한 무화과나무를 말라죽게 한, "앞으로 영원히 열매를 맺지 말라"는 저주는 입에서 나온 것인가, 가슴에서 나온 것인가?

남자들의 사랑은 입을 통해 나오지 가슴을 통해 나오지 않는다.

신과 인간 사이의 중재자는 꼭 남자일 필요가 없다
이슬람 이전의 중동 최고신은 달님이고 그 세 딸들이 중재자이다

까마득한 옛날부터, 생명의 두 줄기 젖줄인 유프라테스 강과 티그리스 강 사이의, 비옥한 초승달 지역 메소포타미아의 주신主神은 초승달 모양의 달이었다. 달신月神, 太陰神은 남신이었고 그의 부인은 해신日神, 太陽神이었다. 둘 사이의 세 딸별star은 인간과 신을 중재하는 존재였다. 기독교와 정반대이다. 기독교에서 중재자는 신의 아들인 예수이다.

아랍인들은 이슬람이 생기기 수천 년 전부터 달신을 섬겼다. 메카의 카바 신전은 이 달신을 모시기 위해 지어졌으며, 달신은 그곳에 모셔진 360명이나 되는 신들 중 최고의 신이었다. 이 달신은 알일라al-ilah(al은 명사 앞에 붙는 정관사이며 ilah는 신이라는 뜻의 명사)로 불렸으며, 마호메트가 태어나기 오래전에 알라allah로 축약되었다. 마호메트가 태어난 가문家門은 달을 섬기는 가문이었다. 아랍인들은 마호메트가 태어나기 이전부터 메카를 향해 하루에 여러 번 기도를 했으며, 메카로 순례를 떠났으며, 초승달로 시작해서 초승달로 끝나는 달에 단식을 했으며, 달신에게 봉헌된 카바 신전을 돌았으며, 카바의 흑석黑石(검은 돌, 운석으로 추정됨)에 입을 맞추었으며, 달신에게 동물희생을 바쳤다. 마호메트 당시에도 아랍인들은 여전히 달신을 섬겼다.

마호메트는 "알라가 모든 신들 중에서 가장 위대한 신Allah is the greatest 이며 아랍인들이 해야 할 일은 그의 부인 태양신과 세 딸을 버리면 된다"고 했다. 전통신앙에서 최고신만 남겨두고 다른 신들은 다 버림으로써 이슬람이라는 유일신교가 탄생하였다.

이슬람은 기독교신을 인정하는데, 그들의 최고신인 알라가 유대인들에게는 야훼로 나타났다는 것이다. (이는 근래 기독교인들이 주장하는 다른 종교에도 구원이 있다는 주장과 유사하다. 그 이유는 같은 하나님이 다른 종교에 다른 모습으로 나타났기 때문이라는 것이다. 조선조에 한반도에 들어온 기독교 선교사들은 의도적으로 야훼를 '하느님'으로 번역했다. [초기 『성경』에서는 '하나님'이 아니라 '하느님'이었음!] 그 결과 수천 년 동안 하느님을 믿어오던 한국인들은 기독교신 야훼를 쉽게 받아들였다. 마호메트 역시 아랍인들의 최고신 달신月神의 이름 알라를 이슬람 유일신의 이름으로 차용함으로써, 다신교 아랍인들을 유일신교 이슬람으로 쉽게 개종시켰다.)

이슬람 이전 시대의 고대유적지에서 초승달 모양의 문양을 새긴 신상 등이 발굴된다. 이슬람 사원 꼭대기와 첨탑 미나레트 꼭대기에는 초승달 모양의 조형물이 있으며, 현대 이슬람 국가들의 국기에는 초승달이 나타난다. 다신多神을 섬긴 고대 중동에서의 최고신인 달 숭배의 흔적이다. 가나안 지방에도 월신月神 숭배신앙이 있었으며, 기독교『구약』에서 야훼를 분노하게 만든 유대인들의 우상숭배는 종종 달 숭배였다. 예를 들어,「신명기」 4장 19절에서 야훼 하나님은 "유대인들이 하늘의 일월성신日月星辰, sun moon stars을 섬길까 두렵다"고 말한다. 그러므로 기독교 입장에서는 알라를 숭배하는 것은 우상을 숭배하는 것이다. 유대인들이 느부가넷살 왕에게 포로로 끌려갔던 바빌론은 점성술의 고향이며 바빌론의 마지막 왕 나보니두스Nabonidus, BC 555~BC 539는 깊은 신심으로 달신전과 해신전을 복원하였다.

아무튼 (최고)신은 꼭 남자일 필요가 없다. 최고신과 인간 사이의 중재자라면 이슬람 이전의 중동처럼 여신이 더 나을지 모른다. 동양에서는 여성의 상징인 달陰이 고대 아랍에서는 남자 신이고, 남성의 상징인 해陽가 여자 신이라는 것은 놀라운 일이다. 고대 중국에서 신과 인간의 중재자는 남자인 천자天子(하느님의 아들)인데, 고대 아랍에서는 달님과 해님 사이에서 태어난 세 딸들이라는 점 역시 놀랍다.

버트런트 러셀, 아널드 토인비, 아인슈타인, 존 코츠 등 위대한 학자들이 인정하였듯이, 다른 종교를 공부할수록 석가모니 부처님이 위대한 분이라는 것을 더욱, 새삼 깨닫게 된다. 이 위대한 스승님을 도박·폭력·횡령·뇌물·축재·음주·식육·사치·소송·무고·폭로·궤변·막말·거짓말·도둑질·정치질·참회거부·부정선거·먹살잡이·주먹다짐·욕지거리·승자독식·패거리 짓기·사회 다원주의·후안무치 육성育成·(보살)신도 하대하기·빈자일등 멸시하기·노장스님 찬밥 만들기·뉘우치기 절대거부 운동으로 처참하게 욕보이고 있는 일부 몰지각하고 파렴치한 대한민국 승려들은, 특히 권력을 틀어쥔 승려들과 그들을 지지하는 승려들은 부끄러운 줄 알아야 하며, 깊이 참회해야 한다. 오계를 하나도 남김없이 모두 범하고 있지 않은가!

평범한 외도들조차도 삼가 두려워 감히 어기지 않는 나쁜 짓들을 거침없이 하고 있지 않은가! 그러니 마음이 흐려져 지혜가 생기지 않고, 그 결과 전근대적인 미신에 빠져 앞장서서 중생을 지옥으로 인도한다. 이들은 인과법과 윤회를 믿지 않음이 분명하다! 그렇지 않다면, 그들의 막된 행위를 설명할 길이 없다.

심즉시공心卽是空: 마음은 공이다

우리 마음은 본시 비어있다. 흰 도화지처럼 아무 색깔도 없다. 색깔 없는 화폭畫幅,canvas에 가지가지 색깔로 사물이 탄생하는 것처럼, 비어있는 우리 마음에는 선악善惡, 고저高低, 장단長短, 미추美醜, 부귀빈천富貴貧賤, 남녀男女, 노소老少의 상대세계가 아무 제약없이 생멸한다.

상대세계가 펼쳐지는 그 순간, 우리는 그 세계를 우리라고 믿고, 고통을 받고 눈물을 흘리며 아쉬워한다. 그 세계의 일어남과 스러짐을 우리 자신의 삶과 죽음으로 간주하고 받아들인다. 본시 비어있는 마음을 보지 못한다. 짙은 유성물감 밑에 숨어있는 무색의 화폭을 보지 못한다. (그렇다고 텅비어있는 무색의 화폭이 우리인 것은 아니다. 우리는 화폭과 물감의 상호연기작용相互緣起作用일 뿐이다. 그리고 물감은 35억 년 진화의 과정을 통해 설치되고 끝없이 업데이트되는 소프트웨어들이다. 이 점을 놓치면 메마른 단멸론斷滅論이나 완고한 유아론有我論으로 흐르게 된다.)

한 번도 동굴 밖을 본 적도 나가본 적도 없는 사람은, 눈부신 빛과 광활한 자유를 두려워한다. 감옥을 자기 집으로 여겨, 폭력, 증오, 탐욕과 더불어 환희하고 절망하며 생멸한다.

고성제苦聖諦(일체개고一切皆苦, 모든 것이 '고苦'라는 진리)란, '구도의 여정은 세상이 감옥임을 깨닫는 것으로 시작한다'는 선언이다. 카뮈가 말한 대로 감옥을 탈출하려면, 먼저 자신이 감옥에 갇혀있음을 깨달아야 한다. 실제로 많은 사람들은 자신이 감옥에 갇혀있음을 모른다.

가까스로 감옥 담을 넘더라도 일이 끝난 것은 아니다. '문화적인 충격 cultural shock'이 다가오기 때문이다. 배우는 연기를 할 때 자기 마음을 비워야 한다. 그리고 그 빈 마음을 극중 인물의 마음으로 채워야 한다. 마음을 비워야만 극중 인물의 역할을 완벽하게 할 수 있다. 그래서 완벽하게 몰두해서 연기를 한 배우는 극이 끝나면 허탈해진다. 극중 마음이 떠나고 옛 마음이 돌아올 때까지의 일시적인 공백 때문이다. 예기치 않은 빈 마음의 출현은, 마음의 본성 즉 공성空性을 깨달은 자에게는 아무 일도 아니지만, 아직 공空을 깨닫지 못한 자에게는 허무이고 공포일 뿐이다. 이것이 바로 문화적인 충격이다. 옛 마음이 감당하지 못하는 새 마음!

지신무성至神無性: 지극한 신은 성이 없다

모든 창조물을 차별없이 사랑하는 예수가 존재한다면, 그런 예수는 남자가 아니다.

(어떤 형태로건 간에, 주는 자가 남아있는 사랑은 한계가 있다. 많이 남아있을수록 한계도 많다. 주는 자가 사라진 사랑은 한계도 사라진다. 자기라는 생각이 조금이라도 남아있다면 일체중생을 무여열반으로 인도할 수 없다(『금강경』,「대승종정분大乘正宗分」).)

실제로 이런 사상을 가진 가톨릭 교황이 있었다. 1978년에 즉위한 요한 바오로 1세가 그 주인공이다. 그는 "신은 성性이 없으므로 여자로 재현될 수 있다"고 했다. 또 그는 같은 맥락에서, "하나님은 어머니이며 아버지이다. 하지만 하나님은 아버지이기보다는 어머니이다"라고 발언했다.

그는 화려하고 장엄한 대관식(교황 취임식)을 소박한 미사로 대체하였으며, 자신을 '짐朕'이라 호칭하는 관례를 따르지 않고 '나'라고 호칭한 개혁적인 교황이었다. 안타깝게도 그는 즉위 한 달 만에 심근경색으로 서거했다. 진실로 소중하고 귀하고 좋은 것은 세상에 오래 머무르지 않는다. 그런 일은 절대로 흔하지 않다. 그렇지 않으면 이 세상은 고해苦海가 아니다. 어떤 이들은 석가모니 부처님이 결코 무여열반에 들지 않았고 지금도 색신色身(피와 살을 지닌 육신)을 나타내 중생을 교화한다고 믿는다. 그러나 진실은, 부처님이 단 80년만 이 세상에 머무셨기에 세상이 고해인 것이다.

만물을 담는 우리의 마음은 남자도 아니고 여자도 아니다. 우리의 마음의 바탕은 일체가 비어있는 빈 마음이다. 마음이 화공畵工, 화가이 되려면 그 바탕은 빈 화폭이다. 우리 마음속의 삼천대천세계는 빈 도화지 위의 그림이다.

바탕의식에 어떤 그림이 그려지느냐 하는 것은 비치된 소프트웨어들에 달렸다. 그리고 이 소프트웨어들은 시공의 흐름을 타고 진화를 통해 발전한다. 도화지는 본래 비어있고 그림도구는 진화를 통해 변한다. 그러므로 일체가 무아無我이다.

그대는 남자인가?

부록: 『금강경』 중 「대승의 바른 진리(대승정종분)」

부처님께서 수보리에게 말씀하셨다.

"모든 보살은 마땅히 다음과 같이 자기 마음을 다루어야 한다. '나는 존재하는 모든 종류의 중생을, 즉 알卵에서 태어나는 것이나, 태胎에서 태어나는 것이나, 습기濕氣로 생겨나는 것이나, 화化하여 나타나는 것이나, 형태가 있는 것이나 형태가 없는 것이나, 생각이 있는 것이나 없는 것이나, 생각이 있는 것도 아니며 없는 것도 아닌 것이나 모두 무여열반無餘涅槃에 들 수 있도록 제도한다. 하지만 내가 이와 같이 한량없고 헤아릴 수 없고 끝이 없는 중생들을 제도함에도 불구하고, 실제로는 그 어느 중생도 멸도滅度를 얻은 바가 없다.'

왜냐하면 수보리여, 만약 보살이 아상我相·인상人相·중생상衆生相·수자상壽者相이 있으면 곧 보살이 아니기 때문이다."

金剛經 大乘正宗分

佛告須菩提 諸菩薩摩訶薩 應如是降伏其心. 所有一切衆生之類 若卵生 若胎生 若濕生 若化生 若有色 若無色 若有想 若無想 若非有想非無想 我皆令入無餘涅槃. 而滅度之如是滅度 無量無數無邊衆生 實無衆生得滅度者. 何以故 須菩提 若菩薩有我相人相衆生相壽者相 則非菩薩.

...

도道

> 세상은 늘 불안하고 불확실할 것이다
> 문제는 그런 상태가 일시적인 것이 아니라 영원하다는 것이다
> 〈짐 콜린스〉

도를 닦는 과정에서 심신이 편안해진 것을 도道로 알면 안 된다. 특히 신身이 위험하다.

무릇 한번 자리잡은 것은 무너지기 마련이라, 심신의 편안함이 익숙해진 연후에는, 조금이라도 변하면 불편해진다. 운이 나쁘면, 암이나 불치의 병에 걸릴 수도 있다. 그러면 지난날의 심신의 편안함은 거짓말처럼 사라진다.

세상은 수많은 능소能所(주체와 객체)에 의한 연기緣起의 세상인지라, 내 심신에 영향을 미치는 것은, 내 의지나 행위만이 아니다. 가족·친지·직장·사회·국가·자연·기후·국제정세 등도 있다. 세월호 침몰이나 대구 지하철 폭발·삼풍백화점 붕괴 같은 인재人災도 있으며, 지진·해일·토네이도·진사봉뢰震死逢雷 같은 천재지변도 있다. 핵폭탄 피폭도 있으며, 앞의 재앙들은 아무것도 아닌 전 지구적 대재앙인 대형혜성충돌도 있다. 이런 끔찍한 횡액橫厄을 당하는 것은, 무지렁이 백성 일개인一個人이 이런 일에 책임이 있을 리 만무하므로, 개인의 업業과는 무관하다. (어떤 사람

이 배를 타고 가다가 배가 침몰하여 죽을 지경이 되었다. 너무 억울하다고 하느님에게 항의하자 하느님이 대답했다. "너같이 아주 나쁜 놈만 30명을 한날, 한시, 한곳에 모으느라고 얼마나 힘들었는지 아니?" 이런 이야기는, 역설적으로 업이 얼마나 이해하기 어려운 이론인지를 보여준다.) 이런 재난과 흉사 앞에서는, 이전의 수행으로 자리잡은 심신의 편안함과 안정은 풍전등화처럼 취약하다. 그러므로 혹시라도 심신의 일시적인 건강을 도道의 증거로 받아들이지 말라.

건강은 도를 닦아도 나빠질 수 있으며, 병 역시 찾아올 수 있다. 부처님 당시의 아라한들도 병의 고통을 이기지 못하고 자살한 사례들이 있다. 얼마 전에는 세계적인 불교지도자 틱낫한 스님이 심각한 뇌출혈로 쓰러져 혼수상태에 빠졌다. 생로병사는 누구에게도 예외가 없다.

도道란, 이 모든 신체상의 변화를 당연하게 그리고 담담하게 받아들이고, 어느 한 상태에도 집착하지 않는 것이다. 특히 (육체적인) 건강, 젊음, 물질에 집착하지 않는다.

집착하다가는 크고 작은 사기꾼들에게 당할 수 있다. 사이비종교의 특징은 '자기 종교를 믿으면 절대 병에 걸리지 않고, 절대 가난해지지 않는다'고 주장한다는 점이다. '있는 병은 사라지고, 가난은 부로 변한다'고 홀린다. 그런데 그리되려면 꼭 돈을 내야 한다고 한다. 즉 (진짜) 돈을 내고 (가짜) 돈을 사라는 말이다.

지난해 늦가을 어느 날, 종로에서 서울역까지 택시를 탔다. 택시 운전사는 세월호 실소유자인 구원파 교주 유병언을 사이비교주라고 맹비난했다. 종교를 물어보니 택시기사는 기독교 신자였다. 직장에 다니는 두 딸과 하나뿐인 마누라까지 모두, 일원 한 푼도 에누리 없이 십일조까지 바치는 독실한 신자였다.

"너무 액수가 많지 않느냐, 가계에 부담이 아니냐?"는 필자의 질문에,

오히려 이익이란다. "큰 병에 걸리면 돈이 얼마나 드는지 아느냐?"고 반문하며, 자기 가족은 병에 절대 안 걸린다는 것이었다. 그게 다 충실히 십일조를 내는 덕이라는 것이었다.

"혹시, 어느 날 갑자기 가족 중 누가 병에 걸리면 그땐 어쩌시려느냐?"고 묻자, 그런 일은 하나님을 옳게 믿는 사람에게는 절대로 일어날 수 없는 일이라고, 단호하게 범주적으로 부인한다. 하지만, 그러다 병에 걸리면 엄청나게 손해이다! 건강보험은 병에 걸려야 이익이지만, 종교보험은 병에 걸리면 손해이다. 건강보험은 병이 걸린다는 데 걸지만, 종교보험은 병이 안 걸린다는 데 걸기 때문이다. 종교보험과 건강보험의 결정적인 차이이다! 차라리 신앙없이 열심히 살다가, 병에 걸리면 그냥 치료비를 내는 것이 경제적으로 훨씬 이익일 것이다.

매년, 꼬박꼬박, 치료비로 수입의 10분의 1을 내는 사람이 얼마나 될 것인가? 심한 경우는 죽을 때까지 그리한다. 가장 난해하고 비극적인 경우는 이 택시기사 아저씨의 교회목사가 병에 걸리는 경우이다, 그것도 암 같은 중병에! 이런 경우에는 (열심히 믿어도 병이 걸릴 수 있음을 시사하는 불길하기 이를 데 없는) 목사를 맹렬히 비난하면서, 아직까지 병에 안 걸린 사람들이 모여 아직 병에 안 걸린 목사를 초빙하여 새끼교회를 만드는 전통이 있다.

(부언하자면, 이 택시기사는 감기를 병으로 간주하지 않는다. 왜냐하면 자기 가족도 이 병에는 때때로 걸리기 때문이다.)

앞으로도 계속해서, 그런 '믿음과 행복과 건강'이라는 축복을 날려버릴 무상풍無常風이 그 기사 집안에 불지 않기를 기원한다. 과유불급過猶不及이라고, 지나친 믿음은 믿지 않느니만 못하다. 사이비종교로 인도할 위험이 너무 크기 때문이다. 선량한 서민인 그 기사 아저씨 가족이 이미 '종교기생충'에 집단감염된 것은 아닐까 걱정이다.

심신이, 특히 마음이 '허虛'하고 '약弱'해서 '꼭' 종교를 믿어야 하는 분들에게 조언을 드린다. 다음의 황금률을 기억하시라. "돈을 주고 구원(육체적 구원인 건강과, 영적 구원인 마음의 평화)을 사야 한다면 그 종교는 사이비종교이다." 돈을 많이 내야 할수록 '사이비지수cult index'는 기하급수적으로 폭등한다.

세속적인 남녀 간의 사랑조차도 돈을 주고 사면 가짜 사랑인데, 어떻게 구원을 돈을 주고 살 수 있겠는가? 도박의 도시 라스베이거스의 한 창녀는 자기 애인과 잠자리를 할 때도 매번 꼬박꼬박 돈을 받는다. 다른 사람과 잘 때도 돈을 받는데 자기 애인이라고 돈을 받지 않을 이유가 없다는 것이다. 실화이다! 이 사랑은 진짜 사랑일까, 가짜 사랑일까? 만약 이 창녀가 "다른 여자들은 한 달에 한 번 몰아서 받지만, 자기는 잘 때마다 받을 뿐"이라고 항변하면 뭐라고 대답할 것인가?

(사이비지수는 0과 1 사이의 수이다. 사이비지수가 0이면 전혀 사이비가 아니며, 1이면 100퍼센트 사이비이다. 교주의 부가 비대칭적으로 지나치게 증가하여 교단 내 지니계수가 1에 가까우면, 이것은 교주가 사이비라는 결정적인 증거이다. 세월호 침몰을 초래한 구원파 교주 유병언과 통일교 교주 문선명이 전형적인 예이다. 이 둘은 생전에 재벌이었다. 물론 그 부는 '신도들 재물의 자발적인 강탈과 신도들 노동력 착취'를 통하여 이루어진 것이다. 부가 교단 밖으로 빠져나가지 않고 안에 머문다는 점에서, 사이비교단은 경제적인 사이비군집생물체이다.)

인간은 생로병사를 피할 수 없다. 그리고 그런 사실을 인식한다. 하지만, 바로 그 인식기능으로부터 정신적인 고통이 생긴다. 이 인식기능을 안으로 돌려(회광반조廻光返照), '인식기능의 주체에는 실체가 없음'(무아無我)을 깨닫는 것이 이차파생고통을 제거한다. 이 이차파생고통을 번뇌라고 한다.

세상은 변하고 변한다. 고苦에서 낙樂으로 낙에서 고로, 그리고 고가 낙으로 다시 낙이 고로. 끝없이 변한다. 몸이 늙고 건강이 상하고, 마음이 무디어지고 고장이 나더라도, 즉 하드웨어와 소프트웨어가 고장나더라도, 한 가지 '앱app'만 지키면 된다. 무상無常·고苦·무아無我를 인식하는 앱만!

그러면 무슨 일이 닥쳐도 감당하고 소화할 수 있다.

"흠! 반反삼법인 세력들이 또 소란을 피우는구먼!" 하고 말이다.

불법佛法이란 어느 날 '뻥' 하고 터득하고 이해하면 끝나는 것이 아니라, 끝없이 실생활에 응용·실천·증명하고 확인하는 과정이다: 깨달음을 얻기 전이나 후이나 이 사실은 변함이 없다: 깨달음이란 '오진 한탕'이 아니다. '오탕(오진 한탕)'만을 노리고 끝없이 미래시점으로 미루는 것은, 수행이 아니다. 만행萬行에 충실한 것이 깨달음으로 가는 길이며, 동시에 깨달음이다.

불단에 앉아계신 부처님은 2,500년 동안, 하루도 거르지 않고, 변함없이 그 자세를 유지하신다!

번뇌 즉 보리

평상심이 도이다(平常心是道) 〈조주〉

사람들이 믿어온 것은 부처의 신통력이지 삼법인(三法印)이 아니다

번뇌는 깨달음을 키우는 비옥한 토양이다

번뇌를 먹고 자란 지혜는 번뇌 없이 생긴 지혜보다 더욱 위대하다

사랑의 힘으로 극복된 증오심은 사랑으로 옮겨가는데
이런 사랑은, 증오심을 먼저 경험하지 않은 사랑보다 위대하다
〈스피노자〉

깨달음은 다른 세상에 있는 것이 아니다

490
7
도

어떤 사람들은 깜짝 놀라서 묻는다. 어떻게 번뇌가 보리냐고?

오색으로 휘황찬란하게 빛나는 장엄한 아미타 극락세계를 방문하거나, 말로 표현할 수 없는 신비로운 체험을 하거나, 가지가지 신통력을 갖춘 초월적인 마음을 획득하거나, 수많은 윤회를 거쳐, 앞으로도 한참 뒤에나 가능한 것이 보리菩提(깨달음)가 아니냐고 묻는다. 하다못해 20년 참선이나 10년 장좌불와長坐不臥를 해야 찾아오는 것이 깨달음 아니냐고 묻는다. 그래서 사람들은 감히 자신이 깨달음을 얻을 수 있다는 것을 믿지 않는다. 어찌 감히 내가? 그래서, 깨달음의 세계는 나와는 동떨어진 초인超人들이나 성인聖人들의 세상이며, 그분들은 나와는 완전히 다른 재료로 이루어진 존재로 생각한다.

또 어떤 분들은 깨달음이란 뭔가 비밀스러운 비전을 얻어야 하는 것으로 생각한다. 스승과 제자 사이의 지극히 사적인 비밀지식 전수를 통

해서만 가능한 것이라고 생각
한다. 여기서 스승과 제자는 승
려로 한정된다.

이런 생각들에 반기를 든 것
이 대승불교이고 선불교이다.
이들은 도량이 따로 있는 것이
아니라 다름 아닌 우리 마음이
며直心是道場, 부처가 따로 있는 것
이 아니라 바로 우리 마음이고

●루터의 1534년『성경』: 독일어 번역본. 신의 말
을 직접 접함으로써, 누구든지 신과 직접소통이
가능하게 한 혁명의 원동력이었다.

중생이라고 선언한다心佛及衆生是三無差別. 중세 기독교는 그리고 고대 종교
는 사제들의 전유물이었다. 유대교이건, 힌두교이건, 베다교이건, 조로
아스터교이건, 중세 기독교이건 모두 사제들을 통한 집단적인 희생제의
와 종교의식을 통해서만이 신과 소통이 가능하다고 믿었다. 그러니 개
인적인 구원이란 꿈도 못 꿀 일이었다.

이에 반기를 들고 나온 것이 기독교이다. 기독교는 사제를 통하지 않
고도 신과 직접 소통할 수 있다고 가르친다. 특히 개신교가 철저하다.
루터가 1522년과 1534년에 라틴어를 번역한 독일어『성경』은 구텐베
르크의 활자인쇄술을 통해서, 라틴어를 모르는 민중에게 대량으로 퍼졌
다. 이런 보편적인 대중적인 깨달음 운동이 이미 2,000년 전에 불교에
대승불교형태로 일어난 것이다.

유심정토: 우리 마음이 극락정토이다

번뇌 즉 보리라는 말은 무슨 뜻일까?
'예토穢土가 정토淨土'라는 사상이 있다. 크게는 유심정토唯心淨土 사상의

일종이다. 정토가 우주공간에 지구에서 아주 멀리 수백 광년 떨어져있는 (깨끗한) 외계행성에 있는 것이 아니라, 바로 우리 (일견 더러운) 마음이 정토라는 사상이다.

사람들은 흔히 말한다, "바람 한 번 잘못 피웠다가 지옥에 다녀왔다"고. 거꾸로 누구나 선행을 하고 난 뒤에 느끼는, 더없이 가볍고 수승한 행복감을 안다. 한 사람이 두 가지 극과 극을 경험한다. 하지만 그 둘은 다른 사람일까? 그렇지 않다. 같은 사람의 마음이 그 마음을 씀에 따라 지옥이 되기도 하고 극락이 되기도 한다. 그래서 정토는 외계에 있는 것이 아니라고 가르친다. 만약 정토가 외계에 그것도 아주 멀리 있다면 그리 가기 위해서는, 첫째 우주선을 만들어야 하며, 둘째 빛의 속도를 넘어갈 방법 즉 웜홀worm hole 통과방법을 알아내야 할 것이다.

이도 저도 불가능하면, 열심히 선행을 닦아야 한다. 정토에 갈 수 있을 정도의 공덕을 쌓아야 한다. 문제는 그게 언제가 될지 아무도 모른다는 점이다. 갔다 돌아와 일러주는 자도 없고 소문만 무성하며, 자기보다 착한 자가 많아 보여 보잘것없는 자기에게까지 차례가 올지 몹시 의심스럽기 때문이다. 그래서 중생의 마음은 자꾸 위축된다. 버젓이 잘 살다가도 더 잘사는 친구집에 다녀오면, 갑자기 남편이 못나 보이고 미워 보이기까지 한다. 그 친구의 인물이 자기보다 못하면 증세는 더 심해진다.

사실은 크게 문제가 될 일이 아니다. 단지 그 마음이 문제이다. 우리 삶도 크게 다르지 않다. 사실 우리는 대체로 평온한 삶을 산다. 먼저 인생의 3분의 1을 잠자느라 바빠 그 시간만큼은 나쁜 일을 안 하고, 사실은 못한다. 깨어있는 시간에는 생업에 쫓겨 정신이 없으며, 남은 시간에는 출·퇴근차 안에서 졸지 않으면 스마트폰을 뚫어져라 쳐다보거나, 텔레비전 앞에 앉아 멍청히 시간을 보낸다. 배우들은 시청자들을 위해서, 상상이 가능한 기기묘묘한 나쁜 짓들을 막장드라마라는 이름으로 다 대신해준다. 그래서 나쁜 일에 진력이 날 지경이다. 나쁜 짓을 좀 하려고 하다가도, 자기가 하려는 나쁜 짓이 드라마에 등장하는 나쁜 짓들에 비하면, 그 상상력이나 잔인함에 있어서, 엄청 모자라고 한참 초라해 보여서 그만 의지가 꺾인다. 그러니 무슨 나쁜 일을 할 수 있을까? 게다가 대부분 사람들이 을乙인데 무슨 나쁜 짓을 모질게 할 수 있을까?

살아가면서 때때로 느끼는 보람과 행복이 있다. 모락모락 김이 나는 커피 잔이나 녹차 잔을 앞에 두고, 따뜻한 창가에 앉아, 사색을 하거나 독서를 하거나 친지와 담소를 나누는 기쁨이 있다. 성인聖人의 가르침을 사유하는 기쁨도 있다.

전 세계 환경오염을 말끔히 정화할 수 있는 과학기술발명을 상상하는 기쁨 역시 빠뜨릴 수 없다. 의학과 생명과학을 발전시키고, 에너지와 식량문제를 해결하여, 모든 생명체가 질병없이 장수하며 평화롭고 평등하게 공존하는 세상을 꿈꾸는 기쁨은 잠시일지라도 가슴을 벅차게 한다. 그런 에너지를 얻기 위해 허공을 억세게 비틀고 쥐어짜는 상상을 해 보면 정말 신나는 일이다.

정토란 이런 기쁨을 떠나 따로 있는 것이 아니라는 것이 유심정토이론이다. 우리가 우리 마음을 쓰기에 따라 기쁨도 오고 고통도 오는 것이지, 따로 극락과 지옥이 있다는 것이 아니다. 극락과 지옥은, 바로 지금, 우리 마음 안에 건립되고 경험된다는 이론이다. 당신이 경험하는 소박한 기쁨이 바로 극락이라는 이론이다. 우리는 흔히 가꾼 꽃만이 아름답다고 느끼며, 야생화들이 얼마나 아름다운지는 잘 모른다. 우리가 겪는 소박한 기쁨은 모두 야생화이다. 극락은 멋지게 꾸민 인공 꽃일 뿐이다. 극락의 가로수는 보석으로 만들어져있다. 수관, 체관으로 물과 양분이 바삐 오르내리고, 가을이면 샛노랗게 온 세상을 물들이는 살아있는 은행나무가 아니다. 매미가 목청이 터져라 울어대는 참나무도 아니고, 큰 잎으로 찰랑찰랑 삼복더위를 흔들어대는 플라타너스도 아니다. 극락의 나무는 가지가지 보석으로 만들어진 인공물이다.

'끝없는 락'이라는 극락極樂은 본래 불교의 가르침과도 어긋난다. 욕망의 불꽃이 꺼진 평온한 상태가 열반이다. 그런데 갈 데까지 간 '극도의 쾌락'은 아무리 생각해봐도 열반과는 거리가 멀다. 다시 돌아오려면 한참 시간이 걸릴 것이다. 불교에서 말한다. "천국에 가면 깨닫기가 힘들어진다. 오히려 인간계가 깨달음을 얻기 가장 좋은 곳이다." 술에서 깨어야만 제정신이 돌아온다. 술이 만든 극락에 오래 머물수록, 깨는 데 더 시간이 걸린다. 그리고 나이가 들수록 더 오래 걸린다. 그래서 인간 세상에 있을 때 신속히 깨달음을 얻어야 한다고 말하는 것이다.

극락에서는 바람이 불면 보석나무들이 삼법인三法印 설법을 한다고 한다. 하지만 무한한 낙을 누리는 극락에서 무상·고·무아가 어떻게 귀에 먹힐까? 쉴 틈 없이 끝없이 변하는 남섬부주南贍部洲에서, 고락苦樂, 애증愛憎, 화쟁和諍, 승패勝敗, 우지愚智, 한서寒暑, 기포飢飽 등으로 롤러코스터를 타는 인간계에서, 무상·고·무아를 깨닫기 더 쉽다. 그래서 극락은 망상이다. 가면 절대로 깨닫지 못하는 '저주의 땅'이다. 만약 당신의 최고목표가 깨달음이라면 말이다. 그런데 왜 이런 세계를 외계에 건립했을까? 술꾼들이 '술을 매일매일 마음껏 마시고도 간경화 위궤양 뇌세포 손상을 입지 않는' 술꾼들의 천국을 상상하는 것처럼, 세상 고통에 짓눌리고 절은 사람들이 '온갖 낙을 누리고도 깨달음을 얻는' '신新행성'을 만들어낸 것이다. 다른 말로 하자면, 극락은 이율배반의 행성이다.

우리 마음이 바뀌면 우리 마음이 바로 극락이다. 이 마음은 번뇌를 내는 마음과 다르지 않다. 즉, 정토淨土는 예토穢土와 다르지 않다. 같은 음식이 똥이 되기도 한다. 깨끗한 음식과 더러운 똥이 다른 것이 아니다. 우리가 보는 시각과 관점에 따라 음식이 되기도 하고 똥이 되기도 한다.

염정染淨(더러움과 깨끗함)은 우리 마음의 분별일 뿐, 절대적인 염정은 없다. 똥은 더럽고 먹는 음식은 깨끗한 것일까? 그럼 우리는, 깨끗한 음식을 먹고 더러운 똥을 만들어내는 존재일까? 구더기들은 똥을 사랑한다, 똥은 존재의 근원이다. 개들에게는 인간의 똥은 부드럽고 따끈하고 맛있는 음식이다. 인간은 소화·흡수율이 낮은지라 똥에 영양가도 풍부하다. 게다가 구수한 냄새까지 난다. 혹시 개들의 제호醍醐가 아닐까, 우스운 상상까지 하게 된다. 더불어, 샛노란 거품이 이는 맥주 같은 오줌으로 목을 축이면 더할 나위 없이 훌륭한 한 끼 식사였다. 예전에 강아지들은 어린아이들이 똥싸는 것을 기다려 다 받아먹고, 디저트로 똥꼬까지 깨끗이 핥아먹어 뒤를 닦을 필요까지 없었다. 그러다 붕알까지 따먹어서 크게 문제가 되는 경우가 있기는 하였지만. 혹시 붕알을, 떨어지다 엉뚱한 곳에 낙하한 똥으로 착각한 것은 아닐까? 하하하. 고의가 아니었으니 죄를 묻기도 힘들다. 피해자에게는 미안하다.

염정染淨은 같은 것에 기초하고 있다. 염정은 따로 존재하는 것이 아니다. '번뇌 즉 보리'라는 말은 바로 이 말이다. 우리 마음을 떠나서는 따로 보리라는 것이 없다는 말이다. 다른 식으로 설명하자면 칼은 칼일 뿐이다. 그 칼이 사람을 살리는 주방용 칼이 되느냐 아니면 사람을 죽이는 흉기가 되느냐 하는 것은, 칼에 달린 문제가 아니라 우리 마음에 달린 문제이다. 칼에는 살기殺氣도 자비심도 없다. 이 둘은 우리 마음에 있다. 마찬가지로 극락과 지옥은 우리 마음의 문제이다. 이것이 바로 '번뇌 즉 보리'라는 말이다. 우리가 무생물이라면 보리는 얻을 수 없다. 지성이 없는 돌멩이에게 무슨 반야지혜가 있겠는가? 우리에게 생각하는 능력이 있기에 번뇌도 할 수 있는 것이다. 이 '생각하는 힘'이 동시에 반야지혜의 근원이다. 그래서 이 '생각하는 힘'을 번뇌에서 보리로 바꾸기만 하면 된다는 것이다. 이른바 전식득지轉識得智이다. 흔히 오해하듯이 아예 생각을 없애라는 말이 아니다. 그러면 고사목枯死木이나 돌멩이밖에 더 되겠는가? 그게 맘에 안 들면 중력重力이나 전자기력電磁氣力이 되든지.

평상심시도: 깨달음은 인식의 전환이다

아무튼 번뇌는 보리다. 보리는 다른 곳에 있는 것이 아니라, 바로 지금 우리 마음에 있다. 단지 번뇌·망상을 멈추기만 하면 된다. 그리고 그런다고 신비로운 초월적인 마음을 획득하는 것도 아니다. 밥먹고 똥싸는 평범한 마음일 뿐이다. 이른바 평상심시도平常心是道이다. 휘황찬란한 천인天人(하늘나라 사람)들이 영접하고, 아미타 삼존불이 영접하고, 비로자나불이 만다라 궁으로 인도하고, 과거·현재·미래의 삼세불이 관정灌頂을 베풀어 인가해주는, 그런 깨달음의 세계는 없다. 그런 증상이 나타나는 분들은 사실상, 자기도 모르는 사이에, 정신병동으로 직행한 것이다, 자기가 만든 환망공상幻妄空想적인 깨달음의 세계라는 우주적 규모의 정신병원으로.

번뇌와 보리는 같은 바탕 위에 건립된다. 번뇌와 보리는 같은 마음을 어떻게 쓰느냐에 달린 문제이다. 같은 공장을, 전쟁용품생산시설에서 생활용품생산시설로 전환하는 것이다. 생존경쟁 전쟁터에서의 '개체적이고 이기적이고 투쟁적인 번뇌'를 '집단적이고 이타적인 평화의 반야지혜'로 바꾸는 것이다. 앞의 두 공장은 같은 공장이다. 같은 대지 위에 건립된 같은 건물을 사용하는 시설이다. 마찬가지로 번뇌와 보리가 건립되는 땅과 구조물은, 동일한 심전心田과 심택心宅이다.

상·락·아常樂我로 보던 것을 무상·고·무아로 보는 것이다. 대상이 변한 것이 아니다. 우리의 보는 시각이 달라진 것뿐이다. 일체가 본래 무상·고·무아였음에도, 그동안 상·락·아로 보고 있었던 것이다. 자기에 대해서도 마찬가지이다. 이 경우도 보는 마음은 같은 마음이다. 번뇌를 내는 마음이나 지혜를 내는 마음이나 같은 마음이다.

그래서 '번뇌 즉 보리煩惱卽菩提'이다.

깨달음은 사회적인 현상이다

부처님 당시는 석가족의 나라 카필라국 등 부족국가들이, 코살라국 등 대국으로 통합되는 시기였다. 그 후 수백 년에 걸쳐서 페르시아제국, 알렉산드로스 대왕의 제국, 아소카 대왕의 통일인도제국이 탄생했으며 인간은 더 도시화하였다. 대규모로 모여 살게 되어 인간 의식이 발전하였다. 인간의 사회적 특성이 발현되고 발전했다. 타인의 마음이 자기 마음 안에 들어와 의식이 복잡해졌다. 인간의식이 단세포에서 진핵세포로 그리고 다시 다핵세포로 진화하는, 캄브리아기 같은 대폭발이 일어났다. 가히 심心캄브리아기라 불릴 만한 이 기간에, 인간의식에 대한 고찰과 복잡한 마음에 대한 정치精緻한 고찰이 이루어졌다. 그래서 대승불교가 탄생한 것이다. 대승불교는 인간마음에 대한 전문적이고 학술적인 연구라 해도 과언이 아니다. 과거 단순한 시절보다 더 세밀한 이론이 필요해진 것이다. 사회가 변했기 때문이다. 만약 사회화·대도시화·대국화·제국화가 이루어지지 않았다면, 대승불교는 일어나지 못했고 '번뇌 즉 보리'라는 말도 생기지 않았을 것이다. '번뇌 즉 보리'라는 '복잡한' 말이 생기기에는 소규모의 시골사람들의 마음이 너무 '단순하기' 때문이다. 번뇌가 보리가 되는 데는 이런 배경이 있다.

깨달음은 우리와 같이 산다

깨달음이란 신비하고 초월적인 불생불멸不生不滅, 상주불변常住不變, 영생불멸永生不滅하는 참나眞我를 찾는 것이라고 생각하면, 당신은 천불千佛이 출세해도 깨달음을 얻을 수 없다. 깨달음은 당신의 일상생활에서 당신의 평범한 마음에 찾아오는 것이지, 당신의 참나를 찾아 당신의 마음을 떠나 어딘가로 떠나는 것이 아니다. 그래서 육조 스님은 "어찌 자성이 본래 스스로 갖추어있음을 알았으리까?"라고 영탄詠歎하는 것이다.

깨달음은 과학적 지식을 제공하지 않는다

흔히 사람들은 깨달음을 얻으면 모든 지식을 얻게 된다고 생각한다. 문자 그대로 모든 지식을! 하지만 이는 전혀 사실이 아니다. 신비주의 적이고 신화적인 '한탕주의'에 지나지 않는다. 이런 견해는 '전지전능한 신'을 '깨달음'으로 바꿔치기한 것에 불과하다. 냉엄한 진실은 이렇다. 깨달음을 얻어도, 배운 적이 없는 자연과학과 인문·사회과학에 대해서는 여전히 무지하다. 만약 그렇지 않다면, 진화론을 전면적으로 부인하는 진제 종정은 깨달음을 얻은 것이 아니다. 가섭을 초조初祖로 하는 유구한 전등傳燈 역사상의 제79조祖도 아니다. 그런 지식은 따로 긴 시간을 투자해 체계적으로 배워야만 습득할 수 있다.

깨달음이 모든 것을 해결해주는 것은 아니다. 깨달아도 당신은 여전히 다른 사람들의 도움으로 살아간다. 당신의 의식주와 생필품은 거의 다 타인들이, 즉 깨닫지 못한 자들이 제공한다. 함부로 말하자면 귀뚜라미 보일러가 없으면 도인도 얼어 죽을 수 있다. 그리고 충치가 생기면 치과에도 가야 하고 암에 걸리면 입원도 해야 함은 말할 필요도 없다. 이를 부인하는 것은 궤변에 지나지 않는다. 말로는 '마실 가듯 도솔천궁을 드나든다'지만, 일상생활은 하나에서 열까지 속인들에게 의지해 산다. 화려한 말에 속지 말고 그 행을 보아야 한다.

어떤 이들은 볼멘소리로 "그럼 도대체 깨달음이란 뭐냐?"고 묻는다. 깨달음은 모든 생명과 현상이 무아이고 그 작동원리는 연기법이라는 것을諸法無我緣起, 그리고 '나'라는 것은 독립체가 아니라 사회와 자연 속에서의 연기체緣起體라는 것을 깨닫는 것이다我者卽緣起體. 그래서 나라는 것은 얼마든지 커질 수 있고, 반대로 얼마든지 작아질 수도 있다. 무언가, 불생불멸하고 상주불변하는, 신비롭고 초월적인 주체가 있어서 그런 것이 아니라 연기체이기에 그렇다.

그리고 깨달음을 얻더라도 그것은 시작에 불과하다. 결코 끝이 아니다. 그다음은 열심히 세상이치를 공부해서 생명계와 자연계에 유익한 행동을 해야 한다. 그걸 불교에서는 회향回向이라고 부른다. 이런 사람들이 많아질 때 이 땅은 불국토로 변할 것이다. 번뇌가 비옥한 흙이라면 보리는 아름다운 꽃이다. 연꽃은 진흙을 떠나 살 수 없기에, 번뇌, 즉 보리이지, 저 멀리 오색구름 위에 보리가 있는 것이 아니다.

그렇지 않으면 35억 년 인류역사는 의미가 없는 헛수고로 전락하고 만다.

깨달음이란 사회적 현상이다

아동은 없었다. 오늘날 우리가 그렇게 사랑하고, 아끼고, 걱정하는
우리의 아이들은 철저하게 문화적인 구성물이다
원래부터 있던 게 아니라 어느 날 갑자기 편집되었다
근대 이전의 가내수공업을 기반으로 하는 사회에서
가족이란 사랑의 공동체가 아니라
재화의 생산을 위한 경제단위일 뿐이었다 〈필립 아이레스〉

소파 방정환이 '어린이날'을 만든 이유는 조선인들이 하도
아이들을 때리니, 제발 아이들을 사랑해주라고 만든 것이라고 한다

많은 사람들은 도를 닦으려면 심산유곡으로 들어가야 한다고 생각한
다. 토굴이나 동굴에 홀로 살며 티베트의 밀라레파처럼 도를 닦아야 깨
달음을 얻는다고 생각한다.

하지만 당신이 무인도에 표류해 혼자 산다고 해보자. 당신이 미워할
사람도 좋아할 사람도 없다. 당신이 화를 낼 상대도 기분이 좋을 상대도
없다. 혹시 사랑과 미움의 감정이 일어난다면, 그건 옛일이 떠올라서일
수 있다.

하지만 만약 당신이 갓난아이 시절부터 무인도에 홀로 산다면 어떨
까?

『불경』을 읽은들 도를 닦을 마음이 날까? 사랑, 미움, 질투, 시기, 거짓
말, 음모, 분노 등의 감정을 이해할 수 있을까?

감정은 타인으로 인하여 일어난다. 즉 사회로 인하여 일어난다. 번뇌
도 그러하다. (정확하게는, 나와 타인 사이의 연기관계이다.)

그러므로 깨달음은 다른 사람들로 인하여 일어난다. 깨달음이란 궁극

적으로 나와 타인의 관계에 대한 깨달음이다. 번뇌는 사회적 관계이기 때문이다.

깨달음은 결코 개인적인 일이 아니다. 태어나서부터 홀로 사는 사람에게 죽음의 공포가 있을까? 아마 없을 것이다. 있다 해도, 사회 속에 사는 사람보다는 훨씬 적을 것이다. 죽은 사람을 본 적이 없어, 자신의 죽음을 예측할 수 없기 때문이다. 아마 '죽음'이라는 개념조차 없을 것이다.

병에 걸린 동물은 육체적인 고통을 느낄 뿐이지, 자기가 죽을지 모른다는 죽음에 대한 공포는 없다. 공격을 당하는 동물은 죽음에 대한 공포가 아니라, 폭력에 대한 공포를 느끼는 것이다. 어릴 때부터 무인도에 혼자 사는 사람도 마찬가지일 것이다. 이 사람은 아마 죽을 때 죽음에 대한 공포가 전혀 없을 것이다. 자기가 죽는 줄도 모를 터인데 죽음에 대한 공포가 있을 턱이 없다.

아프리카의, 수렵채집을 하는 소규모 원시종족인, 부시맨은 죽음에 대한 공포가 없다. 이 사실은 죽음에 대한 공포가 본능이 아니라 문화적인 현상임을 암시한다.

사회를, 적어도 가족을 이루고 살아야 죽음을 알게 된다. 그리고 감정도 알게 된다. 대승불교는 왜 인간의 의식에 천착했을까? 같이 살았기 때문이다. 대승은 자신들을 사회로부터 분리시키지 않고 사람들과 같이 살았다. 물리적으로도 그랬고 정신적으로도 그랬다. 그들은 '사회란, 밖에만 존재하는 것이라, 안에도 존재한다'는 것을 깨달았기 때문이다. 혼자 살아도, 자기 안에 있는 여러 마음이 만들어내는 (내적인) 사회에서 유리될 수 없다는 점을 깨달은 것이다. 그리고 고립된 개인의 깨달음은 의미가 없다는 점을 깨달은 것이다. 깊은 산속으로 들어가 야생과일과 뿌리식물을 먹으며 혼자 외로이 살다가 도를 이루고 아무도 모르게 죽은들, 사회에 미치는 영향은 무無이다. 이름 없는 단년생 들꽃이 봄에 심산深山에서 꽃을 피웠지만, 씨를 남기지 않고 가을에 사라지는 것과 다를 바가 없다. 사회 속의, 밖으로 드러나지 않는, 고립된 깨달음도 쓸모없기는 마찬가지이다.

번뇌 속에서 일어난 깨달음만이 번뇌 속으로 퍼질 수 있기 때문이다. 홀로 바람에 날려 사막에 떨어져, 가까스로 한 점 흙 위에서, 아침에 꽃을 피웠다 저녁에 사라지는 꽃은 자신을 퍼뜨릴 수 없다.

'번뇌 속에서 깨달음을 이룬다'는 말은 사회 속에서 깨달음을 얻는다는 말이다. '번뇌는 사회로부터 온다'는 말을 기억하시기 바란다. (아我는 독립아獨立我가 아니라 연기아緣起我이기 때문이다.) 숲이나 동굴에서 홀로 정진하는 수행자에게 일어나는 번뇌는 그들이 속세에 있을 때 사회적으로 경험한, 즉 타인과의 관계 속에서 형성된, 경험이 만들어내는 것이다. 번뇌는 기본적으로 사회적인 것이다. 마음이 진화하여 여러 마음으로 분화하지 않으면, 즉 다수의 마음이 사회를 이루지 않으면, (대부분의) 번뇌는 일어날 수 없는 일이다. 승려들이 더 큰 집단을 이루고, 속인들과 더 자주 접촉함으로써 인간 간의 관계를 통해서 인간 의식에 대해서 더 많은 경험을 하게 되었기 때문이다. 스스로 고립하여 은거생활을 하는 소승들에게는 일어날 수 없는 일이다.

마음의 일은 기본적으로 집단의 일이다. 한 마음은 "하라" 하고, 다른 마음은 "하지 말라"고 한다. 자기 마음 안에 있는 여러 마음은 서로 경쟁한다. 그래서 마음은 이미 '마을'이다. 마음이 있는 이에게나 깨달음이 가능한 것은, 깨달음이 사회적인 현상이고 마음이 집단이기 때문이다. 다른 사람의 마음을 통해서, 그리고 다른 사람의 마음에 비친 자기 마음을 보게 됨으로써, 우리는 마음의 다자아성多自我性을 깨닫게 된다. 아직 마음이 복잡하게 발달하지 못한 생물에게 깨달음은 불가능하다. 아직 마음이 충분히 큰 마을이 되지 못했기 때문이다.

많은 사람들은 지옥과 천국 등 통속적 의미의 윤회가 없이는 불법佛法

의 기반이 무너진다고 생각한다. 불법 자체가 성립하지 않는다고 생각한다. 윤리와 도덕의 근거가 무너진다고 생각한다. 불교수행의 동기를 박탈한다고 생각한다. 불교가 윤회를 탈출하는 방법을 가르친다고 생각하기 때문이다.

하지만, 깨달음이 사회적인 현상이라면, 윤회에 대한 생각 역시 사회적인 현상이다. 윤회의 의미, 즉 윤회가 무엇을 의미하는지도 사회적인 현상이다. 유신론적인 타 종교인들조차 천국과 지옥은, 특히 지옥은, 안 믿는 경향이 있다. 불교인들도 아마 그럴 것이다. 사회가 발전함에 따라 우주를 보는 눈이 같이 발달하기 때문이다.

무인도에서 갓난아기 때부터 홀로 사는 사람이 이 세상에 다시 태어나고 싶다는 생각을 할지 의문이다. 태어나는 것을 본 적이 없기 때문이다. 그 무인도에 짐승이 없다면 말이다.

이 점에서 성인들은 세상을 혼란에 빠뜨렸다. 아무 문제없이 잘들 살고 있는데, 누군가 나타나, "당신들 잘못 살고 있어, 그렇게 사는 게 아니야. 내가 가르쳐주는 대로 살아야 돼!" 하고 꾸짖은 꼴이다. 뿐만 아니라 성인들 말이 서로 크게 어긋났으므로, 특히 사후세계에 대한 가르침이 극과 극으로 상이했으므로, 세상에 혼란은 가중되었다. 사람들은 서로 지지하는 성인이 달랐으므로 서로 말다툼을 하다가, 막다른 골목에 다다르면 흉측한 무기를 동원해서 상대방을 죽이면서도, 성인의 가르침을 충실히 따르고 있다고 대망상을 피웠다.)

동굴에서 홀로 도를 닦는 것은, 무인도에 태어나 홀로 사는 사람이 되자는 것인가?

"무지개는 왜 생길까?" 또는 "천둥은 왜 칠까" 등의, "저건 왜 그럴까?" 하는 자연현상에 대한 의문은 사회적인 현상이 아니다. 이런 의문은 홀로 살건 사회를 이루고 살건 일어난다. 오히려 사회를 이루고 살면 적게 일어난다. 그 이유는 사회적인 현상에 대한 의문이 더 많이 일어나

깨달음이란 사회적 현상이다

기 때문이며, 사랑·미움·협력·분열·평화·싸움 등의 사회적인 관계가 온통 사람의 마음을 차지하기 때문이다. 그래서 위대한 과학자들 중 많은 수가 자폐적인, 즉 비사회적인 성향을 나타낸다. 하지만 사회적인 현상은 사회 속에서 발생하고, 사회 속에서만 의미가 있다. 예를 들어, 무인도에 홀로 사는 사람은 고백해야 할 죄도 짓지 않을 것이다. 죄의 대상인 타인이 없기 때문이다. 오계인 살인·절도·음행·망어는 모두 타인에 대한 죄이다. 타인이 있어야 가능한 것들이다. 따라서 죄는 사회적인 것임을, 즉 사회로부터 발생하는 것임을 알 수 있다.

사회는 무아無我이다. 구성원들의 연기적 관계로 생성·유지·소멸하는 것이기 때문이다. 그 어디에도 시공을 통해서 상주불변하는 주재자主宰者는 없다. 사회자체는 유동적이다. 끝없이 구성원이 증감을 하고 구조도 변형을 거듭한다. 외적인 사회도 그렇고, 내적인 사회인 우리 마음도 그렇다. 뇌도 그렇다. 구성원인 1,000억 개 뇌세포에 증감이 일어나고, 뇌세포들 간의 연결도로인 500조 개 (축색·수상)돌기들에 생성·소멸과 구조변형이 일어난다. 본시 없던 것이 생긴 것은 무아無我이다. 인간은 단세포생물에서, 외계와 자연이라는 사회를 통해서 관계를 맺으며, 100조 개 다세포 동물로 진화를 했다. 그 과정에서 몸과 뇌의 수많은 세포들 사이에, 폭발적인 의식·지능·기능의 발전을 가능하게 한, 분업이 이루어졌다. 애덤 스미스가 경제적인 분업을 제안하기 이전에, 즉 수십만 년 전에 이미 생물학적인 분업이 일어난 것이다. 인간은 그 구조가 이미 육체적으로뿐만 아니라 정신적으로도 사회이다. 그러므로 인간은 몸적으로나 마음적으로나 무아이다.

우리의 의식과 번뇌가 우리와 내적·외적 사회 사이의 연기관계로 발생하므로, 우리의 깨달음은 관계 속에서 발생하는 사회적 현상이다. 그러므로 우리는 사회 속에서 사회를 이루고 열심히 살아야 한다. 우리가 사는 내적·외적 사회의 모습이 깨달음의 모습이지, 따로 (어딘가 초월적이고 신비로운 형태로) 깨달음의 모습이 있는 것이 아니기 때문이다.

따라서 '참나'는 그릇된 이론이다. 몹시 그릇된 이론이다.

···

감정은 악마인가

> 철학자들은 감정이 이성과 반대되는 위치에 서있다고,
> 특히 합리적인 결정을 내리는 것과 반대가 된다고 생각해왔다
> 〈에릭 캔델의 『통찰의 시대』〉
>
> 감정은 종의 생존에 유익한 짝선택 기능과 사회적·적응적 기능을
> 수행한다 〈다윈의 『인간과 동물의 감정표현』〉

감정이 없어도, 인간은 행복할 수 있는가?

감정이 없으면 판단력 장애가 생긴다

인간은 감정이 있다. 희로애락애오욕구喜怒哀樂愛惡慾懼의 8정八情이 그것이다. 감정은 (깨달음과 지혜를 획득하는 데) 부정적인 것이고 반드시 없애야 하는 대상인가? 도통道通하면 이런 감정은 다 없어지는 것인가? 그리고 감정은 궁극적으로 사회생활에 부적절한 것인가?

사고로 뇌의 특정부위에 부상을 입으면 감정이 없어진다. 문자 그대로 감정이 사라진다. 감정중추에 이상이 와서 감정이 생겨나지 않는 것이다(식욕·성욕·수면욕 등 욕망은 시상하부가 담당하고, 나머지 감정은 대뇌변연계가 담당한다). 감정이 없으면, 쓸데없는 감정이나 기분에 휩쓸리지 않아서, 결정을 더 잘 내릴 것 같지만 전혀 그렇지 않다. 오히려

그 반대이다. 임상관찰 결과에 의하면, 뇌부상으로 감정이 사라진 사람은 일상적인 판단·결정을 하는 데조차 심하게 어려움을 겪는다. 위급한 상황에서도 흔들리지 않고 적절한 판단을 내리는 냉철한 지도자는, 감정이 없는 것이 아니라, 감정에 치우치지 않고 휘둘리지 않을 뿐이다. 그들의 마음은 부하들에 대한 애정·신뢰와 연인에 대한 사랑으로 넘쳤다. 명태조 주원장은 개국공신들을 거의 다 주살誅殺했지만, 명장 서달은 천수를 누렸다. 그는 항상 낮은 자세로 일관하며 병사들과 고락을 같이하여 그들로부터 무한한 사랑과 충성을 받았다. 나폴레옹은 전쟁이 끝나자마자, 조세핀에게 급히 달려가겠노라고 매번 열정적인 편지를 보냈다.

장고長考로 유명한 바둑기사 이창호와 조치훈이 속기에 약할 것 같지만 전혀 그렇지 않다. 속기전速棋戰에서도 많이 우승했다. 프로 바둑기사들이 시간을 쓰는 것은, 대체로, 다음 수를 발견하기 위해서라기보다는, 직감적으로 떠오른 수가 최선의 수라는 것을 확인하는 논리적인 과정이다(물론, 직감도 당연히 질의 차이가 있으며, 각자의 능력 즉 기재棋才에 따라 처음 직관적으로 떠오르는 수의 품질이 결정된다). 직감적으로 떠오른 수가 한 개가 아니라 여러 개라 할지라도, 그 몇 개만 검토하면 되므로, 아무 수도 안 떠오르는 것보다는 무한히 유리하고 효율적이다. 직감적으로 떠오르는 수가 없으면, 무지막지하게 많은, 수많은 가능성을 검토하느라 결정을 내리지 못한다, 즉 제한시간 내에 다음 수를 두지 못한다. 감정은 지극히 평등한 사물들에 질서를 부여한다. 그러면 인간은 그 질서를 따라 율동적으로 움직이며 살아간다.

감정이 없으면 인식기능 장애가 생긴다

안면실인증prosopagnosia은 사람얼굴을 인식하지 못하는 증상이다. 양 등 동물의 얼굴은 구별하지만, 유독 사람의 얼굴만 구별하지 못하는 신기한 증상이다. 사물의 모양과 감촉을 처리하는, 측두엽과 후두엽 사이에 있는, 방추회가 뇌졸중 등으로 손상되어 일어난다. 유명 영화배우 브래드 피트가 한때 이 증상에 걸린 적이 있다.

비슷한 증상으로 카그라스 증후군Capgras syndrome이란 망상이 있다. 시신경은 말짱하지만, 시신경과 변연계 사이의 신경회로가 끊어진 사람이 겪는 증상이다. 이런 사람은 아는 사람을 만나도 누군지 알아보지 못한다. 예를 들어 어머니를 보고 "누구신지 몰라도 우리 엄니하고 무지 닮았네. 당신, 우리 엄니 행세를 하는 사기꾼 맞지?"라고 말한다. 이 사람은 자기가 보는 사람의 모습이 형상으로서는 어머니 모습이라고는 알아차리지만, 친밀감·사랑 등, 어머니에 대한 특유의 감정을 느끼지 못한다. 감정을 담당하는 변연계로의 신경회로가 차단되어 시각정보가 변연계로 전달되지 못해 벌어지는 일이다. 그 결과, 자기 어머니를 어머니가 아니고 어머니 행세를 하는 사기꾼이라고 생각한다. 감정이 없으면 이런 괴상한 일이 일어난다.

참나론자들과 범아일여 힌두교도들은 코타르 증후군 환자

증세가 심한 경우, 거울에 비친 자기 자신조차 알아보지 못한다. 코타르 증후군Cotard's syndrome 또는 '걷는 시체 증후군walking corpse syndrome'이다. 희귀한 경우에는 자신을 불멸의 존재로 믿는다. 자아존재에 대한 인식기능의 결핍으로 발생하는 현상이다. 어디서도 자신을 볼(찾을) 수 없으니, 자신을 이 세상에 존재하지 않는 영적이고 초월적인 존재로 간주하는 것이다.

참나론자들 역시 코타르 증후군 환자일 가능성이 있다. 자아, 즉 나의 공空함을 보고는 지금의 (번뇌로 더럽고 고통스러운) 자기는 존재하지 않고 따로 (번뇌가 없어 깨끗하며 즐거운) 불멸의 자아(참나)가 존재하고, 사실은 자기가 바로 그 '상락아정의 참나'로서 불멸의 존재라 믿는다. 이 증세가 전문 수행자들처럼 장기간의 강렬한 참선의 결과 뇌에서 일어난 커넥톰connectome의 구조변화로 생긴 경우는 (자기가) 진짜 그렇게 불멸의 존재라 느끼므로 코타르 증후군이지만, 장기간 강렬한 참선의 경험이 없는 일반인들은, 뇌구조 변화와 그에 따른 생생한 의식경험이 없이, 그냥 "나는 불생불멸의 참나이다" 하며 앵무새처럼 흉내나 낼 뿐이므로 코타르 증후군이 아니다. 그냥 평범한 타인성他因性 과대망상증이다. 그 증거로는 자기가 불멸의 존재라는 걸 보여주겠노라고, 절벽에서 뛰어내리거나 불속으로 뛰어들거나 목재소 대형 전기톱으로 돌진하는 사람이 없다는 사실을 들 수 있다.

감정이 없으면 직관도 없다

감정이 없으면 감정이 제공하는 직관이 없다. 그래서 감정이 없는 경우, 시간 내에 즉 위험이 닥치기 전에 결정을 내리려면, 이성을 맡은 뇌 용량이 엄청나게 커야 한다. 이성은 직관이 아니므로 가능한 경우를 모두 검토해야 한다. 실제로 체스(서양장기)에서는 이런 일이 일어났다.

1997년 5월 IBM이 만든 체스컴퓨터 딥블루Deep Blue는 체스 세계 챔피언 카스파로프Garry Kasparov를 격파했다. 시간제한이 있는 게임이었다. 어마어마한 용량을 지닌 슈퍼컴퓨터에 내장된 소프트웨어가 인간을 이긴 것이다. 딥블루는 가능한 천문학적인 모든 경우를 검토하고도 제한 시간 내에 인간을 이긴 것이다. 하지만 그 경기결과(3.5점 대 2.5점)는 근소한 차이로 결정되었으므로 인간의 체스능력은 슈퍼컴퓨터나 동일하다는 말이다. 즉, 역으로 말하자면 인간은 직관을 가졌으므로 거대한 슈퍼컴퓨터를 휴대하고 다니지 않아도 된다는 얘기이다.

그러나 컴퓨터공학이 상상을 초월하게 발전하면 컴퓨터의 능력은 인간의 뇌를 넘어서게 될 것이며, 그때는 컴퓨터칩을 뇌에 내장함으로써 기억·추리·계산 등의 뇌의 기능을 도울 수 있을 것이다(그 후, 20년 만에 작은 방만 했던 딥블루는 사람손톱 크기로 줄어드는 기술혁명이 일어났다). 그러면 신인류의 출현이다. 뇌에 칩을 삽입하여 뇌의 활동을 돕는 것은 이미 동물실험이 성공했다. 지난 2014년에, 팔이 없는 사람에 인공기계팔을 연결하여 남아있는 팔 부위에서 (뇌에서 보낸) 전기적인 신경신호를 포착하여 인공팔과 인공손가락을 움직여 컵을 쥐고 놓는 일이 성공했다: 팔을 위아래로 움직이는 것도 가능하다(유튜브 참조). 미래학자들은 40년 내로 인간의 뇌를 능가하는 컴퓨터가 출현할 것이며, 심지어 의식을 지닌 컴퓨터가 탄생할 것이라고 예견한다.

인간의 낙樂 중 많은 부분이 감정의 만족으로부터 나옴을 볼 때, 과연 감정이 사라진 인간이 여전히 행복할 수 있는지는 의문이다. 하지만 동시에 감정이 인간의 불행의 주요 원인인 점을 보면, 구舊감정이 사라지고 대신 새로운 감정이 나타나도 꼭 해롭다고만 할 수는 없다. 전혀 상상할 수 없는 새로운 감정이 탄생할 수 있다! 물고기·파충류·포유류·영장류에서 진화한 인간이 그들과 전혀 다른 감정과 행복감을 갖는 것을 보면, 그리 상상하는 것도 전혀 무리는 아니다.

감정은 생존에 필수적이다

우리 마음에 있는 감정은 직관적·본능적으로 결정을 내리는 역할을 한다(옳건 그르건, 그 결정은 대체로 옳거나 도움이 될 것이다. '대체로'라는 것이 중요하다. 아무 결정도 안 내리는 것보다는, 틀리는 경우가 있더라도 '대체로' 옳거나 도움이 되는 결정을 내리는 것이 중요하다. 생존은 확률이기 때문이다).

공포恐는 그 상황이 생명에 직결되는 중대한 것이라는 것을 알린다(호랑이거나 늑대일 수 있다. 혹은 절벽이나 구덩이이거나), 노怒는 상황이 나쁘다는 것을 알려주는 감정이다. 애愛는 좋은 열매나 좋은 짝짓기 상대를 본 것일 수 있으며, 오惡는 싫은 상대를 본 것, 즉 전염병자이거나, 거렁뱅이이거나, 우리와 같은 도덕을 공유하지 않아서 어떤 짓을 저지를지 모르는 떠돌이이거나, 이방인이거나, 가까이하지 않았으면 하는 것을 볼 때 일어나는 감정이다.

그러므로 그런 감정이 일어난다면 조심해야 한다. 우리가 특정인을 볼 때 안 좋은 감정이 일어나는 것은, 많은 경우 과거에 우리에게 해를 끼친 사람과 육체적·정신적으로 유사한 점이 있기 때문이다. 이런 감정은 기계적인 감정이며, 우리에게 '조심하라'고 경고하는 역할을 한다. 단, 면밀히 살펴서 충분한 근거가 있는지 살필 일이다. 감정은 이성이 없기 때문이다.

공포恐와 증오는 적대적인 타 부족이나 잠재적으로 위험한 낯선 사람을 상대할 때, 반드시 필요한 감정이다. (지금 브라질 열대우림에 사는 석기시대 원시인 야노마뫼족은 방심하는 사이에 적의 활이나 몽둥이에 맞아죽고 부인을 강탈당한다.) 위험에 대해서 공포를 느끼지 않거나, 해를 주는 존재를 증오하지 않으면, 그렇게 하는 것보다 생존에 불리함은 명확하다. 증오는 해를 주는 존재는 피하게 하는 회피기능을 한다. 경보장치가 없으면 화재·홍수 같은 재난에 크게 피해를 당할 위험이 큰 것과 같은 이치이다. (감정은 '죽음을 두려워하지 않거나 죽어도 그만'이라는 수행자에게는 없어도 되지만, 만약 그 수행자의 후원자들과 추종자들조차 공포와 증오의 감정이 없어서 외부위험에 적절히 대처하지 못함으로써 멸종한다면, 그 교단도 멸종할 것은 뻔한 일이다. 따라서 큰 이념을 지닌 [고등]종교일수록 큰 지지그룹을 즉 큰 국가나 사회를 필요로 하며, 따라서 우주적으로 큰 이념을 지닌 종교는 문화나 국가가 클 때 나타난다. 즉 집단의 큰 규모로 인하여, 생존에 대한 위협이 상대적으로 작아서, 증오와 공포가 별로 필요없는 거대_大집단에 발생한다. 그러므로 종교와 국가는 서로 전혀 무관한 존재가 아니다.)

이와 같이 '희로애락애오욕구' 즉 8정이라는 8가지 감정은, 현재의 상황을 여덟 가지로 분류하여 직관적으로 알려주는 역할을 한다. 46억 년 진화과정을 통해 축적한 지식을 바탕으로, 매번 의식적으로 정보처리를 할 필요 없이, 뇌가 즉각적으로 무의식적으로 계산해서 알려주는 것이다. 8가지 감정이라는 서로 다른 색깔을 이용하는 이유는, 색깔이 같으면 정보의 구분이 어려우므로 색깔을 달리해서, 즉 대별해서 8가지 다른 방법으로, 반응과 대응을 하도록 알려주는 것이다.

감정의 동요가 없는 사람은, 감정이 없는 것이 아니라, 감정이 일어나도 그 감정을 증폭시키지 않을 뿐이다. 하지만 세속인간은 감정의 증폭 amplification이 일어나지 않으면 살 수 없다. 이것은 뜨거운 냄비를 맨손으로 잡았을 때, 알아차리기 힘든 미약한 통증만 일어난다면 크게 화상을 입게 된다는 것을 보면 이해가 간다. 다른 인간들과 경쟁을 하면서 자신과 가족을 지키려면, 경보가 예민하게 그리고 확실히 울려야 한다. 그러나, 가족을 버리고 수행자의 길로 들어선 사람에게는, 그리고 죽음이, 즉 생물학적인 멸종이 두렵지 않은 사람에게는, 감정이 상대적으로 중요하지 않게 된다(실제로, 숲에서 살다가 맹수밥이 된 수행자들이 존재한다.

그리고 맹수에 대한 공포를 극복했다는 수행자들의 증언도 남아있다).

육체적 통증을 못 느끼는 병을 무통증無痛症, analgesia이라 부른다. 말초신경·척수·뇌 등에 이상이 생겨 뇌로 지각·촉각·통각·온도각 등 감각 정보가 전달되지 못하거나, 전달되어도 통증을 못 느끼는 증세이다. 통증이 없으면 좋을 것 같지만, 전혀 그렇지 않다. 위경련이나 맹장염이나 치통으로 지독한 고통을 받아본 사람들은 "그게 무슨 말도 안 되는 소리냐?"고 할지 모르지만, 사실이다. 무통증 환자는 경하게는 모기나 거머리에 물려도 통증이 없어 물린 줄 몰라 그냥 피를 다 빨리며, 심하게는 끓는 물을 끝까지 다 마시다 혀와 식도에 3도 화상을 입을 수 있으며, 맹장염에 걸리고도 통증이 없어 적절한 조치를 취하지 못해 목숨을 잃을 수 있으며, 위궤양이 있어도 통증이 없어 모르고 지내다가 위벽의 천공穿孔, 구멍뚫기으로 발전하여 죽을 수 있으며, 또 암이 생기더라도 통증을 느끼지 못해 방치하다가 말기암으로 진행해 급사急死할 수 있다.

감정을 잃는 것은 정신적 무통증에 해당한다.

감정이 없으면 정상적인 사회생활이 불가능하다

감정이 없으면 타인의 감정을 느끼지 못해, 자폐환자와 같은 상태에 빠져, 타인과 소통을 하지 못한다. 그 결과 사회생활이 어려워진다. 사람들은 서로 감정의 교환을 통해서 삶의 기쁨을 느끼고 삶의 의욕을 느끼기 때문이다. 성취감·자부심 등 같은 감정을 느끼는 사람들과의 일체감을 통해서 자아의 확장과 고양감高揚感을 경험하기도 한다: 월드컵 경기를 보며 집단적으로 응원할 때 느끼는 감정이다. 감정은 사람들의 정신적인 먹이이기도 하다. 같이 웃고 울며, 또 같이 기뻐하고 성을 내며, 타인과의 감정을 교환함으로써 감정은 증폭이 되고, 그 결과 사람들은 정신적으로 포만감을 느끼게 된다. 슬픈 감정 역시 먹이라는 사실에는 변함이 없다. 사람들이 영화·드라마·소설을 보고 읽으며 눈물을 흘리면서도 마음은 충만해지는 기분을 느낀다. 심지어 공포조차도 먹이이다. 여자들은 「여고 괴담」 같은 영화를 보며 공포를 참다못해 작고 연약한 주먹을 꼭 쥐고 날카롭게 비명을 지르면서도, 돈을 지불하고 영화관을 찾는다. 자두·콩국수·쇠고기·삼겹살 등 특정 음식이 몹시 먹고 싶을 때가 있는 것처럼, 공포도 몹시 당길 때가 있기 때문이다.

새로운 유전자의 등장: 깨달음 유전자
새로운 땅의 발견: 열반의 땅

부처가 자신의 '사후死後 존재·비존재 여부'에 대한 질문을 받고 답을 하지 않은 것은, 이 세상을 버린 즉 이 세상에서의 자신의 종種, 생체유전자의 존속욕구를 버린 존재들이 가는 새로운 세상을 발견했다고 볼 수도 있다. 그 세상은 물질적·육체적 유전자에 의해서 유지되는 세상이 아니라, 일종의 문화유전자인 '깨달음유전자' '해탈유전자' 또는 '열반유전자'의 확산에 의해서 유지되는 비물질적 세계이다: 새로운, 문화유전자적인, 종種의 출현이다. 감정으로 이루어진 삶만이 유일한 삶이 아니라고 인정한다면, 즉 감정이 없는 삶도 가능하다고 인정한다면, 이런 세상이 불가능할 이유가 하나도 없다.

우리 몸의 각 세포가 뇌의 의식을 알지 못하고 의식하지 못하듯이, 개개인간은 인간전체의 의식을 알지 못하고 의식하지 못할 수 있다. 몸의 세포가 의식하는 것은 뇌로부터 오는 구체적인 전기신호일 뿐이지 고차원의 뇌의식을 경험하는 것은 아니다. 도구는 생각을 하는 법이 아니다. 시키는 대로 할 뿐이다. 만약 도구가 생각을 하면 위험하다. 저능아

식칼이 생각을 하면 무슨 일이 벌어지겠는가? 아니면, 적을 죽이지 않으면 자기가 죽는 생사의 갈림길에 서 있는 병사의 총이 스스로 생각을 해 결정을 하면 무슨 일이 벌어지겠는가, 상상을 해보라. "주인님, 저 사람이 들고 있는 총은 제 동족입니다. 같은 공장에서 생산된 제 형제입니다. 저는 절대로 저쪽을 향해 총알을 발사할 수 없습니다. 미안합니다."

세속인이 감정을 약하게 하고도 살아남으려면 조그만 감정도 무시하지 않고 탐지해서, 이성의 힘으로 사태를 밝히고 대응하는 것이 필요하다. 인간의 삶의 동력은 감정이므로, 감정이 없는 사람은 '살기 위해 상황에 대응하는 것' 자체가 어려울 수 있다.

그러므로 도를 닦아서 감정이 (거의 또는 아예) 없어진다면, 의사결정을 하기 힘들거나 못할 것이다(동북아시아와 인도에 떠도는 '도통하면 어린이와 같아진다'는 말은 바로 이 현상을 의미할 수 있다. 그래서 후득지後得智라는 형이상학적 용어가 생겨난 것일 수 있다. 예를 들어 20세기 힌두교 최고 수행자 라마크리슈나는 도통 후 한동안 어린아이처럼 살았다). 이런 사람이 생존하려면 전적으로 타인의 도움을 받을 수밖에 없다. 탁발을 해서 살아야 한다. 그러므로 탁발을 해서 살지 않는 수행자들은 근본적으로 한계가 있을 수밖에 없다. 속세에 머물며 돈을 벌면, 욕망에 휩쓸릴 상황과 여건에 심신을 내맡기는 꼴이기 때문이다. 이런 역경계적逆境界的 사례는 역사상 무수하며, 지금도 우리 주변에서 발생하고 있는 현재진행형이다.

통상 사람들은 감정이 일어나면, 이성으로 그 감정을 검토하지 않고, 그냥 감정을 따라 같이 달려간다. 진화론적으로 보면, 이렇게 하는 것이 감정이 없는 것보다 생존에 유리하다. 감정이 약한 사람은 감정이 제공하는 추동력推動力이 없으므로, 결정을 내리기 위해서는 이성의 능력과 힘이 엄청나게 커야 한다. 즉 두뇌용량이 엄청나게 커야 한다.

이성은 감성의 노예. 좌뇌는 우뇌의 노예

철학자 흄은 '이성은 감정의 노예'라고 했다.

욕망이 먼저 일어나고, 뒤이어 이성은 욕망을 정당화하는 논리를 고안해낸다. 욕망은 생각하지 않는다. 즉각적이다. 생각은 이성이 하는 법이다. 일은 사장이 벌이고, 수습은 사원들이 하는 법이다. 일을 벌이는 것은 즉각적이고, 수습은 시간이 걸린다. 욕망이 생존이라면, 이성은 생존을 돕는다. 생존방안을 고안해낸다.

본시 욕망이란 식욕과 성욕이 근본이다. 식욕과 성욕은 각각, 당대當代의 생존과 후대後代의 존속存續을 목표로 한다. 즉 현재와 미래의 보존이 목표이다. 프로이트의 용어로는 에로스eros이다. (식욕과 성욕의 목표는, 개체 정체성의 보존이라는 점에서, 과거의 보존이기도 하다. 왜냐하면 과거는 경험·정보의 창고인데 이를 바탕으로 개체의 정체성이 만들어지기 때문이다. 이 면에서 과거는 개인의 정체성이다. 그러므로 식욕과 성욕의 목표는 삼세의 보존이다!)

이것은 생명체의 가장 중대한 목표이다. 생물학적으로 표현하자면, 유전자의 '보존과 전달'이라는 목표이다.

그러므로 '욕망'이란 가장 근원적인 감정이다. 이것은 7정七情 중에 가장 뒤에 배열된다. 희로애락애오욕 중 '욕慾'이다. 따라서 '욕망'은 생존과 번식이고 삶의 근원이다. 이성理性은 이 삶의 근원을 보호하기 위해서 생긴 기능이다. 따라서 이성이 욕망의 '하수인 역할'을 하는 것은 당연한 일이다. 진화론적으로 보면 지극히 당연한 일이다.

감성의 초월: 성인聖人

 하수인 '이성'이 주인 '감성'을 넘어가려고 할 때, 사람의 마음 안에서
는 생사를 건 극심한 갈등과 투쟁이 벌어지며, 이 투쟁은 지독한 고행과
처절한 수행이라는 외적인 모습으로 나타난다. 마침내 욕망이 힘을 잃
으면 내적·외적으로 지극히 평화로운 인격이 출현한다. 물질적인 존속
(생체유전자 전달)을 유지할 동인動因이 사라진 사람은(무여열반이 상징하
는 바이다), 세상 사람들과 같은 욕망(재욕·성욕·식욕·명예욕)을 가지지
않았으므로, 세상 사람들과 다툴 일이 없기 때문이다. (대신 이들은 엄청
난 규모로 문화유전자적인 후손을 배출한다. 예를 들어 예수와 마호메트의
문화유전자적 생존후손은 지금도 각각 수십억 명을 자랑한다. 이들에 비하면,
자식을 근 1,000명이나 생산하여 인류역사상 가장 많은 생체유전자를 남긴
모로코의 이스마엘 황제는 초라하기 이를 데 없다.)

 세상은 그를 성인聖人이라 부른다. 성인은 세상과 같은 밥그릇(욕망)을
두고 다투지 않는 사람이다. 그래서 세상 사람들은 성인을 존경한다. 자
기들 밥그릇을 빼앗아갈 사람이 아니기 때문이다. 세상 사람들이 정치
인들을 (특히 반대편 정치인들을) 혐오하는 이유는 그들이 하시라도 (같
은 편이라도 갑자기 돌변해서) 자기들 밥그릇을 빼앗아갈 수 있기 때문이
다. 세상사람들은 자기들의 적이, 성인聖人이 되는 것은 찬성하지만, 자
기들과 같아지는 것은 반대한다. 이것이 세상의 모든 문제의 근원이다.

 사람들이 성인들 앞에서 평화로워지고 유순해지는 것은, 다른 개들에
게는 지극히 적대적인 사나운 강아지가 주인 앞에서는 유순한 것과 같
은 현상이다. 성인은 자기들에게 주기만 하지, 빼앗아갈 사람이 아니기
때문이다. 사람들은 성인 앞에서, 평소에 욕망으로 인한 투쟁으로 점철
된 마음이 갑자기 평화를 누린다. 그래서 성인이 세상에 평화를 가져오
는 것이다.

범성공 삼제凡聖中 三諦

범인凡人(성인이 아닌 세상사람)들이 가假라면, 성인은 공空이고, 이렇게 돌고 돌아가는 살림살이는 중中이다.

감정이 없으면 불행해진다

현실세계를 살아가는 평범한 인간에게 감정의 부재는, (직관력·통찰력·판단력·인식력 등의) 정신적 기능 결핍과, (타인의 감정 이해력 등) 사회적 소통기능 결여와, 생존욕구·자손생산욕구 약화와, (사랑·우정·모험·스릴·희망·설렘·소속감·일체감 등에 대한) 정신적 허기증을 가져와 정상적인 삶을 살 수 없게 만들어, 낮고 좁고 얕고 엷고 얇고 메마른 삶을 살게 되어 불행해지는 것은 시간문제이다. 이런 상태로 살 수 있는 곳은 태어나기 전의 어머니 자궁이 유일한 곳이다. 만약 이런 식으로 살고자 하는 사람이 있다면 자궁귀소본능子宮歸巢本能 소유자가 아닌지 의심해볼 만하다.

감정은 축복이다

우리가 감정을 지닌 것은 축복이다. 감정은 세상을 높고(숭고함을 느끼고), 넓고(박애를 느끼고), 깊고(행복과 고요함과 평화로움과 신비로움을 느끼고), 진하고(타인과 동물의 슬픔과 기쁨을 느끼고), 두텁고(지혜와 직관과 통찰력과 판단력을 느끼고), 풍요롭게(자연과 생물과 예술을 감상하고 사랑하게) 만든다. 문제는 감정을 어떻게 잘 사용하고 누리느냐 하는 것이다. 단순히 감정을 없애려는 시도로는 결코 세상의 문제를 해결하지 못한다. 이는 생각을 없애 무념무상無念無想의 경지를 얻으려는 시도와 다를 바가 없는 헛수고이다. 수행자에게 가장 중요한 자비와 지혜는 감정과 사유에 뿌리를 두기 때문이다.

개 고양이 인간:
후향생심嗅香生心, 견물생심見物生心

눈과 코는 색욕(色慾)과 향욕(香慾)으로 늘 배가 고프다

수컷 개는 암컷만 보면 암컷 꽁무니에 붙어 코를 들이대고 냄새를 맡는다. 쉴 틈 없이 그리한다.

수컷 인간은 암컷만 보면, 가슴에 허벅지에 얼굴에 눈을 들이대고 모양을 본다. (대표로, 누구나 보라고, 벗고 나서는 게 연예인들이다. 단, 보면 후에 대가를 지불해야 한다. 그들이 선전하는, 많은 경우에 쓸데없는, 물건을 사야 한다.)

쉴 틈 없이 그리한다. 실물이 없으면 종이그림이나 가상그림이나 전자그림을 본다. 밤낮없이 그리한다. 그래서 사방에 밤낮없이 성추행·성폭행이 일어난다. 시각 성추행·성폭행이 벌어진다. 상대방이 기분 나쁘다면 다 추행이고, 정도가 심하면 폭행이다. 언젠가 '시각거세視覺去勢'가 행해질지도 모른다. 예를 들어 인위적인 백내장을 유도하거나 약시로 만들어, 대상을 확실하게 지각할 수 없게 만듦으로써, 시각자극을 줄이는 것이다. 반투명한 콘택트렌즈를 강제로 착용시키거나, 여성의 모습을 남자처럼 왜곡시켜 보이게 만드는 소프트웨어를 뇌에 심는, 방법도

있다. 이런 처벌의 효용성의 근거는, 극단적으로 말하자면, 맹인에게는 성추행·성폭행을 저지를 시각적인 동기부여가 정상인보다는 훨씬 적게 일어날 것이라는 시각이다.

인간은 눈을 돌려 암컷을 훔쳐보고, 개는 코를 돌려 암컷을 훔쳐맡는다.

언젠가 개가 인간수준으로 지능이 발달하면, 몰래카메라가 아니라, '몰래냄새수집기盜香機'를 발명할지 모른다. 그러면 이런 뉴스가 뜰 수 있다. "왈왈. 9시 뉴스를 전해드립니다. 오늘 서울역 화장실에서 벌어진 일입니다. 수컷 불독 한 마리가 암컷화장실에 들어가 몰래냄새수집기를 설치해 여러 암컷들의 냄새를 훔쳐간 사건이 발생했습니다. 개가 데려온 애완인愛玩人은 망을 보았다 합니다. 천견天犬이 공로할 일입니다. 암컷 개 여러분 조심하시기 바랍니다. 세상이 사람판(고어로는 '개판')입니다. 으르렁~~ 왈~왈왈왈! 9시 뉴스를 마칩니다. 시청견視聽犬 여러분, 안녕히 계십시오."

이런 개들이 지배하는 행성이 우주 어디엔가 이미 존재할지도 모른다. 견두상犬頭狀은하 어느 구석일까? 거기서 보낸, 보편적인 개모양을 새긴, 플래티넘 디스크를 실은 우주선이 우주생명을 찾아, 엉뚱하게도, 보신탕을 즐겨먹는 지구를 향해 지금 날아오고 있을지도 모른다.

평등하게는, 박애정신을 발휘하여, 애완견에게도 종이냄새·가상냄새·전자냄새를 도입하면 어떨까?

식욕을 해소하는 개껌처럼, 향욕香慾을 채워주는 개향犬香을 만들어준다. 암컷 냄새를 풍기는 물건을 만들어 제공하는 것이다. 개 어깨 정도 높이로 만들면 금상첨화이다. 물론 개 키에 따라 높이를 조정할 수 있다. 네 귀퉁이에 바퀴를 만들어 붙여 움직일 수 있게 하면 더 좋다. 전기의 힘으로 스스로 도망다니며 진짜 개의 애를 태우게 프로그램할 수 있다면 더할 나위 없이 좋을 것이다. 이게 잔인한 물리적 거세보다는 훨씬 더 견도적犬道的인 일이다.

수컷 개가 암컷의 꽁무니에 코를 대고 냄새를 맡는 것이나, 수컷 인간이 암컷의 가슴이나 허벅지나 엉덩이에 눈을 붙이고 보는 것이나, 본질적으로 차이가 없다.

개가 냄새를 맡는 것처럼 인간은 모양形色을 보는 것이다.

개는 냄새로 발정하고, 인간은 모양으로 발정한다. (인터넷 신문이 그 증거이다. 온통 벌거벗은 여자들이 화면 위에서 활개를 친다.)

개는 코이고 인간은 눈이다. 거기에 인간은 하나 더 있다. 상상, 즉 뇌이다. 인간은 뇌가 성적 기관이 되어버렸다. 상상의 힘으로 발정한다. 자기가 만든 상상의 모양을 보고 자기가 발정한다.

이런 인간이 (탐욕으로부터의) 해탈을 논하고 부처가 되는 걸 꿈꾸다니 진정 기적이다. 진공묘유眞空妙有이다.

자비의 화신化身 우화雨華 스님은 암코양이가 발정나면 그곳을, 아기고추처럼 만든, 초로 자극했다. 그러면 신기하게도 고양이의 애끓는 울음소리가 잦아들었다. 철위산 위로 솟아올라 대범천까지 닿아 천계天界를 뒤흔들던 강력한 음파가 힘을 잃었다. 그럼 대중은 편히 잠을 잘 수 있었다. 고양이가 울음소리로 삼천대천세계를 시끄럽게 하는 것은 고양이 책임이 아니다. 대자연이 고양이 몸속에 화학물질을, 즉 성 호르몬 에스트로겐을 마구 푼 탓이다. 언제 대자연이 고양이에게 자유의지를 베푼 적이 있던가? 강인한 의지력을 수여한 적이 있던가? 냉철한 이성을 장착install해준 적이 있던가? 고양이 성인saint(올바른 단어는 성묘聖猫)을 보내어 그들을 교화한 적이 있던가? 인간 성인이 베푸는 무차대회無遮大會 참가대상에는, 천인天人은 들어갈지 몰라도, 고양이 같은 짐승은 없다. 대회장으로 구름같이 몰려드는 중생 중에, 물질적인 몸이 없는 중생은 있지만 짐승은 없다.

후진장치가 없어 길을 잘못 드는 경우 막다른 골목에서 돌이킬 수 없거나, 제동장치가 없어 사고가 자주 난다면 그건 자동차를 만든 제조업자의 책임이다. (놀랍게도 초기 포드 자동차는 후진 기어가 없었다. 아마 자동차의 모델인 마차가 전진만 하고 후진을 하지 않은 것에 기인할 것이다.) 주기적으로, 예를 들어 최소한 윤회할 때마다, 점검을 하지 않아 사고가 끊이지 않는다면 그건 자동차 주인인 '참나'眞我, true atman의 책임이다. (이걸 부인하는 것은, '좋은 일은 신의 은총이고 나쁜 일은 악마의 소행'이라는 유신론자들의 주장과 다름없다. 만약 참나가 있다면 좋은 일, 나쁜 일 모두 책임져야 할 것이다.) 적어도 윤회할 때만큼은, (헌 몸과 마음을 버리고 새 몸과 마음으로 들어가는) 참나는 환생할 몸과 마음에 대해 지금보다 훨씬 더 엄격하고 철저한 점검을 실시해야 한다.

아무리 점검을 해도 사고가 난다면, 즉 독신이 너무 힘들다면, 하지만 불교재산관리인이 꼭 필요하다면, 은처가 나을지도 모르겠다. 뿌리 깊고 역사 깊은, 가톨릭 신부들에 의해 자행되어온 엄청난 규모의 아동성추행·성폭행을 보면 그런 생각이 든다. 아무리 그래도 그렇지, 종교를 버려야지 사람을 버릴 수는 없지 않은가? '처와 자식이 있느니 없느니' 시비가 코를 맞대고 붙어있는, 현재진행형인 서의현 전 조계종 총무원장 사태를 봐도 그렇다. 차마 그것만은 불가능하다면, 독신보다 외눈박이나 봉사가 되는 게 더 나을지도 모르겠다. 문제는 안식眼識이다. 시각이다. 견물생심見物生心이다. (물론 개에게는 후향생심嗅香生心이다.)

찾아보기

528

후기

2014년 6월 2일부터 지금까지 지면을 내주고 있는 불교닷컴에 감사한다. 상식과 전통에 반하는 필자의 주장을 무시하지 않고 참을성 있게 읽어준, 그리고 때때로 동감하노라고 격려해준, 불교닷컴의 독자들에게도 감사한다. 말이 안 된다고 그래서 반대하노라고 소리높여 비판하며 수고롭게 댓글을 써준 분들에게도 감사한다. 필자의 글이 웬만한 공격에 쉽게 무너지지 않는 보다 완성된 형태가 된 것은 이들의 공이다.

도발적일 뿐만 아니라 대중의 관심을 끌기 힘든 그리고 잘못하면 욕이나 얻어먹을 예민한 주제인 종교적인 내용을 책으로 만들기로 결정한 출판사 살림에도 감사한다. 특히 전폭적인 지지를 보내준 심만수 사장과 필자의 괴이한 주장에 낙담하지 않고 오히려 철저히 전문적으로 편집을 해준 서상미 편집부장과 원고를 채택해준 김광숙 상무에게 감사한다.

필자의 강권으로 글을 읽었지만 성의를 다해 평을 해준 제자들과, 바쁜 와중에도 낮밤으로 시간을 내어 박학다식으로 무장한 예리한 지성으로 원고를 비판하고 높게 평가해준 도곡자 선생에게도 감사한다.

필자의 사상에 처음부터 전폭적인 지지를 보내준 공봉학 변호사에게도 감사한다.

마지막으로 싫은 소리 한마디 없이 지지해준 가족들에게 감사한다. 특히 천 쪽에 이르는 『디가니카야』를 정독하며 날카로운 질문과 비판을 던진 아들 형묵이에게 감사한다.

한국불교가 과학적 발견을 받아들여 부처님의 근본적인 가르침을 재발견할 수 있다면, 이는 모두 위에 언급한 분들과 한민족의 위대한 저력 덕이다.

장장 35억 년 만에 홀연히 나타나 아무 대가 없이 인류에게 지혜와 자비를 선사하고 아무도 알 수 없는 곳으로 사라지신 부처님께 감사한다.

평소 음미하는 명언으로 후기를 맺는다.

"자유의 향기보다 더 달콤한 것은 없다."

2016년 6월

강병균

지은이 소개

'불교계의 갈릴레이'라 불리는 저자 **강병균**(姜秉均, bgkang@postech.ac.kr)은 서울대학교 수학과와 동 대학원을 졸업했다. 미국 아이오와 대학교에서 수학 박사학위를 받았다. 울산대학교 교수를 거쳐 지금은 포항공과대학교 교수로 있다. 여러 종교를 섭렵하였으며, 지금도 종교공부를 하고 있다. 현대과학과 학문의 도움을 받아 종교적 지평을 넓히는 작업을 시도하고 있다. 진화론을 종교에 접목하여 종교를 새롭게 해석하고 시대에 맞는 새로운 종교운동을 만들어내고 싶은 꿈이 있다.

초등학교 일학년 무렵 겨울에도 혼자 새벽기도를 다닌 적이 있다. 교회에서는 많은 사람들이 바닥에 뒹굴며 울며 큰 소리로 기도를 하였다. 눈물이 바닥을 적시고 음성이 내부를 채웠다. 평소에는 볼 수 없는 광경이었으며, 사람들의 감추어진 고통을 목격하였다. 태어나 처음으로 사물의 이면을 보게 되었다.

훗날 불교에 접하면서 부처님이 "인생은 고(苦)"라고 선언한 것을 알게 되었다. 사람은 자신의 고통을 호소하면서도 그리고 그렇게 고통을 당하는 것이 억울하다고 항변하면서도, 다른 동물들을 수백억 마리나 부려먹고 잡아먹는다. 이 동물들의 억울함은 누가 책임지고 풀어줄지 항상 의문이었다. 이 문제를 해결하지 않는 한 종교는 인간중심적인 종(種)쇼비니즘에 지나지 않았다.

여러 종교에 대해서 사색을 하면서 그리고 명상을 하면서, 모든 불행의 원인은 인간의 망상(환상·망상·공상·상상)에 있음을 알게 되었다. 그리고 그중에 가장 큰 망상이 종교적 망상임을 깨닫게 되었고, 이런 망상을 벗어나려면 종교라는 통(paradigm)을 벗어나야 함을 알게 되었다. 동시에 종교에는 인류가 35억 년 동안 삶과 죽음의 투쟁 속에서 축적한 지혜가 들어있다.

『어느 수학자가 본 기이한 세상』은 저자 강병균이 종교적 망상에서 벗어난 후 옛일을 되돌아보며 쓴 글이다.

이 책의 후속편에 해당하는 저서로 『이상한 나라의 수학자 - 어느 수학자가 본 기이한 세상 2, 망상과 통찰의 경계선!』이 있다.

어느 수학자가 본 기이한 세상

큰스님, 왜 이러십니까? 환망공상幻忘空想의 수상록

펴낸날	초판 1쇄 2016년 7월 20일
	초판 6쇄 2017년 11월 3일

지은이	강병균
펴낸이	심만수
펴낸곳	(주)살림출판사
출판등록	1989년 11월 1일 제9-210호

주소	경기도 파주시 광인사길 30
전화	031-955-1350 팩스 031-624-1356
홈페이지	http://www.sallimbooks.com
이메일	book@sallimbooks.com

ISBN	978-89-522-3429-2 03110

이 도서의 국립중앙도서관 출판시도서목록(CIP)은 서지정보유통지원시스템 홈페이지
(http://seoji.nl.go.kr)와 국가자료공동목록시스템(http://www.nl.go.kr/kolisnet)에서
이용하실 수 있습니다.(CIP제어번호: CIP2016014675)